Helga Öttl-Präkelt/Egon Leustenring/Werner H. Präkelt **Balkone und Terrassen**

Balkone und Terrassen

Planen und Ausführen

5., überarbeitete und erweiterte Auflage

mit 82 Abbildungen und 55 Tabellen

Helga Öttl-Präkelt

Dipl.-Ing. für Ingenieurbau, Konstrukteurin und Bauleiterin

Egon Leustenring

Staatlich geprüfter Hochbautechniker, Fliesenleger- und Maurermeister, Berater für die Ausführung von Fliesen- und Plattenbelägen im Hoch-, Ingenieur- und Schwimmbadbau

Werner H. Präkelt (†)

Dipl.-Ing. für Maschinenbau und Stahlhochbau, Baumeister, freischaffender Architekt, öffentlich bestellter und vereidigter Sachverständiger für Baukeramik im Hoch- und Ingenieurbau, Schwimmbadbau und Industrieofenbau

Bibliografische Information Der Deutschen Bibliothek
Die Deutsche Bibliothek verzeichnet diese Publikation in der Deutschen Nationalbibliografie;
detaillierte bibliografische Daten sind im Internet über http://dnb.ddb.de abrufbar.

© Verlagsgesellschaft Rudolf Müller GmbH & Co. KG, Köln 2006

Alle Rechte vorbehalten.

Das Werk einschließlich seiner Bestandteile ist urheberrechtlich geschützt. Jede Verwertung außerhalb der engen Grenzen des Urheberrechtsgesetzes ist ohne die Zustimmung des Verlages unzulässig und strafbar. Dies gilt insbesondere für Vervielfältigungen, Bearbeitungen, Übersetzungen, Mikroverfilmungen und die Einspeicherung und Verarbeitung in elektronische Systeme.

Maßgebend für das Anwenden von Normen ist deren Fassung mit dem neuesten Ausgabedatum, die bei der Beuth Verlag GmbH, Burggrafenstraße 6, 10787 Berlin, erhältlich ist. Maßgebend für das Anwenden von Regelwerken, Richtlinien, Merkblättern, Hinweisen, Verordnungen usw. ist deren Fassung mit dem neuesten Ausgabedatum, die bei der jeweiligen herausgebenden Institution erhältlich ist. Zitate aus Normen, Merkblättern usw. wurden, unabhängig von ihrem Ausgabedatum, in neuer deutscher Rechtschreibung abgedruckt.

Das vorliegende Werk wurde mit größter Sorgfalt erstellt. Verlag und Autoren können dennoch für die inhaltliche und technische Fehlerfreiheit, Aktualität und Vollständigkeit des Werkes keine Haftung übernehmen.

Wir freuen uns, Ihre Meinung über dieses Fachbuch zu erfahren. Bitte teilen Sie uns Ihre Anregungen, Hinweise oder Fragen per E-Mail: fachmedien.bau@rudolf-mueller.de oder Telefax: (02 21) 5 49 71 40 mit.

Lektorat: Petra Sander, Köln
Umschlaggestaltung: Pizzicato Design-Agentur, Köln
Satz: Hackethal Publishing, Asbach
Druck: Grafisches Centrum Cuno GmbH & Co. KG, Calbe
Bindearbeiten: BuchConcept GmbH, Calbe
Printed in Germany

ISBN: 3-481-02161-5

Vorwort

Balkone und Terrassen sind als Außenbauteile hohen Beanspruchungen ausgesetzt. Leider werden sie häufig als „Beiwerk" der Gebäude mit relativ mäßigem Aufwand konstruiert und ausgeführt. Die Folge ist eine hohe Anzahl sanierungsbedürftiger Balkon- und Terrassenflächen. Die Schäden sind in den meisten Fällen auf Planungs- und Ausführungsfehler zurückzuführen, die häufig nach aufwendigen Gerichtsprozessen mit erheblichen Kosten behoben werden müssen.

Mit dem vorliegenden Buch „Balkone und Terrassen" wollen wir Planern und Ausführenden das notwendige Wissen vermitteln, um Schäden bereits im Vorfeld durch richtige Planung einerseits und fachgerechte handwerkliche Ausführung andererseits zu vermeiden.

In der nunmehr 5. Auflage wurde es aufgrund neuer EU-Verordnungen, EU-Normen und EU-Vorschriften notwendig, eine Überarbeitung und Anpassung an das europäische Regelwerk und die vielfach geänderten nationalen Vorschriften vorzunehmen.

Komplett neu in dieser Auflage ist ein ausführliches Kapitel zu Schäden an Balkonen und Terrassen, das auf Schadensbilder, deren Ursachen und Maßnahmen zur Vermeidung eingeht.

Dem Verlag sei für die verständnisvolle Bearbeitung dieses Buches bestens gedankt.

Rödental, im Mai 2006　　　　　　　　　　　　Helga Öttl-Präkelt
　　　　　　　　　　　　　　　　　　　　　　　Egon Leustenring

Inhalt

1	**Rohbaukonstruktionen**	13
1.1	Allgemeine Angaben	13
1.1.1	Tragwerke	13
1.1.2	Ausgangsstoffe zur Herstellung von Stahlbetonbausteinen nach neuen Normen	13
1.1.2.1	Normalzemente	13
1.1.2.2	Hauptzementarten nach DIN EN 197-1	14
1.1.2.3	Festigkeitsklassen der Zemente	15
1.1.2.4	Kurzzeichen für Zemente und ihre zusätzlichen besonderen Eigenschaften	15
1.1.2.5	Beispiele für Zemente und ihre Einsatzbereiche	15
1.1.2.6	Gesteinskörnungen (Zuschlagstoffe)	16
1.1.2.7	Begriffliche Änderungen	16
1.1.2.8	Gesteinskörnungen – Definition nach DIN EN 12620	17
1.1.2.9	Sieblinien	17
1.1.2.10	Größtkorn	18
1.1.2.11	Anforderungen an den Mehlkorngehalt	18
1.1.2.12	Zusatzstoffe	18
1.1.2.13	Betonzusatzmittel	18
1.1.2.14	Wirkungsweisen der einzelnen Betonzusatzmittel	19
1.1.2.15	Zugabewasser	20
1.1.3	Beton nach neuer Norm	20
1.1.3.1	Festigkeitsklassen	20
1.1.3.2	Konsistenzklassen	21
1.1.3.3	Expositionsklassen	21
1.1.3.4	Wasserzementwert w/z	23
1.1.3.5	Unbewehrter Beton und Stahlbeton	23
1.1.3.6	Betondeckung der Bewehrung	24
1.1.3.7	Nachbehandeln des Betons	25
1.1.3.8	Betonieren bei kühler Witterung	26
1.1.3.9	Betonieren bei heißer Witterung	26
1.1.3.10	Überwachungsprüfungen für Beton	27
1.1.4	Besondere Eigenschaften von Stahlbetonkonstruktionen	28
1.2	Konstruktionsangaben für Balkone	29
1.2.1	Aus den Stockwerksdecken der Gebäude auskragende Balkonplatten	29
1.2.2	Frei vor der Fassade aufliegende Balkonplatten	35
1.3	Konstruktionsangaben für erdberührende Terrassen	37
1.3.1	Terrassen und Freiplätze mit Klinker-, Ziegel-, Betonstein- oder Natursteinpflaster	37
1.3.2	Terrassen und Freiplätze mit Fliesen- oder Plattenbelägen auf gewachsenem Bodenuntergrund	42
1.3.3	Terrassen und Freiplätze mit Fliesen- oder Plattenbelägen in unmittelbarem Anschluss an Gebäude	44
1.4	Konstruktionsangaben für wärmegedämmte Terrassen	46
1.5	Zusätzliche bautechnische Angaben für Balkone und Terrassen	48
1.5.1	Gefälle	48
1.5.2	Dachrinnen, Regenfallleitungen, Entwässerung der Balkone und Terrassen	49
1.5.2.1	Berechnung des Regenwasserabflusses nach DIN EN 12056-3	50

1.5.2.2	Planung von Dachentwässerungsanlagen nach DIN EN 12056-3	51
1.5.2.3	Regenwasserabfluss und Bemessung der Notüberläufe nach DIN 1986-100 am Beispiel einer Dachterrasse, Standort: Bamberg	51
1.5.3	Bodenentwässerung, Durchdringungen	51
1.5.4	Abtropfkanten	53
1.5.5	Geländer, Brüstungen und Umwehrungen	54

2 Dampfsperren und Dampfbremsen 57

2.1	Bauphysikalische Grundlagen	57
2.2	Berechnung mit Computerprogramm	59
2.3	Ausführung von Dampfsperren und Dampfbremsen	63
2.3.1	Allgemeine Angaben	63
2.3.2	Bituminöse Werkstoffe	64
2.3.2.1	Allgemeines	64
2.3.2.2	Ausführungsarten der Befestigung bituminöser Werkstoffe	65
2.3.3	Hochpolymere Werkstoffe, Kunststoffe	65

3 Wärme- und Schalldämmungen 67

3.1	Bauphysikalische Grundlagen	67
3.1.1	Allgemeine Angaben	67
3.1.2	Wärmeschutzberechnung – Angaben zur Erfüllung der wärmetechnischen Anforderungen nach DIN und EnEV, Berechnungsbeispiele	68
3.1.2.1	Wärmetechnische Grundlagen nach DIN EN ISO 6946	69
3.1.2.2	Wärmetechnische Mindestanforderungen nach DIN 4108-2 (2003-07)	69
3.1.2.3	Berechnungsbeispiele für die Tabelle 3.1 zur Bemessung der Dämmstoffdicke bei einem gewählten Bemessungswert der Wärmeleitfähigkeitsgruppe 040 des Dämmstoffes	70
3.1.3	Minderung der temperaturwechselbedingten Längenänderungen der Stahlbetondecke durch Wärmedämmung	72
3.1.4	Schallschutz nach DIN 4109 (1989-11)	74
3.1.4.1	Grundlagen	74
3.1.4.2	Regelungen des Schallschutzes	75
3.1.4.3	Luftschalldämmung nach DIN 4109 (1989-11)	76
3.1.4.4	Trittschalldämmung nach DIN 4109 (1989-11)	76
3.1.4.5	Trittschallberechnung	76
3.2	Ausführung von Wärme- und Schalldämmungen	77
3.2.1	Allgemeine Angaben	77
3.2.2	Dämmwerkstoffe	80
3.2.2.1	Wärmedämmstoffe	80
3.2.2.2	Anwendungsgebiet und -typ nach DIN V 4108-10	80
3.2.2.3	Mindestanforderungen an die einzelnen Dämmstoffe für Dachterrassen unterhalb der Abdichtung nach DIN V 4108-10	81
3.2.2.4	Trittschalldämmstoffe	83
3.2.2.5	Schallschutzmatten	85

4 Dampfdruckausgleichsschichten 87

4.1	Allgemeine Angaben	87
4.2	Ausführung	87

5 Abdichtung gegen nicht drückendes Oberflächenwasser 89

5.1	Allgemeine Angaben	89
5.2	Bituminöse Werkstoffe	92
5.2.1	Abdichtungen mit Bitumendachbahnen	92

5.2.2	Abdichtungen mit Bitumendichtungsbahnen, Bitumendachdichtungsbahnen, Bitumenschweißbahnen, Polymerbitumen-Dachdichtungsbahnen und Polymerbitumenschweißbahnen	92
5.2.3	Einbau von Bitumen- und Polymerbitumen-Dichtungsbahnen	94
5.2.3.1	Gießverfahren	94
5.2.3.2	Gieß- und Einwalzverfahren....................................	94
5.2.3.3	Bürstenstreichverfahren	94
5.2.3.4	Flämmverfahren	94
5.2.3.5	Schweißverfahren (nur für Dichtungsbahnen mit der Kennzeichnung S) ..	94
5.3	Hochpolymere Werkstoffe, Kunststoffe	94
5.3.1	Abdichtungen mit Kunststoffdichtungsbahnen aus Polyisobutylen (PIB) und Ethylencopolymerisat-Bitumen (ECB)	95
5.3.2	Abdichtungen mit Kunststoffdichtungsbahnen aus EVA, PVC-P oder Elastomeren	95
5.3.3	Einbau von Kunststoffdichtungsbahnen	96
5.3.3.1	Verklebte Verlegung	96
5.3.3.2	Lose Verlegung mit Auflast	96
5.3.3.3	Fügetechnik der Kunststoff- und Elastomerdichtungsbahnen	96
5.4	Verbundabdichtungen von Balkonen und Terrassen nach dem Merkblatt des Fachverbandes Deutsches Fliesengewerbe im Zentralverband des Deutschen Baugewerbes (ZDB) e. V.	96
5.5	Abdichtungen von Balkonen und Terrassen mit Zweikomponenten-Kunststoffbeschichtungen auf Reaktionsharzbasis	97
5.5.1	Allgemeine Angaben	97
5.5.2	Untergrund	97
5.5.3	Grundierung	98
5.5.4	Fugenüberdeckung	98
5.5.5	Beschichtung in 2 Lagen	98
5.5.6	Durchdringungen und Bodenabläufe	98
6	**Dränageschichten**	**99**
6.1	Allgemeine Angaben	99
6.2	Ausführungsarten	100
6.2.1	Kiesbettdränagen	100
6.2.2	Dränagen aus Kunststoffplatten oder -matten	101
6.2.3	Dränageroste für barrierefreie, behindertengerechte, schwellenfreie Übergänge	101
7	**Zementestriche unter Balkon- und Terrassenbelägen**	**105**
7.1	Allgemeine Angaben	105
7.2	Zementestrichmörtelmischung	107
7.2.1	Zement	107
7.2.2	Gesteinskörnungen für Mörtel	108
7.2.3	Anmachwasser	109
7.2.4	Mörtelzusätze	109
7.2.5	Herstellung von Mörtelmischungen	110
7.3	Festigkeitsklassen der Zementestriche	110
7.4	Zementestricharten	111
7.4.1	Verbundestriche	111
7.4.2	Estriche auf Trennschichten und Dränageschichten	112
7.4.3	Zementestriche auf Dämmschichten	113
7.4.4	Angaben zu Estrichen auf Trennschichten und Dämmschichten	114
7.5	Bewehrung von Zementestrichen	116
7.5.1	Allgemeine Angaben	116
7.5.2	Spannungen in Zementestrichen über Trenn- und Dämmschichten	118

7.5.2.1	Einfluss von Nutzlasten	118
7.5.2.2	Verbiegungen infolge von Erwärmung und Abkühlung	119
7.5.2.3	Änderung der Estrichflächengröße infolge von Schwindvorgängen	120
7.5.2.4	Änderung der Estrichflächengröße infolge von Erwärmung und Abkühlung	120
7.5.3	Sinn und Aufgabe der Estrichbewehrung	122
7.6	Schwindvorgänge im Zementestrich	123
7.6.1	Allgemeine Angaben	123
7.6.2	Berücksichtigung des Zementestrichschwindens beim Aufbringen der Bodenbeläge	123
7.6.3	Feuchtigkeit des eingebauten Zementestrichs (Ausgleichsfeuchte und Belegreife der Estriche)	124
7.6.3.1	Feuchtemessung nach der Trockenschrank-Methode	125
7.6.3.2	Feuchtemessung mit dem CM-Gerät	125
7.6.3.3	Elektronische Feuchtemessung	126
7.6.4	Zementestrichschwinden, w/z-Wert und Betonverflüssiger (BV)	128
7.6.4.1	Schwinden zweier verschieden steifer Estrichmischungen mit gleichem Mischungsverhältnis (MV)	128
7.6.4.2	Schwinden von 2 weichen und 2 steifen Zementestrichmischungen, gleiches MV, jeweils einmal ohne BV-Zusatz (A und B) und einmal mit BV-Zusatz (A_1 und B_1)	130
7.6.4.3	Schwinden von 3 Zementestrichmischungen, gleiches MV, gleiche Konsistenz, infolge verschieden hoher BV-Zusätze, verschiedene w/z-Werte	131
7.6.5	Typischer Schwindschaden an einem Bodenbelag	132

8 Balkon- und Terrassenbeläge ... 135

8.1	Allgemeine Angaben	135
8.2	Keramische Fliesen und Platten	137
8.2.1	Allgemeine Angaben	137
8.2.2	Keramische Spaltplatten (mit Formgebung A gekennzeichnet)	138
8.2.3	Trockengepresste keramische Fliesen und Platten (mit Formgebung B gekennzeichnet)	139
8.2.4	Bodenklinkerplatten	139
8.3	Natursteinplatten	140
8.4	Betonwerksteinplatten	141
8.5	Holzrostbeläge	142
8.6	Verlegemörtel für Keramik, Natur- und Kunststein	143
8.6.1	Dickbettmörtel	143
8.6.2	Dünnbettmörtel	144
8.6.3	Mittelbettmörtel	145
8.6.4	Schnell erhärtende Dünnbettmörtel	146
8.7	Verlegeverfahren	146
8.7.1	Allgemeine Angaben	146
8.7.2	Verlegung im Dickbett	147
8.7.3	Verlegung im Dünnbett	147
8.7.4	Verlegung im Fließbettmörtel	148
8.7.5	Großformatige Balkon- und Terrassenbeläge ohne Mörtelbettung	148
8.8	Verfugung von Fliesen- und Plattenbelägen	149
8.8.1	Zementäre Verfugung	149
8.8.2	Elastische Verfugung	150

9 Ausführungsbeispiele ... 153

9.1	Allgemeine Angaben	153
9.2	Balkone	154
9.2.1	Wandanschluss der Bauschichten eines Balkons	154
9.2.2	Türanschluss der Bauschichten eines Balkons	156

9.2.3	Anschluss der Bauschichten eines Balkons an eine Tür-Fenster-Kombination	158
9.2.4	Türanschluss der Bauschichten eines Balkons mit äußerer Stufe	160
9.2.5	Stufenloser Türanschluss der Bauschichten eines Balkons	162
9.2.6	Türanschluss eines frei vor der Fassade liegenden Balkons mit Stufe	164
9.2.7	Stufenloser Türanschluss eines frei vor der Fassade liegenden Balkons	166
9.2.8	Bodeneinlauf mit Geruchsverschluss in einem Balkon	168
9.2.9	Balkonrand mit Rinne und Geländer	170
9.2.10	Balkonrand mit niedriger Brüstung und Geländer	172
9.2.11	Balkonrand mit Pflanztrog	174
9.3	Dachterrassen	176
9.3.1	Wandanschluss der Bauschichten einer wärmegedämmten Dachterrasse	176
9.3.2	Türanschluss der Bauschichten einer wärmegedämmten Dachterrasse	178
9.3.3	Anschluss der Bauschichten einer wärmegedämmten Dachterrasse an eine Tür-Fenster-Kombination	180
9.3.4	Stufenloser Türanschluss der Bauschichten einer wärmegedämmten Dachterrasse	182
9.3.5	Bodeneinlauf ohne Geruchsverschluss in einer wärmegedämmten Dachterrasse	184
9.3.6	Dachterrassenrand mit Rinne und Geländer	186
9.3.7	Dachterrassenrand mit niedriger Brüstung und Geländer	188
9.3.8	Dachterrassenrand mit Pflanztrog	190
9.3.9	Schema einer wärmegedämmten Dachterrasse mit großformatigen Platten auf Betonpolstern	192

10 Bauschäden an Balkonen und Terrassen ... 195

10.1	Welche Bauschäden treten speziell bei Balkonen und Terrassen auf?	195
10.2	Wodurch werden die Schäden verursacht und wie können sie vermieden werden?	196
10.2.1.	Planungs- und Ausführungsfehler im Zusammenhang mit dem Untergrund	196
10.2.2	Planungs- und Ausführungsfehler bei der Lage der Abdichtungsschichten	197
10.2.3	Planungs- und Ausführungsfehler bei den Abdichtungsschichten und bei deren Anschlüssen an aufgehende Bauteile	198
10.2.4	Planungs- und Ausführungsfehler bei Abläufen und Durchdringungen	199
10.2.5	Planungs- und Ausführungsfehler bei thermischer Trennung (Wärmebrücken) und der Wärme- und Trittschalldämmung bei Dachterrassen	201
10.2.6	Planungs- und Ausführungsfehler bei der Dränageschicht	202
10.2.7	Planungs- und Ausführungsfehler beim Zementestrich	202
10.2.8	Planungs- und Ausführungsfehler im Zusammenhang mit dem Mörtelbett	206
10.2.9	Planungs- und Ausführungsfehler bei Fliesen- und Plattenbelägen	207
10.2.10	Planungs- und Ausführungsfehler bei den Geländern, Geländerbefestigungen und massiven Brüstungen	209

Literaturverzeichnis ... 211

Stichwortverzeichnis ... 215

1 Rohbaukonstruktionen

1.1 Allgemeine Angaben

Besonders zu beachtende Regelwerke:

DAfStb-Richtlinie Vorbeugende Maßnahmen gegen schädigende Alkalireaktion im Beton (Alkali-Richtlinie) (DAfStb, 2001)

DAfStb-Richtlinie für die Anwendung europäischer Normen im Betonbau (DAfStb, 1991)

DBV-Merkblatt Betondeckung und Bewehrung (2002-07)

DIN 1045-1 bis -4	Tragwerke aus Beton, Stahlbeton und Spannbeton (2001-07)
DIN 1048	Prüfverfahren von Beton (1991-06)
DIN 1164-10	Zement mit besonderen Eigenschaften – Teil 10: Zusammensetzung, Anforderungen, Übereinstimmungsnachweis von Normalzement mit besonderen Eigenschaften (2004-08) und Berichtigung 1 (2005-01)
DIN 4158	Zwischenbauteile aus Beton, für Stahlbeton- und Spannbetondecken (1978-05)
DIN EN 197-1	Zement – Teil 1: Zusammensetzung, Anforderungen und Konformitätskriterien von Normalzement (2004-08) und Berichtigung 1 (2004-11)
DIN EN 206-1	Beton – Teil 1: Festlegung, Eigenschaften, Herstellung und Konformität (2001-07)
DIN EN 12350-1 bis -7	Prüfung von Frischbeton (2000-03)
DIN EN 12620	Gesteinskörnungen für Beton (2003-04) und Berichtigung 1 (2004-12)

1.1.1 Tragwerke

Als Tragwerke und Unterbauteile für Balkone und Terrassen mit Belägen aus verschiedenen Belagsmaterialien, insbesondere aus Fliesen und Platten, kommen in erster Linie massive Konstruktionen aus Stahlbeton zur Ausführung.

Besonders geeignet sind dafür die im Folgenden aufgeführten Bauarten nach DIN 1045:

- Stahlbetonplatten- und Plattenbalkenkonstruktionen,
- Spannbetondeckenkonstruktionen,
- Stahlbetonrippendecke mit ganz oder teilweise vorgefertigten Rippen,
- vorgefertigte Stahlsteindecken,
- vorgefertigte Stahlbetonfertigteile.

Stahlbeton ist ein guter Wärmeleiter. Wärmebrücken sollten weitgehend vermieden werden durch wärmetechnische Trennung der Dachterrassenplatten und der auskragenden Bauteile (Balkonplatten, Tragkonsolen usw.) sowie der Stahlbetonplatten-Anschlüsse der Terrassen an die Außenwand. Der Wärmeverlust eines Gebäudes könnte sonst erheblich werden.

Zu beachten ist DIN 4108, Beiblatt 2 „Wärmeschutz und Energie-Einsparung in Gebäuden". Dieses Beiblatt enthält Planungs- und Ausführungsbeispiele zur Verminderung von Wärmebrückenwirkungen. Es werden ausschließlich Anschlussausbildungen dargestellt, bei denen der Temperaturfaktor f_{Rsi} den in der DIN 4108-2 geforderten Grenzwert von 0,7 einhält.

1.1.2 Ausgangsstoffe zur Herstellung von Stahlbetonbauteilen nach neuen Normen

1.1.2.1 Normalzemente

Zement ist ein anorganisches, fein gemahlenes, hydraulisch wirkendes Bindemittel für Mörtel und Beton. Die Erhärtung des Zementes nach der Zugabe von Wasser kommt deshalb zustande, weil das flüssige Medium Wasser in den Feststoff unter Bildung des Zementsteins eingebaut wird. Dieser Vorgang wird als Hydratation bezeichnet. Bei vollständiger Hydratation bindet der Zement etwa 25 % seines ursprünglichen Gewichtes an Wasser chemisch und etwa 15 % physikalisch als Gelwasser. Zusammensetzung, Anforderungen und Eigenschaften der Zemente sind in DIN EN 197-1 geregelt. Dies schließt alle Normalzemente und Normalzemente mit niedriger Hydratationswärme (NW) ein. Zemente mit besonderen Eigenschaften, wie hohem Sulfatwiderstand (HS) und niedrigem Alkaligehalt (NA), sind für bestimmte Bauaufgaben erforderlich. Für diese Sonderzemente gelten die Normen DIN EN 14216 (2004-08) sowie die nationalen Zementnormen DIN 1164 Teile 10 (2004-08), 11 (2003-11) und 12 (2005-06).

In vielen Anwendungsfällen, besonders unter extremen Umweltbedingungen, hat die Auswahl des Zementes einen Einfluss auf die Dauerhaftigkeit von Beton und Mörtel, z. B. hinsichtlich der Frostbeständigkeit, chemischen Beständigkeit und des Schutzes der Bewehrung. Die Auswahl von Zement nach DIN EN 197-1 muss sich nach Art und Festigkeitsklassen für verschiedene Anwendungsfälle und Umweltklassen, die am Ort der Verwendung gelten, richten.

Die DIN EN 197-1 unterteilt den Zement in 5 Hauptzementarten:

Portlandzement (CEM I): Einziger Hauptbestandteil des Portlandzementes ist fein gemahlener Portlandzementklinker, der Rest sind Nebenbestandteile, die der Verbesserung der Zementeigenschaften dienen.

Portlandkompositzement (CEM II): Portlandkompositzement enthält neben dem Portlandzementklinker weitere Hauptbestandteile, die jeweils durch Angabe der Kennbuchstaben in der Zementbezeichnung zu erkennen sind. Je nach Zugabemenge der weiteren Hauptbestandteile wird Portlandkompositzement mit A (bis 20 Masse-%) oder mit B (bis 35 Masse-%) bezeichnet.

Hochofenzement (CEM III): Hauptbestandteile des Hochofenzementes sind Portlandzementklinker und Hüttensand. Je nach Zugabemenge des Hüttensandes unterteilt die Norm den Hochofenzement in die Gruppen A (Hüttensandanteil bis 65 Masse-%), B (Hüttensandanteil bis 80 Masse-%) und C (Hüttensandanteil bis 95 Masse-%).

Puzzolanzement (CEM IV): Puzzolanzement hat mindestens 65 Masse-% (CEM IV/A) bzw. 45 Masse-% (CEM IV/B) Portlandzementklinker sowie einen oder mehrere weitere Hauptbestandteile (Silikastaub, Puzzolan, Flugasche).

Kompositzement (CEM V): Kompositzement ist aus Portlandzementklinker, Hüttensand sowie Puzzolanen und/oder kieselsäurereicher Flugasche zusammengesetzt. Der Anteil an Portlandzementklinker beträgt bei CEM V/A mindestens 40 Masse-% und bei CEM V/B mindestens 20 Masse-%.

Diese Hauptzementarten werden entsprechend der Zugabemenge ihrer Hauptbestandteile in weitere 27 Zementarten unterteilt.

1.1.2.2 Hauptzementarten nach DIN EN 197-1

Tabelle 1.1: Hauptzementarten und ihre Kurzzeichen[a]

Hauptzementart	neu nach DIN EN 197-1	Kurzzeichen
CEM I	Portlandzement	**CEM I**
CEM II	Portlandhüttenzement	**CEM II/A-S** **CEM II/B-S**
	Portlandsilikastaubzement	CEM II/A-D
	Portlandpuzzolanzement	**CEM II/A-P** **CEM II/B-P** CEM II/A-Q CEM II/B-Q
	Portlandflugaschenzement	**CEM II/A-V** CEM II/B-V CEM II/A-W CEM II/B-W
	Portlandschieferzement	**CEM II/A-T** **CEM II/B-T**
	Portlandkalksteinzement	CEM II/A-L CEM II/B-L **CEM II/A-LL** CEM II/B-LL
	Portlandkompositzement	CEM II/A-M CEM II/B-M
CEM III	Hochofenzement	**CEM III/A** **CEM III/B** CEM III/C
CEM IV	Puzzolanzement	CEM IV/A CEM IV/B
CEM V	Kompositzement	CEM V/A CEM V/B

[a] Die bisher in Deutschland genormten Zemente sind durch Fettdruck gekennzeichnet.

Tabelle 1.2: Druckfestigkeit, Erstarrungsbeginn und Raumbeständigkeit verschiedener Festigkeitsklassen

Festigkeitsklasse	Druckfestigkeit [N/mm²]				Erstarrungsbeginn [min]	Raumbeständigkeit (Dehnungsmaß) [mm]
	Anfangsfestigkeit		Normfestigkeit			
	2 Tage	7 Tage	28 Tage			
32,5 N	–	≥ 16	≥ 32,5	≤ 52,5	≥ 75	≤ 10
32,5 R	≥ 10	–				
42,5 N	≥ 10	–	≥ 42,5	≤ 62,5	≥ 60	
42,5 R	≥ 20	–				
52,5 N	≥ 20	–	≥ 52,5	–	≥ 45	
52,5 R	≥ 30	–				

1.1.2.3 Festigkeitsklassen der Zemente

Die Zemente werden in den Festigkeitsklassen 32,5, 42,5 und 52,5 hergestellt. Diese 3 Klassen werden nach ihrer Anfangsfestigkeit nochmals unterteilt in (siehe oben Tabelle 1.2):

N (normal): normale Anfangsfestigkeit,
R (rapid): hohe Anfangsfestigkeit.

1.1.2.4 Kurzzeichen für Zemente und ihre zusätzlichen besonderen Eigenschaften

Europäische Normen

DIN EN 197-1 (2004-08):

R   schnelle Festigkeitsentwicklung (**r**apid)
N   normale Festigkeitsentwicklung (**n**ormal)
LH   niedrige Hydratationswärmeentwicklung (**l**ow **h**ydration **h**eat)

DIN EN 197-4 (2004-08):

L   langsame Festigkeitsentwicklung (**l**ow)

DIN EN 14216 (2004-08):

VLH sehr niedrige Hydratationswärme (**v**ery **l**ow **h**ydration **h**eat)

Nationale Normen

DIN 1164-10 (2004-08):

HS   **h**oher **S**ulfatwiderstand
NA   **n**iedriger wirksamer **A**lkaligehalt

DIN 1164-11 (2003-11):

FE   **f**rühes **E**rstarren
SE   **s**chnelles **E**rstarren

DIN 1164-12 (2005-06):

HO   er**h**öhter Anteil **o**rganischer Bestandteile

Zemente sollen nicht miteinander vermischt werden. Jeder Zement ist hinsichtlich des Ansteifens und Erstarrens jeweils für sich optimiert.

1.1.2.5 Beispiele für Zemente und ihre Einsatzbereiche

Portlandzement (DIN EN 197-1) CEM I 32,5 R:

- universell einsetzbar für Betone nach DIN EN 206-1 und DIN 1045-2
- gute Verarbeitbarkeit des Frischbetons

Portlandzement (DIN 1164) CEM I 42,5 R-HS:

- für Beton mit hohem Sulfatwiderstand
- günstige Früh- und Endfestigkeit

Portlandzement (DIN EN 197-1) CEM I 42,5 R:

- Verkürzung der Ausschalfristen durch hohe Frühfestigkeit
- für Betonieren unter Winterbedingungen

Portlandhüttenzement (DIN EN 197-1) CEM II/B-S 32, 5 R, CEM II/B-S 32,5 R-NA:

- Regelzement für Betone nach DIN EN 206-1 und DIN 1045-2
- gute Verarbeitbarkeit des Frischbetons
- günstiges Nacherhärtungsvermögen
- NA für Betone gemäß Alkali-Richtlinie (DAfStb, 2001)

Portlandhüttenzement (DIN EN 197-1) CEM II/B-S 42, 5 R-NA:

- günstiges Verarbeitungsverhalten bei sommerlichen Temperaturen
- gute Früh- und Endfestigkeiten
- NA für Betone gemäß Alkali-Richtlinie (DAfStb, 2001)

Hochofenzement (DIN EN 197-1) CEM III/A 32,5 N, Hochofenzement (DIN 1164) CEM III/A 32,5 N-NA, CEM III/A 32,5 N-LH/NA:

- vorteilhafte Verarbeitungsdauer, auch bei hohen Außentemperaturen
- gutes Nacherhärtungsvermögen
- NA für Betone gemäß Alkali-Richtlinie (DAfStb, 2001)
- LH einsetzbar für die Herstellung von massigen Bauteilen

Hochofenzement (DIN EN 197-1) CEM III/A 42,5 N, Hochofenzement (DIN 1164) CEM III/A 42,5 R-NA:

- günstige Frischbetoneigenschaften
- gute Früh- und Endfestigkeiten
- NA für Betone gemäß Alkali-Richtlinie (DAfStb, 2001)

Hochofenzement (DIN EN 197-1) CEM III/A 52,5 N:

- gute Früh- und Endfestigkeit

Hochofenzement (DIN 1164) CEM III/B 32,5 N-LH/HS/NA:

- günstiges Verarbeitungsverhalten
- für Betone mit niedriger Hydratationswärme
- für Betone mit hohem Sulfatwiderstand
- für Betone gemäß Alkali-Richtlinie (DAfStb, 2001)

Hochofenzement (DIN 1164) CEM III/B 42,5 N-LH/HS/NA:

- gute Festigkeitsentwicklung bei niedriger Hydratationswärme
- für Betone mit hohem Sulfatwiderstand
- für Betone gemäß Alkali-Richtlinie (DAfStb, 2001)

1.1.2.6 Gesteinskörnungen (Zuschlagstoffe)

Die neue Bezeichnung für Zuschläge ist „Gesteinskörnungen". Die bisher üblichen Begriffe Sand/Brechsand, Kies/Splitt und Grobkies/Schotter werden in den Normen nicht mehr oder nur zum Teil benutzt, sind aber im deutschen Sprachgebrauch noch üblich, da sie zwischen rundem und gebrochenem Korn unterscheiden.

Gesteinskörnungen für Normalbeton werden durch Aufbereitung natürlicher, industriell hergestellter oder wieder aufbereiteter Materialien hergestellt.

Seit Juni 2004 gilt die DIN EN 12620 (2003-04) „Gesteinskörnungen für Beton". Diese Norm definiert die Eigenschaftskennwerte für Gesteinskörnungen, legt Kategorien fest und enthält die notwendigen Angaben für die Überwachung und Kennzeichnung. Sie ist der Ersatz für DIN 4226-1 (2001-07) „Normale und schwere Gesteinskörnungen für Normal- und Schwerbetone aller Festigkeitsklassen" und DIN 4226-2 (2002-02) „Leichte Gesteinskörnungen für Leichtbetone, Füllmassen, Dämmmörtel und -betone".

Zusätzlich muss die deutsche Anwendungsnorm DIN V 20000-103 beachtet werden. Diese legt Mindestanforderungen fest, damit eine Gesteinskörnung nach europäischer Norm in Beton nach DIN EN 206-1/DIN 1045-2 eingesetzt werden kann.

Gesteinskörnungen müssen beständig gegen Frost sein. Der Frost-Tau-Widerstand hängt von der Festigkeit der Gesteinskörner, der Größe und Verteilung der Poren und dem Sättigungsgrad der Körner in feuchter bzw. nasser Umgebung ab. Wenn die nach DIN EN 1097-6 bestimmte Wasseraufnahme einer Gesteinskörnung nicht größer als 1 % ist, kann sie als widerstandsfähig gegen Frost-Tau-Angriff angesehen werden. Das Risiko von Schäden steigt jedoch erheblich, wenn die Gesteinskörnungen der Einwirkung von Tausalzen oder Meerwasser ausgesetzt sind.

Die Kornform soll möglichst gedrungen sein, damit sich die Körner hohlraumarm ineinander fügen können. Die Kornzusammensetzung wird durch Siebuntersuchungen ermittelt und in verschiedenen Sieblinien entsprechend der jeweiligen Korngröße aufgetragen. Alle Gesteinskörnungen sind nach Angabe der Korngruppe unter Verwendung der Bezeichnung d/D zu benennen, wobei d die untere und D die obere Siebgröße in mm bezeichnet.

Ein dichter und undurchlässiger Beton ist vor Korrosion besser geschützt als ein poröser, daher muss der Wahl der Betonzusammensetzung und insbesondere der Zusammensetzung der Gesteinskörnungen große Beachtung geschenkt werden.

1.1.2.7 Begriffliche Änderungen

Tabelle 1.3: Definitionen der alten und neuen Begriffe für Gesteinskörnungen

alt	neu	Definition
Zuschlag	Gesteinskörnung	körniges Material, natürlich, industriell hergestellt oder recycelt
Sand	feine Gesteinskörnung	feine Korngruppen mit D ≤ 4 mm, d = 0 mm
Kies/Splitt	grobe Gesteinskörnung	grobe Korngruppen mit D ≥ 4 mm, d ≥ 2 mm
werksgemischter Zuschlag	Korngemisch	Mischung aus grober und feiner Gesteinskörnung
abschlämmbare Bestandteile	Feinanteil	Anteil der Gesteinskörnung mit D < 0,063 mm
quellfähige Bestandteile	leichtgewichtige, organische Verunreinigungen	Verunreinigungen mit $\rho < 200$ kg/m^3 im Aufschwimmversuch
Frost-Tausalz-Widerstand	Magnesiumsulfat-Widerstand	Die Magnesiumsulfat-Widerstandsfähigkeit ist ein Maß für den Frost-Tausalz-Widerstand einer Gesteinskörnung. Bei dieser Prüfung nach DIN EN 1367-2 wird eine Probe zunächst in einer gesättigten Magnesiumsulfat-Lösung bei +20 °C und anschließend in einem Trockenschrank bei +105 °C gelagert. Dabei kristallisiert die Magnesiumsulfat-Lösung aus. Der dabei entstehende Kristallisationsdruck kann zu einer Zerstörung des Gesteinskorns führen.[1]

[1] Alternativ kann auch eine Prüfung in 1%iger NaCl-Lösung nach DIN EN 1367-1 (2000-01), Anhang B, vereinbart werden. Hierbei ist davon auszugehen, dass bei weniger als 8 Masse-% Absplitterungen ein ausreichender Frost-Tausalz-Widerstand der Gesteinskörnung vorliegt.

Ein direkter Zusammenhang zwischen dem Magnesiumsulfat-Versuch und dem Frost-Tausalz-Versuch ist nicht nachweisbar. Aus der Versuchsdurchführung wird der Unterschied deutlich, da bei der Magnesiumsulfat-Prüfung keine Frostbeständigkeitsprüfung, sondern eine Hitzebeständigkeitsprüfung bei Salzsättigung durchgeführt wird.

Gesteinskörnungen werden unterschieden in:

- Füller (Gesteinsmehl),
- feine Gesteinskörnungen (Sand),
- grobe Gesteinskörnungen (Kies/Splitt/Schotter),
- Korngemische (Mischungen grober und feiner Gesteinskörnungen, Kiessand/Splittbrechsand).

Darüber hinaus unterscheidet man nach der Herstellung:

- natürliche Gesteinskörnung aus mineralischen Vorkommen, die ausschließlich einer mechanischen Aufbereitung unterzogen worden ist,
- industriell hergestellte Gesteinskörnung mineralischen Ursprungs, die in einem industriellen Prozess unter Einfluss einer thermischen oder sonstigen Veränderung entstanden ist,
- Recycling-Gesteinskörnung aus aufbereitetem anorganischem Material, das zuvor als Baustoff eingesetzt war.

1.1.2.8 Gesteinskörnungen – Definition nach DIN EN 12620

Tabelle 1.4: Füller, feine und grobe Gesteinskörnungen, Definition nach DIN EN 12620

	untere Siebgröße d [mm]	obere Siebgröße D [mm]	Beispiel für Korngruppen [mm]
Füller (Gesteinsmehl)		0,063[1]	
feine Gesteinskörnung	0	≤ 4	0/2, 0/4
grobe Gesteinskörnung	≥ 2	≥ 4	2/4, 4/8, 8/32

[1] Siebdurchgang für 0,063-mm-Sieb mindestens 70 %

Die Gesteinskörnungen erfüllen im Normalbeton die Funktion eines Stützgerüstes, dessen Lückenvolumen minimiert und mit Zementleim ausgefüllt wird. Somit werden entsprechende Anforderungen an die Sieblinie, das Größtkorn, den Mehlkorngehalt und den Wasseranspruch gestellt.

1.1.2.9 Sieblinien

Die Kornzusammensetzung der Gesteinskörnungen wird durch die grafische Darstellung der Sieblinien gekennzeichnet. Die Sieblinien können stetig oder unstetig sein. Stetige Sieblinien haben einen lückenlosen Kornaufbau, bei unstetigen Sieblinien fehlen einzelne Korngruppen.

Es werden 5 Bereiche in den grafischen Darstellungen unterschieden:

(1) grobkörnig,
(2) Ausfallkörnung,
(3) grob- bis mittelkörnig,
(4) mittel bis feinkörnig,
(5) feinkörnig.

Folgende Sieblinien gelten informativ nach DIN 1045-2, Anhang L:

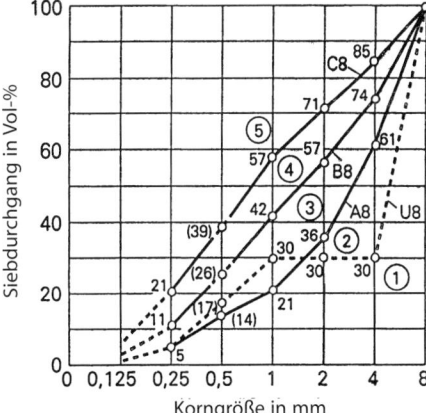

Abb. 1.1: Sieblinien mit einem Größtkorn von 8 mm nach DIN 1045-2, informativer Anhang L

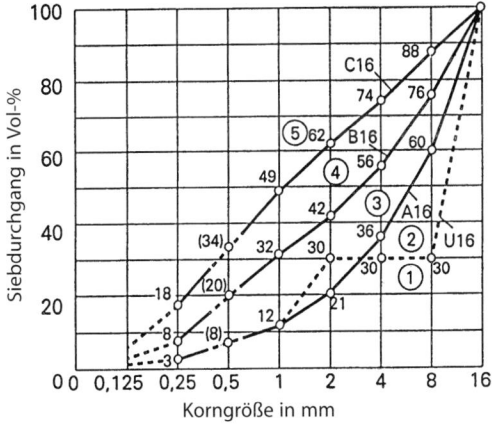

Abb. 1.2: Sieblinien mit einem Größtkorn von 16 mm nach DIN 1045-2, informativer Anhang L

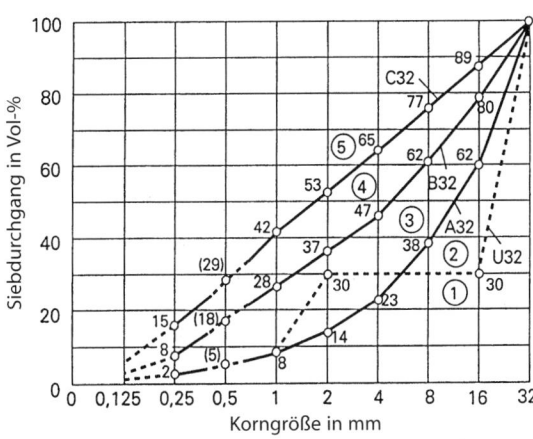

Abb. 1.3: Sieblinien mit einem Größtkorn von 32 mm nach DIN 1045-2, informativer Anhang L

1.1.2.10 Größtkorn

Das Größtkorn ist so zu wählen, dass der Beton einwandfrei gefördert und verarbeitet werden kann. Sein Durchmesser sollte $1/3$, besser $1/5$ der kleinsten Bauteilabmessung nicht überschreiten. Das Größtkorn darf jedoch nicht größer sein als der kleinste lichte Abstand der Bewehrungseinlagen. Bei enger Bewehrung soll der überwiegende Anteil des Gemisches kleiner sein als der Bewehrungsabstand bzw. der Abstand zwischen Bewehrung und Schalung. Je größer der Durchmesser des Größtkornes gewählt werden kann, desto günstiger ist der Kornaufbau. Die Wahl des Größtkorns beeinflusst die Betoneigenschaften positiv bezüglich Festigkeit, Verarbeitbarkeit, Wasser- und Zementzugabe.

1.1.2.11 Anforderungen an den Mehlkorngehalt

Um dem Beton ein geschlossenes Gefüge zu geben und ihn gut verarbeiten zu können, ist ein ausreichender Mehlkorngehalt (Kornanteil 0 bis 0,125 mm) wichtig. Zu niedrige Mehlkorngehalte können ein Wasserabsondern des Betons, auch „Bluten" genannt, zur Folge haben. Andererseits kann ein zu hoher Mehlkorngehalt den Frischbeton zu zäh und klebrig machen, den Wasseranspruch erhöhen und die Festbetoneigenschaften verschlechtern.

Zum Mehlkorn zählen alle Feinstanteile im Beton, bestehend aus dem Zement, dem in der Gesteinskörnung enthaltenen Kornanteil 0 bis 0,125 mm sowie ggf. Betonzusatzstoffen.

Ausreichender Mehlkorngehalt ist wichtig bei folgenden Betonausführungen:

- dichtem Beton,
- Beton mit hohem Wassereindringwiderstand,
- Sichtbeton,
- Pumpbeton,
- dünnwandigen, eng bewehrten Bauteilen.

Tabelle 1.5: Höchstzulässiger Mehlkorngehalt für Betone bis zur Betonfestigkeitsklasse C50/60 und LC50/55

Zementgehalt[1] [kg/m³]	höchstzulässiger Mehlkorngehalt [kg/m³]		
	Expositionsklassen		
	XF, XM	X0, XC, XD, XS, XA	
	Größtkorn der Gesteinskörnungen		
	8 mm	16–32 mm	8–63 mm
≤ 300	450[2]	400[2]	550
≥ 350	500[2]	450[2]	550

[1] Für Zwischenwerte ist der Mehlkorngehalt geradlinig zu interpolieren.

[2] Die Werte dürfen insgesamt um maximal 50 kg/m³ erhöht werden, wenn
- der Zementgehalt 350 kg/m³ übersteigt, um den über 350 kg/m³ hinausgehenden Zementgehalt,
- ein puzzolanischer Zuschlagstoff Typ II (z. B. Flugasche, Silika) verwendet wird, um dessen Gehalt.

1.1.2.12 Zusatzstoffe

Betonzusatzstoffe sind fein verteilte Stoffe, die dem Beton zugegeben werden, um die Frisch- und die Festbetoneigenschaften zu beeinflussen. Aufgrund der größeren Zugabemenge sind sie bei der Stoffraumrechnung zu berücksichtigen. Die Zusatzstoffe dürfen das Erhärten des Zementes sowie die Festigkeit und Dauerhaftigkeit des Betons nicht beeinträchtigen und den Korrosionsschutz der Bewehrung nicht gefährden. Sie sind genormte oder bauaufsichtlich zugelassene Produkte, die einer Eigen- oder Fremdüberwachung unterliegen. Zusatzstoffe und deren Verwendung regeln die DIN EN 206-1, Abschnitte 5.1.6 und 5.2.5, sowie die DIN 1045-2, Abschnitte 5.1.6 und 5.2.5.

Es werden 2 Grundtypen von anorganischen Zusatzstoffen unterschieden:

Typ I – nahezu inaktive Zusatzstoffe:

- Gesteinsmehle (Füller),
- Pigmente nach DIN EN 12878,
- Zusatzstoffe mit allgemeiner bauaufsichtlicher Zulassung oder europäischer technischer Zulassung;

Typ II – puzzolanische oder latent hydraulische Zusatzstoffe:

- Flugasche nach DIN EN 450,
- Trass nach DIN 51043,
- Silikastaub mit allgemeiner bauaufsichtlicher Zulassung oder nach DIN EN 13263-1 und -2 (2005-10).

Beispiele für die Verwendung von Zusatzstoffen zur Beeinflussung bzw. Verbesserung von Verarbeitungseigenschaften sind:

- selbstverdichtender Beton,
- Beton mit verminderter Wärmeentwicklung.

Beispiele für die Verwendung von Zusatzstoffen zur Beeinflussung der Nutzungseigenschaften sind:

- Beton mit erhöhtem Widerstand gegen chemischen Angriff,
- Sichtbeton.

1.1.2.13 Betonzusatzmittel

Betonzusatzmittel sind flüssige oder pulverförmige chemische Zusätze, die dem Beton während des Mischens in kleinen Mengen, bezogen auf den Zementgehalt, zugegeben werden. Sie beeinflussen durch chemische und physikalische Wirkung die Eigenschaften des Frisch- oder Festbetons.

Für den Einsatz von Zusatzmitteln im Beton ist die Anwendungsnorm DIN V 20000-100 zu beachten. Da sie nur in geringen Mengen zugesetzt werden, können sie bei der Stoffraumrechnung in der Regel vernachlässigt werden. Falls die Gesamtmenge flüssiger Zusatzmittel größer als 3 l je m³ Beton ist, muss die darin enthaltene Wassermenge bei der Berechnung des Wasserzementwertes berücksichtigt werden. Wird mehr als ein Zusatzmittel beigemischt, muss die Verträglichkeit untersucht werden. Die Betonzusatzmittel unterliegen bei der Herstellung einer Eigen- und Fremdüberwachung. Hierbei werden die Gleichmäßigkeit, die Wirksamkeit und die Unschädlichkeit der Mittel gegenüber Beton und Bewehrung überprüft.

Tabelle 1.6: Wirkungsgruppen der Betonzusatzmittel und ihre Kennzeichnung

Wirkungsgruppe	Kurzzeichen	Farbkennzeichen
Betonverflüssiger	BV	gelb
Fließmittel	FM	grau
Luftporenbildner	LP	blau
Dichtungsmittel	DM	braun
Verzögerer	VZ	rot
Beschleuniger	BE	grün
Einpresshilfen	EH	weiß
Stabilisierer	ST	violett
Chromatreduzierer	CR	rosa
Recyclinghilfen	RH	schwarz
Schaumbildner	SB	orange

Für Beton nach DIN EN 206-1 und DIN 1045-2 dürfen nur Zusatzmittel mit gültiger allgemeiner bauaufsichtlicher Zulassung vom Deutschen Institut für Bautechnik und unter den in der Zulassung angegebenen Bedingungen verwendet werden.

1.1.2.14 Wirkungsweisen der einzelnen Betonzusatzmittel

Betonverflüssiger (BV):

- Verringerung des Wasseranspruches,
- Verbesserung der Pumpbarkeit,
- optimierter Bindemitteleinsatz,
- Betonverflüssiger vermindern den Wasseranspruch und verbessern die Verarbeitbarkeit des Frischbetons;

Fließmittel (FM):

- Herstellung von Fließbeton und selbstverdichtendem Beton (SVB),
- Fließmittel bewirken eine starke Verflüssigung des Betons und verbessern die Verarbeitbarkeit;

Luftporenbildner (LP):

- Erhöhung des Widerstandes gegen Frost- und Tausalzangriffe,
- Luftporenbildner erzeugen gleichmäßig verteilte künstliche Mikroluftporen mit einem Durchmesser unter 0,3 mm im Frischbeton. Diese Poren bleiben auch nach dem Mischen stabil;

Dichtungsmittel (DM):

- Verminderung der kapillaren Wasseraufnahme des Betons,
- Erzeugung von hydrophoben (Wasser abweisenden) Eigenschaften,
- Betone mit hohem Wassereindringwiderstand sind auch ohne Dichtungsmittel sicher herstellbar. Gute Betonzusammensetzung und -verarbeitung sowie Nachbehandlung haben einen größeren Einfluss auf die Wasserundurchlässigkeit von Beton als ein Dichtungsmittel;

Verzögerer (VZ):

- Verzögerung beim Erstarren des Zementleims und damit eine längere Verarbeitbarkeit des Betons,
- Verarbeitbarkeit, Wasserundurchlässigkeit, Nacherhärtung und Endfestigkeit des Betons können positiv beeinflusst werden;

Beschleuniger (BE):

- höhere Frühfestigkeiten,
- kürzere Ausschalzeiten,
- Beschleuniger bewirken ein deutlich früheres Erstarren bzw. Erhärten des Betons und damit eine schnellere Wärmeentwicklung. Man unterscheidet zwischen Erstarrungs- und Erhärtungsbeschleuniger;

Einpresshilfen (EH):

- Verbesserung der Fließfähigkeit,
- Verminderung des Wasseranspruchs,
- Erzeugen einer Quellwirkung durch geringe Volumenvergrößerung,
- Einpresshilfen werden zur Herstellung von Einpressmörtel für Spannbeton gemäß DIN EN 447 (1996-07) und Quellbeton zum Verpressen und Ausfüllen von Hohlräumen eingesetzt;

Stabilisierer (ST):

- besseres Wasserbindungsvermögen,
- Verringerung der Entmischungsneigung,
- bessere Verarbeitbarkeit,
- besseres Kohäsionsvermögen,
- Stabilisierer verhindern das Absondern von Zugabewasser (Bluten) bzw. eine Entmischung des Frischbetons und erhöhen das Zusammenhaltevermögen des Betons;

Chromatreduzierer (CR):

- Vorbeugung gegen allergische Hautreaktionen,
- Chromatreduzierer bewirken eine Reduktion von aus dem Zement stammendem löslichem Chrom-VI zu Chrom-III. Sie werden bei Betonen eingesetzt, die in Bereichen mit Hautkontakt verarbeitet werden und nicht mit chromatarmem Zement hergestellt wurden;

Recyclinghilfen (RH):

- Recyclinghilfen sind zur Innenreinigung von Mischfahrzeugen gedacht, das Waschwasser kann als Anmachwasser wieder verwendet werden,
- sie verzögern die Hydratation des im Wasser enthaltenen Zementes;

Schaumbildner (SB):

- Bildung eines stabilen Schaums,
- zielsichere Einführung der gewünschten stabilen Luftmenge,
- sehr hohe Volumenstabilität bei allen Porenleichtbetonklassen,
- Schaumbildner dienen der Herstellung eines Schaumbetons bzw. Betons mit porosiertem Zementleim durch Einführung eines hohen Luftporengehaltes.

1.1.2.15 Zugabewasser

Die Menge des Zugabewassers, das der Betonmischung zugefügt werden muss, um die gewünschte Konsistenz zu erzielen, ergibt sich aus dem Gesamtwasser der Frischbetonmischung abzüglich der Eigenfeuchte der Gesteinskörnung und ggf. abzüglich des Wassers aus flüssigen Betonzusätzen.

Nach DIN EN 206-1 bzw. DIN 1045-2 sind als Zugabewasser für den Beton geeignet:

- Trinkwasser ist als Zugabewasser prinzipiell geeignet.
- Grundwasser und Oberflächenwasser dürfen keine Bestandteile enthalten, die das Erhärten bzw. andere Eigenschaften des Betons ungünstig beeinflussen oder den Korrosionsschutz der Bewehrung beeinträchtigen.
- Restwasser ist Wasser, das aus Gründen des Umweltschutzes wegen des hohen pH-Wertes nicht oder nur in beschränktem Umfang dem Abwasser zugeführt werden kann. Bei der Verwendung von Restwasser ist die DAfStb-Richtlinie „Herstellung von Beton unter Verwendung von Restwasser, Restbeton und Restmörtel" (DAfStb, 1995) zu beachten. Für die Herstellung von hochfestem Beton und beim Einsatz von Luftporenbildnern darf Restwasser nicht verwendet werden.

Restwasser kann betriebsbedingt enthalten:

- Wasser, das aus dem Restbeton wieder gewonnen wird,
- Wasser, das zum Auswaschen der Gesteinskörnungen benutzt wird,
- Spülwasser, das zum Reinigen der Mischer und Betonpumpen erforderlich ist,
- Wasser, das beim Sägen, Schleifen und Wasserstrahlen von erhärtetem Beton anfällt.

Restwasser darf nur in der Betriebsstätte verwendet werden, in der auch die Ausgangsstoffe verarbeitet wurden.

1.1.3 Beton nach neuer Norm

Ab 31.12.2004 ist die Übergangsphase abgelaufen, in der altes und neues Beton-Normenwerk alternativ angewandt werden durften. Die neue Betonnorm DIN EN 206-1 und die neue DIN 1045-1 bis -4 sind seit dem 1.1.2005 verpflichtend anzuwenden.

Die neuen Normen beinhalten:

DIN 1045-1: die Bemessung und Konstruktion,

DIN EN 206-1 in Verbindung mit den deutschen Anwendungsregeln der DIN 1045-2: die Betonherstellung,

DIN 1045-3: die Bauausführung,

DIN 1045-4: die Fertigteile.

Mit der Einführung der europäischen Norm DIN EN 206 wird auch im Betonbau ein europäisch einheitliches System geschaffen. Besondere nationale Ansprüche werden ergänzend in den deutschen Anwendungsregeln DIN 1045-2 festgelegt.

Für die Planer und Anwender ergeben sich einige wesentliche Veränderungen, die sowohl die verwendeten Begriffe als auch die für die Bemessung und Konstruktion notwendigen Kriterien betreffen.

Ziel ist die Herstellung von Beton, der nicht nur ausreichende Festigkeit, sondern auch genügende Dauerhaftigkeit gegenüber der Vielzahl von Einflussfaktoren aus der Umgebung aufweist. Gewohnte Bezeichnungen bei der Betonbestellung, wie z. B. B25, fallen zukünftig weg.

Stattdessen beginnen die Festigkeitsklassen für Normal- und Schwerbeton mit einem „C" als Abkürzung für „concrete", die englische Übersetzung von „Beton". Anschließend folgen 2 durch einen Schrägstrich getrennte Zahlen, z. B. 25/30. Die erste Zahl bezeichnet die in anderen Ländern übliche Zylinderdruckfestigkeit, die zweite Zahl die in Deutschland praktizierte Würfeldruckfestigkeit. Die neue Bezeichnung ist also z. B. C25/30.

1.1.3.1 Festigkeitsklassen

Tabelle 1.7: Gegenüberstellung der Festigkeitsklassen

bisher DIN 1045	jetzt DIN EN 206-1, DIN 1045-2
B5	–
B10	C8/10
B15	C12/15
–	C16/20
B25	C20/25
–	C25/30
B35	C30/37
B45	C35/45
–	C40/50
B55	C45/55
–	C50/60

Die Klassifizierung von „Normalbeton und Schwerbeton" erfolgt in 10 verschiedenen Druckfestigkeitsklassen. Hinzu kommen noch 6 Klassen für „Hochfeste Betone", die damit normativ erfasst sind. Als Einordnungskriterium gelten die charakteristischen Mindestdruckfestigkeiten entweder von Zylindern mit 150 mm Durchmesser und 300 mm Länge (erster Wert) oder von Würfeln mit 150 mm Kantenlänge (zweiter Wert).

Eine direkte Rückübersetzung in die früheren Festigkeitsklassen ist nicht möglich, weil sie nicht auf den gleichen Berechnungen und Umrechnungsfaktoren basieren.

1.1.3.2 Konsistenzklassen

Die neuen Konsistenzklassen werden in F1 (steif) bis F6 (sehr fließfähig) unterteilt. Wer eine Eselsbrücke benötigt, kann sich Folgendes merken:

F1 1 Eimer Wasser (steif)

bis

F6 6 Eimer Wasser (sehr fließfähig).

Aber bitte nicht wörtlich nehmen!

Insbesondere im fließfähigen Bereich gilt eine wesentlich feinere Differenzierung. Mit der Staffelung in sehr weich, fließfähig und sehr fließfähig kann die Betonkonsistenz noch exakter auf die spezifischen Bauteilanforderungen abgestimmt werden.

Tabelle 1.8: Gegenüberstellung der alten und neuen Bezeichnungen der Konsistenzklassen

bisher DIN 1045	jetzt DIN 1045-2	Ausbreitmaß
KS (steif)	F1 (steif)	≤ 34 cm
KP (plastisch)	F2 (plastisch)	35–41 cm
KR (weich)	F3 (weich)	42–48 cm
–	F4 (sehr weich)	49–55 cm
KF (fließfähig)	F5 (fließfähig)	56–62 cm
–	F6 (sehr fließfähig)	63–70 cm
		über 70 cm: Hier ist die DAfStb-Richtlinie „Selbstverdichtender Beton" (DAfStb, 2003) zu beachten.

1.1.3.3 Expositionsklassen

Für die Bestellung des Betons, z. B. Außenbauteil Balkon, sind folgende Punkte anzugeben:

- bisher: Druckfestigkeitsklasse: B25, Konsistenzklasse: KR, Größtkorn: 16 mm,
- jetzt: Expositionsklasse: XC4/XF1, Druckfestigkeitsklasse: C25/30, Konsistenzklasse: F3, Größtkorn: 16 mm.

Und so geht es:

1. Expositionsklasse für den Angriff auf die Bewehrung auswählen,
2. Expositionsklasse für den Angriff auf den Beton auswählen,
3. Druckfestigkeitsklasse angeben, wenn sich aus den zuvor bestimmten Expositionsklassen unterschiedliche Mindestdruckfestigkeiten ergeben, muss die höhere Druckfestigkeit gewählt werden,
4. Konsistenz festlegen,
5. Größtkorn auswählen.

Wurde bislang alles von der Festigkeit des Betons abgeleitet, wird nun die Dauerhaftigkeit von Beton unter realen Umgebungs- und Nutzungsbedingungen zum entscheidenden Kriterium. Damit ist eine bessere Ausgangssituation gegeben, um die Standsicherheit von Bauwerken auf lange Dauer zu gewährleisten. Statt wie bisher mit starren Rezepturen zu arbeiten, besteht nach der neuen Norm zukünftig die Möglichkeit, Betoneigenschaften nach den Einflussgrößen aus der Umwelt und der vorgesehenen Nutzung anzusteuern.

Wie bisher sind Mindestfestigkeitsklasse, Mindestzementgehalt, maximaler Wasserzementwert, Anforderungen an Gesteinskörnung bzw. Zementverwendung festgeschrieben.

Die neue DIN EN 206 schließt auch die DIN 4227 für Spannbeton, die DIN 4219 für Leichtbeton sowie bestimmte Richtlinien vom Deutschen Ausschuss für Stahlbeton (DAfStb) mit ein. Nach dieser neuen Norm kann Beton grundsätzlich nach Zusammensetzung oder nach Eigenschaften hergestellt werden.

3 Personenkreise werden in die Verantwortung genommen:

- der Ausschreibende (Architekt bzw. Planer),
- der Verwender (ausführende Baufirma),
- der Betonhersteller.

Zuerst hat der Ausschreibende die Betoneigenschaften festzulegen. Dafür sind entsprechend den Umgebungsbedingungen, die für das Bauwerk zutreffen, die neu eingeführten Expositionsklassen zu bestimmen.

Es ist zu beachten, dass Bauteile eines Bauwerks mehreren Anforderungen verschiedener Expositionsklassen entsprechen müssen. Bei der Planung ist grundsätzlich von der größten bzw. stärksten Einwirkung auszugehen.

Fehlen die Grundlagen für die genauen Einflussgrößen, fällt es in den Verantwortungsbereich des Ausschreibenden, z. B. einen Betontechnologen oder einen Gutachter hinzuzuziehen, um eventuelle Unsicherheiten auszuräumen. Weiterhin hat der Ausschreibende die Festigkeitsklassen zu definieren. Für die Bauausführung müssen ferner Konsistenz und Größtkorn festgelegt werden sowie Details, wie der Beton eingebaut, verdichtet und wie die Nachbehandlung geregelt wird.

Jedes Bauteil ist in Abhängigkeit von den direkten Umgebungsbedingungen nach der Beanspruchung des Betons oder der Bewehrung in Expositionsklassen einzuteilen. Die Umgebungsbedingungen sind durch chemische und physikalische Einflüsse gekennzeichnet, denen ein Tragwerk oder Bauteil ausgesetzt ist.

Für die Festlegung der Dauerhaftigkeit stehen insgesamt 7 Expositionsklassen zur Verfügung, die jeweils in bis zu 4 Stufen untergliedert sind. Unterschieden werden Einwirkungen auf die Bewehrung im Beton (Bewehrungskorrosion) sowie auf den Beton selbst (Betonangriff).

Expositionsklassen bezogen auf die Umgebungsbedingungen:

X0 (ohne Angriff) kein Korrosions- oder Angriffsrisiko

1 Rohbaukonstruktionen

Tabelle 1.9: Grenzwerte für Zusammensetzung und Eigenschaften von Beton nach Tabelle F.2.1 und F.2.2 der DIN 1045-2

Expositions-klasse	Angriffsart / Umgebungsbedingung	Mindest-zementgehalt [kg/m³]	maximaler w/z-Wert	Mindestdruckfestigkeits-klasse
X0	kein Korrosions- oder Angriffsrisiko			
	–	–	–	C8/10
XC	Bewehrungskorrosion, ausgelöst durch Karbonatisierung			
XC1	trocken oder ständig nass	240	0,75	C16/20
XC2	nass, selten trocken	240	0,75	C16/20
XC3	mäßige Feuchte	260	0,65	C20/25
XC4	wechselnd nass und trocken	280	0,60	C25/30
XD	Bewehrungskorrosion, verursacht durch Chloride, ausgenommen Meerwasser			
XD1	mäßige Feuchte	300	0,55	C30/37
XD2	nass, selten trocken	320	0,50	C35/45
XD3	wechselnd nass und trocken	320	0,45	C35/45
XS	Bewehrungskorrosion, verursacht durch Chloride aus Meerwasser			
XS1	salzhaltige Luft, aber kein direkter Kontakt mit Meerwasser	300	0,55	C30/37
XS2	unter Wasser	320	0,50	C35/45
XS3	Tidebereiche, Spritzwasser und Sprühnebelbereich	320	0,45	C35/45
XF	Frostangriff mit und ohne Taumittel			
XF1	mäßige Wassersättigung, ohne Taumittel	280	0,60	C25/30
XF2	mäßige Wassersättigung, mit Taumittel	300 320	0,55 0,50	C25/30 + LP C35/45[1]
XF3	hohe Wassersättigung, ohne Taumittel	300 320	0,55 0,50	C25/30 + LP C35/45[1]
XF4	hohe Wassersättigung, mit Taumittel	320	0,50	C30/37 + LP[2]
XA	Betonkorrosion durch chemischen Angriff			
XA1	chemisch schwach angreifende Umgebung	280	0,60	C25/30
XA2	chemisch mäßig angreifende Umgebung	320	0,50	C35/45
XA3	chemisch stark angreifende Umgebung	320	0,45	C35/45
XM	Betonkorrosion durch Verschleißbeanspruchung			
XM1	mäßige Beanspruchung	300	0,55	C30/37
XM2	starke Beanspruchung	300 320	0,55 0,45	C30/37 C35/45[3]
XM3	sehr starke Beanspruchung	320	0,45	C35/45

[1] bei LP-Beton 2 Festigkeitsklassen niedriger
[2] nur als LP-Beton zulässig
[3] bei Oberflächenbehandlung des Betons eine Festigkeitsklasse niedriger

Angriff auf die Bewehrung:

XC1 bis 4   (**C**arbonation) Bewehrungskorrosion, ausgelöst durch Karbonatisierung

XD1 bis 3   (**D**eicing) Bewehrungskorrosion, verursacht durch Chloride, ausgenommen Meerwasser

XS1 bis 3   (**S**eawater) Bewehrungskorrosion, verursacht durch Chloride aus Meerwasser bzw. salzhaltiger Seeluft

Angriff auf den Beton:

XF1 bis 4   (**F**reezing) Frostangriff mit oder ohne Taumittel

XA1 bis 3   (Chemical **A**cid) Betonkorrosion durch chemischen Angriff

XM1 bis 3   (**M**echanical Attack) Betonkorrosion durch Verschleißbeanspruchung

Beton kann mehr als einer der aufgeführten Einwirkungen ausgesetzt sein. Die Einwirkungsbedingungen, denen er ausgesetzt ist, müssen dann als Kombination von Expositionsklassen ausgedrückt werden.

Jeder Expositionsklasse ist nach DIN 1045-1, Tabelle 3, eine Mindestbetonfestigkeitsklasse zugeordnet. Ebenso werden die jeweiligen Anforderungen an die Betondeckung (DIN 1045-1, Abschnitt 6.3), an die Zusammensetzung (DIN 1045-2) und an die Nachbehandlung (DIN 1045-3) von Beton durch die Expositionsklassen bestimmt.

Zur Sicherstellung eines praxisgerechten Frost-Tausalz-Widerstandes von Beton sind in der geltenden Betonnorm (DIN 1045-2) Anforderungen an den Luftgehalt im Frischbeton festgeschrieben. Dabei handelt es sich um ein über Luftporenbildner (LP-Bildner) künstlich eingeführtes Luftporensystem mit definierten geometrischen Anforderungen. Durch die LP-Bildner werden zusätzliche Expansionsräume im Porengefüge des Betons geschaffen, die die Volumenausdehnung des Wassers beim Gefriervorgang kompensieren.

1.1.3.4 Wasserzementwert w/z

Frischbeton wird hergestellt durch das Mischen von Zement, groben und feinen Gesteinskörnungen entsprechend den Anforderungen der jeweiligen Sieblinie und Wasser. Zement und Wasser bilden den Zementleim. Nach dessen Erhärtung (Hydratation) entsteht Zementstein. Zur vollständigen Hydratation ist eine verhältnismäßig geringe Wassermenge notwendig. Der Zement kann nur eine Wassermenge von etwa 40 % seiner Masse binden (etwa 25 % chemisch und 15 % physikalisch), was einem Wasserzementwert von 0,40 entspricht. Ein Beton mit diesem Wert ist jedoch nicht oder nur schwer verarbeitbar, weshalb die Wassermenge erhöht wird.

Weist der Zementleim einen höheren Wasserzementwert auf, so bezeichnet man das Wasser, das vom Zement nicht gebunden wird, als Überschusswasser. Nach dem Verdunsten hinterlässt es ein System von Kapillarporen, die umso mehr Raum einnehmen, je mehr Überschusswasser vorhanden war. Dieser Kapillarporenraum ist dafür verantwortlich, dass die Festigkeit und Dichtheit herabgesetzt wird. Frischbeton mit hohem Wassergehalt schwindet beim Aushärten stärker, wodurch sich Spannungen aufbauen, die zur Rissbildung führen können.

Der Wasserzementwert beeinflusst die Verarbeitbarkeit, insbesondere die Festigkeit und die Dichtheit des Zementsteines und damit die Festbetoneigenschaften maßgeblich.

Der wirksame Wassergehalt setzt sich zusammen aus der an der Gesteinskörnung haftenden Oberflächenfeuchte und dem Zugabewasser. Das Masseverhältnis des wirksamen Wassergehaltes zum Zementgehalt im Frischbeton nennt man Wasserzementwert:

Wasserzementwert w/z = Masse des Wassers w/Masse des Zementes z

Beispiele

165 l = 165 kg Wasser und 300 kg Zement in 1 m^3 Frischbeton ergeben einen Wasserzementwert von:

w/z = 165/300 = 0,55

Erhält der Frischbeton bei gleicher Zementmenge 210 l statt 165 l Wasser, erhöht sich der Wasserzementwert auf:

w/z = 210/300 = 0,70

Für bestimmte Expositionsklassen, Umweltbedingungen und Betoneigenschaften ist der Wasserzementwert zu begrenzen.

Tabelle 1.10: Maximale Wasserzementwerte

Expositionsklassen, Umweltbedingungen, Betoneigenschaften	w/z-Wert
XC1, XC2	0,75
XC3	0,65
XC4, XF1, XA1	0,60
XD1, XS1, XF2[1], XF3[1], XM1, XM2[2]	0,55
XD2, XS2, XF2, XF3, XF4, XA2	0,50
XD3, XS3, XA3, XM2, XM3	0,45
hoher Wassereindringwiderstand (Bauteildicke bis 40 cm) Unterwasserbeton	0,60

[1] LP-Betone
[2] nur mit Oberflächenbehandlung

1.1.3.5 Unbewehrter Beton und Stahlbeton

Unbewehrter Beton kommt dort zum Einsatz, wo hauptsächlich Druckbeanspruchungen im Beton auftreten. Die Zugfestigkeit von Beton ist relativ gering. Sie beträgt nur ca. 10 % der Druckfestigkeit. Unbewehrter Beton versagt somit bei geringer Zugbeanspruchung nach Rissbildung schlagartig.

Stahlbeton ist ein Verbundwerkstoff aus Beton und Stahl, der die Vorteile des Betons (relativ hohe Druckfestigkeit) und von Stahl (hohe Zugfestigkeit) miteinander kombiniert.

Von großem Vorteil für den Verbundwerkstoff Stahlbeton ist, dass Beton und Stahl etwa den gleichen thermischen Wärmeausdehnungskoeffizienten besitzen. Wegen dieses günstigen Verhaltens ist im Stahlbeton nicht mit Temperaturzwang zwischen Bewehrung und Beton zu rechnen.

Im Stahlbeton werden die anfallenden Zugkräfte von der im Beton liegenden und nach statischer Berechnung dimensionierten Bewehrung übernommen.

Die Art, Festigkeitssorte und Mindestbetondeckung der Stahlbewehrung sowie die Mindestdruckfestigkeit, die Expositionsklasse und die Überwachungsklasse des Betons sind zu ermitteln und in Schalungs- und Bewehrungsplänen für die Ausführung unmissverständlich festzulegen.

Stahlbetonkragplatten sind Außenbauteile, die der Witterungsbedingung wechselnd (nass/trocken) und dem Frostangriff ausgesetzt sind.

Aufgrund der Expositionsklassen XC4 (wechselnd nass und trocken) und XF1 (mäßige Wassersättigung ohne Taumittel) wird eine Mindestdruckfestigkeit C25/30 für den Beton erforderlich mit einer Mindestbetondeckung der Stahlbewehrung von 25 mm und der Überwachungsklasse 1.

Wenn konstruktiv und witterungsbedingt eine hohe Wassersättigung der Balkonplatte möglich ist, allerdings ohne Taumittelbelastung, ergibt sich durch die Expositionsklasse XF3 eine Mindestdruckfestigkeit von C25/30 LP oder C35/45 für den Beton des Balkons.

Der Schutz der Bewehrung beruht auf fachgerechter Betonzusammensetzung, ausreichender Betondeckung und in der Hauptsache auf der Alkalität des Zementsteingerüstes. Diese hohe Alkalität eines jungen Betons mit einem pH-Wert von ca. 13 schützt infolge des Vorhandenseins ausreichender Mengen von Calciumhydroxid in den Betonporen die Bewehrung der Stahlbetonteile vor Korrosion.

Dieser natürliche Korrosionsschutz wird aber im Laufe der Zeit durch Schadstoffe aus der Umwelt, wie Kohlendioxid (CO_2) und Schwefeldioxid (SO_2), abgebaut.

Kohlendioxid reagiert mit dem freien Porenwasser des Betons zu Calciumcarbonat. Man spricht von der Karbonatisierung des Betons, die durch Abbau der Alkalität von den Betonaußenflächen langsam in das Betoninnere fortschreitet. Damit sinkt der pH-Wert von ca. 13 ab. Wenn ein pH-Wert von 9,5 und darunter erreicht wird, ist ein Korrosionsschutz des Bewehrungsstahls nicht mehr gewährleistet, er rostet beim Vorhandensein von Wasser. Dabei verliert er an tragendem Querschnitt und vergrößert durch die Umwandlung von Eisen in Rost sein Volumen. Die Folgen sind Festigkeitsverlust und Absprengungen der Betondeckung. Gelangt Schwefeldioxid durch Diffusion oder vorhandene Risse in Stahlbetonbauteile, so bildet sich bei Vorhandensein von Wasser Schwefelsäure. Diese setzt sich mit dem durch die vorstehend beschriebene Karbonatisierung entstandenen Calciumcarbonat zu Calciumsulfat (Gips) um. Dieser Vorgang ist ebenfalls mit einer Volumenvergrößerung der äußeren Betonschichten verbunden und erhöht den Absprengdruck der Betondeckung über dem Stahl.

1.1.3.6 Betondeckung der Bewehrung

Der Rohbauunternehmer hat dafür Sorge zu tragen, dass bei Balkon- und Terrassen-Betonbauteilen immer eine ausreichend dicke Betondeckung über den Bewehrungsstählen angeordnet wird. Die Betondeckung ist der Abstand zwischen Betonoberfläche und Außenkante Stahl. Das Nennmaß c_{nom} der Betondeckung für die Dicke der Überdeckung ist dem Standsicherheitsnachweis zugrunde zu legen und maßgebend für die Bemessung in der statischen Berechnung (Nutzhöhe d). Die Betondeckung jedes Bewehrungsstabes, auch der Bügel, darf nach allen Seiten an keiner Stelle die Mindestmaße c_{min} unterschreiten. Sie soll Folgendes sicherstellen:

- Schutz der Bewehrung gegen Korrosion,
- Übertragung von Verbundkräften zwischen Bewehrung und umgebendem Beton,
- Gewährleistung eines angemessenen Brandschutzes im Brandfall.

Anforderungen an die Betondeckung sind:

- ausreichende Dicke und Dichte der Betondeckung,
- Einhaltung der Maße der Betondeckung für Normalbeton in Abhängigkeit von der Expositionsklasse und dem Stabdurchmesser der Bewehrung,
- Einhaltung des Verlegemaßes c_v, das sich aus den verschiedenen Nennmaßen ergibt,
- das Nennmaß muss dem Mindestmaß plus einem Vorhaltemaß entsprechen: $c_{nom} = c_{min} + \Delta c$.

Das Nennmaß ergibt sich durch Addition eines Vorhaltemaßes Δc zum Mindestmaß c_{min}, dem Kontrollmaß für das erhärtete Bauteil. Hiermit werden Maßabweichungen berücksichtigt.

Die Mindestbetondeckung c_{min} ist beim Betonieren gegen unebene Flächen um mindestens $\Delta c_{uneben} \geq +20$ mm oder um das Differenzmaß der Unebenheit zu erhöhen, bei Herstellung unmittelbar auf dem Baugrund um $\Delta c_{uneben} \geq +50$ mm.

Δc ist das Vorhaltemaß der Betondeckung zur Gewährleistung von c_{min} im erhärteten Bauteil und beträgt $\Delta c = 1,0$ cm für die Expositionsklasse XC1 sowie $\Delta c = 1,5$ cm für die Expositionsklassen XC2, XC3, XC4, XD, XS.

Die Angabe von Δc ist auf Bewehrungszeichnungen erforderlich.

Das Verlegemaß der Betondeckung c_v (siehe Abb. 1.4) sichert im Bewehrungsplan, dass eine ausreichende Betondeckung für jedes einzelne Bewehrungselement eingehalten wird. Es ist maßgebend für die durch Abstandshalter zu unterstützende Bewehrung, z. B. bei Bügeln, und es ist auf den Bewehrungszeichnungen anzugeben.

Nach DIN 4102-4 (1994-03) „Brandverhalten von Baustoffen und Bauteilen" ist „u" der Achsabstand der Bewehrung zwischen der Längsachse der tragenden Bewehrungsstäbe (Längsstäbe) und der beflammten Betonoberfläche.

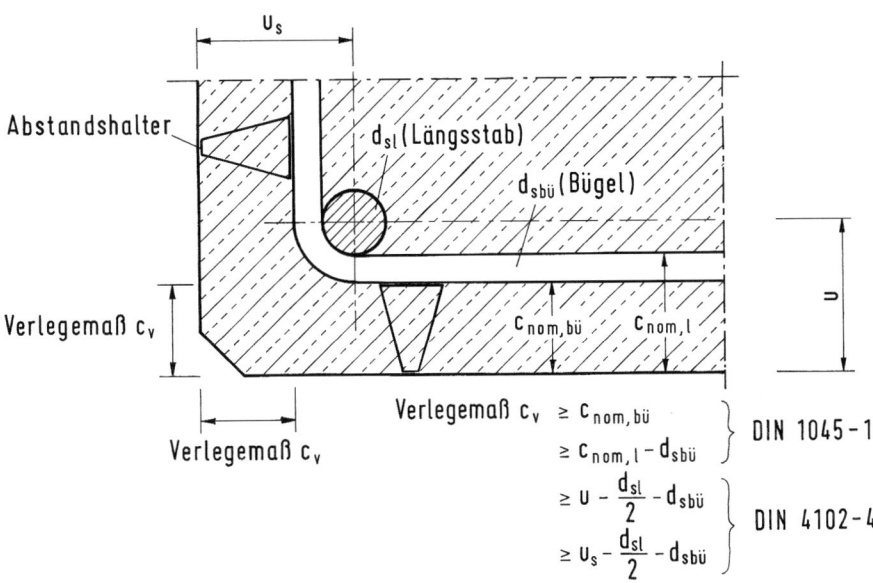

Abb. 1.4: Detailskizze Verlegemaß c_v

Nach der Lage werden noch unterschieden:

$u_s = u_{seitlich}$ und $u_o = u_{oben}$.

Das Verlegemaß c_v ergibt sich aus der Bedingung, dass die Nennmaße c_{nom} für jedes einzelne Bewehrungselement eingehalten werden, bzw. aus der erforderlichen Betondeckung für den Brandschutz.

Tabelle 1.11: Mindestbetondeckung c_{min} zum Schutz gegen Korrosion, Nennmaß c_{nom} und Vorhaltemaß Δc in Abhängigkeit von der Expositionsklasse und dem Stabdurchmesser

Expositions-klasse	Stabdurch-messer d_s [mm]	Mindest-maße c_{min} [cm]	Vorhalte-maße Δc [cm]	Nenn-maße c_{nom} [cm]
XC1	bis 10	1,0		2,0
	12, 14	1,5		2,5
	16, 20	2,0	1,0	3,0
	25	2,5		3,5
	28	3,0		4,0
	32	3,5		4,5
XC2, XC3	bis 20	2,0		3,5
	25	2,5		4,0
	28	3,0		4,5
	32	3,5		5,0
XC4	bis 25	2,5	1,5	4,0
	28	3,0		4,5
	32	3,5		5,0
XD1, XD2, XD3	bis 32	4,0		5,5
XS1, XS2, XS3	bis 32	4,0		5,5

Für XD3 können im Einzelfall zusätzlich besondere Maßnahmen zum Korrosionsschutz der Bewehrung nötig sein.

Treffen mehrere Expositionsklassen für ein Bauteil zu, ist jeweils die Expositionsklasse mit den höchsten Anforderungen maßgebend. Bei Stabbündeln ist der Vergleichsstabdurchmesser d_{sv} maßgebend.

1.1.3.7 Nachbehandeln des Betons

Nach DIN 1045-3 (2001-07), Abschnitt 8.7, ist während der ersten Tage der Hydration der frisch verarbeitete und junge Beton nachzubehandeln und bis zum genügenden Erhärten gegen schädigende Einflüsse, wie Austrocknen, starkes Abkühlen und Erschütterungen, zu schützen, um

- das vorzeitige oberflächennahe Austrocknen zu verhindern,
- extreme Temperaturen und schroffe Temperaturänderungen zu vermeiden,
- zu schnelles Abfließen der Hydratationswärme an den Oberflächen zu verhindern,
- das Frühschwinden gering zu halten,
- eine ausreichende Festigkeit und Dauerhaftigkeit der Betonrandzone sicherzustellen,
- das Gefrieren zu verhindern,
- schädliche Erschütterungen, Stoß oder Beschädigung zu vermeiden, die das Betongefüge lockern können.

Folgende Verfahren sind sowohl allein als auch in Kombination für das Feucht- und Warmhalten des Betons geeignet:

- Ausschalen erst nach Erhärten des Betons,
- Abdecken mit Folien, die an Kanten und Stößen gegen Durchzug gesichert sind,
- Auflegen von Wasser speichernden Abdeckungen bei gleichzeitigem Verdunstungsschutz,
- Aufrechthalten eines sichtbaren Wasserfilms auf der Betonoberfläche (Besprühen, Fluten),
- Aufsprühen von Nachbehandlungsmitteln mit nachgewiesener Eignung (unzulässig in Arbeitsfugen und bei später zu beschichtenden Oberflächen, Ausnahme bei Eignungsnachweis oder Betonabtrag).

Nach Abschluss des Verdichtens oder der Oberflächenbearbeitung des Betons ist die Oberfläche unmittelbar nachzubehandeln. Die Dauer der Nachbehandlung richtet sich – ohne genaueren Nachweis der Festigkeit – nach der Expositionsklasse, der Oberflächentemperatur und der Festigkeitsentwicklung des Betons.

Tabelle 1.12: Mindestdauer der Nachbehandlung

Expositionsklasse	erforderliche Festigkeit im oberflächennahen Bereich	ohne genaueren Nachweis der Festigkeit
X0, XC1	–	0,5 Tage[1]
alle außer X0, XC1, XM	$0{,}50 \cdot f_{ck}$	Mindestdauer gemäß nachstehender Tabelle
XM	$0{,}70 \cdot f_{ck}$	Mindestdauer gemäß nachstehender Tabelle verdoppeln

f_{ck} = charakteristische Betondruckfestigkeit, geprüft am Würfel mit der Kantenlänge von 150 mm

[1] Die Verarbeitbarkeitszeit des Betons soll < 5 Stunden sein und die Temperatur der Betonoberfläche ≥ +5 °C.

Tabelle 1.13: Mindestdauer der Nachbehandlung in Tagen[a] ohne genaueren Nachweis der Festigkeit im oberflächennahen Bereich (alle Expositionsklassen[b] außer X0 und XC1)

morgendliche Oberflächentemperatur[1] ϑ °C	Festigkeitsentwicklung des Betons[2] $r = f_{cm2}/f_{cm28}$			
	r ≥ 0,50	r ≥ 0,30	r ≥ 0,15	< 0,15
$\vartheta \geq +25$	1	2	2	3
$+25 > \vartheta \geq +15$	1	2	4	5
$+15 > \vartheta \geq +10$	2	4	7	10
$+10 > \vartheta \geq +5$[3]	3	6	10	15

[1] Anstelle der Oberflächentemperatur des Betons darf die morgendliche Lufttemperatur angesetzt werden.

[2] Die Festigkeitsentwicklung des Betons wird durch das Verhältnis der Mittelwerte der Druckfestigkeiten nach 2 Tagen f_{cm2} und nach 28 Tagen f_{cm28} beschrieben.

[3] Bei Temperaturen < +5 °C wird die Nachbehandlungsdauer um die Zeit der Temperaturen < +5 °C verlängert.

[a] Bei mehr als 5 Stunden Verarbeitbarkeitszeit des Betons ist die Nachbehandlungsdauer angemessen zu verlängern.

[b] Für die Expositionsklasse XM sind die Werte zu verdoppeln.

1.1.3.8 Betonieren bei kühler Witterung

Bei kühler Witterung tritt eine Verzögerung des Erstarrens und der Festigkeitsentwicklung des Betons ein. Beton benötigt bei +5 °C Lagertemperatur etwa die doppelte Zeit, um die gleiche Festigkeit zu erreichen wie ein bei +20 °C gelagerter Beton.

Bei Betontemperaturen nahe dem Gefrierpunkt kommt die Festigkeitsentwicklung praktisch zum Stillstand. Gefriert junger Beton, kann das Betongefüge dauerhaft gestört werden. In DIN 1045-3, Abschnitt 8.3, werden die Anforderungen festgelegt:

Bei einer Lufttemperatur zwischen +5 °C und –5 °C darf die Temperatur des Betons beim Einbringen +5 °C nicht unterschreiten. Sie darf +10 °C nicht unterschreiten, wenn

Tabelle 1.14: Erforderliche Erhärtungszeit zum Erreichen des ausreichenden Gefrierwiderstandes von Beton

Zementfestigkeitsklasse	erforderliche Erhärtungszeit in Tagen zum Erreichen der Gefrierbeständigkeit eines Betons mit w/z-Wert 0,60		
	Betontemperatur		
	+5 °C	+12 °C	+20 °C
42,5 R	3/4	1/2	1/2
42,5 N, 32,5 R	2	1 1/2	1
32,5 N	5	3 1/2	2

der Zementgehalt des Betons kleiner ist als 240 kg/m³ oder wenn Zemente mit niedriger Hydratationswärme verwendet werden.

Bei Lufttemperaturen unter –3 °C muss die Betontemperatur beim Einbringen mindestens +10 °C betragen. Sie sollte anschließend wenigstens 3 Tage auf mindestens +10 °C gehalten werden. Anderenfalls ist der Beton so lange zu schützen, bis eine ausreichende Festigkeit erreicht ist.

Während der ersten Tage der Hydratation darf der Beton in der Regel erst dann durchfrieren, wenn seine Temperatur vorher wenigstens 3 Tage +10 °C nicht unterschritten oder wenn er bereits eine Druckfestigkeit von 5 N/mm² erreicht hat.

Einwirkungen durch Frost auf den Beton werden durch die Expositionsklassen XF erfasst. Für die erforderliche Verarbeitbarkeit wird dem Frischbeton im Allgemeinen mehr Wasser zugegeben, als für das Erhärten des Zementes erforderlich ist. Dieses Überschusswasser hinterlässt im erhärteten Beton ein System haarfeiner Poren (Kapillarporen). Wenn das in diesem Porensystem enthaltene Wasser ganz oder teilweise gefriert, erzeugt das entstehende Eis einen Druck auf die Porenwandungen. Während des Erhärtungsprozesses oder bei unzureichend zusammengesetztem Beton kann es zur Schädigung und zur Zerstörung des Betongefüges kommen.

Bei zusätzlicher Einwirkung von Tausalzen wird diese Beanspruchung wesentlich verstärkt. LP-Betone der Expositionsklasse XF4 sollen erst einer Tausalzeinwirkung ausgesetzt werden, wenn der Beton ausreichend erhärtet ist und wenigstens einmal austrocknen konnte.

1.1.3.9 Betonieren bei heißer Witterung

Steigt bei heißer Witterung die Temperatur des Frischbetons auf Werte zwischen +25 und +30 °C an, verringert sich die Konsistenz und der Beton steift rascher an. Deshalb ist eine niedrigere Frischbetontemperatur anzustreben und nach Möglichkeit ein Zement mit niedriger Hydratationswärme und langsamer Festigkeitsentwicklung zu verwenden.

DIN 1045-3 (2001-07), Abschnitt 8.3.1, legt fest: *„Die Frischbetontemperatur darf im Allgemeinen +30 °C nicht überschreiten, sofern nicht durch geeignete Maßnahmen sichergestellt ist, dass keine nachteiligen Folgen zu erwarten sind."*

Bei hohen Temperaturen besteht die Gefahr, dass frische Betonflächen zu schnell austrocknen. Die Verdunstung wird besonders bei windigem Wetter noch verstärkt.

Um einer möglichen Schädigung der freien Betonflächen frischer und junger Bauteile durch Rissbildung und Feuchtigkeitsverlust zu begegnen, muss der Beton sofort nach der Herstellung bzw. nach dem Ausschalen in geeigneter Form nachbehandelt werden. Dies ist z. B. durch möglichst frühzeitiges Abdecken mit Folien, feuchten Matten oder durch Aufsprühen von Nachbehandlungsmitteln zu bewerkstelligen.

Direktes Bespritzen mit kaltem Wasser der teilweise durch Wind schon abgetrockneten Betonflächen kann zu erheblichen Temperaturdifferenzen in der Betonrandzone führen. Dieses „Abschrecken" des Betons kann – insbesondere bei massigen Bauteilen – Risse verursachen und sollte tunlichst vermieden werden. Der kritische Zeitbereich für die Entstehung von Frühschwindrissen beginnt bei windigem, heißem Wetter bereits 1 Stunde nach dem Herstellen und kann weitere 4 bis 16 Stunden andauern.

1.1.3.10 Überwachungsprüfungen für Beton

Je nach Betonbaumaßnahme wird zur Qualitätssicherung des Betons ein unterschiedlich hoher Überwachungsaufwand gefordert. DIN 1045-3 formuliert mit den Überwachungsklassen 1, 2 und 3 ein mehrstufiges Überwachungssystem. Die Anforderungen an die Überprüfung der maßgebenden Frisch- und Festbetoneigenschaften nehmen mit steigender Überwachungsklasse zu. Der Aufwand und die Klasseneinteilung richten sich neben der Festigkeitsklasse vor allem auch nach den geltenden Expositionsklassen, wobei für die Zuordnung die höchste zutreffende Überwachungsklasse maßgebend ist.

Transportbeton (Beton nach Eigenschaften), der auf die Baustelle geliefert wird, ist ein zertifiziertes Produkt. Die Übereinstimmung mit den technischen Regeln (DIN EN 206-1, DIN 1045-2) wird durch das Übereinstimmungszeichen dokumentiert, für das Kennzeichnungspflicht besteht und der Hersteller verantwortlich ist.

Zur Qualitätssicherung bei der Verarbeitung von Betonen der Überwachungsklassen 1, 2 und 3 auf Baustellen gehört die Überwachung des Betonierens durch das Bauunternehmen mit der Überprüfung der maßgebenden Frisch- und Festbetoneigenschaften (Eigenüberwachung) und von Betonen der Überwachungsklassen 2 und 3 zusätzlich die Überwachung durch eine dafür anerkannte Überwachungsstelle (Fremdüberwachung). Baustellen, auf denen Betone der Überwachungsklassen 2 und 3 eingebaut werden, sind an deutlich sichtbarer Stelle mit Angabe von „DIN 1045-3" und der Überwachungsstelle zu kennzeichnen.

Verantwortlich für die ordnungsgemäße Durchführung aller in DIN 1045-3 geforderten Überwachungsmaßnahmen auf der Baustelle ist die Bauleitung des ausführenden Unternehmens. Dies gilt unabhängig davon, ob eine firmeneigene oder eine externe Prüfstelle die Durchführung der Überwachungsarbeiten des Betons verantwortlich übernommen hat.

Tabelle 1.15: Überwachungsklassen für Beton nach DIN 1045-3, Tabelle 3

Gegenstand	Überwachungsklasse 1 (früher B I)	Überwachungsklasse 2 (früher B II)	Überwachungsklasse 3 (früher DAfStb-Richtlinie)
Druckfestigkeitsklasse für Normal- und Schwerbeton nach DIN EN 206-1 und DIN 1045-2	≤ C25/30[1]	≥ C30/37 und ≤ C50/60	≥ C55/67
Expositionsklasse nach DIN 1045-2	X0, XC, XF1	XS, XD, XA, XM[2], ≥ XF2	–
besondere Betoneigenschaften[4]		• Beton für wasserundurchlässige Bauteile[3] • Für besondere Anwendungsfälle (z. B. verzögerter Beton, Fließbeton, Betonbau beim Umgang mit Wasser gefährdenden Stoffen) sind die jeweiligen DAfStb-Richtlinien anzuwenden.	–

[1] Spannbeton der Festigkeitsklasse C25/30 ist stets in die Überwachungsklasse 2 einzuordnen.

[2] Gilt nicht für Industrieböden.

[3] Beton mit hohem Wassereindringwiderstand darf in die Überwachungsklasse 1 eingeordnet werden, wenn der Baukörper nur zeitweilig aufstauendem Sickerwasser ausgesetzt ist und wenn in der Projektbeschreibung nichts anderes festgelegt ist.

[4] Wird der Beton der Überwachungsklassen 2 und 3 eingebaut, muss die Überwachung durch das Bauunternehmen zusätzlich die Anforderungen von DIN 1045-3, Anhang B, erfüllen und eine Überwachung durch eine dafür anerkannte Überwachungsstelle nach Anhang C der gleichen Norm durchgeführt werden.

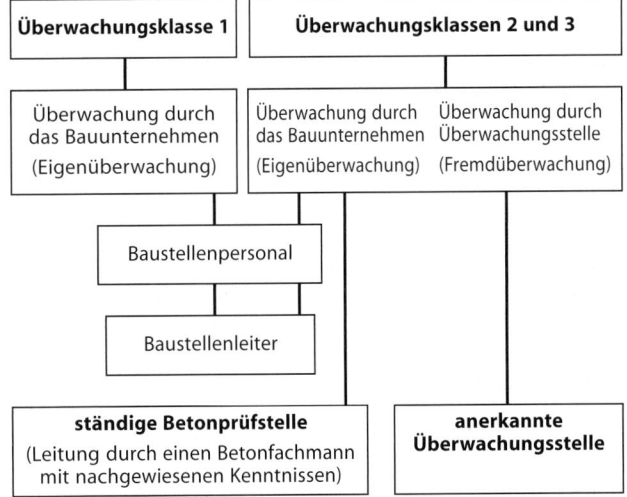

Abb. 1.5: Fremd- und Eigenüberwachung bei den Überwachungsklassen beim Einbau von Betonen nach Eigenschaften

Darüber hinaus sind in DIN 1045-3 verschiedene Regelungen und Anforderungen zu bzw. an Schalung, Bewehrung, Verarbeitung und Nachbehandlung von Beton formuliert, die ungeachtet der Überwachungsklasse gelten.

1.1.4 Besondere Eigenschaften von Stahlbetonkonstruktionen

Stahlbetonbauteile für Balkone und Terrassen weisen eine Reihe von besonderen Eigenschaften auf.

Schwinden

Alle zementgebundenen Betone schwinden. Diese Volumenverringerungen treten nach dem Einbau der Frischbetone in den ersten Wochen besonders rapide auf, verlangsamen sich mit fortschreitender Zeit und nähern sich in Abhängigkeit von der Konstruktionsdicke der Betonteile, von deren Zusammensetzungen und von einer Reihe von Umwelteinflüssen auf die Frischbetone (z. B. Umgebungstemperatur, Luftfeuchtigkeit, Zugluft, Sonneneinstrahlung) in einem Zeitraum von ca. 5 bis 20 Jahren asymptotisch dem Wert 0.

Das Schwinden eines Betons setzt sich aus 2 völlig verschiedenen Vorgängen zusammen. Das chemische Schwinden (Schrumpfen) eines frisch eingebrachten Betons dauert in seiner Hauptwirkung nur wenige Stunden oder Tage. Es entsteht infolge des Erhärtungsvorgangs durch die chemische Bindung eines Teiles des Betonzugabewassers in den Hydratationsprodukten des Zementes. Dieser Vorgang findet im Inneren des Zementsteins statt. Hauptursache ist, dass die Ausgangsstoffe vor dem Erhärten ein anderes Volumen einnehmen als das Erhärtungsprodukt.

Das Langzeitschwinden beruht in erster Linie auf dem Volumenverlust durch Entweichen (Verdunsten) des freien, nicht chemisch gebundenen Zugabewassers im Zementleim und der den Oberflächen der Gesteinskörnungen vor dem Betonmischvorgang anhaftenden Feuchtigkeit. Dieser Vorgang ist physikalischer Art und wird als plastisches Schwinden oder Frühschwinden bezeichnet. Es beginnt an den Außenflächen des Betons und schreitet nach innen fort. Die weitere Austrocknung des Betons über Monate und Jahre wird als Trockenschwinden bezeichnet.

Der zeitabhängige Verlauf des Schwindens von Betonteilen mit gleicher Zusammensetzung, gleichem betontechnologischem Aufbau, hergestellt unter gleichen Einbau- und Bestandsbedingungen ist in hohem Maße abhängig von der Konstruktionsdicke. Dünne Bauteile (z. B. Zementestriche) schwinden schneller und beenden ihren Schwindvorgang früher als dicke und massige Bauteile.

Die Abb. 1.6 zeigt den zeitlichen Verlauf der Schwindvorgänge in Prozentangaben des jeweiligen Gesamtschwindmaßes bei verschiedenen Dicken von Bauteilen mit gleichem Mischungsverhältnis, mit gleichen Gesteinskörnungen, mit gleicher Konsistenz des Frischbetons, die unter gleichen Bedingungen hergestellt wurden und gealtert sind.

Das Schwindmaß eines Betons kann niedrig gehalten werden

- durch eine möglichst dichte Kornzusammensetzung der Gesteinskörnungen mit einem Minimum an Hohlräumen zwischen den Körnern; dies wird bewirkt durch den stetigen Verlauf der Sieblinie; dabei müssen die Hohlräume zwischen der jeweils größeren Korngruppe weitestgehend durch die jeweils kleinere Korngruppe ausgefüllt werden; je dichter der Kornaufbau gewählt wird, desto geringer sind der Bedarf an Zementleim und das durch ihn bedingte Schwinden;

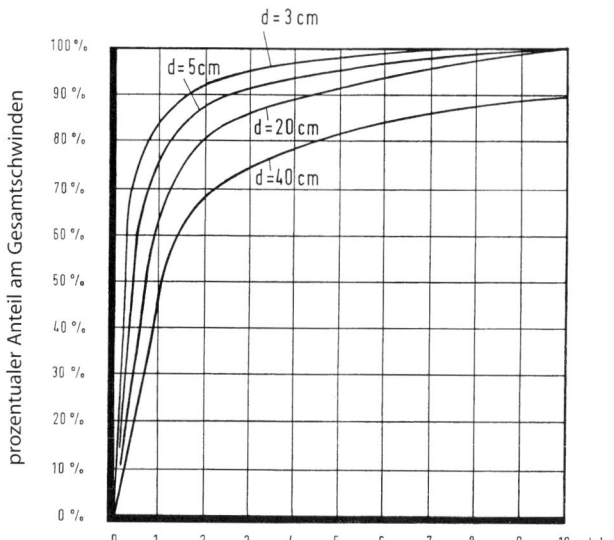

Abb. 1.6: Schwindverhalten von Stahlbeton- und Zementestrichplatten verschiedener Dicke in Abhängigkeit von ihrem Alter seit der Herstellung

- durch möglichst geringe Zementzugabe; sie sollte nicht größer sein, als zur Erreichung der notwendigen Festigkeitseigenschaften und zum Korrosionsschutz der Bewehrungsstähle erforderlich ist;
- durch möglichst geringe Wasserzugabe; der erforderliche und festgelegte Wasserzementwert im Frischbeton soll nicht überschritten werden;
- durch möglichst intensive Verdichtung des Frischbetons mit anschließender fachgerechter Nachbehandlung.

Reversible Deformationen

Infolge des Eigengewichts von Stahlbetonkonstruktionsteilen und der auf diese einwirkenden Nutzlasten entstehen teilweise reversible, elastische Deformationen, Verbiegungen. Sie sind durch geeignete Rechenverfahren relativ einfach vorherzubestimmen und können durch entsprechende Überhöhungen in der Schalung berücksichtigt werden. Die durch die Nutzlasten entstandenen Deformationsanteile verschwinden wieder beim Wegfallen dieser Nutzlasten.

Irreversible Deformationen

Gleichzeitig entstehen in den Betonbauteilen unter den Gebrauchsspannungen durch die Bildung von Mikrorissen in den statisch gezogenen Bereichen (Biegezug), verbunden mit dem sog. Fließen fast ausschließlich des Zementsteins, als Folge verzögerter Deformationen bleibende Verformungen. Man bezeichnet diesen Vorgang als „Kriechen".

Das Kriechen des Betons hängt im Wesentlichen von der Feuchte der Umgebung, den Abmessungen des Bauteils und der Zusammensetzung des Betons ab. Es wird des Weiteren deutlich vom Reifegrad des Betons beim erstmaligen Aufbringen der Last sowie von Dauer und Größe der Belastung beeinflusst. Bei der Ermittlung der Kriechzahl φ sind diese Einflüsse zu berücksichtigen.

Verfahren zur Ermittlung dieses Wertes für die jeweils vorliegende Konstruktion und die Berücksichtigung im anstehenden Berechnungsvorgang sind der DIN 1045-1 (2001-7), Abschnitt 9.1.4, zu entnehmen.

Zur Beurteilung dieser irreversiblen Formänderungen sind gute statische und betontechnologische Kenntnisse sowie reiche praktische Erfahrungen erforderlich. Falls die Ermittlung der durch Kriechen entstehenden Verformung relevant ist, sollte zur Berechnung ein erfahrener Statiker herangezogen werden.

Besonders kritisch können die durch elastische Deformationen und durch Kriechen entstehenden Verbiegungen bei weit auskragenden Balkonplatten sein. Das geringe vorgeschriebene Gefälle von ca. 2 % für den Wasserabfluss zu Rinnen und Bodeneinläufen, das prinzipiell in der Oberfläche der Rohbetonplatte ausgebildet werden sollte, kann dabei völlig verschwinden und in extremen Fällen sogar in ein Gegengefälle verändert werden. Zum Ausgleich sind daher bereits beim Aufbau der Betonschalung und beim Abziehen der Rohbetonoberfläche entsprechende Überhöhungen vorzusehen.

Längenänderungen durch Temperaturwechsel

Durch Temperaturunterschiede, denen Balkone und Terrassen unterworfen sind, entstehen in den Konstruktionsteilen zum Teil erhebliche Längenveränderungen, die sich im Wechsel von Sommer und Winter, Tag und Nacht, Sonneneinstrahlung und Beschattung unzählige Male wiederholen.

Dunkelfarbige Beläge auf Balkonen können unter mitteleuropäischen Witterungsverhältnissen durch Insolation im Sommer nach unseren Messungen Temperaturen von ca. +65 °C, auf wärmegedämmten Terrassen sogar von +80 °C erreichen.

In den tragenden Stahlbetonbauteilen unter den Balkonbelägen können dabei Temperaturen von +60 °C auftreten. Im Winter dagegen kühlen sich die Beläge und Außenbauteile der Balkone und Terrassen auf −20 °C ab.

Die Temperaturunterschiede können demnach die folgenden Werte erreichen:

- in Belägen von Balkonen: 85 K,
- in Belägen von wärmegedämmten Terrassen: 100 K,
- in Stahlbetontragbauteilen von Balkonen: 80 K.

Die Temperaturdifferenzen in Stahlbetontragbauteilen von wärmegedämmten Terrassen sollten in Abhängigkeit von den jeweiligen Verhältnissen rechnerisch ermittelt werden.

Stahlbeton hat eine Wärmedehnung von:

$\alpha_T = 10$ bis $12 \cdot 10^{-3}$ mm/(m · K) = 10 bis $12 \cdot 10^{-6}$ 1/K.

Dies kann z. B. bei einer Temperaturdifferenz von 80 K zu einer Längenänderung pro m Betonplatte von:

$\Delta L = 80$ K $\cdot 12 \cdot 10^{-3}$ mm/(m · K) = 0,96 mm/m ≈ 1 mm/m

führen.

Quintessenz

Durch besondere Maßnahmen bei Entwurf und Ausführung der Bauwerksteile ist den vorstehend aufgeführten speziellen Eigenschaften Rechnung zu tragen. Insbesondere sollten bei auskragenden Balkonplatten die zulässigen Stahl- und Betonspannungen unter Berücksichtigung des Konstruktionseigengewichtes und der Nutzlast nicht voll ausgenutzt werden, um die Deformation so gering wie möglich zu halten. Nach DIN 1055-3 (2002-10) „Einwirkungen auf Tragwerke – Teil 3: Eigen- und Nutzlasten für Hochbauten", Tabelle 1, Zeile 21, beträgt für Balkone und Dachterrassen die gleichmäßig verteilte Nutzlast $q_k = 4$ kN/m² und die anzusetzende Einzellast $Q_k = 2$ kN.

1.2 Konstruktionsangaben für Balkone

Grundsätzlich sind Balkonkragplatten aufgrund der Energieeinsparung und des Tauwasserschutzes thermisch von der Außenwand bzw. von den Innendecken zu trennen. Dies ist heute ohne großen Aufwand technisch möglich.

1.2.1 Aus den Stockwerksdecken der Gebäude auskragende Balkonplatten

In den vergangenen Jahren wurden die Balkonkragplatten in kraftschlüssigem Verbund mit Gebäudestockwerksdecken hergestellt. Diese Rohbauteile im Verbund mit den Decken ragten über die Gebäudeaußenwände in den Freiraum hinaus.

Solche Balkonkonstruktionen ohne thermische Trennung stellten früher einen großen Anteil der praxisüblichen Ausführungen dar. Sie waren einfach in der Herstellung und leicht beherrschbar im statischen Aufbau.

Die Abb. 1.7 zeigt eine an Bauwerken immer wieder vorzufindende Primitivausführung in ihrer erschütternden Schlichtheit.

Stahlbeton ist ein guter Wärmeleiter. Die innere Stockwerksdecke wird im Winter auf Raumtemperatur (ca. +20 °C) aufgewärmt, die Balkonplatte kühlt sich auf die Außentemperatur (ca. −20 °C) ab. Durch den Wandauflagerbereich W findet im Winter innerhalb der Stahlbetonplatte laufend ein Wärmefluss von innen nach außen statt, der zu erheblichen Heizenergieverlusten führt.

Im Bereich K der Stahlbetonstockwerksdecke neben dem Wandauflager W kühlen sich die Deckenober- und -unterflächen beim Zustand „innen warm – außen kalt" ab, so dass sich dort der in der Raumluft enthaltene Wasserdampf als Kondensat niederschlägt und die abgekühlten Flächen durchfeuchtet.

Auf der Deckenoberseite befinden sich in der Regel Auflagen aus Wärme- und Trittschallmatten mit Estrich und Bodenbelag. Dieser Bereich ist weniger kondensatgefährdet. Der unmittelbar neben dem Wandauflager W liegende Streifen der Deckenunterseite kühlt sich jedoch erheblich ab, bildet dadurch eine Wasserkondensatfläche und stellt damit ein feuchtes und äußerst angenehmes Siedlungsgebiet für Schimmelpilze dar.

Neben den unschönen Verfärbungen der Deckenuntersichten bei den betroffenen Bauteilen ist besonders in den

Räumen darunter mit muffigen Geruchsbelästigungen zu rechnen.

Als viel schlimmer zu beurteilen sind jedoch die zum Teil erheblichen Krankheitserscheinungen, denen allergisch veranlagte Personen durch die bei Pilzbefall in der Raumatmosphäre immer vorhandenen Sporen unterworfen sind.

Planer und Ausführende mögen bedenken, dass sie in solchen Fällen für diese Folgen haftpflichtig sein können, wenn sie die Wärmeschutz-Mindestanforderungen der DIN 4108-2, die DIN EN 832 und die Anforderungen der Energieeinsparverordnung (EnEV) nicht erfüllt haben.

Eine gewisse Verbesserung im Kondensationsbereich K kann erreicht werden, wenn man an der Deckenunterseite der Gebäudeinnenräume eine Wärmedämmung D vorsieht. Dabei ist unter Berücksichtigung der Stahlbetonplattendicke sowie der Dicken und Rechenwerte der Wärmeleitfähigkeiten von oberer Trittschalldämmung und unterer Wärmedämmung D die Stelle im Abstand K von der Gebäudeaußenwand rechnerisch zu ermitteln, an der unter ungünstigsten Klimaverhältnissen keine Kondensatbildung an der Deckenunterseite mehr auftritt. Es empfiehlt sich, die Dämmung D darüber hinaus um weitere 100 bis 150 mm nach der Raumseite hin zu verbreitern (siehe Abb. 1.8).

Erfahrungsgemäß liegen die Breiten B der unteren Dämmstreifen zwischen 100 und 150 cm.

Es sei hier ausdrücklich darauf hingewiesen, dass diese Dämmmaßnahmen keinesfalls die Heizenergieverluste verringern.

Die Abb. 1.9 zeigt die Temperatureinwirkungen auf eine unmittelbar aus einer Stockwerksdecke auskragende Stahlbetonbalkonplatte sowie die besonders bei langen Balkonen durch Temperaturdifferenzen entstehenden Bewegungen.

Die im Gebäudeinneren liegende Stockwerksdecke weist im Sommer und im Winter relativ gleich bleibende Temperaturen von ca. +20 °C auf und ist damit keinen praktisch ins Gewicht fallenden temperaturwechselbedingten Längenänderungen unterworfen. Die außen liegende Balkonplatte gleicht sich im Winter den Außentemperaturen von –20 °C und tiefer an und kann sich im Sommer, besonders bei dunkelfarbigem Balkonbelag, bei Lufttemperaturen von +20 °C und höher durch Sonneneinstrahlungen auf +60 °C erwärmen.

Wurden z. B. die Rohbaubetonierungsarbeiten bei einer mittleren Temperatur von ca. +15 °C ausgeführt, so ergibt sich im Winter eine Verkürzung des ursprünglichen Balkonlängenmaßes L um

$$\Delta L_{W\,links} + \Delta L_{W\,rechts} = 2\,\Delta L_W = [+15\,°C - (-20\,°C)] \cdot 12 \cdot 10^{-3}$$
$$= 0{,}42\ \text{mm/m}$$

und im Sommer eine Verlängerung von L um

$$\Delta L_{S\,links} + \Delta L_{S\,rechts} = 2\,\Delta L_S = [+60\,°C - (+15\,°C)] \cdot 12 \cdot 10^{-3}$$
$$= 0{,}54\ \text{mm/m}.$$

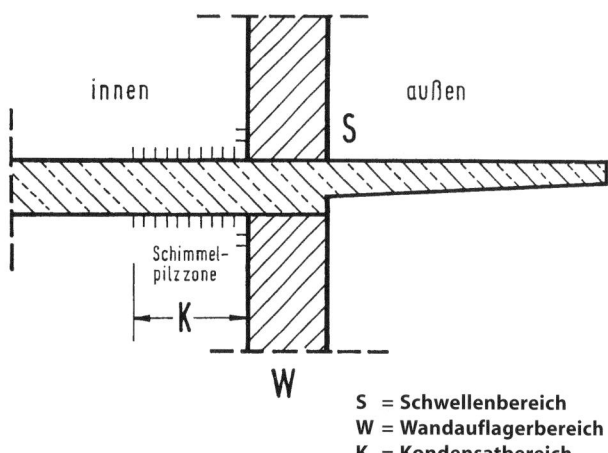

Abb. 1.7: Primitivausführung einer auskragenden Stahlbetonplatte

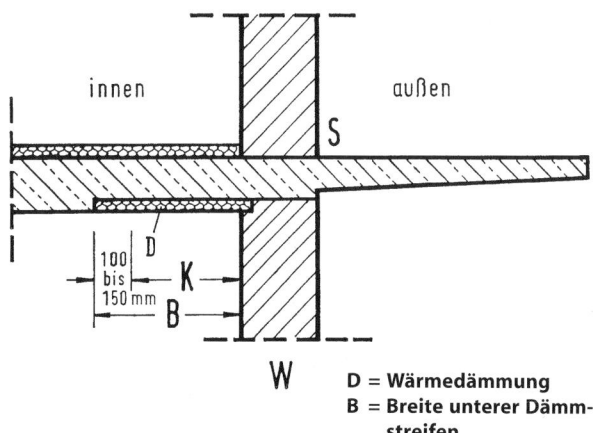

Abb. 1.8: Auskragende Stahlbetonbalkonplatte aus einer Stockwerksdecke mit vollflächiger oberer Wärme- und Trittschalldämmung und mit unterem Wärmedämmstreifen im Bereich des Wandauflagers

Dabei sind

$2\,\Delta L$ = Temperaturdifferenz [K]
α_T = Wärmedehnzahl von Stahlbeton [mm/(m · K)]

Der Absolutwert der gesamten Längenänderung „Sommer/Winter" der Stahlbetonkonstruktion der äußeren Balkonkante beträgt damit bei der Temperaturdifferenz von (Winter 35 K + Sommer 45 K =) 80 K pro m Balkonlänge:

$$\Delta L_{Abs} = 2\,\Delta L_W + 2\,\Delta L_S = 0{,}42 + 0{,}54$$
$$= 0{,}96\ \text{mm/m} \sim 1\ \text{mm/m}.$$

Bei einer Balkonlänge von 10 m ergibt sich dabei eine rechnerisch ermittelte Längenänderung von ca.

$$10\ \text{m} \cdot 1\ \text{mm/m} = 10\ \text{mm}$$

für die auskragende Balkonplatte, während die starr mit ihr verbundene Stockwerksdecke im Gebäudeinneren theoretisch immer die gleiche Länge beibehält.

Im Bereich des Wandauflagers W der Abb. 1.9 ergibt sich in Abhängigkeit von den Materialdicken und von den Wandbaustoffen eine relativ schmale Temperaturübergangszone zwischen der verhältnismäßig gleich bleibend temperierten Gebäudeinnendecke und der Balkonkrag-

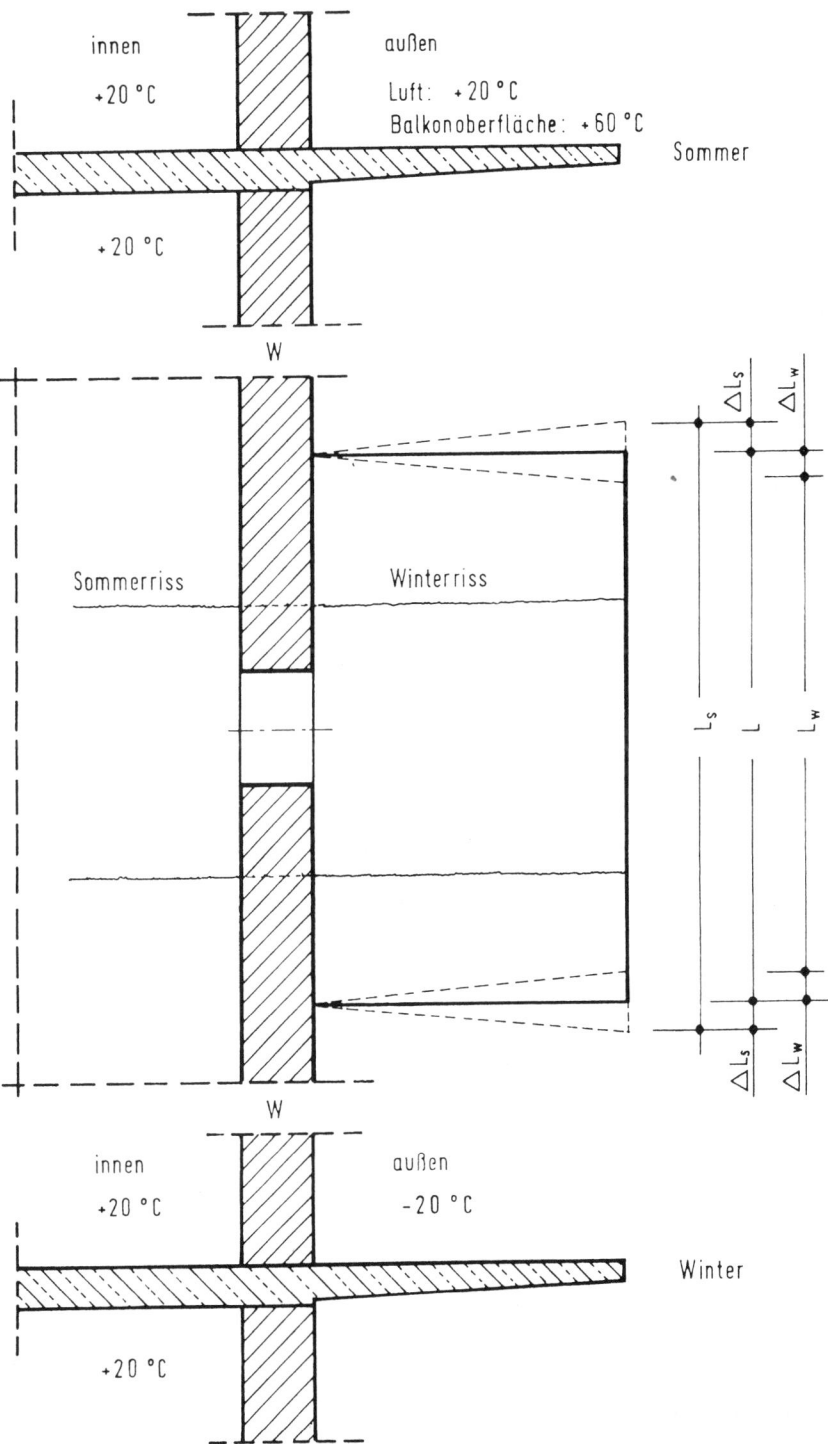

Abb. 1.9: Temperaturwechselbedingte Längenänderungen mit sich daraus ergebenden möglichen Rissbildungen einer auskragenden Stahlbetonplatte

platte, die den äußeren Temperaturwechseln unterworfen ist. Durch die sich damit einstellenden divergierenden Längenänderungen in der Gesamtkonstruktion und als Folge der durch die Auflast der Außenwand behinderten Bewegungsmöglichkeit im Auflager W entstehen zum Teil erhebliche Zwangsspannungen in der Platte.

Bei im Winter abgekühlter und damit gegenüber ihrer ursprünglichen Länge und der Länge der Deckenplatte verkürzter Balkonplatte können in ihr infolge der Deformationsbehinderung und unterstützt von in der Regel vorhandenen Schwind-Zugspannungen „Winterrisse" auftreten.

Diese können auch durch besondere Stahlbewehrungseinlagen nur begrenzt vermieden werden.

Im Sommer kann die Erwärmung des Balkons und die damit verbundene Ausdehnung gegenüber seiner ursprünglichen Länge und der Länge der Deckenplatte im Gebäudeinneren, unterstützt durch die Kerbwirkung an den Enden der nun inzwischen in der äußeren Balkonplatte entstandenen Winterrisse, im Bereich des Auflagers W zu „Sommerrissen" in der inneren Stockwerksdecke führen. Diese bilden sich vom Auflager W beginnend in Richtung Innenraum aus. Die hier geschilderten Risse müssen sich keinesfalls in den ersten Jahren nach Fertigstellung des

32 1 Rohbaukonstruktionen

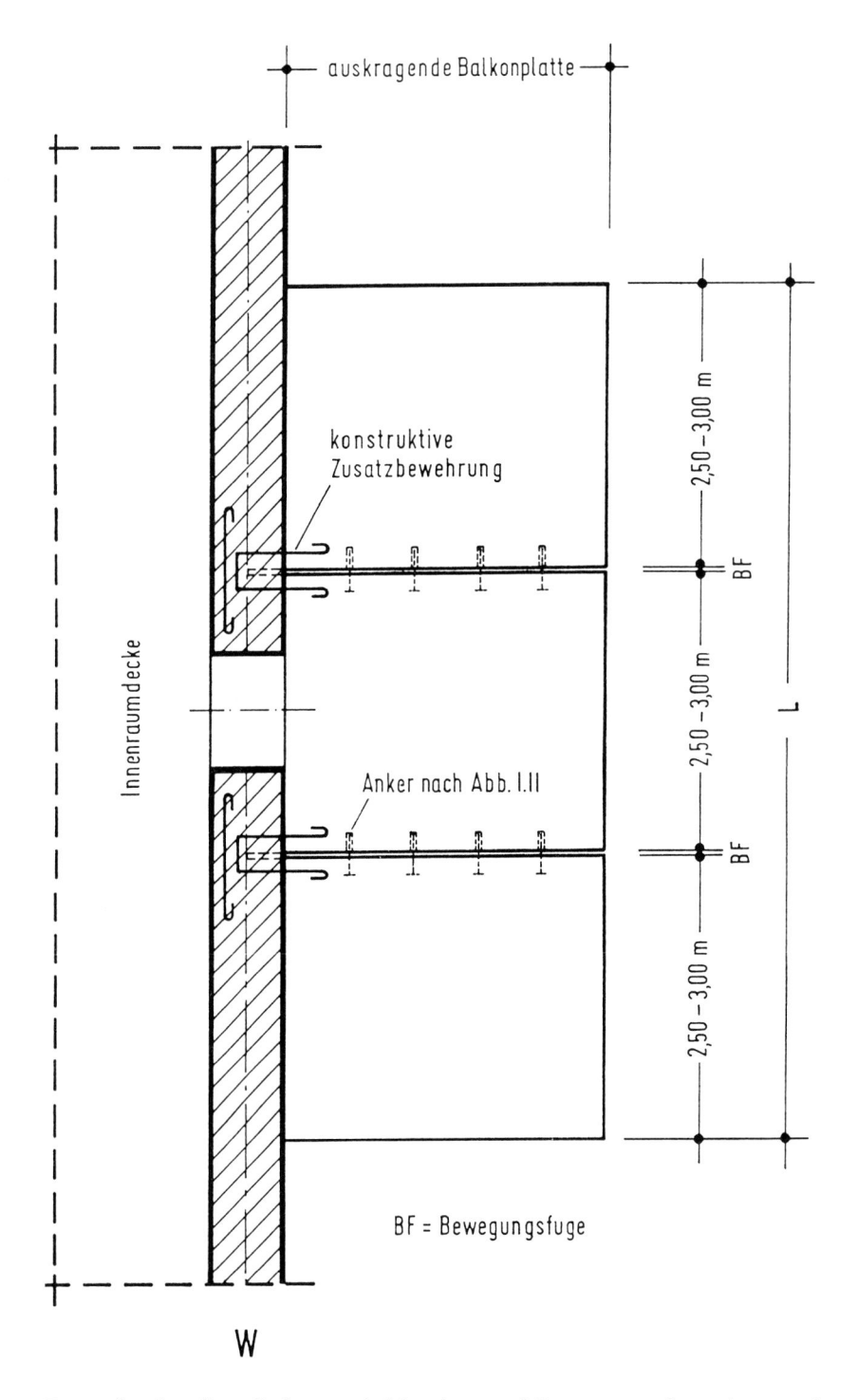

Abb. 1.10: Mögliche Unterteilung langer auskragender Stahlbetonbalkonplatten durch Bewegungsfugen

Bauwerks einstellen. Sie können infolge der unzähligen Temperaturwechsel aufgrund von Materialermüdung des Stahlbetons auch wesentlich später auftreten.

Zur Verminderung der Heizenergieverluste und der Rissbildung wird manchmal empfohlen, die auskragende Stahlbetonplatte allseitig mit Wärmedämmplatten zu ummanteln.

Mit geeigneten Computerrechenprogrammen kann die Hilflosigkeit und Mangelhaftigkeit solcher Konstruktionen nachgewiesen werden. Genau geführte rechnerische Ermittlungen mit diesen Computerprogrammen zeigen, dass in Abhängigkeit von den Dicken der Stahlbetondecken und der äußeren Wärmedämmungen die Kragplatte bereits im Abstand von 30 bis 60 cm von der Gebäudewandaußenkante die jeweils am tiefsten angenommenen Außentemperaturen erreicht.

Das heißt: Eine Heizenergieeinsparung tritt durch eine allseitige wärmedämmende Ummantelung der Balkonplatten nur in geringem Maße während wechselnder Außentemperaturverhältnisse, jedoch gar nicht während längerer gleich bleibender Kälteperioden ein.

Die temperaturwechselbedingten Längenänderungen und die damit verbundenen Schubspannungen zwischen Innendecken und Außenbalkonen wirken sich trotz Wärmedämmmaßnahmen bauschadenträchtig aus. Zwar wird durch Wärmedämmungen die Temperaturübergangszone

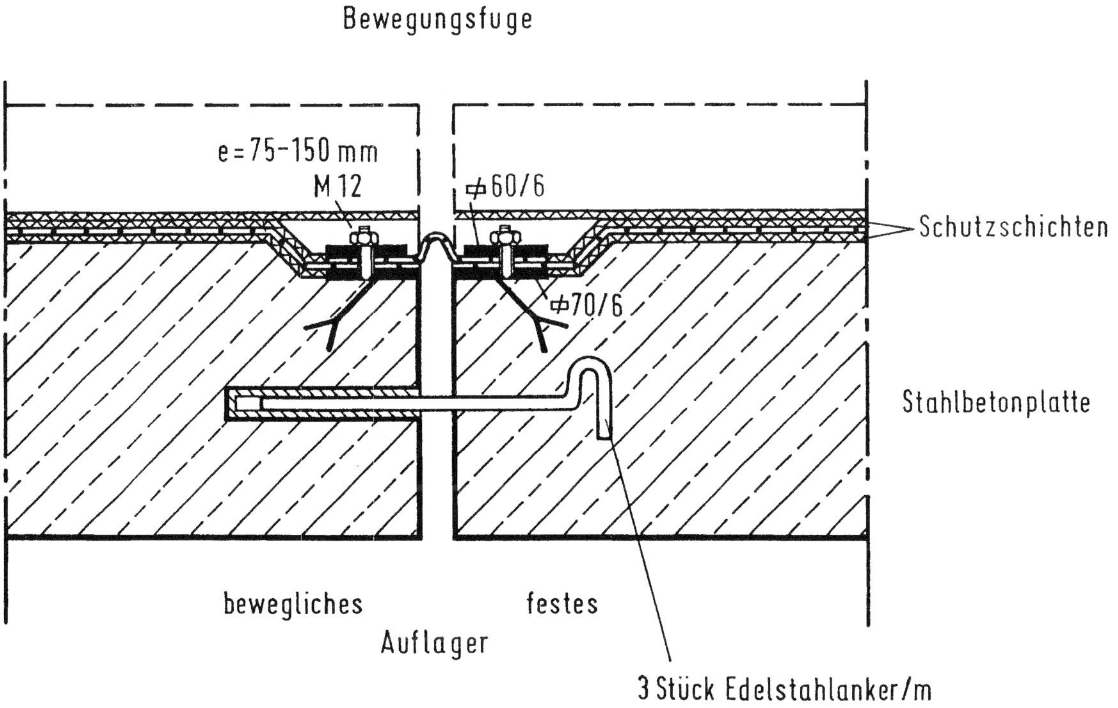

Abb. 1.11: Überbrückung der Bewegungsfugen in auskragenden Stahlbetonbalkonplatten durch die Abdichtungsschicht und durch Edelstahlanker

e = Achsabstand der Schrauben untereinander

zwischen den monolithischen Innendecken und Balkonen verbreitert, divergierende Längenänderungen und die damit verbundenen Riss bildenden Zugspannungen können jedoch nur äußerst geringfügig beeinflusst werden. Wärmedämmungen von Balkonen der vorbeschriebenen Art sind weitestgehend unwirksam und sollten daher nicht ausgeführt werden.

Häufig findet man in der Baupraxis aus den Stockwerksdecken monolithisch auskragende Balkonplatten, die sich über die gesamte Gebäudelänge von 10 m und zum Teil weit mehr erstrecken und darüber hinaus in Extremfällen um die Gebäudeaußenecken herum an den Gebäudegiebeln entlanggeführt werden. Hier liegen ausgesprochene Rissplanungen vor.

Wenn man schon die vorstehend aufgeführten Unzuträglichkeiten in Kauf nimmt und aus Stockwerksdecken auskragende Balkonplatten bauen möchte, sollte man sich tunlichst auf eine Balkonlänge L (siehe Abb. 1.9) von maximal 3 m beschränken.

Sollen längere Balkone ausgeführt werden und kann nicht auf andere, später näher beschriebene Konstruktionen ausgewichen werden, so wird empfohlen, die auskragende Balkonplatte durch Bewegungsfugen in getrennte Einzelfelder von ca. 3 m Länge einzuteilen (siehe Abb. 1.10).

Die Bewegungsfugen BF in der Balkonplatte reichen etwa von der Wandauflagermitte W bis zum äußeren Balkonrand und führen durch sämtliche auf der Balkonplatte aufliegenden Bauschichten.

Bei der Planung ist das Format der später aufzubringenden Bodenbelagswerkstoffe zu berücksichtigen, da die Fugen in allen Schichten unbedingt deckungsgleich übereinander liegen müssen.

Die Abdichtung überdeckt diese Fugen mit geeigneten Schlaufenkonstruktionen (Abb. 1.11).

Die durch Kerbwirkung in der Stahlbetonplatte am Ende der Bewegungsfugen im Wandauflager W entstehenden und möglicherweise Risse bildenden Zugspannungen müssen durch konstruktive Zusatzbewehrungen kompensiert werden (Abb. 1.10).

Durch verschieden große Deformationen in Form von Durchbiegungen der durch Bewegungsfugen getrennten Kragplattenteile als Folge der Nutzbelastung und durch Kriechen könnten sich in den fertigen Balkonoberflächen im Bereich der Fugen Höhenversätze ausbilden. Um diese zu vermeiden, wird empfohlen, pro laufenden m Bewegungsfuge 3 bis 4 Stück nicht rostende Edelstahlanker mit beweglichen und festen Auflagern (siehe Abb. 1.11) einzubauen.

Die in Abb. 1.8 schematisch dargestellte Balkonkragplatte mit in einer Ebene der Rohbaukonstruktion durchgeführter Oberfläche – innen und außen – im Schwellenbereich S entspricht vielen, leider ohne besondere Überlegung hergestellten Konstruktionen der Praxis.

Durch verschiedene Dicken der inneren Trittschalldämm-, Estrich- und Bodenbelagsschichten und der äußeren Gefälle-, Abdichtungs-, Dränage-, Estrich- und Balkonbelagsschichten und nicht zuletzt durch die vorgeschriebene, in Kapitel 5.1 noch genauer erläuterte, 15 cm hohe äußere Hochführung der unbedingt erforderlichen Balkonabdichtung gegen nicht drückendes Oberflächenwasser an Bal-

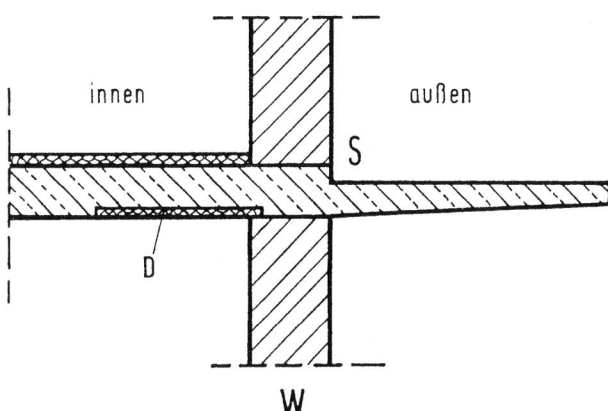

Abb. 1.12: Auskragende Stahlbetonbalkonplatte aus einer um eine Stufe höher liegenden Stockwerksdecke mit vollflächiger oberer Wärme- und Trittschalldämmung und mit unterem Wärmedämmstreifen im Bereich des Wandauflagers

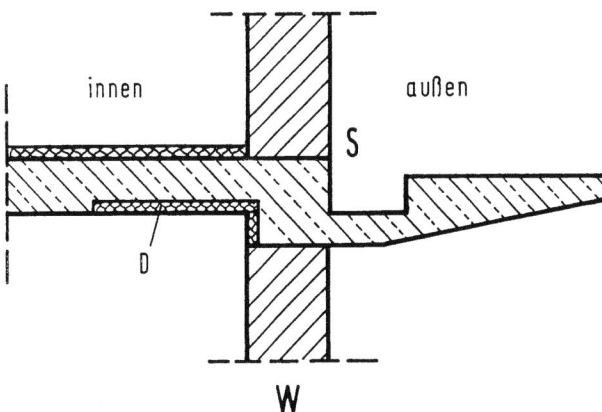

Abb. 1.13: Auskragende Stahlbetonbalkonplatte mit einer Wasserabflussrinne für den stufenfreien Übergang zur Stockwerksdecke mit vollflächiger oberer Wärme- und Trittschalldämmung und mit unterem Wärmedämmstreifen im Bereich des Wandauflagers

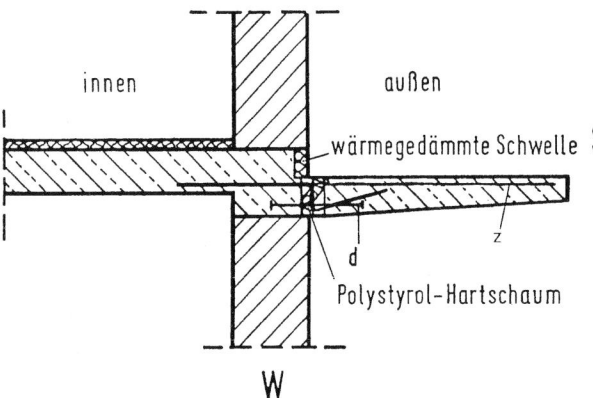

Bewehrungen z: zur Aufnahme der Zugspannungen
Bewehrungen d: zur Übertragung der Druckkräfte

Abb. 1.14: Auskragende Stahlbetonbalkonplatte aus einer um eine Stufe höher liegenden Stockwerksdecke mit Einbau eines tragenden Wärmedämmelementes

konanschlusswänden und im Balkontürbereich wird dort immer eine äußere Stufe, bei unsachgemäßer Planung sogar eine entsprechend hohe Schwelle auch mit innerer Stufe, erforderlich.

Diese innere Stufe kann vermieden werden, wenn durch Absenkung der Balkonrohbauoberfläche gegenüber der inneren Stockwerksdeckenoberfläche bei S unter Berücksichtigung der äußeren Abdichtungshochführung für einen den Bauschichtendicken entsprechenden Höhenausgleich Sorge getragen wird (siehe Abb. 1.12).

Die äußere Stufe bei S kann (z. B. zum Überfahren durch Rollstühle) dann entfallen,

- wenn bereits beim Balkonrohbau unmittelbar vor der Balkontüre eine an den Wandanschlüssen entlangführende, den Vorschriften entsprechend tiefe, später mit einem Gitterrost abzudeckende Wasserabflussrinne genügender Breite vorgesehen wird, die sich über die gesamte Balkonlänge erstreckt (siehe Abb. 1.13),
- wenn im Höhenbereich der äußeren Aufbauschichten durch Einbau von Dränagerosten und Rinnen aus Edelstahl mit Bodenablauf und Notüberläufen, kombiniert mit einer Entwässerung über Dränagematten, barrierefreie Übergänge gesondert mit dem Bauherrn vereinbart und geplant werden.

Das Zusammenwirken der geometrischen Wärmebrücke (Kühlrippe der Balkonplatte) und der stofflichen Wärmebrücke (gut Wärme leitende Stahlbetonplatte) ergibt den starken Wärmeabfluss bei aus Decken auskragenden Stahlbetonbalkonplatten, so dass diese Bereiche zu den kritischsten Wärmebrücken der Gebäudehülle zählen. Die zum Teil erheblichen Heizwärmeverluste sowie die Abkühlungszonen der Stockwerksdecken in Innenräumen unmittelbar neben den Wandauflagern mit den Nachteilen von Schimmelpilzbildungen können durch den Einbau von tragenden wärmedämmenden Bauteilen zwischen Stockwerksdecke und Kragplatte wesentlich verringert werden (siehe Abb. 1.14).

Das unter dem Namen „Isokorb" im Handel erhältliche Wärmedämmelement besteht im Wesentlichen aus einem Körper aus Polystyrol-Hartschaum (WLG 035). Die Bewehrungen z (zur Aufnahme der Zugspannungen) und d (zur Übertragung der Druckkräfte) sind im Bereich des Hartschaumkörpers aus nicht rostendem Edelstahl eingebaut und mit den in den Betonkörpern der Decken- und Balkonbauteile integrierten Betonstählen entsprechender Dicke bzw. mit Druckübertragungsmoduln verbunden.

Mit dem Isokorb erreicht man eine thermische Trennung der außen liegenden Balkonplatte vom warmen Innenbereich bei gleichzeitiger Sicherstellung der Tragfähigkeit. Der stark reduzierte Wärmeabfluss ergibt höhere Oberflächentemperaturen im Innenbereich, so dass bei üblichem Wohnraumklima kein Tauwasser mehr anfallen kann und die Gefahr von Schimmelpilzwachstum gebannt ist.

Im Winter ist der Wärmeabfluss von innen nach außen durch diese Dämmkörper deshalb bedeutend geringer als bei monolithischen Kragplattenbalkonen, da hier im Wesentlichen nur noch die Bewehrungsstäbe aus Edelstahl als Wärmebrücken wirksam sind. Die strengen Anforderungen der EnEV können somit eingehalten werden.

Die reduzierte Größe des sich durch die Restwärmebrücken ergebenden Wärmeflusses durch die Gesamtverbundkonstruktion wird zweckmäßigerweise durch spezielle Rechenprogramme der Hersteller ermittelt.

Der Isokorb verhindert Betonrisse infolge des unterschiedlichen Dehn- und Schwindverhaltens von Balkon- und Deckenplatten.

Isokörbe werden entsprechend den unterschiedlichen konstruktiven Anforderungen in verschiedenen Ausführungen hergestellt, z. B. als Anschlusselemente für

- monolithisches Mauerwerk,
- Mauerwerk mit Wärmedämmverbundsystem,
- zweischaliges Mauerwerk,
- Ortbeton oder Elementplattenbauweise,
- gelenkige Lagerung von Balkonplatten,
- Loggien und Balkone auf Stützen,
- Kragbalken,
- hohe und punktuelle Beanspruchung usw.

Nach den Grundrissformen und Lagerungsbedingungen der Balkone und Loggien kann unter verschiedensten Anschlusselementen gewählt werden.

Tragende Wärmedämmelemente für frei auskragende Balkone sind erhältlich

- für Balkone in Ortbeton oder in Elementplattenbauweise,
- für Außeneckbalkone,
- für Balkonplatten, die in Deckenfelder einspringen,
- dreiseitig aufliegend,
- zweiseitig aufliegend,
- mit Stützenlagerung,
- mit Höhenversatz nach unten zur Decke,
- mit Höhenversatz nach oben zur Decke,
- mit Wandanschluss nach oben,
- mit Wandanschluss nach unten usw.

Nähere technische Angaben sind vom Hersteller zu erfragen oder dessen technischer Information zu entnehmen. Die technische Projektberatung und Anwendungstechnik des Herstellers berät bei statischen, konstruktiven und bauphysikalischen Fragen.

Auskragende Balkone aus Betonfertigteilen mit integriertem Isokorb werden immer häufiger bei Mehrfamilienwohnhäusern eingesetzt. Diese Balkonfertigteile aus Beton werden in speziell eingerichteten Fertigteilwerken nach den Plänen des Architekten und statischer Berechnung mit dem integrierten Isokorb gegen Energieverluste im Anschlussbereich zum Wohngebäude hergestellt. Sie werden dann auf der Baustelle rationell mit 2 % Oberflächengefälle, das in der Regel eingearbeitet ist, montiert. Diese Methode, mehrere gleiche Fertigteilbalkone herzustellen und zu montieren, erspart Zeit und Geld.

Die Herstellung eines Stahlbetonfertigteilbalkons in der Halle bewirkt, dass er wesentlich widerstandsfähiger ist als ein herkömmliches geschaltes Betonbauteil. Die idealen Voraussetzungen sind die Herstellung bei gleich bleibender Temperatur, die Fertigung auf dem Rütteltisch in Sichtbetonschalung gleich mit gefasten Kanten und Wassernase

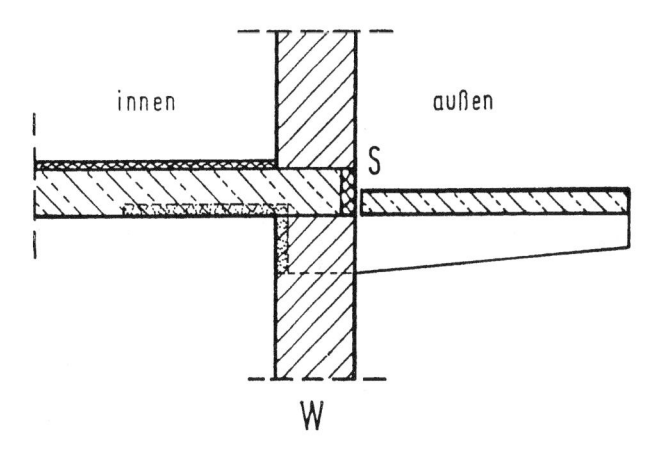

Abb. 1.15 Stahlbetonbalkonplatte ohne Wärme leitende Verbindung mit der Gebäudestockwerksdecke, auf Kragträgern gelagert

und notwendigen Abflüssen, genauer Einbau der Kragbewehrung mit erforderlicher Betondeckung, die Einhaltung der entsprechenden Expositionsklassen mit der erforderlichen Betonfestigkeitsklasse sowie die Einhaltung des optimalen Wasserzementwertes bei idealer Verdichtung und optimaler Nachbehandlung.

Ein Problem stellt die wasserdichte Anbindung zur aufgehenden Außenwand dar, die bis 15 cm über der Oberkante des fertigen Belages gewährleistet sein muss. Bei eingebauten Balkonfertigteilen wird immer wieder festgestellt, dass keine zusätzlichen konstruktiven Sondermaßnahmen getroffen wurden und der Anschluss zum Gebäude eine erhebliche Schwachstelle darstellt.

1.2.2 Frei vor der Fassade aufliegende Balkonplatten

Wesentlich unproblematischer in bauphysikalischer Hinsicht als die im Kapitel 1.2.1 behandelten, aus den Stockwerksdecken statisch auskragenden Stahlbetonbalkonplatten sind Platten, die frei vor dem eigentlichen Bauwerk auf zusätzlichen Außenkonstruktionen beweglich und ohne erheblichen Wärmekontakt zu den Innenbauteilen aufgelagert sind.

Diese Platten können aus Ortbeton bestehen oder als Fertigbauteile hergestellt werden. Rissmöglichkeiten bestehen nur durch voraussehbare und technisch beherrschbare Schwindvorgänge im Beton.

Zwangsspannungen durch Temperaturwechsel treten bei sachgemäßer Ausbildung der Plattenauflagen nicht auf. Wärmeabfluss aus den Bauwerksinnenbauteilen in die Balkonkonstruktionen und die damit verbundenen Heizenergieverluste ergeben sich nur in geringen Maßen im Bereich der Kragträger nach Abb. 1.15 oder gar nicht.

Die Abb. 1.15 zeigt einen Balkon, dessen Ortbeton- oder Fertigteilplatte frei vor der Gebäudeaußenwand auf aus dem Bauwerk auskragenden Stahlbetonbalken oder Stahlträgern aufgelagert ist.

Wärmebrücken, die auf den Bereich der Kragbalken- oder Trägerauflager beschränkt sind, können durch relativ geringen Dämmaufwand auf ein zulässiges Maß reduziert werden. Möglich ist der Einbau eines tragenden Wärmedämmelementes, die Dimensionierung erfolgt nach stati-

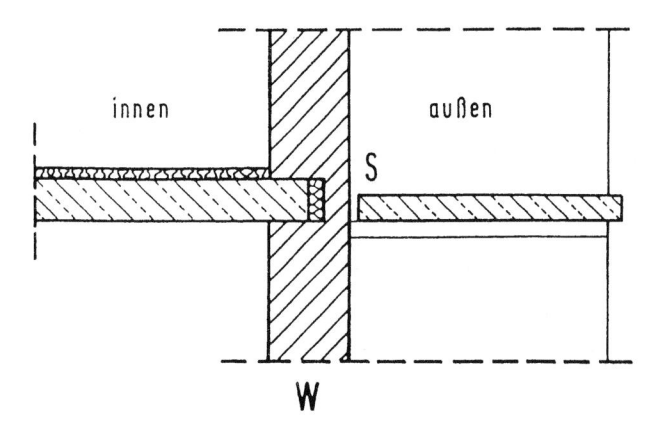

Abb. 1.16 Stahlbetonbalkonplatte ohne Wärme leitende Verbindung mit der Gebäudestockwerksdecke, auf äußeren Mauerwerksscheiben gelagert

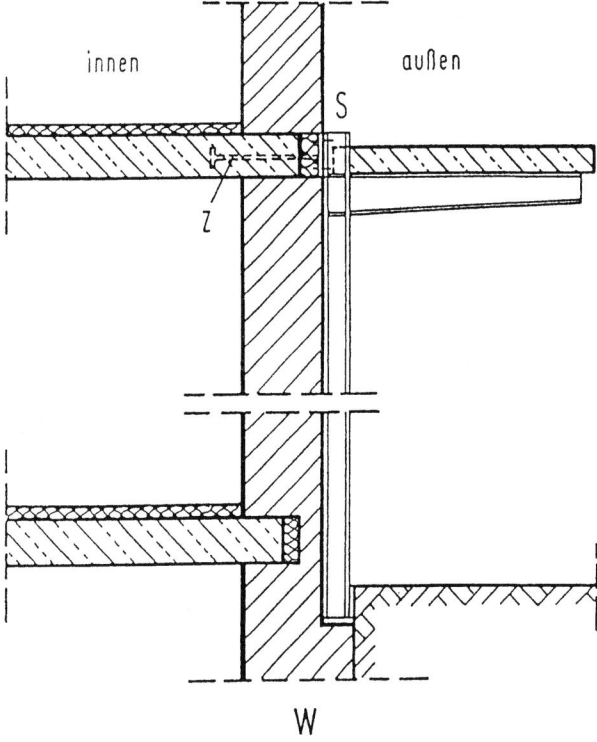

Z = Zugverankerung

Abb. 1.17 Stahlbetonbalkonplatte ohne Wärme leitende Verbindung mit der Gebäudestockwerksdecke, auf einer Stahlkonstruktion gelagert

schen Erfordernissen und nach technischen Richtlinien des Herstellers. Diese Wärmedämmelemente können eingesetzt werden für die Anschlüsse von Stahlträgern an Stahlbetondecken und für querkraft- und zug-/druckübertragende Anschlüsse von Stahlträgern.

Aus statischen Gründen muss die rechnerisch erforderliche Auflast an den Einspannstellen der Kragbalken gewährleistet sein. Diese ist fast immer gegeben, wenn die Kragbalken in den Achsen von tragenden Gebäudezwischenwänden liegen. Unter Umständen sind die inneren Balkenen-

den mit Zuggliedern im darunter liegenden Mauerwerk zu verankern.

In Abb. 1.16 wird eine Balkonortbeton- oder -fertigteilplatte gezeigt, frei vor der Gebäudeaußenwand auf Mauerwerksscheiben aufgelagert, die vor dem eigentlichen Gebäudegrundriss angeordnet werden.

Die Balkonplatten sollten jedoch nicht in die Tragscheiben eingemauert werden, sondern auf Konsolen aufgelegt werden, die aus den Tragscheiben auskragen. Somit ist eine allseitig freie Beweglichkeit der Platte bei durch Temperaturdifferenzen bedingten Längenänderungen ohne Zwängung möglich.

Diese Konstruktionsart eignet sich besonders für Reihenhäuser sowie im Hotel- und Krankenhausbau.

Weitestgehend unabhängig von den Hauptbauwerken sind Balkonkonstruktionen, die der Abb. 1.17 entsprechen. Diese sind auch ohne größeren Aufwand zum nachträglichen Anbau bei Altbaurenovierungen geeignet.

Die Tragwerkskonstruktionen bestehen in der Regel aus feuerverzinkten Stahlbauteilen. Aus für die anfallenden senkrechten Lasten fundierten, biegesteifen Stahlsäulen kragen Stahlträger aus. Diese sind Auflager für die frei, im statischen Sinne beweglich, vor der Gebäudeaußenwand angeordneten Ort- oder Fertigbetonbalkonplatten.

Zur Aufnahme der aus dem Kippmoment der Tragkonstruktion entstehenden Zugkräfte sind in der Höhe der Gebäudestockwerksdecken entsprechend dimensionierte Zugverankerungen Z der Säulenköpfe anzuordnen. Die Stahlsäulen können dabei frei vor der Gebäudewand stehen, erforderlichenfalls den örtlichen Brandschutzbestimmungen entsprechend ummantelt. Die Anordnung von in mehreren Stockwerken übereinander liegenden Balkonen ist dabei ohne weiteres möglich.

Völlig frei vor den Hauptgebäuden aufgehängte oder unabhängig von diesen auf eigenen Säulen und Fundamenten errichtete, selbständige Balkon- und Loggien-Bauwerksteile in Stahl- oder Holzbauweise mit vorgefertigten Balkonplatten erbringen ein Minimum an bautechnischen Störungen für die Hauptgebäude und sind optimal bauphysikalisch beherrschbar. Sie erfordern jedoch vom Planer besonderes architektonisch-gestalterisches Können. Komplizierte Schichtbauweisen und Abdichtungsanschlüsse können dabei häufig vermieden werden. Die Wasserführung lässt sich ohne größeren Aufwand lösen.

Anhängebalkone werden direkt an Stahlprofilen befestigt, die mit der Fassade verbunden sind. Der Vorteil ist ein freier Raum unter den Balkonen, z. B. für Einfahrten, Stellplätze oder Gehwege. Es werden keine Fundamente benötigt.

Anbaubalkone werden mit frontseitigen Stützen und wandseitigen Auflagern konstruiert. Für die Stützen werden nur Einzelfundamente benötigt, die frostfrei auf gewachsenen Boden gegründet sein müssen. Die Ausführung wirkt filigran und ist eine kostengünstige Variante.

Vorstellbalkone stehen zur vollständigen Abtragung der senkrechten Lasten auf mindestens 4 Stützen und sind nur gegen angreifende Horizontalkräfte in der Fassade verankert. Für die Stützen werden Einzelfundamente benötigt, die frostfrei auf gewachsenen Boden gegründet sein müssen. Vorteile dieser Ausführung sind kurze Montagezeit, geringe Belastung der Gebäudestruktur, große Gestaltungsmöglichkeit und einfacher nachträglicher Balkonanbau an bestehende Gebäude.

In der Dokumentationsreihe des Stahl-Informations-Zentrums sind in der Dokumentation 578 „Balkone aus Stahl" (Stahl-Informations-Zentrum, 2004) Beispiele für verschiedene Möglichkeiten der Stahlbalkonausführung im Bild und mit Konstruktionsskizzen aufgezeigt.

1.3 Konstruktionsangaben für erdberührende Terrassen

1.3.1 Terrassen und Freiplätze mit Klinker-, Ziegel-, Betonstein- oder Natursteinpflaster

Für Pflasterflächen und deren Unterbau zu beachtende Richtlinien und Merkblätter:

RStO 01 Richtlinien für die Standardisierung des Oberbaues von Verkehrsflächen (FGSV, 2001)

ZTV E-StB Zusätzliche Technische Vertragsbedingungen und Richtlinien für Erdarbeiten im Straßenbau (FGSV, 1994/1997)

ZTV T-StB Zusätzliche Technische Vertragsbedingungen und Richtlinien für Tragschichten im Straßenbau (FGSV, 1995/2002)

ZTV P-StB Zusätzliche Technische Vertragsbedingungen und Richtlinien für den Bau von Pflasterdecken und Plattenbelägen (FGSV, 2000)

M FP1 Merkblatt für Flächenbefestigungen mit Pflaster- und Plattenbelägen Teil 1 Regelbauweise (Ungebundene Ausführung) (FGSV, 2003)

Zement-Merkblatt S 17 Straßenbau Betonsteinpflaster für Verkehrsflächen (BDZ, 2002)

Für die Ausführung der Arbeiten und für die Pflasterwerkstoffe geltende Normen:

ATV DIN 18315 Verkehrswegebauarbeiten – Oberbauschichten ohne Bindemittel (2000-12) VOB/C

ATV DIN 18316 Verkehrswegebauarbeiten – Oberbauschichten mit hydraulischen Bindemitteln (2000-12) VOB/C

ATV DIN 18318 Verkehrswegebauarbeiten – Pflasterdecken, Plattenbeläge, Einfassungen (2000-12) VOB/C

DIN 18503 Pflasterklinker – Anforderungen und Prüfverfahren (2003-12)

DIN EN 1338 Pflastersteine aus Beton – Anforderungen und Prüfverfahren (2003-08)

DIN EN 1339 Platten aus Beton – Anforderungen und Prüfverfahren (2003-08)

DIN EN 1341 Platten aus Naturstein für Außenbereiche – Anforderungen und Prüfverfahren (2002-04)

DIN EN 1342 Pflastersteine aus Naturstein für Außenbereiche – Anforderungen und Prüfverfahren (2002-04)

DIN EN 1344 Pflasterziegel – Anforderungen und Prüfverfahren (2002-07)

Die im Folgenden gemachten Angaben gelten nur für begehbare Freiflächen und/oder mit dem Pkw zu Abstellzwecken befahrene Plätze im Wohnbereich.

Als Untergrund dient in der Regel gewachsener, von den Humusauflagen befreiter Boden, der den aufzubringenden Bauschichten entsprechend tief ausgehoben wird. Das Planum, die Gründungsfläche der Trag- oder Frostschutzschichten, muss eben sein und wird mit einem Gefälle zur Entwässerung ausgeführt.

Das für die fertige Pflasterfläche vorzusehende Oberflächengefälle von mindestens 2,5 % ist im Untergrund herzustellen. Dabei wird das Gefälle immer so eingeplant, dass das Wasser vom Gebäude weg in einen Einlauf oder eine Entwässerungsrinne geleitet wird. Ausgehobene und wieder verfüllte Baugruben sind ohne besondere Überbrückungsbauteile oder Verfestigungsmaßnahmen als Untergrund ungeeignet.

Im Hinblick auf die Frostempfindlichkeit der Bodenarten unterscheidet man die Klassen:

F1: nicht frostempfindlich,
F2: gering bis mittel frostempfindlich,
F3: sehr frostempfindlich.

Die Tabelle 1 der ZTV E-StB (FGSV, 1994/1997) macht Angaben über die Frostempfindlichkeit der einzelnen Bodenarten nach der Klassifikation gemäß Tabelle 5 der DIN 18196 „Erd- und Grundbau".

Tabelle 1.16: Klassifikation der Frostempfindlichkeit von Bodengruppen nach ZTV E-StB (FGSV, 1994/1997)

Klasse	Frostempfindlichkeit	Bodengruppe (DIN 18196)
F1	nicht frostempfindlich	GW, GI, GE SW, SI, SE
F2	gering bis mittel frostempfindlich	TA OT, OH, OK ST, GT, SU, GU[1)]
F3	sehr frostempfindlich	TL, TM UL, UM, UA OU ST*, GT*, SU*, GU*

[1)] in Abhängigkeit von Feinkornanteil und Ungleichförmigkeitszahl ggf. zu F1 gehörig

Symbol U* oder T* bedeutet Masseanteil des Feinkorns ≤ 0,06 mm über 15–40 %

Tabelle 1.17: Unterteilung gemischtkörniger Böden nach dem Massenanteil des Feinkorns nach Tabelle 4 der DIN 18196 (1988-10)

Benennung	Kurzzeichen	Massenanteil des Feinkorns ≤ 0,06 mm
gering	U oder T	5–15 %
hoch	U* oder T*	über 15–40 %

Tabelle 1.18: Bodenklassifikation für bautechnische Zwecke nach DIN 18196 (1988-10), Tabelle 5

Bodenarten Gruppen	Definition		Kurzzeichen
Kies (**g**rant)	**e**ng gestufte Kiese		GE
	weit gestufte Kies-Sand-Gemische		GW
	intermittierend gestufte Kies-Sand-Gemische		GI
Sand	**e**ng gestufte Sande		SE
	weit gestufte Sand-Kies-Gemische		SW
	intermittierend gestufte Sand-Kies-Gemische		SI
Kies-Schl**u**ff-Gemische	5–15 %	≤ 0,06 mm	GU
	über 15–40 %	≤ 0,06 mm	GU*
Kies-**T**on-Gemische	5–15 %	≤ 0,06 mm	GT
	über 15–40 %	≤ 0,06 mm	GT*
Sand-Schl**u**ff-Gemische	5–15 %	≤ 0,06 mm	SU
	über 15–40 %	≤ 0,06 mm	SU*
Sand-**T**on-Gemische	5–15 %	≤ 0,06 mm	ST
	über 15–40 %	≤ 0,06 mm	ST*
Schluff	**l**eicht plastische Schluffe		UL
	mittel plastische Schluffe		UM
	ausgeprägt zusammendrückbare Schluffe		UA
Ton	**l**eicht plastische Tone		TL
	mittel plastische Tone		TM
	ausgeprägt plastische Tone		TA
nicht brenn- oder nicht schwelbar	Schl**u**ffe mit **o**rganischen Beimengungen und organogene Schluffe		OU
	Tone mit **o**rganischen Beimengungen und organogene Tone		OT
	grob- bis gemischtkörnige Böden mit Beimengungen **h**umoser Art		OH
	grob- bis gemischtkörnige Böden mit **k**alkigen, kieseligen Bildungen		OK
brenn- oder schwelbar	**n**icht bis mäßig zersetzte Torfe (**H**umus)		HN
	zersetzte Torfe		HZ
	Schlamme als Sammelbegriff für **F**aulschlamm, Mudder, Gyttja, Dy und Sapropel		F

Bei gemischtkörnigen Böden ist die Einordnung in Untergruppen (**t**onig oder schl**u**ffig, Kurzzeichen **T** und **U**) vorzunehmen.

Gehört der Untergrund oder der Unterbau zur unmittelbaren Auflage des Oberbaus der Frostempfindlichkeitsklasse F1 an, so kann für Terrassen und für leicht belastete gepflasterte Plätze im Wohnbereich die Frostschutzschicht (Abb. 1.18) entfallen, wenn diese Böden die Anforderungen an Frostschutzschichten bezüglich Verdichtungsgrad und Verformungsmodul erfüllen oder wenn sie entsprechend verfestigt werden.

Unter Pflasteraufbauten über Untergründen mit einer Frostempfindlichkeitsklasse F3, bei ungünstigen Wasserverhältnissen auch bei Böden der Frostempfindlichkeitsklasse F2, ist immer eine Frostschutzschicht und darunter eine zusätzliche Bodenverfestigung mit einer Mindestdicke von 15 cm vorzusehen. Diese wird nicht auf die Gesamtdicke D (siehe Abb. 1.18) des frostsicheren Schichtenaufbaues der befestigten Fläche angerechnet. Die Zusatzbodenver-

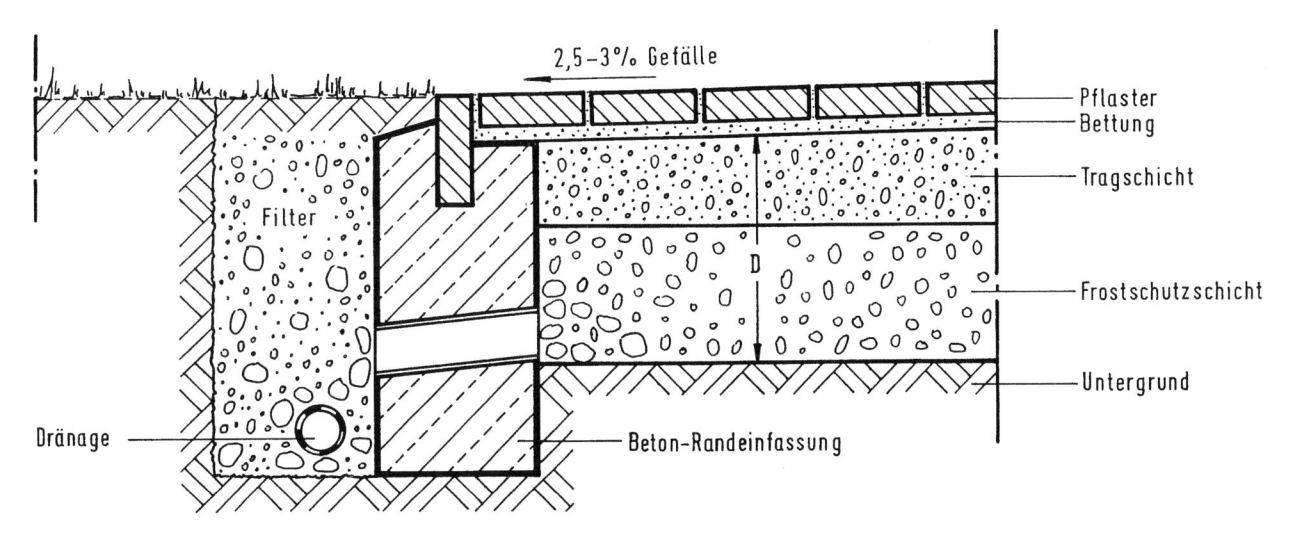

Abb. 1.18: Äußere Randausbildung einer mit Klinkern, Beton- oder Natursteinen gepflasterten Freiterrasse

festigung ist besonders bei vollgebundenem Oberbau (bituminös oder hydraulisch) angebracht.

Maßnahmen zur Verbesserung von Untergrund und Unterbau sind:

- Bodenverfestigung mit hydraulischen Bindemitteln nach ZTV E-StB (FGSV, 1994/1997), Abschnitt 11.2.1, oder
- mechanische Bodenverbesserung ohne oder mit Bodenaustausch nach ZTV E-StB (FGSV, 1994/1997), Abschnitte 12.2, 12.3 und 12.4.

Die fachgerechte Herstellung der tragenden Schichten ist maßgebend für die Dauerhaftigkeit der Terrassenflächen. Die Tragschicht ist mit derselben Oberflächenneigung wie die spätere Belagsoberfläche herzustellen. Werden die Anforderungen der Regelwerke nicht erfüllt, so treten meistens Schäden in Form von Verformungen an der Oberfläche auf.

Die Tragschichten werden nach den ZTV T-StB (FGSV, 1995/2002) hergestellt. Sie sollen im Regelfall wasserdurchlässig sein, damit durch die Fugen eindringendes Wasser abgeleitet wird.

Frostschutzschichten und Tragschichten ohne Bindemittel zur Verhinderung von Frostschäden im Oberbau bestehen aus verdichteten, frostunempfindlichen Mineralstoffgemischen, die im fertigen Zustand ausreichend wasserdurchlässig sind. Geeignet sind Kies-Sand-Gemische, ggf. unter Zusatz von gebrochenen Mineralstoffen (z. B. Naturgestein, Hochofenstück- oder Lavaschlacke), sowie Schotter-Splitt-Sand-Gemische. Diese Schichten sind so anzuordnen, dass sie sich im fertigen verdichteten Bauzustand einwandfrei entwässern können.

Die Sieblinien der jeweiligen Mineralstoffgemische müssen in Abhängigkeit vom Größtkorn und vom Füllmaterial in den Sieblinienbereichen der Bilder 2.1 bis 2.6 der ZTV T-StB (FGSV, 1995/2002) liegen.

Die Frostschutzschicht für Terrassenflächen sollte mindestens 20 cm, die Kies- oder Schottertragschicht etwa 15 cm dick sein. Größere Auflasten und Belastungen erfordern dickere Schichten. Der Informationsschrift „Planung,

Gestaltung und Herstellung von Flächen mit Original-Pflasterklinker" (Arbeitsgemeinschaft Pflasterklinker, 2004) können Angaben über die Schichtdicken bei verschiedenen Nutzungen entnommen werden. Unebenheiten der Oberfläche der Tragschicht innerhalb einer 4 m langen Messstrecke dürfen nicht größer als 2 cm sein.

Weitere Vorschriften und Richtlinien sind zu finden in den ZTV T-StB (FGSV, 1995/2002) für Frostschutzschichten ohne Bindemittel in den Abschnitten 2.1 ff. und für Kies- und Schottertragschichten in den Abschnitten 2.2 ff.

Tragschichten mit Bindemitteln können hydraulisch oder bituminös gebunden werden.

Hydraulisch gebundene Tragschichten bestehen aus ungebrochenen und/oder gebrochenen Mineralstoffgemischen mit Körnungen nach den Sieblinien der Bilder 3.1 oder 3.2 der ZTV T-StB (FGSV, 1995/2002) unter Zusatz von Zement, hydraulischem Tragschichtbinder oder hochhydraulischem Kalk. Als Zuschläge kommen natürliche, frostbeständige Mineralstoffe, wie Kies, Natursand, Schotter, Splitt und Brechsand, zur Verwendung. Auf eine ausreichende Wasserdurchlässigkeit ist bei der Ausführung zu achten.

Die Dicke hydraulisch gebundener Tragschichten für Terrassen sollte mindestens 10 bis 12 cm betragen. Sie ist mindestens 3 Tage lang feucht zu halten oder durch andere Maßnahmen gegen Austrocknen zu schützen. Die Oberfläche der Tragschicht muss das Gefälle des Belages aufweisen. Unebenheiten der Oberfläche innerhalb einer 4 m langen Messstrecke dürfen nicht größer als 1,5 cm sein. Hydraulisch gebundene Tragschichten dürfen an keiner Stelle eine Dicke von 9 cm unterschreiten.

Weitere Vorschriften und Richtlinien sind zu finden in den ZTV T-StB (FGSV, 1995/2002) für Tragschichten mit hydraulischen Bindemitteln in den Abschnitten 3 ff.

Bituminös gebundene Tragschichten werden im Heißeinbau hergestellt und bestehen aus Mineralstoffgemischen nach den Sieblinien der Bilder 4.1, 4.2 oder 4.3 der ZTV T-StB (FGSV, 1995/2002) unter Zusatz von Straßenbaubitumen. Die Anforderungen an Mineralstoffgemische und

Mischgutarten sowie die Anforderungen an den Hohlraumgehalt sind in der Tabelle 4.2 der ZTV T-StB (FGSV, 1995/2002) festgeschrieben.

Die Dicke bituminös gebundener Tragschichten für Terrassen sollte mindestens 8 bis 10 cm betragen. Die Oberfläche der Tragschicht muss das Gefälle des Belages aufweisen. Der Einbau darf in der Regel nicht bei Lufttemperaturen unter −3 °C erfolgen. Die Unterlage muss schnee- und eisfrei sein. Bildet sich auf der Unterlage ein geschlossener Wasserfilm (z. B. durch Niederschläge), ist der Einbau ebenfalls nicht zulässig. Unebenheiten der Oberfläche innerhalb einer 4 m langen Messstrecke dürfen nicht größer als 1 cm sein.

Weitere Vorschriften und Richtlinien sind zu finden in den ZTV T-StB (FGSV, 1995/2002) für Tragschichten mit bituminöser Bindung in den Abschnitten 4 ff.

Wird auf einer gebundenen Tragschicht eine ungebundene Pflasterdecke ausgeführt, so ist zur Gewährleistung der Filterstabilität ein Filtervlies auf der Tragschicht einzubauen.

Als Bettung für das Pflaster dienen 3 bis 5 cm dicke, verdichtete Schichten aus Sand, Kiessand oder Brechsand und Splitt. Geeignete Körnungen sind:

- Sand: 0 bis 2 mm oder 0 bis 4 mm,
- Splitt: 1 bis 3 mm oder 2 bis 5 mm oder
- kornabgestuftes Brechsand-Splitt-Gemisch: 0 bis 5 mm.

Als besonders geeignet hat sich bei normalen Belastungen ein Gemisch aus 40 % Edelbrechsand 0/2 mm F und 60 % Edelsplitt 2/5 mm bewährt. Dieses Gemisch kann bei ausreichender Fugenbreite auch zur Verfugung verwendet werden. Die Filterstabilität zwischen der Bettung und dem Fugenmaterial ist bei Verwendung gleichartiger Materialien gegeben. Zur Beurteilung des Bettungsmaterials sollte man auch den Feinkornanteil $F < 0{,}09$ mm beurteilen. Dieser Kornanteil sollte nicht mehr als 6 Masse-% betragen, um eine dauerhafte Wasserdurchlässigkeit des Bettungsmaterials zu erreichen. Im Zweifelsfalle sollte man die Filterstabilität der Fugen-, Bettungs- und Tragschichtmaterialien überprüfen lassen. Es ist anhand der Körnungslinie nachzuweisen, dass das Fugenmaterial nicht in die Bettung und das Bettungsmaterial nicht in die Tragschicht rieselt.

Die Pflasterbettung wird vor dem Versetzen der Steine zwischen Lehren abgezogen. Die Oberfläche der Pflasterbettung muss mit der genauen Neigung der späteren Pflasterdecke hergestellt werden. Die Bettung ist dabei so zu überhöhen, dass die Pflasterdecke nach dem Rütteln auf ihrer Sollhöhe liegt. Die so hergerichtete, eben abgezogene Bettungsschicht darf weder befahren noch betreten werden. Die Steine werden von der verlegten Pflasterfläche aus verlegt. Danach ist die Pflasterfläche gleichmäßig von den Rändern beginnend zur Mitte hin bis zur Standfestigkeit zu rütteln. Das Schließen der Fugen sollte bei großen Flächen kontinuierlich mit dem Fortschreiten des Verlegens erfolgen. Die Fugenbreiten hängen von dem zu verwendenden Pflasterstein ab. Eine Fugenbreite von ca. 3 bis 5 mm ist engfugig (E) und eine Fugenbreite (F) ist ca. 8 bis 10 mm breit.

Zur Gewährleistung der Filterstabilität zwischen dem Bettungsmaterial und einer offenporigen, gebundenen Tragschicht sollten Geotextilien verwendet werden. Gerade die hohlraumreiche Auslegung gebundener Tragschichtvarianten würde ein Eindringen von Bettungsmaterial ermöglichen, dies wiederum könnte zu Setzungen der Belagsoberfläche führen. Geeignete Filtervliese sollten nach dem „Merkblatt für die Anwendung von Geotextilien und Geogittern im Erdbau des Straßenbaus" (FGSV, 1994) bestimmt werden.

Pflastersteine aus Beton nach DIN EN 1338 sind als Quadrat-, Rechteck-, Sechseck-, Rund- oder Vielecksteine sowie als Verbundpflastersteine verschiedener Formate im Handel. Sie müssen gegen Frost und Tausalz widerstandsfähig sein. Im Allgemeinen werden im privaten Bereich Pflastersteine mit Höhen von 6 bis 8 cm eingebaut. Die Nutzflächen können betonwerksteinmäßig bearbeitet, besonders gestaltet, z. B. profiliert oder eingefärbt, die Kanten mit einer Fase versehen sein.

Verbundpflastersteine verhindern aufgrund ihrer Verzahnung in gewissem Maße die Loslösung von Einzelsteinen als Folge von Lasteinwirkungen über das vorgegebene Fugenmaß hinaus, insbesondere an den Rändern der Pflasterflächen.

Einfach geometrisch geformte Steine ohne besonderen Verbund stützen sich nur innerhalb der Pflasterflächen gegenseitig ab. Solche Steine müssen an den Flächenrändern durch besondere Maßnahmen (Randeinfassungen) am seitlichen Ausweichen gehindert werden.

Die Fugenbreite zwischen den Steinen beträgt in Abhängigkeit von den Formaten 3 bis 5 mm.

Es ist darauf zu achten, die geforderten Fugenbreiten einzuhalten. Werden Betonsteine bzw. Pflasterklinker knirsch verlegt, sind muschelartige Kantenabplatzungen zu erwarten. Bei zu großer Fugenbreite ist die Stabilität aufgrund mangelnder Fixierung gefährdet. Um die Bewegungsfreiheit der Steine zu begrenzen, ist eine möglichst enge Fugenausbildung zu empfehlen.

Das Oberflächengefälle der Pflasterdecke ist mit mindestens 2,5 % Neigung für den Abfluss von Regenwasser herzustellen.

Platten aus Naturstein für den Außenbereich sind in DIN EN 1341 genormt. Pflastersteine aus Naturstein für den Außenbereich nach DIN EN 1342 sind im Groß-, Klein- und Mosaikformat im Handel.

Nennmaße für Pflastersteine sind:

- 50 mm und 60 mm: Mosaikpflaster,
- 70 mm, 80 mm, 90 mm und 100 mm: Kleinpflaster,
- darüber bis 300 mm: Großpflaster.

Die verlegten Steine stützen sich innerhalb der Pflasterflächen gegenseitig ab, an den Flächenrändern müssen sie durch besondere Maßnahmen am seitlichen Ausweichen und Absinken gehindert werden. Die Randeinfassung ist stets vor der Pflasterdecke herzustellen. Neben Einbauten und Randeinfassungen haben die Pflasterflächenanschlüsse im abgerüttelten Zustand 3 bis 5 mm über deren Oberfläche zu liegen.

Im Gegensatz zu Pflasterklinkern, Betonpflaster und Platten wird Natursteinpflaster nicht auf ein vorbereitetes Pflasterbett, sondern in die Bettung versetzt. Die Korrektur zur Ebenflächigkeit erfolgt mit dem Pflasterhammer. Bei der Höhenplanung und Verlegung des Pflasters ist auf das Setzmaß von 6 bis 8 mm durch das Abrütteln zu achten.

Die Fugenbreite zwischen den Steinen beträgt in Abhängigkeit von den Formaten 3 bis 8 mm, das Oberflächengefälle der Natursteinpflasterdecke ist mit mindestens 3 % Neigung für den Abfluss von Regenwasser herzustellen.

Die Fugen überdachter und damit nicht bewitterter Pflasterflächen sollten nicht mit ungebundenem Fugenmaterial gefüllt werden, weil diesen Flächen die natürliche Feuchtigkeit fehlt. Die Fugenfüllung trocknet aus und verliert ihre Stabilität. Bei der Reinigung der Flächen wird die Füllung unter Umständen aufgenommen und entfernt. Wenn eine Terrassenpflasterfläche mit ungebundenem Fugenmaterial unter einem Balkon ohne Regenrinne o. Ä. hervorreicht, wird durch abtropfendes Regenwasser die Fugenfüllung herausgespült. Diese Tropfkante zeichnet sich dann als Linie auf dem Belag der Terrasse ab.

Viele nationale Produktnormen werden zurzeit auf EU-Ebene harmonisiert. Bei Pflasterklinkern wird seit Ende 2003 die bisher gültige DIN 18503 (1989-08) für Pflasterklinker von der neuen europäischen Norm DIN EN 1344 für Pflasterziegel teilweise ersetzt.

Pflasterziegel und der bis zur Sinterung gebrannte Pflasterklinker werden nun europaweit nach den gleichen Prüfverfahren bewertet und gekennzeichnet. Um die Vielfalt der Verwendungsbedingungen für Pflasterziegel in Europa zu berücksichtigen, definiert die europäisch harmonisierte Norm unterschiedliche Qualitätsklassen:

- 2 Klassen der Frostbeständigkeit: Die Klasse F0 ist nur für den Innenbereich geeignet. Für die Klasse FP100 müssen 100 Frost-Tau-Wechsel in der Euro-Frostprüfung schadensfrei ertragen werden. Diese Eigenschaft wird von herkömmlichen Enteisungssalzen nicht beeinflusst.
- 3 Klassen für das Abriebverhalten: A1 bis A3
- 4 Klassen für den Rutsch- und Gleitwiderstand: U0 bis U3
- 5 Klassen für die Festigkeit: T0 bis T4

Die jeweils höchste Klasse entspricht dabei näherungsweise den Anforderungen der früheren DIN 18503.

Zusätzlich zum Pflasterziegel nach DIN EN 1344 gibt es auch weiterhin den bewährten Pflasterklinker nach DIN 18503 (2003-12). Pflasterklinker sind Pflasterziegel nach DIN EN 1344, jedoch zusätzlich mit besonderen Anforderungen an die Wasseraufnahme und die Scherbenrohdichte. Da die europäische Norm nicht alle national gebräuchliche Produktmerkmale beinhaltet, wurde die DIN 18503 im Dezember 2003 als Ergänzungsnorm herausgegeben. Sie beinhaltet den gesamten Regelungsinhalt der DIN EN 1344 und ergänzt die für die Klinkerqualität ausschlaggebenden Kriterien der Wasseraufnahme und der Scherbenrohdichte:

- Wasseraufnahme: maximal 6 Masse-%,
- Scherbenrohdichte: mindestens 2 kg/dm³ (Mittelwert), mindestens 1,9 kg/dm³ (Einzelwert).

Um ein harmonisches Farbbild der Pflasterklinker zu erhalten, sind die Steine beim Verlegen grundsätzlich aus mehreren Paletten zu mischen.

Pflasterziegel nach DIN EN 1344 und Pflasterklinker nach DIN 18503 werden mit einer Mindestdicke von 45 mm und in Rechteck- oder Quadratformaten für Fugenraster von 100 bis 300 mm hergestellt.

Die Dicke des Pflasterklinkers ist von dem jeweiligen Einsatz abhängig. Bei Gartenwegen und Terrassen ist eine Mindestdicke von 45 mm, bei befahrenen Zonen von 60 mm erforderlich.

Das Oberflächengefälle der Pflasterdecke ist mit mindestens 2,5 % Neigung für den Abfluss von Regenwasser auszubilden.

Die Fugenbreite leitet sich vom Rastermaß ab. Auch bei Engverlegung sollte ein Mindestfugenmaß von 3 mm eingehalten werden. Die Fugenbreite von 5 mm sollte nicht überschritten werden.

Die Fugen zwischen den Pflastersteinen werden mit Sand, Kiessand oder Brechsand der Körnung 0 bis 2 mm durch Einfegen vorgefüllt. Danach ist die Pflasterdecke unter Zugabe von weiteren Fugsandmengen zur Ergänzung abgesunkener Fugenfüllungen von den Rändern her beginnend zur Mitte hin bis zur Standfestigkeit und Profilgenauigkeit durch Rütteln zu verfestigen.

Sollen auf Terrassenflächen die Pflasterfugen nach ihrer Sandvorfüllung zusätzlich mit Fugenvergussmassen verfüllt werden, müssen sie je nach Steinformat 8 bis 10 mm breit sein. Vor dem Vergießen sind diese Fugen mindestens 30 mm tief freizumachen.

Die Ränder von Pflasterflächen sind vor deren Ausführung gegen seitliches Ausweichen der äußeren Pflastersteine durch Randeinfassungen mit frostsicher fundierten Bord- oder Randsteinen zu sichern.

Bei Verwendung von geeigneten Verbundpflasterschlusssteinen kann bei geringen Belastungen der befestigten Bodenflächen auf besondere Randeinfassungen verzichtet werden, wenn durch andere Maßnahmen ein seitliches Ausweichen von Tragschicht und Bettung verhindert wird.

Die Terrassen- und Freiplatzoberflächen müssen mit Gefälle zu Bodeneinläufen oder Randrinnen entwässert werden. An den Flächenrändern ist durch geeignete Maßnahmen (z. B. Dränage) dafür Sorge zu tragen, dass das Wasser von der Terrassenoberfläche, aus den Frostschutz- und Tragschichten und aus der Pflasterbettungsschicht abgeführt werden kann.

Auch mit Fugmassen vergossene Pflasterfugennetze lassen erhebliche Regenwassermengen in den Untergrund eindringen. Hier ist ebenfalls eine Entwässerung erforderlich.

Es ist zu empfehlen, dass die Gesamtdicken D (siehe Abb. 1.18) der frostsicheren Aufbauschichten für begehbare Freiflächen und/oder für mit dem Pkw zu Abstellzwecken befahrene Plätze im Wohnbereich bei den Frostempfindlichkeitsklassen des Untergrundes F2 30 cm, besser 40 cm, und F3 40 cm, besser 50 cm, nicht unterschreiten. Bei ungünstigen Wasserverhältnissen (z. B. Flächen unterhalb von Geländehängen) und in Zonen mit sich besonders häufig wiederholenden Frost-Tau-Wechseln sind diese Gesamtdicken um jeweils 10 cm zu erhöhen (in Anlehnung an ZTV E-StB [FGSV, 1994/1997]). Ungünstige klimatische Bedingungen und Wasserverhältnisse sind nach den entsprechenden örtlichen Erfahrungen zu berücksichtigen.

1.3.2 Terrassen und Freiplätze mit Fliesen- oder Plattenbelägen auf gewachsenem Bodenuntergrund

Für mit Fliesen oder Platten belegte Terrassenflächen und deren Unterbauten zu beachtende Richtlinien und Merkblätter:

RStO 01 Richtlinien für die Standardisierung des Oberbaues von Verkehrsflächen (FGSV, 2001)

ZTV E-StB Zusätzliche Technische Vertragsbedingungen und Richtlinien für Erdarbeiten im Straßenbau (FGSV, 1994/1997)

ZTV T-StB Zusätzliche Technische Vertragsbedingungen und Richtlinien für Tragschichten im Straßenbau (FGSV, 1995/2002)

Merkblatt Außenbeläge – Belagskonstruktionen mit Fliesen und Platten außerhalb von Gebäuden (ZDB, 2005)

Für die Ausführung der Arbeiten und für die Werkstoffe geltende Normen:

ATV DIN 18332	Naturwerksteinarbeiten (2002-12) VOB/C
ATV DIN 18333	Betonwerksteinarbeiten (2000-12) VOB/C
ATV DIN 18352	Fliesen- und Plattenarbeiten (2002-12) VOB/C
DIN 1045-1 bis -4	Tragwerke aus Beton, Stahlbeton und Spannbeton (2001-07)
DIN 4095	Baugrund; Dränung zum Schutz baulicher Anlagen; Planung, Bemessung und Ausführung (1990-06)
DIN 18156-4	Stoffe für keramische Bekleidungen im Dünnbettverfahren; Epoxidharzklebstoffe (1984-12)
DIN 18157-1	Ausführung keramischer Bekleidungen im Dünnbettverfahren; Hydraulisch erhärtende Dünnbettmörtel (1979-07)
DIN 18157-3	Ausführung keramischer Bekleidungen im Dünnbettverfahren; Epoxidharzklebstoffe (1986-04)
DIN 18158	Bodenklinkerplatten (1986-09)
DIN 18500	Betonwerkstein; Begriffe, Anforderungen, Prüfung, Überwachung (1991-04)
DIN 18540	Abdichten von Außenwandfugen im Hochbau mit Fugendichtstoffen (1995-02)
DIN EN 1339	Platten aus Beton – Anforderungen und Prüfverfahren (2003-08)
DIN EN 14411	Keramische Fliesen und Platten – Begriffe, Klassifizierung, Gütemerkmale und Kennzeichnung (2004-03) (ISO 13006:1998 modifiziert)
DIN EN ISO 10545-09	Keramische Fliesen und Platten – Teil 9: Bestimmung der Temperaturwechselbeständigkeit (1996-09)
DIN EN ISO 10545-12	Keramische Fliesen und Platten – Teil 12: Bestimmung der Frostbeständigkeit (1997-12)

Die im Folgenden gemachten Angaben gelten nur für begehbare Freiflächen und/oder mit dem Pkw zu Abstellzwecken befahrene Plätze im Wohnbereich.

Ausgehobene und wieder verfüllte Baugruben sind ohne besondere Überbrückungsbauteile oder Verfestigungsmaßnahmen als Untergrund ungeeignet.

Für Aufbauten auf gewachsenem ungestörtem Boden ist nach Entfernen der Humusschicht das Erdreich in der erforderlichen Tiefe auszuheben. Das Planum der fertigen Baugrube sollte bereits das notwendige Gefälle der fertig belegten Oberfläche von ca. 2 % zu den Freiplatzrändern oder zu Bodeneinläufen für die Abführung des Regenwassers aufweisen.

Wie in Kapitel 1.3.1 beschrieben, ist bei Böden der Frostempfindlichkeitsklasse F3, bei ungünstigen Wasserverhältnissen auch bei Böden der Frostempfindlichkeitsklasse F2, eine Frostschutzschicht und darunter eine Verfestigung des Untergrundes in einer Mindestdicke von 15 cm vorzusehen.

Eine bindemittelfreie, ca. 30 bis 50 cm dicke Frostschutzschicht – sonst nach den in Kapitel 1.3.1 gemachten Angaben – ist herzustellen und zu verdichten. Es sind geeignete Maßnahmen (z. B. in Form von Betoneinfassungen) zu ergreifen, um ein seitliches Ausweichen der Frostschutzschicht an den Rändern der befestigten Flächen durch Belastung auf der fertigen Decke zu verhindern.

Die Unterbauschicht ist z. B. durch eine Dränage zu entwässern und mit einer Lage sich an den Stößen ca. 8 bis 10 cm überdeckender Glasvlies- oder Lochfolienbahnen zu belegen, um ein Absickern von Zementleim und die damit verbundene Bindemittelabmagerung der aufzubringenden Betonschicht zu vermindern.

Es ist ratsam, als Sauberkeitsschicht und Gleitauflager für die eigentliche Betontragplatte auf der abgedeckten Frostschutzschicht eine frostbeständige, ca. 5 cm dicke Stampfbetonschicht der Festigkeitsklasse C12/15 oder C16/20 nach DIN 1045-2 und DIN EN 206-1 einzubauen und im endgültigen Gefälleprofil eben abzuziehen. Um durch Temperaturwechsel entstehende Längenänderungen der darauf liegenden Betontragplatte zu ermöglichen, ist diese Sauberkeitsschicht mit einer Lage sich an den Stößen ca. 8 bis 10 cm überlappender Polyethylenfolienbahnen (ca. 0,2 mm dick) zu bedecken.

Bei einfacheren und weniger aufwendigen Konstruktionen mit dickeren, jedoch nicht bewehrten Betontragplatten kann nach Absprache mit dem Bauherrn auf die oben

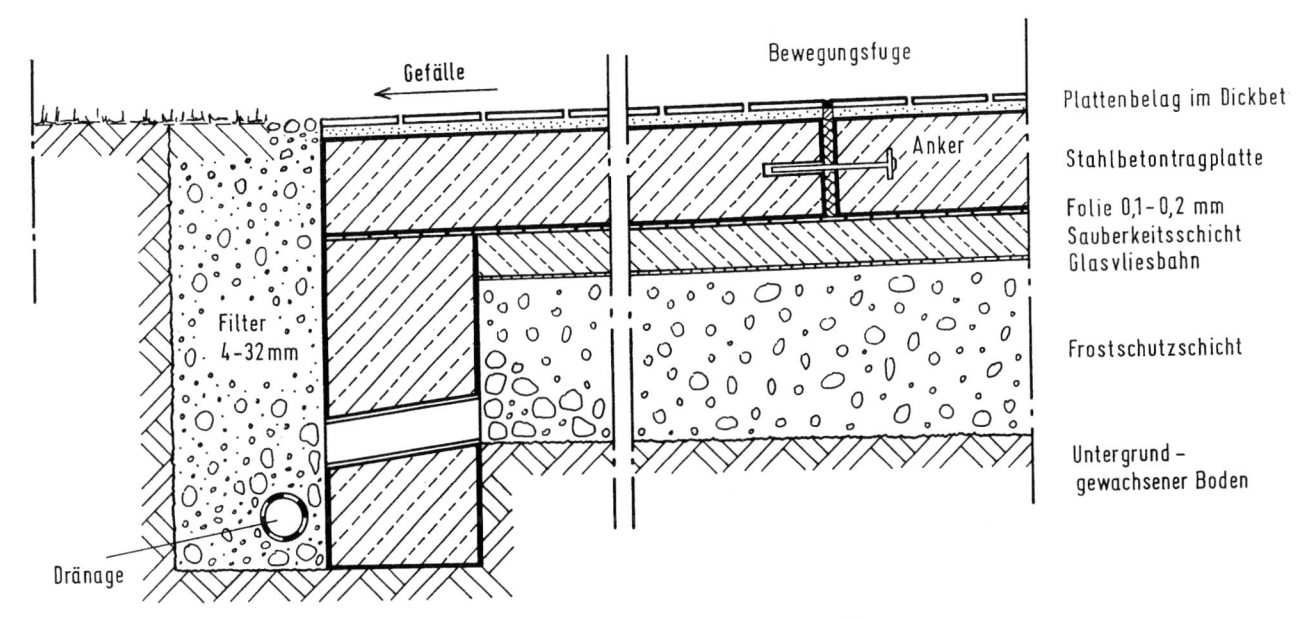

Abb. 1.19: Äußere Randausbildung einer Freiterrasse mit Fliesen oder Platten auf einer Stahlbetontragplatte

angeführte Sauberkeitsschicht verzichtet werden. Bei dieser Bauart muss man jedoch eine weitaus geringere Sicherheit für Rissfreiheit der Betonplatte und damit auch des aus Fliesen oder Platten bestehenden Oberbelags in Kauf nehmen als bei der nachstehend beschriebenen, fachgerechten Ausführung mit bewehrter Tragplatte.

Eine statisch beanspruchte Tragplatte wird als 15 bis 20 cm dicke Stahlbetonplatte ausgeführt. Diese soll in ihrer gesamten Flächenausdehnung eine gleichmäßige Dicke aufweisen. Erforderliche Gefälle für die Wasserabführung sind bereits in den Unterschichten auszubilden.

Die Mindestgüte des frostbeständigen Betons soll der Festigkeitsklasse C25/30 nach DIN 1045-2 und DIN EN 206-1 entsprechen. Bei Plattendicken zwischen 15 und 20 cm sollten immer konstruktive Ober- und Unterbewehrungen aus Betonstahlmatten (Q 131 bis Q 221) mit den in Kapitel 1.1.3.6 angegebenen Betondeckungen vorgesehen werden. Auch bei größeren Plattendicken sind solche Bewehrungen empfehlenswert.

Die Stahlbewehrungen übernehmen im Beton in gewissen Maßen entstehende Biegezugspannungen. Diese entstehen durch nicht erfassbare Untergrundbewegungen infolge von Wasser und Frosteinwirkungen sowie durch die wechselnden Nutzbelastungen. Stahlbewehrungen sind aber in erster Linie erforderlich, um Zentralzugspannungen aufzunehmen, die in durch Insolation erwärmten Tragplatten bei plötzlicher Abkühlung durch Platzregen oder Hagelschlag und durch Sommer- und Winterwechsel infolge der physikalisch bedingten, jedoch durch Reibung an den Auflagerflächen behinderten Kontraktionen entstehen.

Um die durch Temperaturwechsel bedingten Längenänderungen der Terrassenflächen in zulässig geringen Maßen zu halten und um dadurch Rissbildungen in den Stahlbetontragplatten zu vermeiden, sind diese durch Bewegungsfugen in getrennte Einzelfelder zu unterteilen.

In Anlehnung an das Merkblatt „Außenbeläge – Belagskonstruktionen mit Fliesen und Platten außerhalb von Gebäuden" (ZDB, 2005), Abschnitt 1.14.2, sind die Fugen in Abhängigkeit von der Grundrissform der Terrasse, der zu erwartenden Sonneneinstrahlung und der Farbe des Belages so anzuordnen, dass gedrungene Einzelfelder von 2 bis 5 m Seitenlänge entstehen mit Seitenverhältnissen von 1 : 1 und 1 : 1,5 bis ca. maximal 1 : 2. Bei der Planung dieser Feldbegrenzungsfugen ist das Format der später aufzubringenden Bodenbelagswerkstoffe zu berücksichtigen, da die Fugen im Plattenwerk deckungsgleich über den Fugen in der Betontragschicht liegen müssen. Durch die Anordnung von Rand- und Anschlussfugen ist eine Einspannung der Belagsfläche auszuschließen.

Zur Vermeidung von Höhenversätzen im fertigen Terrassenbelag zwischen den durch Bewegungsfugen getrennten Feldern bei geringen Setzvorgängen im Bereich der Frostschutzschicht sind die Stahlbetonplatten durch eine entsprechende Anzahl (ca. 3 bis 4 Stück/m) nicht rostender Edelstahlanker mit einem Durchmesser von ≥ 16 mm (ähnlich wie in Abb. 1.11) zu verbinden. Damit die waagerechten, durch Temperaturwechsel bedingten Bewegungen ermöglicht werden, muss jeder Anker ein festes und ein bewegliches Auflager besitzen (siehe Abb. 1.19).

Die Verfüllung der Bewegungsfugen erfolgt elastisch in Anlehnung an DIN 18540 und nach dem Merkblatt „Bewegungsfugen in Bekleidungen und Belägen aus Fliesen und Platten" (ZDB, 1995).

Die Fugenbreite beträgt in der Regel 10 mm im Bodenbelag und bis zu 20 mm in der Tragplatte, wenn nicht aufgrund konstruktiver Erfordernisse größere Breiten erforderlich sind.

Im Bereich der Stahlbetontragplatte werden die Bewegungsfugen mit handelsüblichen Stehstreifen aus unverrottbaren, geschlossenzelligen Kunststoffschaumplatten gebildet. Diese Streifen sind so einzubauen, dass sie zunächst den später zu verlegenden Fliesen- oder Plattenbelag um einige Zentimeter überstehen. Sie werden erst nach dem Verfugen des Belages mit einem Spezialmesser auf ihr endgültiges Maß zurückgeschnitten. Damit wird vermieden, dass Plattenverlegemörtel oder Fugenmörtel in die Bewegungsfugen fällt und durch Mörtelbrückenbildung die Funktion der elastischen Fugen unwirksam macht.

Nach dem Zurückschneiden der Fugenstehstreifen werden unverrottbare und geschlossenzellige Rundprofile aus Kunststoffschaum als Hinterfüllmaterial in die Fugen gedrückt. Diese müssen im eingebauten Zustand einen ausreichenden Widerstand beim Einbringen von Abglättmitteln und Fugendichtstoffen leisten und eine gleichmäßige konvexe Begrenzung des Fugengrundes ermöglichen. Ferner sollen sie eine Dreiflankenhaftung des Fugendichtstoffes verhindern.

Falls erforderlich, sind die Fugenränder der Fliesen oder Platten sauber abzukleben und die Fugenflanken mit einem Voranstrich (Primer) zu versehen. Die vom Hersteller angegebene zulässige Zeitspanne zwischen dem Auftragen des Primers und dem Einbringen des Fugendichtstoffes darf nicht überschritten werden. Art und Einbau des Fugendichtstoffes müssen den Bestimmungen der DIN 18540 (1995-02) entsprechen. Die Verträglichkeit sich berührender Kunststoffe untereinander muss gewährleistet sein.

Die Verlegung von Fliesen und Platten auf Balkonen und Terrassen wird in Kapitel 8 dieses Buches beschrieben.

1.3.3 Terrassen und Freiplätze mit Fliesen- oder Plattenbelägen in unmittelbarem Anschluss an Gebäude

Für mit Fliesen oder Platten belegte Terrassenflächen und deren Unterbauten unmittelbar neben Gebäuden zu beachtende Richtlinien, Merkblätter und Informationen:

RStO 01 Richtlinien für die Standardisierung des Oberbaues von Verkehrsflächen (FGSV, 2001)

ZTV E-StB Zusätzliche Technische Vertragsbedingungen und Richtlinien für Erdarbeiten im Straßenbau (FGSV, 1994/1997)

ZTV T-StB Zusätzliche Technische Vertragsbedingungen und Richtlinien für Tragschichten im Straßenbau (FGSV, 1995/2002)

ZTV P-StB Zusätzliche Technische Vertragsbedingungen und Richtlinien für den Bau von Pflasterdecken und Plattenbelägen (FGSV, 2000)

M FP 1 Merkblatt für Flächenbefestigungen mit Pflaster- und Plattenbelägen Teil 1 Regelbauweise (Ungebundene Ausführung) (FGSV, 2003)

Zement-Merkblatt S 17 Straßenbau Betonsteinpflaster für Verkehrsflächen (BDZ, 2002)

Merkblatt Pflasterdecken und Plattenbeläge aus Naturstein für Verkehrsflächen (DNV, 2002)

Merkblatt Außenbeläge – Belagskonstruktionen mit Fliesen und Platten außerhalb von Gebäuden (ZDB, 2005)

Bautechnische Information BTI-Nr. 1.4 Bodenbeläge, außen (DNV, 1999)

Bautechnische Information BTI-Nr. 1.6 Mörtel für Außenarbeiten (DNV, 1996)

Für die Ausführung der Arbeiten und für die Werkstoffe geltende Normen:

ATV DIN 18318   Verkehrswegebauarbeiten – Pflasterdecken, Plattenbeläge, Einfassungen (2000-12) VOB/C

ATV DIN 18332   Naturwerksteinarbeiten (2002-12) VOB/C

ATV DIN 18333   Betonwerksteinarbeiten (2000-12) VOB/C

ATV DIN 18352   Fliesen- und Plattenarbeiten (2002-12) VOB/C

DIN 1045-1 bis -4   Tragwerke aus Beton, Stahlbeton und Spannbeton (2001-07)

DIN 4095   Baugrund; Dränung zum Schutz baulicher Anlagen; Planung, Bemessung und Ausführung (1990-06)

DIN 18156-4   Stoffe für keramische Bekleidungen im Dünnbettverfahren; Epoxidharzklebstoffe (1984-12)

DIN 18157-1   Ausführung keramischer Bekleidungen im Dünnbettverfahren; Hydraulisch erhärtende Dünnbettmörtel (1979-07)

DIN 18157-3   Ausführung keramischer Bekleidungen im Dünnbettverfahren; Epoxidharzklebstoffe (1986-04)

DIN 18500   Betonwerkstein; Begriffe, Anforderungen, Prüfung, Überwachung (1991-04)

DIN EN 998-2   Festlegungen für Mörtel im Mauerwerksbau – Teil 2: Mauermörtel (2003-09)

DIN EN 1339   Platten aus Beton – Anforderungen und Prüfverfahren (2003-08)

DIN EN 1341   Platten aus Naturstein für Außenbereiche – Anforderungen und Prüfverfahren (2002-04)

DIN EN 1348   Mörtel und Klebstoffe für Fliesen und Platten – Bestimmung der Haftfestigkeit zementhaltiger Mörtel innen und außen (1999-03)

DIN EN 12004   Mörtel und Klebstoffe für Fliesen und Platten – Definitionen und Spezifikationen (2002-10)

DIN EN 13888   Fugenmörtel für Fliesen und Platten – Definitionen und Festlegungen (2002-12)

DIN EN 14411   Keramische Fliesen und Platten – Begriffe, Klassifizierung, Gütemerkmale und Kennzeichnung (2004-03)

DIN EN ISO 10545-09   Keramische Fliesen und Platten – Teil 9: Bestimmung der Temperaturwechselbeständigkeit (1996-09)

DIN EN ISO 10545-12	Keramische Fliesen und Platten – Teil 12: Bestimmung der Frostbeständigkeit (1997-12)

Die Auflageflächen von Terrassen und Freiplätzen, die direkt an Bauwerke anschließen, bestehen (besonders, wenn diese Bauten unterkellert sind) neben dem Gebäude aus wieder aufgefüllten Baugruben und in einiger Entfernung vom Gebäude meist aus gewachsenem ungestörtem Boden. Es sind im aufgefüllten Bereich neue Auflager zur Aufnahme der Bodenplatte zu schaffen, deshalb ist es ratsam, dies bereits bei der Planung oder spätestens vor der Verfüllung der Baugrube zu realisieren.

Nach Abdichtung der erdberührenden Bauteile des Gebäudekörpers gegen Bodenfeuchtigkeit und nicht stauendes Sickerwasser gemäß DIN 18195-1 bis -4 und Einbau der Fundamente für die Terrassenplatte wird eine Dränageanlage nach den Bestimmungen der DIN 4095 hergestellt. Die gelochten Dränrohre in Stangenform müssen für die vorgesehene Verwendung geeignet und zugelassen sein. Flexible gelbe Dränschläuche sind hierfür nicht geeignet. Die Nennweite der Dränrohre soll mindestens 100 mm betragen, sie werden mit einem Sohlgefälle von mindestens 0,5 % verlegt. An den Leitungsknickpunkten im Grundriss sollen senkrecht stehende Spülrohre mit einer Nennweite von 300 mm einschließlich kindersicherer Abdeckung, an der Einführung in die Hauptabflussleitung muss ein senkrecht stehender Übergabeschacht mit einer Nennweite von 1000 mm angeordnet werden.

Je nach örtlichen baurechtlichen Vorschriften ist ein Anschluss der Dränage im freien Gefälle an einen offenen Vorfluter oder einen entsprechend groß bemessenen Sickerschacht, ggf. mit Schutz gegen Rückstau, vorzusehen. Soll das Wasser über einen Sickerschacht versickert werden, ist dies jedoch nur bei wasseraufnahmefähigem Untergrund sinnvoll.

Der Anschluss an einen Regenwasserkanal einschließlich Schutz gegen Rückstau ist mit der zuständigen Wasserbehörde abzuklären und ggf. nach den örtlichen baurechtlichen Vorschriften und nur nach einer Genehmigung der zuständigen Behörde zulässig, zu beachten ist DIN 1986-100, Abschnitt 5.3.

Ist eine automatisch geregelte Pumpenanlage vorhanden, so ist laufende Wartung erforderlich.

Falls die Dränageleitungen mit Kies der Gesteinskörnungen 8/16 mm ummantelt werden, ist ein geeignetes verrottungsbeständiges Geotextil, wie in Abb. 4 der DIN 4095, einzubauen.

An der Gebäudeaußenwand und unter der Terrassenfläche werden ausreichend bemessene Filterschichten lagenweise eingebaut und verdichtet. Das Filtermaterial besteht in der Regel aus sandigem Kies der Gesteinskörnung 4 bis 32 mm, das der Filterregel von Terzaghi entsprechen sollte, oder aus Kiessand der Gesteinskörnung 0 bis 32 mm, Sieblinie B 32 nach DIN 1045. Anstelle der senkrechten Filterschicht aus Gesteinskörnung an der Außenwand können andere funktionsgerechte Dränsystemplatten mit Vlieskaschierung eingebaut werden, sofern sie dafür zugelassen sind. Bei Verwendung von geeigneten Hohlkammerfiltersteinen müssen diese durch ein verrottungsbeständiges Geotextil gegen Einschlämmen von Feinteilen aus dem Boden geschützt werden. Zwischen Dränstein und Abdichtung des Gebäudes ist eine Schutz- und Gleitschicht einzubauen.

Für die Stahlbetontragplatte der Terrasse ist auf der Filterschicht über einer Lage sich an den Stößen 8 bis 10 cm überdeckender Glasvlies- oder Lochfolienbahnen eine 5 cm dicke Betonsauberkeitsschicht im endgültigen Terrassenoberflächengefälle zu verlegen, wie bereits im Kapitel 1.3.2 beschrieben. Sie ist als Trenn- und Gleitschicht mit einer Lage sich an den Stößen ca. 8 cm überlappender Polyethylenfolienbahnen (ca. 0,2 mm dick) zu bedecken.

Auch bei guter Verdichtung des aufgefüllten Erdreiches in der ehemaligen Baugrube sind Setzungen nicht auszuschließen, besonders bei mit Lehmen und Tonen durchsetzten Bodenarten. Die mindestens 15 cm dicken Stahlbetontragplatten sind daher für Eigengewicht und anfallende Nutzlasten nach statischer Berechnung biegesteif zu bewehren. Die Betondeckung über den Stählen muss dabei den Anforderungen der DIN 1045-1, Abschnitt 6.3, entsprechen. Auf Mauerwerksvorsprüngen, Konsolen oder auf gewachsenem Boden der Baugrube gegründeten Fundamenten sind die Tragplatten so aufzulagern, dass ihre waagerechten Bewegungen durch Schwindvorgänge oder durch temperaturwechselbedingte Längenänderungen schadlos ermöglicht werden.

An den seitlichen freien Terrassenrändern und als äußeres Auflager für die Stahlbetontragplatten auf gewachsenem Boden sind Stahlbetonfrostschürzen vorzusehen.

Um das Regenwasser einwandfrei abzuführen, muss die Oberfläche der Tragplatte ca. 2 % Gefälle zu den Rändern oder zu den Bodeneinläufen aufweisen.

An den Terrassenrändern sind Abflussrinnen mit Abläufen vorzusehen. Wird darauf bei kleineren Terrassenflächen verzichtet, so ist es zweckmäßig, das Wasser an den Rändern über verdichtete Kiesfilterschichten und über Rohrdurchbrüche in den Frostschürzen zur Dränageanlage sickern zu lassen.

Zur Aufnahme von den durch Temperaturwechsel entstehenden Längenänderungen sind auch bei Tragplatten der hier geschilderten Art Bewegungsfugen in Anlehnung an das Merkblatt „Außenbeläge – Belagskonstruktionen mit Fliesen und Platten außerhalb von Gebäuden" (ZDB, 2005) nach Abschnitt 1.14.2 vorzusehen.

Bei der Einteilung der Tragplatte in Einzelfelder ist die besondere Art der statischen Bedingungen (Auflager, Spannrichtung und Spannweite) zu berücksichtigen.

So können z. B. senkrecht zur Spannrichtung 2,5 bis 3 m breite Plattenstreifen mit einem Seitenverhältnis von Breite zu Länge = 1 : 1 bis 1 : 2 gebildet werden. Die größte Abmessung soll 5 m nicht überschreiten.

Jeder Stahlbetonplattenstreifen ist unabhängig von dem benachbarten Stahlbetonplattenstreifen durch 1 bis 2 cm breite Bewegungsfugen von diesem getrennt und einerseits auf Fundamenten im Arbeitsraum der Baugrube bzw. auf Mauerwerkskonsolen des Gebäudes, andererseits auf den gegenüberliegenden Frostschürzen im gewachsenen Boden im statischen Sinne beweglich aufgelagert.

Bei der Planung der Bewegungsfugen ist das Format der später aufzubringenden Bodenbelagswerkstoffe zu berücksichtigen, da die ca. 1 cm breiten Fugen im Plattenbelag deckungsgleich über den Fugen der Stahlbetontragplatte liegen müssen.

Um Höhenversätze im fertigen Terrassenbelag, die sich durch ungleichmäßiges Kriechen und Schwinden der Betontragplatten ausbilden können, zu vermeiden, sind die getrennten einzelnen Stahlbetonplattenstreifen im Bereich der Bewegungsfugen durch eine entsprechende Anzahl nicht rostender Edelstahlanker mit einem Durchmesser von ≥ 16 mm zu verbinden.

Damit die waagerechten, durch Temperaturwechsel bedingten Bewegungen ermöglicht werden, muss jeder Anker ein festes und ein bewegliches Auflager besitzen.

Die elastische Verfüllung der Bewegungsfugen erfolgt in Anlehnung an DIN 18540 (1995-02) und nach dem Merkblatt „Bewegungsfugen in Bekleidungen und Belägen aus Fliesen und Platten" (ZDB, 1995) ansonsten wie in Kapitel 1.3.2 beschrieben.

Für große Terrassenanlagen mit Fliesen- oder Plattenbelägen kann es durchaus zweckmäßig sein, die Bauweise für Terrassen in unmittelbarem Anschluss an Gebäude (Kapitel 1.3.3) mit der Bauweise von Terrassen auf gewachsenem Bodenuntergrund (Kapitel 1.3.2) zu kombinieren. Dabei wird die biegesteife Ausführung der Tragplatte im Anschluss an das Bauwerk mit ihrem beweglichen Auflager auf diesem über der ehemaligen Baugrube so vorgenommen, dass das gegenüberliegende Frostschürzenauflager im sicheren Abstand von der ehemaligen Baugrube als Plattenauflager dienen kann.

Anschließend daran kann im Bereich des gewachsenen Bodenuntergrundes eine Ausführung entsprechend der Abb. 1.19 mit einer von frostfrei gegründeten Fundamenten eingefassten Frostschutzschicht erfolgen.

Frostfrei gegründete Fundamente oder Frostschürzen sollen je nach Klimazone 0,90 bis 1,10 m unter Oberkante Gelände reichen.

1.4 Konstruktionsangaben für wärmegedämmte Terrassen

Wärmegedämmte Terrassen sind begeh- oder befahrbare Deckenkonstruktionen über beheizten Wohn- oder Geschäftsräumen, auch über unbeheizten, allseitig umschlossenen Räumen (Lagerräumen, Garagen, Ställen, Remisen usw.).

Die massiven Deckentragkonstruktionen können bestehen aus:

- Stahlbetonplatten oder Stahlbetonplattenbalken,
- Spannbetondecken,
- massiven Balkendecken mit und ohne Zwischenbauteile oder Deckenziegel,
- Stahlbetonrippendecken mit ganz oder teilweise vorgefertigten Rippen,
- Stahlsteindecken,
- Ziegel-Einhängedecken.

Die Rohdecken sollten das erforderliche Oberflächengefälle von mindestens 2 % aufweisen, um die Aufbaudicke und das Gewicht eines Gefälleestrichs zu sparen.

Zu beachtende Merkblätter und Informationen:

Merkblatt Außenbeläge – Belagskonstruktionen mit Fliesen und Platten außerhalb von Gebäuden (ZDB, 2005)

Bautechnische Information BTI-Nr. 1.4 Bodenbeläge, außen (DNV, 1999)

Bautechnische Information BTI-Nr. 1.6 Mörtel für Außenarbeiten (DNV, 1996)

Für die Ausführung der Arbeiten und für die Werkstoffe geltende Normen:

ATV DIN 18332	Naturwerksteinarbeiten (2002-12) VOB/C
ATV DIN 18333	Betonwerksteinarbeiten (2000-12) VOB/C
ATV DIN 18352	Fliesen- und Plattenarbeiten (2002-12) VOB/C
DIN 1045-1 bis -4	Tragwerke aus Beton, Stahlbeton und Spannbeton (2001-07)
DIN 18156-4	Stoffe für keramische Bekleidungen im Dünnbettverfahren; Epoxidharzklebstoffe (1984-12)
DIN 18157-1	Ausführung keramischer Bekleidungen im Dünnbettverfahren; Hydraulisch erhärtende Dünnbettmörtel (1979-07)
DIN 18157-3	Ausführung keramischer Bekleidungen im Dünnbettverfahren; Epoxidharzklebstoffe (1986-04)
DIN 18158	Bodenklinkerplatten (1986-09)
DIN 18164-2	Schaumkunststoffe als Dämmstoffe für das Bauwesen – Teil 2: Dämmstoffe für die Trittschalldämmung aus expandiertem Polystyrol-Hartschaum (2001-09)
DIN 18174	Schaumglas als Dämmstoff für das Bauwesen; Dämmstoffe für die Wärmedämmung (1981-01)
DIN 18500	Betonwerkstein; Begriffe, Anforderungen, Prüfung, Überwachung (1991-04);
DIN 18540	Abdichten von Außenwandfugen im Hochbau mit Fugendichtstoffen (1995-02)
DIN 18560-1 bis -3	Estriche im Bauwesen (2004-04)
DIN 52102	Prüfung von Naturstein und Gesteinskörnungen; Bestimmung von Dichte, Trockenrohdichte, Dichtigkeitsgrad und Gesamtporosität (1988-08)

DIN 52104-1 und -2	Prüfung von Naturstein (1982-11)	DIN EN 14411	Keramische Fliesen und Platten – Begriffe, Klassifizierung, Gütemerkmale und Kennzeichnung (2004-03)
DIN 52106	Prüfung von Gesteinskörnungen – Untersuchungsverfahren zur Beurteilung der Verwitterungsbeständigkeit (2004-07)	DIN EN 26927	Fugendichtstoffe – Begriffe (1991-05)
		DIN EN ISO 10545-02	Keramische Fliesen und Platten – Teil 2: Bestimmung der Maße und Oberflächenbeschaffenheit (1997-12)
DIN EN 998-2	Festlegungen für Mörtel im Mauerwerksbau – Teil 2: Mauermörtel (2003-09)	DIN EN ISO 10545-09	Keramische Fliesen und Platten – Teil 9: Bestimmung der Temperaturwechselbeständigkeit (1996-09)
DIN EN 1339	Platten aus Beton – Anforderungen und Prüfverfahren (2003-08)		
DIN EN 1341	Platten aus Naturstein für Außenbereiche – Anforderungen und Prüfverfahren (2002-04)	DIN EN ISO 10545-12	Keramische Fliesen und Platten – Teil 12: Bestimmung der Frostbeständigkeit (1997-12)

Nach DIN 1055-3 (2002-10) „Einwirkungen auf Tragwerke – Teil 3: Eigen- und Nutzlasten für Hochbauten", Tabelle 1, Zeile 21, beträgt für Balkone und Dachterrassen die gleichmäßig verteilte Nutzlast $q_k = 4$ kN/m² und die anzusetzende Einzellast $Q_k = 2$ kN.

Befahrbare Terrassen sind entsprechend den tatsächlich anfallenden Radlasten zu dimensionieren.

Eine nach einer bauphysikalischen Berechnung dimensionierte, auf der Oberfläche der Deckentragkonstruktion aufzubringende Dampfsperre oder Dampfbremse verhindert oder beschränkt im Winter die Diffusion von Wasserdampf aus dem unter der Terrasse liegenden Raum in die darüber liegenden Bauteilschichten und damit weitgehend die Einlagerung von Wasser infolge der Kondensation des sich abkühlenden Wasserdampfes. Die eventuell erforderlichen Dampfdruckausgleichsschichten werden in Kapitel 4 des Buches beschrieben.

DIN EN 1342	Pflastersteine aus Naturstein für Außenbereiche – Anforderungen und Prüfverfahren (2002-04)
DIN EN 1344	Pflasterziegel – Anforderungen und Prüfverfahren (2002-07)
DIN EN 1348	Mörtel und Klebstoffe für Fliesen und Platten – Bestimmung der Haftfestigkeit zementhaltiger Mörtel innen und außen (1999-03)
DIN EN 12004	Mörtel und Klebstoffe für Fliesen und Platten – Definitionen und Spezifikationen (2002-10)
DIN EN 13163	Wärmedämmstoffe für Gebäude – Werkmäßig hergestellte Produkte aus expandiertem Polystyrol (EPS) – Spezifikation (2001-10)
DIN EN 13164	Wärmedämmstoffe für Gebäude – Werkmäßig hergestellte Produkte aus extrudiertem Polystyrolschaum (XPS) – Spezifikation (2001-10) und DIN EN 13164/A1 (2004-08)
DIN EN 13165	Wärmedämmstoffe für Gebäude – Werkmäßig hergestellte Produkte aus Polyurethan-Hartschaum (PUR) – Spezifikation (2005-02)
DIN EN 13166	Wärmedämmstoffe für Gebäude – Werkmäßig hergestellte Produkte aus Phenolharzhartschaum (PF) – Spezifikation (2001-10) und DIN EN 13166/A1 (2004-08)
DIN EN 13167	Wärmedämmstoffe für Gebäude – Werkmäßig hergestellte Produkte aus Schaumglas (CG) – Spezifikation (2001-10) und DIN EN 13167/A1 (2004-08)
DIN EN 13318	Estrichmörtel und Estriche – Begriffe (2000-12)
DIN EN 13813	Estrichmörtel, Estrichmassen und Estriche – Estrichmörtel und Estrichmassen – Eigenschaften und Anforderungen (2003-01)
DIN EN 13888	Fugenmörtel für Fliesen und Platten – Definitionen und Festlegungen (2002-12)

Über der Dampfsperre oder -bremse liegt eine den Anforderungen genügende Wärme- und Schalldämmung. Sie schützt den unter der Terrassenplatte liegenden Raum vor erheblichen Wärmeverlusten und mindert den Trittschall auf das zulässige Maß. Einzelheiten über diese Wärme- und Trittschalldämmung sind dem Kapitel 3 dieses Buches zu entnehmen. Die Wärmedämmung sollte so weit wie möglich immer oberhalb der Deckenkonstruktion angeordnet werden, da sie die Massivdecke vor Temperaturunterschieden (Frost im Winter, Insolation im Sommer) schützt. Bei fehlender Konstruktionshöhe kann aus diesem zwingenden Grund auch ein geringer Teil der Wärmedämmung unterhalb der Decke angebracht werden, um die Anforderungen der EnEV zu erfüllen. Dies sollte jedoch nicht die Regel sein.

Diese Temperaturdifferenzen der Terrassenbelagsoberflächen können bei Wintertemperaturen bis –20 °C und durch Insolationseinflüsse bei wärmegedämmten Terrassen mit dunkelfarbigen Oberflächenfarbgestaltungen bis +80 °C maximal 100 K betragen.

Eine an der Unterseite der Decke angebrachte Wärmedämmung bedingt, dass auch eine Dampfsperre unterhalb dieser Wärmedämmung angebracht werden muss. Die Anordnung der gesamten Wärmedämmung an der Unterseite der Terrassendeckenplatte behindert einen Temperaturausgleich zwischen der Innenraumluft und der Deckenplatte.

Dadurch wirkt sich der oben genannte Temperaturunterschied fast in voller Höhe auf die Massivplatte aus und erzeugt in unzähligen Wiederholungen die Änderungen der Längen- und Breitenabmessungen in der Größenordnung von:

$$10 \text{ bis } 12 \cdot 10^{-6} \text{ m/(m} \cdot \text{K)} \cdot 100 \text{ K} = 1 \text{ bis } 1{,}2 \cdot 10^{-3} \text{ m/m}$$
$$= 1 \text{ bis } 1{,}2 \text{ mm/m}$$

Diese Längenänderungen, insbesondere bei großflächig angelegten Terrassen, führen unweigerlich zu Rissen zwischen den Massivplatten und den Bauteilen, auf denen sie aufgelagert sind. An diesen Rissschäden ändern in der Regel auch Gleitauflager zwischen Deckenplatte und Mauerwerk oder Ringankern kaum etwas.

Eine Wärmedämmung nur an der Unterseite einer Terrassentragplatte entspricht daher nicht den bauphysikalischen Erfordernissen. Eine ausreichende Dämmung muss selbstverständlich auch an allen freien Außenflächen der äußeren Terrassenränder vorgesehen werden.

Dachterrassen erfordern in jedem Falle im Gefälle liegende Abdichtungen gegen nicht drückendes Oberflächenwasser (siehe Kapitel 5 des Buches) über der Wärmedämmung sowie Dränageschichten (siehe Kapitel 6 des Buches) unter dem darüber liegenden Estrich nach Kapitel 7 des Buches.

Terrassenbeläge werden in Kapitel 8 des Buches behandelt.

Da sich in massiven Terrassenplatten, auch trotz richtig und in ausreichenden Dicken auf den Oberflächen angebrachter Wärmedämmungen, gewisse Temperaturunterschiede gegenüber den Gebäudedecken des Stockwerks ausbilden, die zwischen beheizten Innenräumen liegen, erscheint es angebracht, Stockwerks- und Terrassendecken in gemeinsamen Auflagern statisch durch eine Bewegungsfuge (ohne durchgehende Stahlbewehrung) zu trennen.

Aufgrund der verschiedenen Aufbaudicken von

- Trittschalldämmung,
- Estrich und
- Bodenbelag

auf den inneren Stockwerksdecken sowie von

- Gefälleschicht,
- Dampfsperrschicht,
- Wärme- und Schalldämmung,
- Abdichtung,
- Dränageschicht,
- Zementestrich und
- Bodenbelagsschicht

auf den äußeren Terrassenplatten sind die Oberflächen der Terrassenplatten um ein bestimmtes, jeweils zu errechnendes Maß tiefer zu legen als die Oberflächen der Stockwerksdecken. Zu beachten ist dabei die in Kapitel 5.1 erläuterte Hochführung der Terrassenabdichtung an anschließenden Wänden und Türkonstruktionen.

Diese Höhendifferenzen sind in Abhängigkeit von den verschiedenen Baukonstruktionsmöglichkeiten und -notwendigkeiten vor Beginn der Rohbauarbeiten vom Planer festzulegen.

Bei der Tieferlegung der Terrassenrohbauplatten gegenüber den Stockwerksdecken ist zu überprüfen, ob die vorgeschriebenen lichten Mindesthöhen der Räume unter den wärmegedämmten Terrassen eingehalten werden.

1.5 Zusätzliche bautechnische Angaben für Balkone und Terrassen

1.5.1 Gefälle

Für die Ausführung von Gefälleschichten geltende Fachregeln, Merk- und Hinweisblätter:

Fachregel für Dächer mit Abdichtungen – Flachdachrichtlinien (ZVDH, 2003)

Merkblatt Außenbeläge – Belagskonstruktionen mit Fliesen und Platten außerhalb von Gebäuden (ZDB, 2005)

BEB-Hinweisblatt Hinweise für Estriche im Freien, Zement-Estriche auf Balkonen und Terrassen (BEB, 1999)

Für die Ausführung von Gefälleschichten geltende Normen:

ATV DIN 18353   Estricharbeiten (2005-01) VOB/C

DIN 18560-1 bis -3   Estriche im Bauwesen (2004-04)

Alle Balkone und Terrassen sind Flachdachkonstruktionen mit geringem Gefälle und mit Abdichtungen.

In den Flachdachrichtlinien (ZVDH, 2003) wird im Abschnitt 2.1 für die Mindestdachneigung vorgeschrieben:

„Flächen, die für die Auflage einer Dachabdichtung und/oder der damit zusammenhängenden Schichten vorgesehen sind, sollen für die Ableitung des Niederschlagswassers mit Gefälle von mindestens 2 % geplant werden. Dächer mit einem Gefälle unter 2 % sind Sonderkonstruktionen. Sie erfordern deshalb besondere Maßnahmen, um eine höhere Beanspruchung in Verbindung mit stehendem Wasser auszugleichen."

Für die Dachentwässerung wird Folgendes von den Flachdachrichtlinien (ZVDH, 2003) in Abschnitt 2.4 gefordert:

„Die Dachentwässerung ist unter Beachtung der Bemessungsnormen so anzuordnen, dass die Niederschläge auf kurzem Wege abgeleitet werden können. Die Entwässerung kann mit Dachabläufen oder über vorgehängte Dachrinnen mit entsprechender Traufausbildung erfolgen. Dachflächen mit nach innen abgeführter Entwässerung müssen unabhängig von der Größe der Dachfläche bei einem Ablauf mindestens einen Notüberlauf oder mehrere Abläufe erhalten. Bei genutzten Dachflächen (Dachterrassen) soll die Entwässerung sowohl an der Oberfläche als auch in der Abdichtungsebene sichergestellt sein.

Die Abläufe innen liegender Dachentwässerungen sollen an den Tiefpunkten der Dachfläche angeordnet werden und so ausgebildet sein, dass die Dachabdichtung wasserdicht angeschlossen werden kann. Sie sollen einen Abstand von mindestens 0,30 m von aufgehenden Bauteilen, Fugen oder anderen Durchdringungen der Abdichtung haben. Maßgebend ist dabei die äußere Begrenzung des Flansches. Abläufe müssen zu Wartungszwecken frei zugänglich sein."

Nach den Abschnitten 1.2, 1.15, 2.2 und 4.6 des Merkblattes „Außenbeläge – Belagskonstruktionen mit Fliesen und

Platten außerhalb von Gebäuden" (ZDB, 2005) müssen das Gefälle des tragenden Untergrundes sowie das Oberflächengefälle der Fliesen- und Plattenbeläge mit ebenen Oberflächen mindestens 1 bis 2 % betragen. Platten mit profilierten und rauen Oberflächen können ein größeres Gefälle erforderlich machen.

Die Gefälleebene zu Rinnen und Bodenabläufen muss immer unter der Abdichtungsebene liegen. Um Konstruktionsgewicht, Dicke der Aufbauschichten und nicht zuletzt um Kosten einzusparen, ist es immer zweckmäßig, die Oberfläche der Rohbetonplatte im Gefälle abzuziehen. Dies erhöht in den meisten Fällen den Einheitspreis der Decken gegenüber sonst üblicherweise waagerecht abgezogenen Oberflächen nicht, ist aber bei der statischen Berechnung für die Decken zu berücksichtigen und in der Ausschreibung für den Ausführenden der Rohbauarbeiten gesondert anzugeben.

Wurde versäumt, die Rohbetondecke mit dem notwendigen Oberflächengefälle zu versehen, so ist es erforderlich, einen Verbund-Zement-Gefälleestrich (nach DIN 18560-1 und -3) einzubauen. Dabei soll die Zementestrichdicke an der dünnsten Stelle mindestens 20 mm betragen. Verringern lässt sich dieses Mindestmaß nur durch den Einsatz besonderer kunststoffvergüteter Zementmörtel oder durch Kunststoffmörtel nach Angaben der Hersteller.

1.5.2 Dachrinnen, Regenfallleitungen, Entwässerung der Balkone und Terrassen

Für die Ausführung von Dachrinnen und Regenfallleitungen geltende Fachregel und Normen:

Fachregel für Metallarbeiten im Dachdeckerhandwerk (ZVDH, 1999) mit Änderungen 2002 und 2003

ATV DIN 18339 Klempnerarbeiten (2002-12) VOB/C

DIN EN 607 Hängedachrinnen und Zubehörteile aus PVC-U – Begriffe, Anforderungen und Prüfung (2005-02)

DIN EN 612 Hängedachrinnen mit Aussteifung der Rinnenvorderseite und Regenrohre aus Metallblech mit Nahtverbindungen (2005-04)

DIN EN 752-2 Entwässerungssysteme außerhalb von Gebäuden – Teil 2: Anforderungen (1996-09)

DIN EN 752-4 Entwässerungssysteme außerhalb von Gebäuden – Teil 4: Hydraulische Berechnung und Umweltschutzaspekte (1997-11)

DIN EN 1253-1 Abläufe für Gebäude – Teil 1: Anforderungen (2003-09)

DIN EN 1462 Rinnenhalter für Hängedachrinnen – Anforderungen und Prüfung (2004-12)

DIN EN 1610 Verlegung und Prüfung von Abwasserleitungen und -kanälen (1997-10) und Beiblatt 1 (1997-10)

DIN 1986-100 Entwässerungsanlagen für Gebäude und Grundstücke – Teil 100: Zusätzliche Bestimmungen zu DIN EN 752 und DIN EN 12056 (2002-03) und Berichtigung 1 (2002-12)

DIN EN 12056-3 Schwerkraftentwässerungsanlagen innerhalb von Gebäuden – Teil 3: Dachentwässerung, Planung und Bemessung (2001-01)

Freie Ränder von Dachterrassen und Balkonen, denen durch Oberflächengefälle Regenwasser zugeführt wird, sollten immer mit Dachrinnen versehen werden, die an entsprechende Fallrohre anzuschließen sind. Abtropfende Ränder führen fast immer zu Unzuträglichkeiten und auf längere Sicht in der Regel zu Beeinträchtigungen und zu Bauschäden der darunter liegenden Bauteile.

Alle Balkone und Terrassen sind Flachdachkonstruktionen mit geringem Gefälle und mit Abdichtungen. DIN EN 12056-3, Abschnitt 5.4 „Flachdachabläufe", besagt, dass bei der Entwässerung von Flachdächern die Tragfähigkeit und Konstruktion mit in Betracht zu ziehen sind. Jegliche Ableitung und jeglicher Ablauf sollen so sein, dass sich kein Aufstau bilden kann, der die Belastbarkeit der Tragwerkskonstruktion überschreitet, und dass kein Wasser in die Konstruktion eindringen kann.

In den Flachdachrichtlinien (ZVDH, 2003), Abschnitt 2.4, heißt es: *„Die Dachentwässerung ist unter Beachtung der Bemessungsnormen so anzuordnen, dass die Niederschläge auf kurzem Wege abgeleitet werden können."*

Nach den Bemessungsgrundsätzen der DIN 1986-100, Abschnitt 9.3, sind Leitungsanlagen für Regenwasser und die zugehörigen Bauteile der Regenentwässerungsanlage aus wirtschaftlichen Gründen und zur Sicherstellung der Selbstreinigungsfähigkeit für ein mittleres Regenereignis zu bemessen. Nach Abschnitt 9.3.3 „Berechnungsregenspende" sind Regenwasserfall-, Sammel- und Grundleitungen mindestens für die örtliche 5-Minuten-Regenspende $r_{(5,2)}$, die einmal in 2 Jahren erwartet wird, zu bemessen. Mit dieser Regelung ist die bisherige Mindestbemessungsregenspende von 300 l/(s · ha) entfallen. Jetzt findet die neue differenzierte Bemessung nach den tatsächlichen regional stattfindenden Regenereignissen statt.

Starkregenereignisse oberhalb des Berechnungsregens sind planmäßig zu erwarten. Die Überlastung von Grund-, Sammel- und Fallleitungen bzw. Überflutungserscheinungen auf den Niederschlagsflächen können die Folge sein. Sie sind durch geeignete Maßnahmen, wie z. B. den Einbau von Notabläufen usw., zur Vermeidung von Schäden zu begrenzen.

In DIN 1986-100 „Entwässerungsanlagen für Gebäude und Grundstücke" sind zusätzliche, nur für Deutschland geltende Bestimmungen ergänzend zur DIN EN 12056 und DIN EN 752 enthalten. Planung und Bemessung der Anlagen zur Regenwasserableitung sind in DIN 1986-100, Abschnitt 9, in Verbindung mit DIN EN 12056-3, Abschnitt 1, DIN EN 752-2, Abschnitt 6, und DIN EN 752-4, Abschnitt 11, geregelt.

In Abschnitt 9 der DIN 1986-100 sind die wesentlichen Grundsätze für die Bemessung und Ausführung von Sammel- und Grundleitungen aufgeführt. Ebenso sind ergänzende Anforderungen zur DIN EN 12056-3 für allgemeine Auslegungskriterien der Dachentwässerung, die national festgelegt sind, aufgenommen.

Nach DIN 1986-100, Abschnitt 9.1, sollten *„... Balkone und Loggien einen Ablauf oder eine vorgehängte Rinne erhalten. Haben Balkone und Loggien eine geschlossene Brüstung, so muss zusätzlich zum Ablauf als Notüberlauf eine Durchlassöffnung von mindestens 40 mm lichter Weite in der Brüstung vorhanden sein. Sofern die Brüstungen nicht allseits umschlossen sind, darf das Regenwasser in die Fallleitung der Dachentwässerung eingeleitet werden. Nur wenn Dritte dadurch nicht beeinträchtigt werden, darf das Regenwasser auch direkt über Wasserspeier oder Tropfleisten auf das Grundstück abgeleitet werden."*

Wasserspeier als Hauptwasserablässe von Balkonen oder Dachterrassen sind äußerst fragwürdig, da das von diesen frei fallende Wasser einzelne Bauwerksteile bei starker Windeinwirkung zusätzlich zum ohnehin anfallenden Niederschlag belastet. Im Winter frieren solche Entwässerungsröhrchen mit häufig nur 40 bis 50 mm lichtem Durchmesser meist zu. Infolge ihrer Lage in abgekühlten Bauteilen tauen sie erst im Frühjahr auf, zu einem Zeitpunkt also, zu dem sich Eis und Schnee auf Balkon- und Terrassenoberflächen im bereits geschmolzenen Zustand auf bauschadensträchtigen Wegen ins Gebäudeinnere befinden.

Wasserspeier mit darunter als senkrechte „Abflussleitungen" aufgehängten Ketten sind schlechthin als „architektonischer Firlefanz" zu bezeichnen. Wasserspeier sind immer nur dann sinnvoll, wenn sie, wie in der DIN 1986-100 vorgeschrieben, als Sicherheitsabläufe bei Balkonen oder Dachterrassen mit geschlossenen Brüstungen eingebaut werden. Sie müssen zusätzlich zur richtig bemessenen Bodenentwässerung fachgerecht und mit mindestens 12 cm breiten Klebeflanschen, Dichtmanschetten oder Klemmflanschen in der Dichtungsebene eingebaut und nur im Katastrophenfall wirksam werden.

Die Entwässerung der Balkon- oder Dachterrassenränder sollte immer über entsprechende Traufbleche erfolgen, die mit den Abdichtungsbahnen fachgerecht und wasserdicht zu verbinden sind. Dachrinnen, Regenfallrohre und Zubehör aus PVC-U sind in der DIN EN 607, aus Metallblech in der DIN EN 612 genormt.

Die Ausführung von Rinnenanlagen erfolgt nach der ATV DIN 18339 „Klempnerarbeiten" und nach der „Fachregel für Metallarbeiten im Dachdeckerhandwerk" (ZVDH, 1999 mit Änderungen 2002 und 2003). Bei Verwendung verschiedener Metalle müssen, auch wenn sie sich nicht berühren, schädigende Einwirkungen aufeinander ausgeschlossen sein, dies gilt besonders in Fließrichtung des Wassers.

Die in DIN 1986-100, Abschnitt 9.1, genannte Durchlassöffnung von mindestens 40 mm lichter Weite für Sicherheitsabläufe erscheint zu gering, da diese Notüberlaufröhrchen mit dem genannten Mindestmaß leicht verstopfen oder zufrieren und damit im Ernstfall unwirksam werden.

Nach Abschnitt 9.3.8.2 der DIN 1986-100 müssen Entwässerungs- und Notüberlaufsystem gemeinsam mindestens das am Gebäudestandort über 5 Minuten zu erwartende Jahrhundertregenereignis $r_{(5,100)}$ entwässern können. Das Mindestabflussvermögen der Notüberläufe Q_{Not} ergibt sich aus der Differenz zwischen Jahrhundertregen und dem maximalen Abflussvermögen des Dachentwässerungssystems. Ist ein außergewöhnliches Maß an Schutz für ein Gebäude notwendig (siehe DIN EN 12056-3, Tabelle 2), sollte die Notüberlaufeinrichtung allein den Jahrhundertregen $r_{(5,100)}$ entwässern können.

Die DIN 1986-100 schreibt in den Abschnitten 9.1 und 9.3.8.1 vor, dass das Notüberlaufsystem frei über die Gebäudefassade oder durch ein zusätzliches Leitungssystem mit freiem Ablauf auf das Grundstück zu entwässern ist. Das Regenwasser darf nicht auf öffentliche Verkehrsflächen abgeleitet werden.

Zur Bemessung der Regenentwässerungsanlage sind die am Gebäudestandort zu erwartenden Regenmengen zu ermitteln. Für deutsche Städte sind in der DIN 1986-100 im Anhang A (informativ) die Regenereignisse (Berechnungsregen und Jahrhundertregenspende) in der Tabelle A.1 festgelegt. In der Berichtigung zu DIN 1986-100 wird diese Tabelle A.1 ergänzt. Dabei ist $r_{(5,2)}$ ein 5-Minuten-Regenereignis, das statistisch alle 2 Jahre einmal vorkommt, in $l/(s \cdot ha)$ und $r_{(5,100)}$ ist ein 5-Minuten-Regenereignis, das statistisch einmal in 100 Jahren vorkommt, in $l/(s \cdot ha)$.

Für nicht im Anhang A zur DIN EN 1986-100 aufgeführte Städte und Gemeinden sind die Regenereignisse direkt beim Deutschen Wetterdienst (DWD: www.dwd.de) zu erfragen.

1.5.2.1 Berechnung des Regenwasserabflusses nach DIN EN 12056-3

Der Regenwasserabfluss, der von einem Dach unter stetigen Bedingungen abgeleitet werden muss, wird durch folgende Gleichung bestimmt:

$$Q = r \cdot A \cdot C$$

Dabei sind

Q = der Regenwasserabfluss [l/s]

r = die Berechnungsregenspende [$l/(s \cdot m^2)$]
    (DIN EN 12056-3, Abschnitt 4.2)

A = die wirksame Dachfläche [m^2]
    (DIN EN 12056-3, Tabelle 3)

C = der Abflussbeiwert, dimensionslos
    (DIN EN 1986-100, Tabelle 6)
    (bzw. C = 1, wenn nationale und regionale Vorschriften und technische Regeln nichts anderes vorschreiben)

1.5.2.2 Planung von Dachentwässerungsanlagen nach DIN EN 12056-3

Vorgehängte Dachrinnen sind nach DIN EN 12056-3, Abschnitt 5.1, und Dachrinnenabläufe, Dachrinnenstutzen nach Abschnitt 5.3 zu planen (ersetzt DIN 18460).

Der maximale Regenwasserabfluss (berechnet nach der mit Regenwasserfallleitungen zu entwässernden Fläche nach Abschnitt 4) soll in senkrechten Regenwasserfallleitungen mit kreisförmigem Querschnitt kleiner als der Wert in Tabelle 8 der DIN EN 12056-3 sein. Bei teilgefüllten Leitungen nach Abschnitt 6.1 ist ein Füllungsgrad f von 0,33 zu verwenden, sofern nicht nationale und regionale Vorschriften einen anderen Füllungsgrad zwischen 0,20 bis 0,33 festlegen. Anzumerken ist, dass das Abflussvermögen einer Dachentwässerungsanlage vom Abflussvermögen des Dachrinnenauslasses oder des Flachdachablaufes abhängt und nicht vom Abflussvermögen der Regenwasserfallleitungen bestimmt wird. Die Fallleitung darf keine geringere Nennweite aufweisen als die Anschlussnennweite des zugehörigen Dachablaufs. Wenn der Ablauf einer Dachrinne mit nicht flacher Sohle mit einem Sieb/Laubfang versehen ist, muss das Abflussvermögen der Rinne mit dem Faktor 0,5 multipliziert werden.

Nach DIN EN 12056-3, Abschnitt 7.6.6, bzw. DIN EN 12056-1, Abschnitt 5.6.5, müssen Regenwasserleitungen, die innerhalb von Gebäuden verlegt werden, gegen Schwitzwasser gedämmt werden, wenn die klimatischen Verhältnisse, die Temperaturen im Gebäude und die Luftfeuchtigkeit dies erforderlich machen, damit weder an den Leitungen noch am Bauwerk Schäden entstehen.

1.5.2.3 Regenwasserabfluss und Bemessung der Notüberläufe nach DIN 1986-100 am Beispiel einer Dachterrasse, Standort: Bamberg

Gegeben sind eine Berechnungsregenspende $r_{(5,2)}$ nach DIN 1986-100, Tabelle A.1, von 301 l/(s · ha), Jahrhundertregen $r_{(5,100)}$ nach DIN 1986-100, Tabelle A.1, von 608 l/(s · ha) und ein Abflussbeiwert C nach DIN 1986-100, Tabelle 6, von 1.

Q = Regenwasserabfluss [l/s]

A = wirksame Niederschlagsfläche [m²]
(siehe auch DIN EN 12056-3, Abschnitt 4.3)

C = Abflussbeiwert (nach Tabelle 6), dimensionslos

$r_{(D,T)}$ = Berechnungsregenspende [l/(s · ha)]
(DIN 1986-100, Abschnitt 9.3.3)

D = Regendauer [min]

T = Jährlichkeit des Regenereignisses

Q_{Not} = Mindestabflussvermögen der Notüberläufe [l/s]

$r_{(5/100)}$ = 5-Minuten-Regenspende, die einmal in 100 Jahren erwartet werden muss

Tabelle 1.19: Berechnung der notwendigen Regenwasserablaufleistung durch die Hauptentwässerung und die Notüberläufe für eine Dachterrasse A = 3 m · 4 m = 12 m² wirksame Niederschlagsfläche (siehe DIN EN 12056-3, Abschnitt 4.3)

Ablaufleistung durch Hauptentwässerungssystem	Ablaufleistung durch Notentwässerungssystem
Q = $r_{(5,2)}$ · C · A · 1/10.000	Q_{Not} = ($r_{(5,100)}$ − $r_{(5,2)}$ · C) · A · 1/10.000
Q = 301 l/(s · ha) · 1 · 12 m² · 1/10.000	Q_{Not} = (608 − 301 · 1) · 12 m² · 1/10.000
Q = 0,361 l/s	Q_{Not} = 0,368 l/s
Das Hauptentwässerungssystem muss 0,361 l/s entwässern.	Das Notablaufsystem muss mindestens zusätzlich 0,368 l/s entwässern.

Tabelle 1.20: Berechnung der notwendigen Regenwasserablaufleistung durch die Hauptentwässerung und die Notüberläufe für eine Dachterrasse A = 4 m · 12 m = 48 m² wirksame Niederschlagsfläche (siehe DIN EN 12056-3, Abschnitt 4.3)

Ablaufleistung durch Hauptentwässerungssystem	Ablaufleistung durch Notentwässerungssystem
Q = $r_{(5,2)}$ · C · A · 1/10.000	Q_{Not} = ($r_{(5,100)}$ − $r_{(5,2)}$ · C) · A · 1/10.000
Q = 301 l/(s · ha) · 1 · 48 m² · 1/10.000	Q_{Not} = (608 − 301 · 1) · 48 m² · 1/10.000
Q = 1,445 l/s	Q_{Not} = 1,474 l/s
Das Hauptentwässerungssystem muss 1,445 l/s entwässern.	Das Notablaufsystem muss mindestens zusätzlich 1,474 l/s entwässern.

1.5.3 Bodenentwässerung, Durchdringungen

Für die Ausführung geltende Fachregel und Normen:

Fachregel für Dächer mit Abdichtungen – Flachdachrichtlinien (ZVDH, 2003)

ATV DIN 18336	Abdichtungsarbeiten (2002-12) VOB/C
ATV DIN 18381	Gas-, Wasser- und Entwässerungsanlagen innerhalb von Gebäuden (2002-12) VOB/C
DIN 1986-4	Entwässerungsanlagen für Gebäude und Grundstücke – Teil 4: Verwendungsbereiche von Abwasserrohren und -formstücken verschiedener Werkstoffe (2003-02)
DIN 1986-100	Entwässerungsanlagen für Gebäude und Grundstücke – Teil 100: Zusätzliche Bestimmungen zu DIN EN 752 und DIN EN 12056 (2002-03) und Berichtigung 1 (2002-12)
DIN 4045	Abwassertechnik – Grundbegriffe (2003-08)

DIN EN 124 Aufsätze und Abdeckungen für Verkehrsflächen – Baugrundsätze, Prüfungen, Kennzeichnung, Güteüberwachung (1994-08)

DIN EN 476 Allgemeine Anforderungen an Bauteile für Abwasserkanäle und -leitungen für Schwerkraftentwässerungssysteme (1997-08)

DIN EN 752-1 Entwässerungssysteme außerhalb von Gebäuden – Teil 1: Allgemeines und Definitionen (1996-01)

DIN EN 752-2 Entwässerungssysteme außerhalb von Gebäuden – Teil 2: Anforderungen (1996-09)

DIN EN 752-3 Entwässerungssysteme außerhalb von Gebäuden – Teil 3: Planung (1996-09)

DIN EN 752-4 Entwässerungssysteme außerhalb von Gebäuden – Teil 4: Hydraulische Berechnung und Umweltschutzaspekte (1997-11)

DIN EN 1253-1 Abläufe für Gebäude – Teil 1: Anforderungen (2003-09)

DIN EN 1253-4 Abläufe für Gebäude – Teil 4: Abdeckungen (2000-02)

DIN EN 12056-1, -3 und -5 Schwerkraftentwässerungsanlagen innerhalb von Gebäuden (2001-01)

Einläufe von Bodenentwässerungen in Balkonen und Terrassen sowie Durchdringungen (z. B. Fallrohre aus höher liegenden Stockwerken) stellen in der Regel unverschiebbare Festpunkte dar. Dies ist bei der Einteilung der Bewegungsfugen im Bodenbelag zu berücksichtigen.

Bodenabläufe, Abdeckungen und Aufsätze müssen so ausgeführt sein, dass sie der möglichen Belastung an der Einbaustelle genügen. Gültig sind hier die Normen DIN EN 1253-1 „Abläufe für Gebäude" und DIN EN 1253-4 „Abdeckungen" bzw. DIN EN 124 „Aufsätze und Abdeckungen für Verkehrsflächen".

In der Klassifizierung der Abläufe entsprechend DIN EN 1253-1, Abschnitt 5, sind 4 Klassen zu unterscheiden:

- Klasse H 1,5: belastbar bis maximal 150 kg, für nicht genutzte Flachdächer z. B. Kiespressdächer, Kiesschüttdächer und dergleichen,
- Klasse K 3: belastbar bis maximal 300 kg, für Flächen ohne Fahrverkehr, z. B. Baderäume in Wohnungen, Altenheime, Hotels, Schulen, auf Terrassen, Loggien und Balkonen,
- Klasse L 15: belastbar bis maximal 1,5 t, für Flächen mit leichtem Fahrverkehr ohne Gabelstapler in gewerblich genutzten Räumen,
- Klasse M 125: belastbar bis maximal 12,5 t, für Flächen mit Fahrverkehr, z. B. in Werkstätten, Fabriken, Parkhäusern.

Abdeckungen werden entsprechend ihrer Belastbarkeit nach DIN EN 1253-1 klassifiziert. Die Wahl der geeigneten Klasse liegt in der Verantwortung des Planers. Im Zweifelsfall ist immer die höhere Klasse zu wählen.

Die Abläufe müssen (korrosions-)beständig sein

- gegenüber Regenwasser,
- gegenüber UV-Strahlung,
- gegenüber lokalen klimatischen Witterungseinflüssen,
- bis mindestens –20 °C gegenüber Frost und bis mindestens +80 °C gegenüber Hitze (DIN EN 1253-1, Abschnitt 8.8.3),
- gegenüber chemischen und mechanischen Belastungen,
- gegenüber Heißbitumen (wenn es zur Anwendung kommt) bis zu einer Temperatur von +220 ±5 °C (DIN EN 1253-1, Abschnitt 8.8.4).

Fachgerecht eingebaute Ablaufgullys besitzen in ihren Oberflächeneinläufen (in der ersten Etage) begeh- oder befahrbare und korrosionsbeständige Roste als Schmutzfang für grobe einschwämmbare Bestandteile, z. B. Laub.

Unmittelbar darunter soll in einem Ablauf immer ein leicht zu reinigender Schlammfangtopf für feinere, im Regenwasser befindliche Schmutzteile angeordnet sein, der in gewissen Abständen gewartet wird.

Um Geruchsbelästigungen zu verhindern, ist jeder Bodeneinlauf (nach DIN 1986-100, Abschnitt 7.2) mit einem stets wassergefüllten Geruchsverschluss zu versehen, es sei denn, in den anschließenden Abflussleitungen werden gasabdichtende, wassergefüllte Siphon-Bauteile mit senkrechten, über Dach geführten Zuluftleitungen angeschlossen. Diese Siphons müssen zu Wartungszwecken zugänglich sein. Einzubauende Geruchsverschlüsse oder Bauteile mit Geruchsverschluss müssen den dafür geltenden Normen (z. B. DIN EN 274, DIN EN 329, DIN EN 411, DIN EN 1253) entsprechen. Die Geruchsverschlusshöhe ist die wirksame Wasserhöhe h im Geruchsverschluss, die den Durchtritt von Abwassergasen verhindert. Sie muss für Regenwasserabläufe mindestens 100 mm betragen. Die bei Abläufen geforderte, gut zugängliche Reinigungsöffnung bzw. -möglichkeit ist durch herausnehmbare Geruchsverschlüsse zu erreichen.

In der Höhe der Balkon- oder Terrassenabdichtungsebene müssen die Gullykörper ausreichende Sicköffnungen (in der zweiten Etage) besitzen, um das durch die oberen Bauschichten bis zur Dichtschicht vorgedrungene Regenwasser aufnehmen zu können. Die am Bodeneinlauf unterhalb der Sicköffnung angebrachten Klebe-, Schweiß- oder Klemmflansche müssen den Anforderungen der DIN 18195-9 entsprechen und sind mit einer Mindestbreite von 120 mm mit der Dichtschicht wasserdicht zu verkleben, zu verschweißen oder zu verklemmen. Es darf dabei keinerlei Unterbrechung des Dichtschichtgefälles entstehen.

Bei Abdichtungen aus Kunststoffdichtungsbahnen sind Anschweißflansche mit 50 mm breiten Anschlussflächen zulässig.

Für Abläufe sind die wirksamen Mindestflanschbreiten der Abdichtungen in DIN EN 1253-1, Tabelle 2, enthalten.

In wärmegedämmten Dachterrassen befindet sich zusätzlich eine Dampfbrems- oder Dampfsperrschicht. Diese ist in der gleichen Form, wie oben beschrieben, wasserdampfdicht mit den unteren Klebe- oder Klemmflanschen der Bodenabläufe zu verbinden (dritte Etage).

Bei der Auswahl der einzubauenden Abläufe nach DIN EN 1253 sind immer die vorgesehenen Dicken der einzelnen Bodenaufbauschichten zu berücksichtigen. Es sind viele Fabrikate im Handel, bei denen sich die genauen Höhenabstände der 3 Gully-Etagen, meist durch Zwischenringe, maßgerecht einstellen lassen.

Sind aus irgendwelchen Gründen Durchdringungen in Balkon- oder Terrassenplatten, z. B. durch Fallleitungen, nicht zu vermeiden, so müssen diese, ebenso wie Bodeneinläufe, mit Klebe-, Schweiß- oder Klemmflanschen sowohl in der Abdichtungs- als auch in der Dampfsperrebene eingedichtet werden. Durchdringungen sind auf die unbedingt notwendige Anzahl zu beschränken.

Die Außenkanten der Abläufe und Durchdringungen – maßgebend ist dabei die äußere Begrenzung des Flansches oder der Manschette – sind nach Abschnitt 5.2 der DIN 18195-9 so anzuordnen, dass sie mindestens 150 mm, bei Bewegungsfugen mindestens 300 mm, von Bauwerkskanten und Wandanschlüssen entfernt sind, sofern nicht aus Verarbeitungsgründen ein größerer Abstand erforderlich ist.

Die Flachdachrichtlinien (ZVDH, 2003) fordern im Abschnitt 5.4 „Anschlüsse an Durchdringungen" im Abschnitt 5.4.1: *„Der Abstand von Dachdurchdringungen untereinander und zu anderen Bauteilen, z. B. Wandanschlüssen, Bewegungsfugen oder Dachrändern, soll mindestens 0,30 m betragen, damit die jeweiligen Anschlüsse fachgerecht und dauerhaft hergestellt werden können. Maßgebend ist dabei die äußere Begrenzung des Flansches."*

Die Berechnung des Ablaufvermögens der Regenentwässerungsanlage einer Dachterrasse wird durch die Ablaufleistung des Bodenablaufes bestimmt und nicht durch das Ablaufvermögen der Fallleitungen. Für die Berechnung können also die vom Hersteller angegebenen Ablaufleistungen der Gullys oder die Mindestablaufwerte nach DIN 1253 verwendet werden. Die Abläufe müssen in der Lage sein, die nach DIN 1253-1, Abschnitt 8.11.1, „Zufluss über den Rost", in Tabelle 3 aufgeführten Abflusswerte zu erbringen.

Brandschutz

Der Brandschutz bei Bodenabläufen stellt kein Problem dar, wenn er bei der Planung und Ausführung entsprechend berücksichtigt wird. Fehlt die frühzeitige Einbindung des Brandschutzes in der Planungsphase, dann sind fachgerechte Lösungen kaum noch zu realisieren. Der Planer sollte sich frühzeitig vergewissern, ob für die vorgesehenen Brandschutzmaßnahmen auch die Verwendbarkeitsnachweise für die Bauarten bzw. Bauteile der Bodenabläufe vorliegen.

Brennbare Abflussleitungen und brennbare Bodenabläufe bergen folgende Risiken in sich:

- Verlust des Raumabschlusses durch „Wegbrennen" im Bereich der Durchführung und damit Übertragung des Brandes in einen anderen Brandabschnitt,
- Entstehung von Rauch, ggf. korrosiven Gasen (PVC),
- Gefährdung durch toxische Freisetzung.

Bei der Anordnung von brennbaren bzw. nicht brennbaren Bodenabläufen in Verbindung mit nicht brennbaren Abflussleitungen müssen folgende Brandrisiken berücksichtigt werden: die Gefahr einer Brandübertragung durch Wärmetransport der Abflussleitungen bzw. des Bodenablaufes selbst und mögliche Entzündung anliegender brennbarer Bauprodukte (Baustoffe) oder mögliche Entzündung der Bodenabläufe, wenn sie selbst aus brennbaren Materialien bestehen.

Schallschutzmaßnahmen bei Ablaufstellen und Abwasserrohren

Luftschall wird von den Rohrleitungen abgestrahlt und tritt als hörbare Lärmbelästigung auf. Schwere Baustoffe, z. B. Gussrohre, dämmen den Luftschall. Bei Kunststoffabläufen muss durch Masse gedämmt werden, wie z. B. durch Einmauern, Einbetonieren oder durch Umwickeln mit schweren Schallschutzmatten (Rollisolierung). In sensiblen Bereichen kann bei einbetonierten Kunststoffabläufen den dadurch entstehenden Körperschall eine Schalldämmung aus Mineralwolle mindern.

Körperschall überträgt sich in festen Baukörpern. Als Lärmbelästigung tritt Körperschall erst auf, wenn er vom Baukörper als Luftschall abgestrahlt wird. Zur Dämpfung von Körperschall sind weiche Baustoffe, wie Kunststoffrohre, -abläufe und Dämmmatten, geeignet.

Trittschall und Wasserschall sind Teilbereiche des Körperschalls, die beim Betreten von Bodenabläufen und Abfließen von Abwasser auftreten. Dies muss durch weich federnde Einlagen, wie Gummi-Einlagen bei Rohrschellen, weiche Dichtungen, Dämmmatten oder Mineralwolle bzw. Umhüllungen berücksichtigt werden. Weiche Dichtungen zwischen Aufsatzstück und Grundkörper des Bodenablaufes verhindern die Schallübertragung, die beim Betreten des Ablaufrostes entstehen kann.

Bei Kunststoffabläufen muss vorwiegend gegen Luftschall, bei Gussabläufen muss vorwiegend gegen Körperschall gedämmt werden. Rohrschellen sind möglichst nicht in Aufprallzonen zu setzen.

1.5.4 Abtropfkanten

Alle freien Ränder von Balkonen (möglichst auch die mit Dachrinnen versehenen) sowie Freiränder von über Mauerwerksaußenflächen hinausragenden Plattenvorsprüngen der Dachterrassen sollten mit Abtropfkanten versehen sein. Sie können aus Metalleinfassungen oder aus Formstücken des verlegten Bodenbelages, auch mit zusätzlichen Metalleinfassungen, bestehen. Dabei ist das Fachregelwerk des Bundesverbandes Metall zu beachten, besonders zur Ausbildung von Bewegungsfugen zur Aufnahme der temperaturbedingten Längenänderungen.

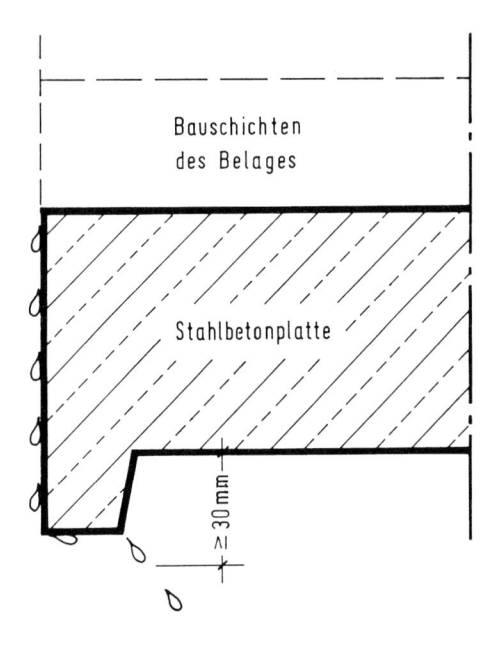

Abb. 1.20: Abtropfnase am Balkon- oder Terrassenrand

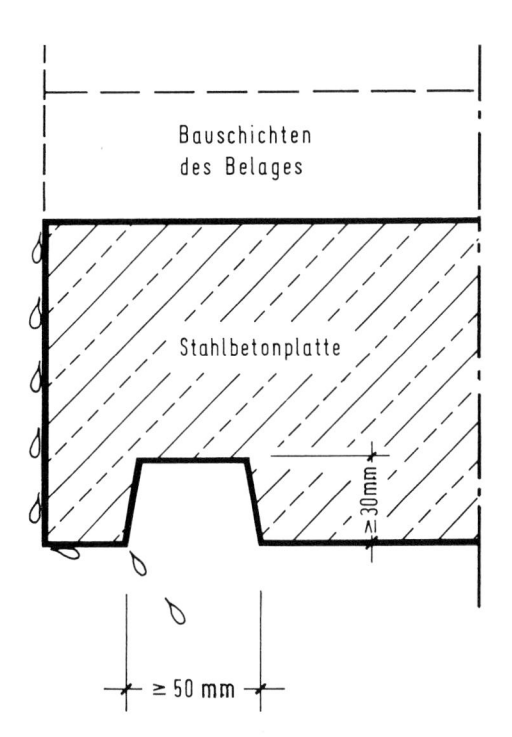

Abb. 1.21: Abtropfrinne am Balkon- oder Terrassenrand

Zweckmäßigerweise werden Abtropfnasen (Abb. 1.20) oder Abtropfrinnen (Abb. 1.21) bereits beim Rohbaueinschalen unter Einhaltung der erforderlichen Betonüberdeckung der Bewehrungsstähle in die Stahlbetonplatten eingeformt.

Um zu verhindern, dass abtropfendes Regenwasser bei Sturm auf die Unterseiten der Stahlbetontragplatten überspringt und dort Schmutzspuren hinterlässt, sind für Abtropfnasen und -rinnen die hier angegebenen Mindestabmessungen zu empfehlen. Abtropfnasen an Balkon- oder Terrassenrändern sollten mindestens 30 mm, Abtropfrinnen mindestens 50 mm breit und ≥ 30 mm tief sein.

1.5.5 Geländer, Brüstungen und Umwehrungen

Technische und gesetzliche Vorschriften, Normen und Richtlinien für Geländer und Umwehrungen:

ETB-Richtlinie Bauteile, die gegen Absturz sichern (DIBT Deutsches Institut für Bautechnik, 1985)

BVM-Richtlinie Geländer und Umwehrungen aus Metall (BVM, 1998)

BGV A1 Allgemeine Vorschriften und BGR A1 (HVBG, 2005)

Landesbauordnungen (LBO) der einzelnen Bundesländer

Schulbaurichtlinie (SchulRi)

Arbeitsstättenverordnung (ArbStättV)

Arbeitsstättenrichtlinie (ASR 12/1–3) Schutz gegen Absturz und herabfallende Gegenstände

Geschäftshausverordnung (GeschHVO)

Versammlungsstättenverordnung (VersStättVO)

bauaufsichtliche Zulassungen

DIN 1055-3	Einwirkungen auf Tragwerke – Teil 3: Eigen- und Nutzlasten für Hochbauten (2002-10)
DIN 4113-1	Aluminiumkonstruktionen unter vorwiegend ruhender Belastung; Berechnung und bauliche Durchbildung (1980-05) und DIN 4113-1/A1 (2002-09)
DIN 18065	Gebäudetreppen – Definition, Messregeln, Hauptmaße (2000-01)
DIN 18800-1	Stahlbauten; Bemessung und Konstruktion (1990-11) und DIN 18800-1/A1 (1996-02)
DIN EN 10088-1 bis -3	Nichtrostende Stähle (2005-09)

Alle Balkone und Terrassen, deren Begehungsebenen mehr als 50 cm über dem sie umgebenden Gelände liegen, müssen ausreichend fest und sicher umwehrt sein (Bayerische Bauordnung, Art. 17). In verschiedenen Bundesländern beträgt diese Höhe zu angrenzenden tiefer liegenden Flächen 1 m.

Die Ausführung dieser Umwehrungen muss in Deutschland den Bestimmungen der Bauordnungen der jeweiligen Bundesländer und den Vorschriften der örtlichen Bauaufsichtsbehörden entsprechen. Enthalten die Bauordnungen keine Anforderungen, gilt die DIN 18065. Geländer, Brüstungen und Umwehrungen müssen ausreichende Sicherheit bieten.

Als Beispiel werden im Folgenden die Angaben der Bayerischen Bauordnung zugrunde gelegt:

Geländer und Brüstungen müssen bei einer Absturzhöhe bis 12 m mindestens 90 cm, bei einer Absturzhöhe von mehr als 12 m mindestens 1,10 m hoch sein. Es wäre zweckmäßig, die Geländerhöhe von 90 cm generell um 10 cm zu erhöhen, da im Laufe der Jahre die Bevölkerung im Durchschnitt um 7 bis 8 cm größer geworden ist.

Die bauliche Ausbildung der Umwehrungen ist so vorzunehmen, dass Kleinkindern das Überklettern nicht erleichtert wird und sie ihre Köpfe nicht zwischen Geländerstäbe stecken können. Lichte Abstände senkrechter Geländerstäbe dürfen daher nicht breiter als 12 cm, waagerechte Abstände zwischen Geländerverblendungsteilen (z. B. Verbretterungen) nicht größer als 4 cm sein. Absturzsicherungen, wie Geländer und Brüstungen, dürfen nicht zum Beklettern verleiten.

Die statische Bemessung der Geländer und Brüstungen sowie deren Befestigungen und Verankerungen sind so vorzunehmen, dass sie den zu erwartenden Beanspruchungen genügen. Die Werte gleichmäßig verteilter Nutzlasten, die in der Höhe des Handlaufs, aber nicht höher als 1,20 m wirken, sind enthalten in DIN 1055-3, Abschnitt 7.1, Tabelle 7 „Horizontale Nutzlasten q_k infolge von Personen auf Brüstungen, Geländern und anderen Konstruktionen, die als Absperrung dienen".

Bei massiven Brüstungen, die mit den Balkon- oder Terrassenrohbauplatten durch Stahlarmierungen unmittelbar verbunden sind, ist zu bedenken, dass durch Sonneneinstrahlung und infolge der sich im Tagesverlauf ändernden Insolationswinkel erhebliche Temperaturunterschiede zwischen den monolithischen, in divergierenden Himmelsrichtungen angeordneten Brüstungsbauteilen und den mit ihnen verbundenen Stahlbetongrundplatten entstehen.

Als Folge der damit verbundenen verschiedenen Längenänderungen der einzelnen Bauteile entstehen häufig Risse in den Stahlbetonbrüstungen, ganz besonders an deren Aufstandsflächen.

In diese Risse eindringendes Wasser führt unweigerlich zum Rosten der Stahlbewehrung, wenn diese nicht aus rostfreiem Edelstahl besteht. Die Folgen sind Sprengungen der Betonbauteile durch Volumenvergrößerung der rostenden Bewehrung.

In die Risse eingedrungenes Wasser setzt bei Frost die Sprengung fort. Als Sanierung derart beschädigter Bauteile ist in aller Regel nur noch Totalabbruch der Brüstungen möglich.

Werden Brüstungen aus Stahlbetonfertigbauteilen angeordnet, so müssen Verbindungselemente zwischen den einzelnen Brüstungselementen und zwischen diesen und den Stahlbetongrundplatten zwangsläufig aus nicht rostendem Edelstahl angeordnet werden. Problematisch bleibt bei solchen Konstruktionen immer die dichte Verwahrung der bis 15 cm über den Balkonbelag an der Brüstung (nach DIN 18195-5, Abschnitt 8.1.5) hochzuführenden Abdichtungsschicht, besonders im Bereich der senkrechten Stoßfugen der Brüstungsbauteile. Dichtungsmaßnahmen mit elastischen Kitten erweisen sich auf die Dauer als ungeeignet.

Befriedigende Lösungen lassen sich nur erzielen, wenn die Abdichtungsschicht der Balkone oder Terrassen unter den Brüstungselementen hindurch bis zum äußeren Rand der Stahlbetonplatte durchgeführt und dort fachgerecht mit entsprechenden Traufblechen verwahrt und entwässert wird. Die Brüstungselemente müssen in diesem Falle mit ausreichend breiten Bodenanschlussschlitzen (ca. 5 bis 10 cm) auf nicht rostenden Edelstahlkonstruktionen aufgeständert werden.

Diese Aufständerungen sollten in den äußeren Stirnseiten der Balkon- oder Terrassenplatten verankert werden, um umständliche Abdichtungsmaßnahmen an den Durchdringungen der Stelzen durch die Dichtschicht nach DIN 18195-9 zu vermeiden.

Aufgrund dieser schwierig zu lösenden Konstruktionsdetails ist es ratsam, schwere Massivbrüstungen durch leichtere Geländer zu ersetzen. Wind- und Sichtschutz lassen sich auch bei diesen durch leichte Verkleidungen erreichen. Gegen Stahlbetonaufkantungen geringer Höhe an den Balkon- und Terrassenplattenrändern zur Aufnahme von Geländern bestehen bei der Entwässerung der Bodenplatten nach innen und bei richtiger Ausführung der Abdichtungsanschlüsse an diese Randschwellen keine Bedenken. Wenn die Betonaufkantungen betretbar sind, wird die erforderliche Geländerhöhe ab Oberkante dieser Aufkantungen gemessen.

Die Geländerbefestigung für Balkone sollte grundsätzlich an der Unterseite der Stahlbetonplatte nach statischem Nachweis mit bauaufsichtlich zugelassenen Dübeln und mit nicht rostenden Schrauben erfolgen. Damit ist sichergestellt, dass kein Wasser an der Befestigungsstelle in den Stahlbeton eindringen und zu Schäden führen kann. Bei dieser Befestigungsart ist die verfügbare Fläche nicht eingeschränkt und die Randabstände für die Dübel können problemlos eingehalten werden.

Prinzipiell sollen Geländer der Terrassenplatten in den äußeren Stirnseiten befestigt werden. Bei Dachterrassen sind auch architektonisch befriedigende Geländerbefestigungen im Mauerwerk unter den Terrassenplatten denkbar.

Geländerbefestigungen durch den Fliesenbelag, den Zementestrich, die Dichtschicht und die Wärmedämmung hindurch sind dagegen nicht ratsam. Sie erfordern in der Abdichtungsebene besonders sorgfältig auszuführende, wasserdichte Durchdringungen, unter Umständen mit Hülsen, die auch hier (nach DIN 18195-5, Abschnitt 8.1.5) bis 15 cm über die Belagsoberfläche zu führen sind.

Um Rissbildungen im Bodenbelag zu vermeiden, dürfen die starr in den Rohbetonplatten befestigten Geländersäulen keinesfalls die durch Temperaturwechsel in den oberen Bodenbelagsschichten entstehenden Bewegungen behindern. Diese Schichten sind von jeder Geländersäule durch elastisch verfüllte Bewegungsfugen als Zwischenglieder zu trennen. Dies ist eine in der Praxis sehr schwierig auszuführende und demnach auch äußerst schadensträchtige Konstruktion.

Wenn möglich, sollten Geländer abnehmbar geplant und konstruiert werden. Nur so können Wartungsarbeiten (z. B. Rostschutzmaßnahmen, Anstriche usw.) an sonst unzugänglichen Stellen problemlos durchgeführt werden. Korrosionsschutz für Stahlgeländer sollte nach DIN EN ISO 12944-4 und -5 (1998-07) erfolgen.

Die Ausführungsbeispiele in Kapitel 9 dieses Buches zeigen einige mögliche Geländerbefestigungen.

2 Dampfsperren und Dampfbremsen

2.1 Bauphysikalische Grundlagen

Wärmegedämmte Dachterrassen sind trennende Bauteile zwischen beheizten oder unbeheizten Innenräumen und der den jeweiligen klimatischen Bedingungen unterworfenen Außenatmosphäre.

Dampfsperren oder Dampfbremsen sind Sperrschichten unterhalb der Wärmedämmung, welche die Diffusion von Wassermolekülen in die darüber liegenden Schichten verhindern bzw. vermindern, so dass keine Schäden zu erwarten sind.

Zu beachtende Verordnungen, Fachregeln und Normen:

Verordnung über energieeinsparenden Wärmeschutz und energiesparende Anlagentechnik bei Gebäuden (Energieeinsparverordnung – EnEV) (2004-12)

Fachregel für Dächer mit Abdichtungen – Flachdachrichtlinien (ZVDH, 2003)

ATV DIN 18336	Abdichtungsarbeiten (2002-12) VOB/C
ATV DIN 18338	Dachdeckungs- und Dachabdichtungsarbeiten (2002-12) VOB/C
DIN 4108-1	Wärmeschutz im Hochbau; Größen und Einheiten (1981-08) (teilweise ersetzt durch DIN EN ISO 7345) und Beiblatt 2 (2004-01)
DIN 4108-2	Wärmeschutz und Energie-Einsparung in Gebäuden – Teil 2: Mindestanforderungen an den Wärmeschutz (2003-07)
DIN 4108-3	Wärmeschutz und Energie-Einsparung in Gebäuden – Teil 3: Klimabedingter Feuchteschutz; Anforderungen, Berechnungsverfahren und Hinweise für Planung und Ausführung (2001-07) und Berichtigung 1 (2002-04)
DIN V 4108-4	Wärmeschutz und Energie-Einsparung in Gebäuden – Teil 4: Wärme- und feuchteschutztechnische Bemessungswerte (2004-07)
DIN V 4108-6	Wärmeschutz und Energie-Einsparung in Gebäuden – Teil 6: Berechnung des Jahresheizwärme- und des Jahresheizenergiebedarfs (2003-06) und Berichtigung 1 (2004-03)
DIN 4108-7	Wärmeschutz und Energie-Einsparung in Gebäuden – Teil 7: Luftdichtheit von Gebäuden; Anforderungen, Planungs- und Ausführungsempfehlungen sowie -beispiele (2001-08)
DIN EN 12086	Wärmedämmstoffe für das Bauwesen – Bestimmung der Wasserdampfdurchlässigkeit (1997-08)
DIN EN 12524	Wärme- und feuchteschutztechnische Eigenschaften – Tabellierte Bemessungswerte (2000-07)
DIN EN ISO 12572	Wärme- und feuchtetechnisches Verhalten von Baustoffen und Bauprodukten – Bestimmung der Wasserdampfdurchlässigkeit (2001-09)
DIN EN ISO 13788	Wärme- und feuchtetechnisches Verhalten von Bauteilen und Bauelementen – Raumseitige Oberflächentemperatur zur Vermeidung kritischer Oberflächenfeuchte und Tauwasserbildung im Bauteilinneren-Berechnungsverfahren (2001-11)

Die uns umgebende Luft setzt sich in erster Linie aus Stickstoff und Sauerstoff und in geringem Maße aus Spuren weiterer Gase und gasförmiger Verunreinigungen zusammen.

Je nach dem momentanen Temperaturzustand der Luft enthält sie größere oder kleinere Mengen an Wassermolekülen in Gasform. Je höher die Lufttemperatur, umso größer ist die Wasserdampfaufnahmefähigkeit, die jeweils bei jeder Temperaturstufe zwischen den spezifischen Grenzwerten 0 und 100 % liegt.

Wird bei einer bestimmten Lufttemperatur der maximal mögliche relative Feuchtigkeitsgehalt von 100 % überschritten oder verringert sich mit sinkender Temperatur die maximal aufnehmbare Feuchtigkeitsmenge, so kondensiert ein bestimmter Teil des in der Luft enthaltenen Wasserdampfes zu flüssigem Wasser. Dieses Kondensat schlägt sich an kälteren Raumbegrenzungsflächen, z. B. als Tauwasser an Glasfensterscheiben, nieder. Außerdem fällt es auch in den ein- oder mehrschichtigen Querschnitten der raumumschließenden Baukonstruktionen entsprechend den jeweiligen Schichttemperaturen dieser Wand- und Deckenbauteile als flüssiges Wasser aus.

In einem geschlossenen Raum üben die einzelnen Gasbestandteile der Luft (auch das unsichtbare „Wassergas") auf die umgebenden Wände sog. Partialdrücke aus, deren Summe mit dem äußeren Atmosphärendruck im Gleichgewicht steht. Zum Ausgleich des Innen- und Außendruckes bewegen sich auch die Wassergasmoleküle der Luft durch die raumumschließenden Bauteile. Man bezeichnet diesen Vorgang als Dampfdiffusion.

Die Dampfdiffusion wird durch unterschiedliche Partialdrücke, d. h. durch unterschiedliche absolute Luftfeuchten, getrieben. Die absolute Luftfeuchte in Pascal (Pa) ist der Partialdruck des im Raum bei gegebener Temperatur vorhandenen Wasserdampfes.

Voraussetzung für Dampfdiffusionsvorgänge ist der verschieden hohe Gehalt an Wasserdampfmolekülen zum einen im Rauminneren, gekennzeichnet durch den inneren Partialdruck p_i in Pa, und zum anderen in der Außenluft, gekennzeichnet durch den äußeren Partialdruck p_e in Pa. Dabei steht der Index i für Innenluft und der Index e für Außenluft (lt. DIN EN ISO 13788, Abschnitt 3.3).

Diese Partialdrücke erhöhen sich mit steigender Temperatur und mit zunehmender relativer Luftfeuchtigkeit φ in % (lt. DIN EN ISO 12572).

Die relative Luftfeuchte φ ist der Quotient aus Dampfdruck und Sättigungsdruck bei gleicher Temperatur (lt. DIN EN ISO 13788, Abschnitt 3.1.6).

Die Wasserdampfmoleküle sind bestrebt, von der Seite höherer Konzentration durch die mehr oder weniger porösen Wand- oder Deckenbauschichten hindurch zur Seite niedrigerer Konzentration zu diffundieren. Dies geschieht durch ein druckloses Wandern (Diffundieren) der Wasserdampfmoleküle durch die Poren und Kapillaren der Baustoffe.

Der Widerstand, den ein bestimmter Baustoff einer Wasserdampfdiffusion entgegenstellt, wird gekennzeichnet durch die dimensionslose Wasserdampfdiffusionswiderstandszahl μ. Diese gibt an, wievielmal größer der Diffusionsdurchlasswiderstand des Baustoffes ist als der einer gleich dicken, ruhenden Luftschicht gleicher Temperatur.

Die Diffusionsgeschwindigkeit im Winter (Tauperiode) ist dabei abhängig

- von der Größe der Partialdruckdifferenz p_i und p_e,
- von der Höhe der Wasserdampfdiffusionswiderstände der einzelnen Bauschichten,
- von den Konstruktionsdicken der Bauschichten.

Sie wächst

- mit steigender Innenraumtemperatur,
- mit Zunahme der inneren relativen Luftfeuchtigkeit,
- mit sinkender Außentemperatur,
- mit Abnahme der äußeren relativen Luftfeuchtigkeit.

Dampfdiffusionsvorgänge werden immer kritisch, wenn neben von innen nach außen sinkender Wasserdampfkonzentration auch ein Temperaturgefälle innerhalb der Dachterrassenkonstruktion von innen nach außen vorliegt.

Dies ist bei wärmegedämmten Terrassen unter unseren klimatischen Verhältnissen im Winter der Fall. Unter ungünstigen Verhältnissen kommt es im Terrassenkonstruktionsquerschnitt zur Bildung von Kondensationszonen oder von Kondensationsebenen zwischen bestimmten Bauschichten und zu dem damit verbundenen Wasserausfall innerhalb des Bauteiles. Dadurch wird die Funktionsfähigkeit der Konstruktion gefährdet oder beeinträchtigt.

Im Sommer wird bei geeigneten Klimaverhältnissen der Dampfdiffusionsvorgang in umgekehrter Richtung eingeleitet, wobei bereits entstandenes Kondensat in den Bauteilen wieder austrocknen könnte, wenn bestimmte Werkstoffe (wie später beschrieben) dies nicht ganz oder teilweise verhindern würden.

Es ist daher immer zweckmäßig, in den Konstruktionsquerschnitt eine Lage zu integrieren, die die Wasserdampfdiffusion sperrt oder auf ein unschädliches Maß reduziert. Sie muss immer in der Nähe der im Winter warmen Deckenbauschicht liegen, wo sich aufgrund des Temperaturgefälles innerhalb der Konstruktion noch keinerlei Kondensat bilden kann.

Dampfsperren sind Bauschichten innerhalb von wärmegedämmten Dachterrassendecken und können aus bitumen- oder kunststoffkaschierten Metallbändern bestehen, die an den Stößen dampfdiffusionsdicht verschweißt sind. Sie verhindern, unter den an Bauwerken witterungsbedingten atmosphärischen Partialdruckverhältnissen, den Durchtritt von Wasser im gasförmigen Aggregatzustand.

Die Wasserdampfdiffusionswiderstandszahlen dieser Baustoffe liegen theoretisch im unendlichen Bereich. Es ist aber mit den üblichen bautechnischen Mitteln im Schichtenaufbau außerordentlich schwierig, sie voll wirksam auszunutzen.

Dampfbremsen sind Bauschichten innerhalb von wärmegedämmten Dachterrassendecken aus Bitumendachbahnen, Kunststoffdachbahnen oder aus Dampfbremsbahnen mit Einlagen aus Metallfolien, die an den Stößen dampfdiffusionshemmend verklebt oder verschweißt sind. Sie „bremsen", unter den an Bauwerken witterungsbedingten atmosphärischen Partialdruckverhältnissen, den Durchtritt von Wasser im gasförmigen Aggregatzustand erheblich ab, ohne ihn jedoch ganz verhindern zu können.

Die Wasserdampfdiffusionswiderstandszahlen dieser Baustoffe sollen im Allgemeinen zwischen mindestens 100.000 und 1.750.000 liegen.

Die Wasserdampfdiffusionswiderstandzahl µ ist der Quotient aus Wasserdampfdiffusionsleitkoeffizient (DIN EN ISO 12572, Abschnitt 3.1.5) in der Luft und Wasserdampfdiffusionsleitkoeffizient in einem bestimmten Baustoff. Sie gibt somit an, um welchen Faktor der Wasserdampfdiffusionswiderstand des betrachteten Materials größer als der einer gleich dicken, ruhenden Luftschicht gleicher Temperatur ist. Die Wasserdampfdiffusionswiderstandszahl ist eine Stoffeigenschaft (DIN 4108-3, Abschnitt 3.1.2). Sie charakterisiert den Widerstand, den ein Baustoff der Dampfdiffusion entgegensetzt. DIN V 4108-4 enthält Richtwerte für die Wasserdampfdiffusionswiderstandszahlen diverser Baustoffe.

Sie ist ein dimensionsloser, auf 1 m Werkstoffdicke bei 1 m² Fläche bezogener Vergleichswert. Dabei entspricht $\mu_L = 1$ einer Luftschicht von 1 m Dicke mit einer 1 m² großen Begrenzungsfläche bei 1 Pa Partialdruckdifferenz zwischen der inneren und der äußeren Begrenzungsfläche.

Die in DIN V 4108-4 (2004-07) aufgeführten Werte der Wasserdampfdiffusionswiderstandszahlen µ sind Richtwerte und können erheblichen Schwankungen unterliegen. Es können die in dieser Norm angegebenen Richtwerte oder die nach DIN EN 12086, DIN EN 12524 oder DIN EN ISO 12572 ermittelten Werte verwendet werden. In der DIN V 4108-4 werden für µ in der Regel 2 Werte angegeben. Beim rechnerischen Nachweis des Tauwasserschutzes eines Bauteilquerschnittes nach DIN 4108-3 ist der jeweils für die Baukonstruktion ungünstigere der beiden Werte einzusetzen.

Als wasserdampfdiffusionsäquivalente Luftschichtdicke s_d in m (DIN EN 12524, Abschnitt 3.2, DIN EN ISO 13788, Tabelle 1, DIN 4108-3, Abschnitt 3.1.3) wird die Dicke einer ruhenden Luftschicht bezeichnet, die den gleichen Wasserdampfdiffusionswiderstand besitzt wie die betrachtete Bauteilschicht bzw. das aus Schichten zusammengesetzte Bauteil. Sie bestimmt den Widerstand gegen die Wasserdampfdiffusion. Die wasserdampfdiffusionsäquivalente Luftschichtdicke ist eine Schicht- bzw. Bauteileigenschaft. Sie ist für eine Bauteilschicht nach der folgenden Gleichung definiert:

$$s_d = \mu \cdot d \; [m]$$

Für mehrschichtige, ebene Bauteile gilt die Addition der einzelnen wasserdampfdiffusionsäquivalenten Luftschichtdicken nach Gleichung:

$$s_d = \mu_1 \cdot d_1 + \mu_2 \cdot d_2 + \ldots + \mu_n \cdot d_n$$

Die Berechnung kann nach DIN 4108-3 „Klimabedingter Feuchteschutz; Anforderungen, Berechnungsverfahren und Hinweise für die Planung und Ausführung" oder nach der DIN EN ISO 13788 „Raumseitige Oberflächentemperatur zur Vermeidung kritischer Oberflächenfeuchte und Tauwasserbildung im Bauteilinnern" durchgeführt werden. Die theoretisch ermittelten Werte für den Feuchtehaushalt von Bauteilen sind wichtig für die konstruktiven Festlegungen eines Bauwerkes, sollten aber ohne Überbewertung immer nach den Gegebenheiten der Praxis gewählt werden.

2.2 Berechnung mit Computerprogramm

Es werden Dampfdiffusionsberechnungen einer wärmegedämmten Terrasse über einem beheizten Raum mit 3 verschiedenen Schichtaufbauten über der im Gefälle liegenden Stahlbetondecke durchgeführt. Es wird in einer jährlichen Feuchtebilanz berechnet, ob Tauwasserbildung im Bauteilinneren an den Grenzflächen der einzelnen Bauteilschichten auftritt. Ziel ist es, dass schadensträchtiges Tauwasser in den Bauteilschichten erkannt und vermieden sowie ggf. die Anordnung einer geeigneten Dampfsperre festgelegt wird.

Alle Varianten müssen dabei den Anforderungen der Energieeinsparverordnung (EnEV), Anhang 3 „Anforderungen bei Änderung von Außenbauteilen bestehender Gebäude", Abschnitt 7, Tabelle 1, Zeile 4 b), entsprechen. Somit ist nach dieser Tabelle für eine Dachterrasse für Gebäude mit normalen Innentemperaturen nach § 1 Abs. 1 Nr. 1 EnEV der maximale Wärmedurchgangskoeffizient $U_{max} \leq 0{,}25$ W/(m² · K).

Bei allen 3 vorgenommenen Berechnungen beträgt der U-Wert 0,223 W/(m² · K). Damit werden die Anforderungen der EnEV, Anhang 3, Abschnitt 7, Tabelle 1, Zeile 4 b), erfüllt.

2 Dampfsperren und Dampfbremsen

Tabelle 2.1: Analytische Diffusionsberechnung (Bestimmung der Tauwasserbilanz), Variante 1

Tauwasserbilanz

	außen		innen			
	Temperatur	relative Feuchte	Temperatur	relative Feuchte	Dauer	Menge
Tauperiode	−10,0 °C	80,0 %	+20,0 °C	50,0 %	1.440 h	0,053 kg/m²
Verdunstungsperiode	+12,0 °C	70,0 %	+12,0 °C	70,0 %	2.160 h	0,040 kg/m²

Es verbleiben 0,01 kg/m² Wasser im Bauteil.

Temperatur/Dampfdruckverlauf

						Tauperiode			Verdunstungs-periode		
Bezeichnung	λ [W/(m·K)]	Dicke [cm]	μ	Σμ·s [m]		T [°C]	P_s [Pa]	P_t [Pa]	T [°C]	P_s [Pa]	P_t [Pa]
R außen 0,4 m²·K/W						−10,00	261	209	12,00	1.403	982
Basalt, Granit, Marmor	3,500	2,00	10.000	0,00		−9,73	267		12,00	1.403	
Zementestrich	1,400	8,00	15	200,00		−9,69	268		12,00	1.403	
schwach belüftete Luftschicht, Wärmestrom waagerecht	0,090	1,60	1	201,20		−9,31	278		12,00	1.403	
Glasvlies-Bitumendachbahn (DIN 52143)	0,170	1,00	20.000	201,21		−8,70	293		12,00	1.403	
Phenolharz-Hartschaum PF 025 (DIN EN 13166)	0,025	10,00	10	– – – Tauwasseranfall – – – 401,21		−8,31	304		12,00	1.403	
Beton nach DIN 206, armiert, 1 % Stahl	2,300	18,00	80	402,21		+18,50	2.132		12,00	1.403	
Putzmörtel aus Kalk, Kalkzement, hydraulischem Kalk	1,000	1,50	15	416,61		+19,02	2.203		12,00	1.403	
R innen 0,13 m²·K/W				416,84		+19,12	2.217		12,00	1.403	
						+20,00	2.340	1.170	12,00	1.403	982

Bauteilbeschreibung

Bauteil	= Dach an Außenluft
U-Wert	= 0,223 W/(m²·K)
Wärmedurchlasswiderstand R	= 4,305 m²·K/W
Flächengewicht	= 678 kg/m²

Variante 1: Aufbau ohne Dampfbremse oder Dampfsperre

Aufbau der Terrassenkonstruktion von oben nach unten:

keramische Platten	2,0 cm	Schicht 1
Zementestrich und Verlegemörtel	8,0 cm	Schicht 2
Dränageschicht	1,6 cm	Schicht 3
Bitumenabdichtung	1,0 cm	Schicht 4
Wärmedämmung PF 025	10,0 cm	Schicht 5
Stahlbetonplatte	(18,0 cm)	Schicht 6
Innenputz	(1,5 cm)	Schicht 7

Die Konstruktionshöhe des Aufbaus der Terrasse ab Oberkante Betondecke beträgt bei dem gewählten Aufbau 22,6 cm.

Nach Ablauf der Tauperiode und der Verdunstungsperiode (Rückverdunstung) verbleibt nach der Berechnung 0,013 kg/m² Tauwasser (Kondenswasser) im Bauteil, das unterhalb der Abdichtungsebene in der Wärmedämmung anfällt. Die eindiffundierte Wassermenge ist größer als die Menge, die innerhalb eines Jahres im Sommer verdunsten kann. Das heißt, im Aufbau der Terrassenkonstruktion ist auf der Deckenkonstruktion unterhalb der Wärmedämmung eine Dampfbremse oder Dampfsperre erforderlich.

Tabelle 2.2: Analytische Diffusionsberechnung (Bestimmung der Tauwasserbilanz), Variante 2

	Tauwasserbilanz					
	außen		innen			
	Temperatur	relative Feuchte	Temperatur	relative Feuchte	Dauer	Menge
Tauperiode	−10,0 °C	80,0 %	+20,0 °C	50,0 %	1.440 h	0,00 kg/m²
Verdunstungsperiode	+12,0 °C	70,0 %	+12,0 °C	70,0 %	2.160 h	0,00 kg/m²

Es verbleibt kein Wasser im Bauteil.

					Temperatur/Dampfdruckverlauf					
						Tauperiode			Verdunstungs-periode	
Bezeichnung	λ [W/(m·K)]	Dicke [cm]	μ	Σμ·s [m]	T [°C]	P_s [Pa]	P_t [Pa]	T [°C]	P_s [Pa]	P_t [Pa]
R außen 0,4 m²·K/W					−10,00	261	209	12,00	1.403	982
				0,00	−9,73	267		12,00	1.403	
Basalt, Granit, Marmor	3,500	2,00	10.000							
				200,00	−9,69	268		12,00	1.403	
Zementestrich	1,400	8,00	15							
				201,20	−9,31	278		12,00	1.403	
schwach belüftete Luftschicht, Wärmestrom waagerecht	0,090	1,60	1							
				201,21	−8,70	293		12,00	1.403	
Glasvlies-Bitumendachbahn (DIN 52143)	0,170	1,00	20.000							
				401,21	−8,31	304		12,00	1.403	
Schaumglas CG 040 (DIN EN 13167)	0,040	16,00	9.999.999							
				*.***,***	18,50	2.132		12,00	1.403	
Beton nach DIN 206, armiert, 1 % Stahl	2,300	18,00	80							
				*.***,***	19,02	2.203		12,00	1.403	
Putzmörtel aus Kalk, Kalkzement, hydraulischem Kalk	1,000	1,50	15							
				*.***,***	19,12	2.217		12,00	1.403	
R innen 0,13 m²·K/W										
					20,00	2.340	1.170	12,00	1.403	982

Bauteilbeschreibung

Bauteil = Dach an Außenluft
U-Wert = 0,223 W/(m²·K)
Wärmedurchlasswiderstand R = 4,305 m²·K/W
Flächengewicht = 691 kg/m²

Variante 2: Aufbau mit Dampfbremse oder Dampfsperre durch Schaumglas (CG)

Aufbau der Terrassenkonstruktion von oben nach unten:

keramische Platten	2,0 cm	Schicht 1
Zementestrich und Verlegemörtel	8,0 cm	Schicht 2
Dränageschicht	1,6 cm	Schicht 3
Bitumenabdichtung	1,0 cm	Schicht 4
Wärmedämmung CG 040	16,0 cm	Schicht 5
Stahlbetonplatte	(18,0 cm)	Schicht 6
Innenputz	(1,5 cm)	Schicht 7

Die Konstruktionshöhe des Aufbaus der Terrasse ab Oberkante Betondecke beträgt bei dem gewählten Aufbau 28,6 cm. Nach Ablauf der Tauperiode und der Verdunstungsperiode (Rückverdunstung) verbleibt nach der Berechnung kein Tauwasser (Kondenswasser) im Bauteil.

2 Dampfsperren und Dampfbremsen

Tabelle 2.3: Analytische Diffusionsberechnung (Bestimmung der Tauwasserbilanz), Variante 3

Tauwasserbilanz

	außen		innen			
	Temperatur	relative Feuchte	Temperatur	relative Feuchte	Dauer	Menge
Tauperiode	−10,0 °C	80,0 %	+20,0 °C	50,0 %	1.440 h	0,00 kg/m²
Verdunstungsperiode	+12,0 °C	70,0 %	+12,0 °C	70,0 %	2.160 h	0,00 kg/m²

Es verbleibt kein Wasser im Bauteil.

Temperatur/Dampfdruckverlauf

					Tauperiode			Verdunstungs-periode		
Bezeichnung	λ [W/(m·K)]	Dicke [cm]	µ	$\Sigma\mu \cdot s$ [m]	T [°C]	P_s [Pa]	P_t [Pa]	T [°C]	P_s [Pa]	P_t [Pa]
R außen 0,4 m²·K/W					−10,00	261	209	12,00	1.403	982
				0,00	−9,73	267		12,00	1.403	
Basalt, Granit, Marmor	3,500	2,00	10.000							
				200,00	−9,69	268		12,00	1.403	
Zementestrich	1,400	8,00	15							
				201,20	−9,31	278		12,00	1.403	
schwach belüftete Luftschicht, Wärmestrom waagerecht	0,090	1,60	1							
				201,21	−8,70	293		12,00	1.403	
Glasvlies-Bitumendachbahn (DIN 52143)	0,170	1,00	20.000							
				401,21	−8,31	304		12,00	1.403	
Phenolharz-Hartschaum PF 025(DIN EN 13166)	0,025	10,00	10							
				402,21	18,50	2.132		12,00	1.403	
Aluminiumfolien ≥ 0,05 mm	236,000	0,05	9.999.999							
				5.402,21	18,50	2.132		12,00	1.403	
Beton nach DIN 206, armiert, 1 % Stahl	2,300	18,00	80							
				5.416,61	19,02	2.203		12,00	1.403	
Putzmörtel aus Kalk, Kalkzement, hydraulischem Kalk	1,000	1,50	15							
				5.416,84	19,12	2.217		12,00	1.403	
R innen 0,13 m²·K/W										
					20,00	2.340	1.170	12,00	1.403	982

Bauteilbeschreibung

Bauteil = Dach an Außenluft
U-Wert = 0,223 W/(m²·K)
Wärmedurchlasswiderstand R = 4,305 m²·K/W
Flächengewicht = 678 kg/m²

Variante 3: Aufbau mit Dampfbremse oder Dampfsperre

Aufbau der Terrassenkonstruktion von oben nach unten:

keramische Platten	2,0 cm	Schicht 1
Zementestrich und Verlegemörtel	8,0 cm	Schicht 2
Dränageschicht	1,6 cm	Schicht 3
Bitumenabdichtung	1,0 cm	Schicht 4
Wärmedämmung PF 025	10,0 cm	Schicht 5
Dampfsperrschicht und Schutzschicht	0,5 cm	Schicht 6
Stahlbetonplatte	(18,0 cm)	Schicht 7
Innenputz	(1,5 cm)	Schicht 8

Die Konstruktionshöhe des Aufbaus der Terrasse ab Oberkante Betondecke beträgt bei dem gewählten Aufbau 23,1 cm. Nach Ablauf der Tauperiode und der Verdunstungsperiode (Rückverdunstung) verbleibt nach der Berechnung kein Tauwasser (Kondenswasser) im Bauteil.

2.3 Ausführung von Dampfsperren und Dampfbremsen

2.3.1 Allgemeine Angaben

Die Wärmedämmschichten in Dachterrassen müssen wegen der hohen Nutzlast und der geringen zulässigen Zusammendrückbarkeit eine hohe Druckbelastbarkeit aufweisen. Die Einsatzbereiche der Wärmedämmstoffe sind in der DIN V 4108-10, Tabelle 1, festgelegt. Für das Anwendungsgebiet Dachterrasse gilt das Kurzzeichen DAA (Außendämmung von Dach oder Decke, vor Bewitterung geschützt, Dämmung unter Abdichtungen).

Die erforderlichen Druckfestigkeiten der Dämmstoffe sind in der DIN V 4108-10, Tabelle 2, festgelegt. Für genutzte Dachflächen und Terrassen müssen die Dämmstoffe in diesem Einsatzbereich das Kurzzeichen dh (hohe Druckbelastbarkeit) aufweisen. Für Parkdecks ist das Kurzzeichen ds (sehr hohe Druckbelastbarkeit) und für hoch belastete Böden und Parkdecks das Kurzzeichen dx (extrem hohe Druckbelastbarkeit) maßgebend.

Folgende Dämmstoffe erfüllen diese Anforderungen:

Tabelle 2.4: Druckbelastbarkeit von Dämmstoffen für Dachterrassen (DAA)

Dämmstoff	Belastbarkeit		
	dh	ds	dx
Polystyrol-Hartschaum (EPS) nach DIN EN 13163	+		
Polystyrol-Extruderschaum (XPS) nach DIN EN 13164	+	+	
Polyurethan-Hartschaum (PUR) nach DIN EN 13165	+	+	
Schaumglas-Dämmstoffe (CG) nach DIN EN 13167	+	+	+

Die Wärmedämmschichten in Dachterrassen werden in vielen Fällen aus sehr harten, geschlossenzelligen Kunststoffschaumplatten hergestellt (z. B. auf Polyurethan- oder Polystyrolbasis).

Die meisten dieser Dämmplattenfabrikate haben eine äußerst geringe kapillare Aufnahmefähigkeit für flüssiges Wasser. Es kann nur in die Hohlräume zwischen den geschlossenen Zellen des Baustoffes und in beschädigte Zellen eindringen. Manche Fabrikate haben auch bei jahrelanger Unterwasserlagerung Aufnahmewerte, die unter 2 bis 3 Vol.-% liegen. Weit ungünstiger verhalten sich viele geschlossenzellige Kunststoff-Hartschaum-Dämmplatten bei Dampfdiffusionsvorgängen. Die Platten „durchwanderndes Wassergas" kann relativ leicht durch die Kunststoffzellwände in das Innere der Zellen eindringen. Der ständige Wechsel zwischen Erwärmungs- und Abkühlungsvorgängen und die damit verbundenen Druckänderungen in den geschlossenen Schaumzellen führen innerhalb dieser Zellen zur Kondensation des Wasserdampfes zu flüssigem Wasser. Dieses kann aber in diesem Aggregatzustand die Zellen nicht mehr verlassen. Die Folge davon ist ein allmählich immer schneller werdender Anstieg des Wassergehaltes in der Porenstruktur der Schaumdämmplatten, deren Wärmedämmfähigkeit bei diesem Vorgang in zunehmendem Maße verloren geht.

Es ist daher dringend zu empfehlen, unterhalb von geschlossenzelligen Kunststoff-Hartschaum-Dämmplatten immer eine Dampfsperre oder eine entsprechend dimensionierte Dampfbremse, verbunden mit einer Dampfdruckausgleichsschicht zwischen der Stahlbetontragplatte und der Wärmedämmung, vorzusehen, auch wenn die Wasserdampfdiffusionsberechnung dies nicht erforderlich machen sollte.

Aussagen von Kunststoff-Hartschaum-Dämmplatten-Herstellern, Dampfsperren wären bei Verwendung ihres Materials im vorliegenden Beispiel nicht erforderlich, sollten von Planern und ausführenden Fachfirmen mit äußerster Vorsicht und Zurückhaltung beurteilt werden.

Eine Ausnahme bilden Qualitätsprodukte aus Schaumglas (CG) nach DIN EN 13167 mit einer Wasserdampfdiffusionswiderstandszahl von $\mu = \infty$.

Bei fachlich richtiger Verlegung dieser Dämmplatten in Heißbitumen mit sorgfältig bituminös gefüllten Pressfugen sind zusätzliche Dampfsperrschichten nicht erforderlich.

Die Flachdachrichtlinien (ZVDH, 2003) besagen in Abschnitt 4.3: *„Schaumglasplatten sind dampfdiffusionsdicht. Sie können die Funktion einer Dampfsperre übernehmen, wenn die Fugen mit Bitumenmasse oder Klebstoff geschlossen sind."*

Wenn bei einer normal beanspruchten Dachterrassenkonstruktion die Dampfbremse mit den bekannten Größen der Dampfdiffusionswiderstandszahl μ und der Schichtdicke der Dampfbremse d in m bei sorgfältiger Ausführung unterhalb der Wärmedämmschicht verlegt wird, kann heute mit der bauphysikalischen Berechnung festgestellt werden, ob schädliches Tauwasser anfällt.

In besonderen Fällen, z. B. bei Dachterrassen über Schwimmbädern, Großküchen, Schlachthöfen, Molkereien und Industrieanlagen mit hoher Luftfeuchtigkeit, sind immer bauphysikalische Untersuchungen mit genauen inneren und äußeren klimatischen Werten anzustellen.

Dampfbrems- und -sperrschichten werden in der Regel unmittelbar auf den Stahlbetonterrassentragplatten verlegt. Sollen die Bahnen mit dem Verlegeuntergrund durch Kleben verbunden werden, ist besonders darauf zu achten, dass die Decke eben mit dem erforderlichen Gefälle abgezogen ist und dass sich auf ihrer Oberfläche keine Zementhaut oder -schlämme sowie lose oder mürbe Teile befinden. Wurde kein Gefälle eingebaut, so muss ein besonderer Gefälleestrich aufgebracht werden, wenn keine keilförmig geschnittenen Wärmedämmplatten vorgesehen sind.

Dampfbrems- oder -sperrbahnen können lose aufgelegt oder punktweise, streifenweise oder vollflächig auf der Stahlbetonterrassenplatte verklebt werden. An den Stößen muss die Überdeckung bei Bitumendachbahnen mindestens 8 cm, bei hochpolymeren Dachbahnen mindestens 4 cm betragen. Die Überdeckungen sind je nach verwendetem Material dampfdiffusionsdicht zu verkleben oder zu verschweißen. An den Terrassenrändern, Wand- und Türanschlüssen sind Dampfbremsen und -sperren bis über die Wärmedämmschichten hochzuführen und werden zweckmäßigerweise zusammen mit den später einzubauenden Abdichtungsbahnen verklebt, verschweißt oder verklemmt.

Bewegungsfugen in der Unterkonstruktion sind dampfdiffusionsdicht durch geeignete Schlaufenausbildung der Sperrbahnen, z. B. zwischen Lose- und Festflanschverklemmungen, in Anlehnung an DIN 18195-8 und -9 zu überbrücken.

Bauteile, die die Dampfbrems- oder -sperrschicht durchdringen, z. B. Bodenabläufe, Fallrohre usw., müssen in der Sperrebene immer geeignete Klemm- oder Klebeflansche besitzen, mit denen die Bahnen möglichst dampfdiffusionsdicht zu verklemmen oder zu verkleben sind.

Die Flachdachrichtlinien (ZVDH, 2003) schreiben in Abschnitt 4.3 vor: *„Bitumen-Dampfsperrbahnen nur mit Metallbandeinlage müssen auf Betondecken auf einer zusätzlich aufzubringenden Lochglasvlies-Bitumenbahn oder einer Bitumenbahn vollflächig aufgeklebt werden. (…) Dampfsperren aus Kunststoffbahnen müssen auf rauem Untergrund (Betonplatte) auf einer zusätzlichen Ausgleichsschicht oder mit werkseitig aufgebrachter Ausgleichsschicht verlegt werden."*

Die Funktionsschicht Dampfsperre umfasst eine diffusionshemmende Schicht mit einem für die Funktion des Dachaufbaus ausreichenden Sperrwert (Flachdachrichtlinien [ZVDH, 2003], Abschnitt 1.2.10). Diese Schicht ist ein wesentlicher Bestandteil des Feuchte- und Wärmeschutzes des Belagaufbaus.

Bei der Verlegung von Dampfbrems- und -sperrbahnen sind die Angaben der Flachdachrichtlinien (ZVDH, 2003), insbesondere Abschnitte 3.3 und 4.3, sowie die einschlägigen Vorschriften der ATV DIN 18336 und ATV DIN 18338 zu beachten.

Als Dampfsperren sind nach den Flachdachrichtlinien (ZVDH, 2003), Abschnitt 3.3, z. B. geeignet:

- Bitumendampfsperrbahnen mit Metallbandeinlage,
- Bitumendachbahnen,
- Bitumendachdichtungsbahnen,
- Bitumenschweißbahnen,
- Kunststoffdampfsperrbahnen,
- Kunststoffdachbahnen,
- Elastomerdachbahnen,
- Verbundfolien,
- Schaumglasplatten, wenn die Fugen mit Bitumenmasse oder Klebstoff geschlossen sind.

Die Stoffeigenschaften der Dampfsperrbahnen, wie Wasserdampfdiffusionswiderstandszahl µ, sowie die Schichtdicke der Dampfbremse d in m sind bei den einzelnen Herstellern zu erfragen. Die Einbauvorschriften der Hersteller sind zu beachten.

2.3.2 Bituminöse Werkstoffe

2.3.2.1 Allgemeines

Vor der punktuellen, streifenweisen oder vollflächigen, in der Regel heiß vorzunehmenden Verklebung von Dampfbrems- oder -sperrbahnen auf Bitumenbasis mit gefüllten oder ungefüllten bituminösen Klebemassen und Deckaufstrichmitteln (nach DIN 18195-2, Tabelle 2) ist auf der Betonoberfläche ein Bitumen-Voranstrichmittel (nach DIN 18195-2, Tabelle 1, Zeilen 2 und 3) als Bitumenlösung oder Bitumenemulsion kalt durch Streichen, Rollen oder Spritzen aufzutragen und ausreichend durchtrocknen zu lassen.

Ein bituminöser Voranstrich bindet geringe Reststaubauflagen, dringt infolge seiner Dünnflüssigkeit tief in die Poren und Kapillaren der Rohbetondecke ein, verbindet sich gut mit gleichwertigen Bitumenheißklebemassen und sorgt für hohe Verbindungskräfte zwischen Rohbeton und Bitumenauflage. Der Verbrauch richtet sich nach der Rauigkeit des Untergrundes und beträgt im Mittel 0,3 kg/m^2.

Ungeeignet zur Verwendung als Dampfsperren oder -bremsen sind Dachbahnen mit Rohfilzträgereinlagen.

Als Dampfbrems- und Sperrauflagen aus Bitumenbaustoffen sind z. B. geeignet:

Bitumenschweißbahnen nach DIN 52131

Type: G 200 S 4 und G 200 S 5

Dabei sind
G 200 = Textilglasgewebeeinlage, 200 g/m^2
S = Schweißbahn
4 bzw. 5 = mittlere Dicke: 4 bzw. 5 mm
Wasserdampfdiffusionswiderstandszahl: µ ≈ 20.000 bis 60.000

Genaue Werte sind vom Hersteller einzuholen.

Type: V 60 S 4

Dabei sind
V 60 = Glasvlieseinlage, 60 g/m^2
S = Schweißbahn
4 = mittlere Dicke: 4 mm
Wasserdampfdiffusionswiderstandszahl: µ ≈ 20.000 bis 60.000

Genaue Werte sind vom Hersteller einzuholen.

Bitumendachdichtungsbahnen nach DIN 52130

Type: G 200 DD

Dabei sind
G 200 = Textilglasgewebeeinlage, 200 g/m^2
DD = Dachdichtungsbahn
Wasserdampfdiffusionswiderstandszahl: µ ≈ 15.000 bis 80.000

Für diese Werkstoffe ist zu empfehlen, sich vom Hersteller die tatsächlich bauphysikalisch anrechenbaren Bahnendicken für die meist nur in g/m^2 als Bahnengewichte angegebenen Werte sowie die Wasserdampfdiffusionswiderstandszahlen unter Gewährleistung bestätigen zu lassen.

Dampfsperrbahnen mit Metallbandeinlagen

Type: AL oder CU sind bitumenbeschichtete Aluminium- oder Kupferbänder. Diese müssen auf zusätzlich aufzubringende Lochglasvlies-Bitumenbahnen oder Glasvlies-Bitumendachbahnen vollflächig aufgeklebt werden. Die Wasserdampfdiffusionswiderstandszahl beträgt bei sorgfältiger Ausführung: $\mu = \infty$.

Type: V 60 S 4 + AL

Dabei sind
V 60 = Glasvlieseinlage, 60 g/m²
S = Schweißbahn
4 = mittlere Dicke: 4 mm
AL = Aluminiumbandeinlage
Wasserdampfdiffusions-
widerstandszahl: $\mu = \infty$

2.3.2.2 Ausführungsarten der Befestigung bituminöser Werkstoffe

Für die Befestigung von Bitumenbahnen und Polymerbitumenbahnen auf dem Verlegeuntergrund und untereinander können verschiedene Ausführungsarten gewählt werden. Für die Verarbeitung bituminöser Baustoffe für Dicht-, Dampfbrems- und Dampfsperrschichten gelten die Angaben der DIN 18195-2 und -3, zu beachten sind die technischen Regeln des vdd Industrieverbandes Bitumen-Dach- und Dichtungsbahnen e. V. (vdd Bitumen, 2004).

Gießverfahren

Geeignete ungefüllte Bitumenklebemassen, je nach Art auf Temperaturen zwischen +150 und +210 °C erwärmt (DIN 18195-3, Tabelle 1), werden vor der fest aufgerollten Bahn so reichlich auf den Verlegeuntergrund gegossen, dass beim Einrollen der Bahn vor der Rolle in ganzer Bahnenbreite ein Klebemassenwulst entsteht. An den Längs- und Querrändern der Bahnen muss die Masse sichtbar austreten.

Gieß- und Einwalzverfahren

Zur Verwendung kommen gefüllte und erhitzte Bitumenklebemassen. Die straff auf einen Kern gewickelten Bahnen werden wie beim Gießverfahren ausgerollt und in die Klebemasse fest eingewalzt. An den Längs- und Querrändern der Bahnen muss die Masse sichtbar austreten. Die ausgetretene Klebemasse ist sofort flächig zu verteilen.

Bürstenstreichverfahren

Geeignete ungefüllte und erhitzte Bitumenklebemassen werden mit der Bürste in ausreichender Dicke auf dem Verlegeuntergrund aufgetragen. Die Bahnen werden mit Wickelkern vollsatt so in die Klebemasse eingerollt, dass vor der Rolle in ganzer Bahnenbreite ein Klebemassenwulst entsteht. Es ist häufig zweckmäßig, die sich beim Bürstenstreichverfahren relativ schnell abkühlende Klebemasse auf dem Verlegeuntergrund durch Anflämmen auf der zum fachgerechten Kleben erforderlichen Temperatur zu halten.

An den Längs- und Querrändern der Bahnen muss die Masse sichtbar austreten. Die Ränder der aufgeklebten Bahnen sind anzubügeln.

Schweißverfahren, nur für Bahnen mit der Kennzeichnung S

Wenn zum Verkleben auf dem Verlegeuntergrund keine zusätzliche Schicht aus geeigneter Heißbitumenmasse, z. B. im Bürstenstreichverfahren, aufgetragen wird, ist die Bitumenunterschicht der Schweißbahn mit offener Flamme aufzuschmelzen. Die Bahn wird unter Druck, ggf. über einen Wickelkern, so eingerollt, dass in Rollenbreite vor der Bahn ein Klebemassenwulst entsteht. Bei Stößen und bei der Verklebung mehrerer Bahnen miteinander sind alle zu verklebenden Bitumenschichten aufzuschmelzen. An den Längs- und Querrändern der Bahnen muss die aufgeschmolzene Bitumenmasse sichtbar austreten.

2.3.3 Hochpolymere Werkstoffe, Kunststoffe

Sollen bitumenverträgliche Dampfbrems- oder -sperrbahnen aus hochpolymeren Werkstoffen punktuell, streifenweise oder vollflächig nach den Angaben der Hersteller auf Rohbetonflächen mit heiß oder kalt zu verarbeitenden Bitumenklebemassen verklebt werden, so sind vorher zur Erhöhung der Haftfähigkeit entsprechende Voranstriche aus Bitumenlösung oder Bitumenemulsion auszuführen. Kommen Spezialklebstoffe zur Anwendung, so sind auch dafür geeignete Voranstriche (Primer) aufzutragen.

Bei loser Verlegung der Bahnen ist auf dem Betonuntergrund zum Schutz der relativ dünnen Folien vor Verletzungen durch Rauigkeiten der Betonoberfläche immer eine weiche Schutzschicht aus Polyestervlies oder Glasfaservlies mit einem Flächengewicht von mindestens 300 g/m² einzubauen.

Um Verletzungen der Bahnen nach deren Fertigeinbau durch Begehung bei weiteren Arbeiten zu vermeiden und als Trennlage zu aufliegenden Bauschichten ist eine weitere Vliesauflage (300 g/m²) erforderlich.

Beim Einbau hochpolymerer Bahnen ist immer auf die Kunststoffverträglichkeit (z. B. Weichmacherwanderung) sich berührender Werkstoffe zu achten. Erforderlichenfalls sind geeignete Trennlagen vorzusehen. Die Werkstoffeigenschaften sind bei den Herstellern zu erfragen. Deren Verarbeitungshinweise sind genau zu beachten. Zu erkunden ist auch die zulässige Auflast auf den Bahnen.

Das Produkt aus Foliendicke d in m und der produktspezifischen Wasserdampfdiffusionswiderstandszahl μ soll mindestens 100 m, besser wesentlich mehr betragen.

Aus der Vielzahl der für Dampfbrems- und -sperrzwecke geeigneten Kunststofffolien seien die folgenden Werkstoffe angeführt:

PIB = Polyisobutylen
Dicke 0,5 bis 2 mm,
bitumenverträglich,
aufkleben mit Heißbitumen oder
Spezialklebstoff,
Stoßnähte: Quellschweißung,
Wasserdampfdiffusionswiderstandszahl:
$\mu \approx 40.000$ bis $1.750.000$

ECB = Ethylencopolymerisat-Bitumen
Dicke 1,5 bis 3 mm,
bitumenverträglich,
aufkleben mit Heißbitumen, Bitumen- oder Spezialklebstoff,
lose Verlegung möglich,
Stoßnähte: Warmgas-, Heizkeilschweißung,
Wasserdampfdiffusionswiderstandszahl:
$\mu \approx$ 50.000 bis 90.000

PE = Polyethylen
Dicke: 1 bis 3 mm,
bitumenverträglich,
lose verlegt,
Stoßnähte: Warmgas-, Heizkeilschweißung,
Wasserdampfdiffusionswiderstandszahl:
$\mu \approx$ 100.000

PVC-P = Polyvinylchlorid, weich
Dicke: 1,2 bis 2 mm,
bitumenverträglich,
aufkleben mit Bitumenklebemasse nach Rücksprache mit den Herstellern möglich,
meist lose verlegt,
Stoßnähte: Quell-, Warmgas-, Heizkeilschweißung,
Wasserdampfdiffusionswiderstandszahl:
$\mu \approx$ 10.000 bis 30.000

PVC-P = Polyvinylchlorid, weich
Dicke: 1,2 bis 2 mm,
nicht bitumenverträglich,
lose verlegt,
Stoßnähte: Quell-, Warmgas-, Heizkeilschweißung,
Wasserdampfdiffusionswiderstandszahl:
$\mu \approx$ 20.000 bis 30.000

Nahtverbindungen hochpolymerer Bahnen mit thermoplastischen Eigenschaften werden wie folgt ausgeführt (eventuelle Kaschierungen der Kunststoffbahnen aus Rohglasvlies, Polyestervlies o. Ä. sind vorher auf Überdeckungsstoßbreite zu entfernen):

- Quellschweißen: Die Bahnenüberdeckungsränder werden mit geeigneten Lösungsmitteln angelöst. Durch Zusammendrücken erfolgt die homogene Verbindung.
- Warmgasschweißen: Durch Anwärmen der Bahnenüberdeckungsränder mit Warmgas werden diese plastifiziert. Nach dem Zusammendrücken erfolgt eine homogene Verbindung.
- Heizkeilschweißen: Die Erwärmung der Bahnenüberdeckungsränder erfolgt hier durch einen laufend vorwärts bewegten Heizkeil wie mit einem Bügeleisen. Hinter dem Heizkeil werden die plastifizierten Flächen mechanisch zusammengedrückt.
- Hochfrequenzschweißen: Unter Hochfrequenzeinfluss zwischen 2 Elektroden werden die Bahnenüberdeckungsränder örtlich plastifiziert und durch den Druck der Elektroden verbunden.

Bei hochpolymeren Bahnen aus Elastomeren kann man nach Beseitigung eventuell vorhandener Kaschierungen im Überdeckungsbereich folgende Nahtverbindungen anwenden:

- Auf den Bahnenrändern sind (vom Hersteller zugelassene) Kontaktkleber in ausreichender Dicke aufzutragen und nach Verarbeitungsvorschrift ablüften zu lassen. Danach sind die Klebestellen aufeinander zu drücken.
- Besondere Schmelzbänder aus hochpolymeren Stoffen werden durch Erwärmen geschmolzen und als Verbindung zwischen den vorher gut gereinigten Bahnenrändern eingebaut.
- Beidseitig selbstklebende Dichtungsbänder mit Schutzstreifen können vom Hersteller an den Bahnenrändern bereits vorgesehen sein oder können vom Ausführenden nach Abzug der Schutzstreifen im Überdeckungsbereich eingebaut werden. Einseitig klebende Abdeckbänder dienen zur Oberflächenverklebung von Bahnenstößen.

Hochpolymere Dachbahnen werden bei Terrassen und Balkonen zum großen Teil lose verlegt.

Soll eine fest haftende Verbindung mit dem Untergrund (durch Bitumenmassen oder Spezialkleber) erfolgen, so dürfen nur vom Bahnenhersteller zugelassene Werkstoffe unter Einhaltung der Verarbeitungsvorschriften eingesetzt werden.

Bei der Verlegung von Kunststoffbahnen sind die einschlägigen Angaben in den Flachdachrichtlinien (ZVDH, 2003) (siehe Abschnitt 4.6.2) zu beachten.

3 Wärme- und Schalldämmungen

3.1 Bauphysikalische Grundlagen

3.1.1 Allgemeine Angaben

Bei Dachterrassen über beheizten oder unbeheizten Räumen müssen über den Dampfbremsen oder Dampfsperren immer Wärmedämmstoffe, mit oder ohne Trittschallschutzanforderungen, eingebaut werden.

Zu beachtende Regelungen:

Verordnung über energieeinsparenden Wärmeschutz und energiesparende Anlagentechnik bei Gebäuden (Energieeinsparverordnung – EnEV) (2004-12)

Fachregel für Dächer mit Abdichtungen – Flachdachrichtlinien (ZVDH, 2003)

Merkblatt Hinweise und Erläuterungen zu Wärme- und Schallschutzmaßnahmen bei Fußbodenkonstruktionen mit Belägen aus Fliesen und Platten (ZDB, 1995)

DIN 4108-1	Wärmeschutz im Hochbau; Größen und Einheiten (1981-08) (teilweise ersetzt durch DIN EN ISO 7345) und Beiblatt 2 (2004-01)
DIN 4108-2	Wärmeschutz und Energie-Einsparung in Gebäuden – Teil 2: Mindestanforderungen an den Wärmeschutz (2003-07)
DIN 4108-3	Wärmeschutz und Energie-Einsparung in Gebäuden – Teil 3: Klimabedingter Feuchteschutz; Anforderungen, Berechnungsverfahren und Hinweise für Planung und Ausführung (2001-07) und Berichtigung 1 (2002-04)
DIN V 4108-4	Wärmeschutz und Energie-Einsparung in Gebäuden – Teil 4: Wärme- und feuchteschutztechnische Bemessungswerte (2004-07)
DIN V 4108-6	Wärmeschutz und Energie-Einsparung in Gebäuden – Teil 6: Berechnung des Jahresheizwärme- und des Jahresheizenergiebedarfs (2003-06) und Berichtigung 1 (2004-03)
DIN 4108-7	Wärmeschutz und Energie-Einsparung in Gebäuden – Teil 7: Luftdichtheit von Gebäuden; Anforderungen, Planungs- und Ausführungsempfehlungen sowie -beispiele (2001-08)
DIN V 4108-10	Wärmeschutz und Energie-Einsparung in Gebäuden – Anwendungsbezogene Anforderungen an Wärmedämmstoffe – Teil 10: Werkmäßig hergestellte Wärmedämmstoffe (2004-06) und Berichtigung 1 (2004-09)
DIN 4109	Schallschutz im Hochbau; Anforderungen und Nachweise (1989-11) und Berichtigung 1 zu DIN 4109, zu DIN 4109, Beiblatt 1 und 2 (1992-08), Beiblatt 1 (1989-11), Beiblatt 1/A1 (2003-09), Beiblatt 2 (1989-11) und DIN 4109/A1 (2001-01)
DIN 4109-11	Schallschutz im Hochbau – Teil 11: Nachweis des Schallschutzes; Güte- und Eignungsprüfung (2003-09)
DIN 18164-2	Schaumkunststoffe als Dämmstoffe für das Bauwesen – Teil 2: Dämmstoffe für die Trittschalldämmung aus expandiertem Polystyrol-Hartschaum (2001-09)
DIN 18165-2	Faserdämmstoffe für das Bauwesen – Teil 2: Dämmstoffe für die Trittschalldämmung (2001-09)
DIN EN 826	Wärmedämmstoffe für das Bauwesen – Bestimmung des Verhaltens bei Druckbeanspruchung (1996-05)
DIN EN 832	Wärmetechnisches Verhalten von Gebäuden – Berechnung des Heizenergiebedarfs – Wohngebäude (2003-06)
DIN EN 12354-2	Bauakustik – Berechnung der akustischen Eigenschaften von Gebäuden aus den Bauteileigenschaften – Teil 2: Trittschalldämmung zwischen Räumen (2000-09)
DIN EN 12431	Wärmedämmstoffe für des Bauwesen – Bestimmung der Dicke von Dämmstoffen unter schwimmendem Estrich (1998-08)
DIN EN 12524	Baustoffe und -produkte – Wärme- und feuchteschutztechnische Eigenschaften – Tabellierte Bemessungswerte (2000-07)
DIN EN 13162	Wärmedämmstoffe für Gebäude – Werkmäßig hergestellte Produkte aus Mineralwolle (MW) – Spezifikation (2001-10)

DIN EN 13163	Wärmedämmstoffe für Gebäude – Werkmäßig hergestellte Produkte aus expandiertem Polystyrol (EPS) – Spezifikation (2001-10)
DIN EN 13164	Wärmedämmstoffe für Gebäude – Werkmäßig hergestellte Produkte aus extrudiertem Polystyrolschaum (XPS) – Spezifikation (2001-10) und DIN EN 13164/A1 (2004-08)
DIN EN 13165	Wärmedämmstoffe für Gebäude – Werkmäßig hergestellte Produkte aus Polyurethan-Hartschaum (PUR) – Spezifikation (2005-02)
DIN EN 13166	Wärmedämmstoffe für Gebäude – Werkmäßig hergestellte Produkte aus Phenolharzhartschaum (PF) – Spezifikation (2001-10) und DIN EN 13166/A1 (2004-08)
DIN EN 13167	Wärmedämmstoffe für Gebäude – Werkmäßig hergestellte Produkte aus Schaumglas (CG) – Spezifikation (2001-10) und DIN EN 13167/A1 (2004-08)
DIN EN 13169	Wärmedämmstoffe für Gebäude – Werkmäßig hergestellte Produkte aus Blähperlit (EPB) – Spezifikation (2001-10) und DIN EN 13169/A1 (2004-08)
DIN EN 13170	Wärmedämmstoffe für Gebäude – Werkmäßig hergestellte Produkte aus expandiertem Kork (ICB) – Spezifikation (2001-10)
DIN EN 13171	Wärmedämmstoffe für Gebäude – Werkmäßig hergestellte Produkte aus Holzfasern (WF) – Spezifikation (2001-10) und DIN EN 13171/A1 (2004-08)
DIN EN 29052-1	Akustik; Bestimmung der dynamischen Steifigkeit – Teil 1: Materialien, die unter schwimmenden Estrichen in Wohngebäuden verwendet werden (1992-08)
DIN EN ISO 140-6 und -7	Akustik – Messung der Schalldämmung in Gebäuden und von Bauteilen (1998-12)
DIN EN ISO 717-1 und -2	Akustik – Bewertung der Schalldämmung in Gebäuden und von Bauteilen (1997-01)
DIN EN ISO 6946	Bauteile – Wärmedurchlasswiderstand und Wärmedurchgangskoeffizient – Berechnungsverfahren (2003-10)
DIN EN ISO 7345	Wärmeschutz – Physikalische Größen und Definitionen (1996-01)
E DIN EN ISO 9229	Wärmedämmung – Begriffsbestimmungen (1997-06)
DIN EN ISO 9346	Wärmeschutz – Stofftransport – Physikalische Größen und Definitionen (1996-08)
DIN EN ISO 10211-1	Wärmebrücken im Hochbau – Wärmeströme und Oberflächentemperaturen – Teil 1: Allgemeine Berechnungsverfahren (1995-11)
DIN EN ISO 10211-2	Wärmebrücken im Hochbau – Berechnung der Wärmeströme und Oberflächentemperaturen – Teil 2: Linienförmige Wärmebrücken (2001-06)
DIN EN ISO 13788	Wärme- und feuchtetechnisches Verhalten von Bauteilen und Bauelementen – Raumseitige Oberflächentemperatur zur Vermeidung kritischer Oberflächenfeuchte und Tauwasserbildung im Bauteilinnern – Berechnungsverfahren (2001-11)
DIN EN ISO 13789	Wärmetechnisches Verhalten von Gebäuden – Spezifischer Transmissionswärmeverlustkoeffizient – Berechnungsverfahren (1999-10)
DIN EN ISO 14683	Wärmebrücken im Hochbau – Längenbezogener Wärmedurchgangskoeffizient – Vereinfachte Verfahren und Anhaltswerte (1999-09)

3.1.2 Wärmeschutzberechnung – Angaben zur Erfüllung der wärmetechnischen Anforderungen nach DIN und EnEV, Berechnungsbeispiele

Die Wärmeschutzschichten sollen unter Berücksichtigung wechselnder klimatischer Einflüsse im stetigen Wechsel der äußeren Wetterbedingungen:

- die Wärmeverluste der Außenbauteile einschränken,
- ein behagliches Wohn- oder Arbeitsklima in den Räumen unter den Dachterrassen bewirken und für das Wohlbefinden der Menschen in dem Bauwerk sorgen,
- den Wärmebedarf des Gebäudes und die Heizkosten mindern sowie Energie einsparen,
- große Temperaturschwankungen in der tragenden Terrassendachkonstruktion verhindern; verbunden damit ist die Verringerung der temperaturwechselbedingten Expansionen und Kontraktionen und damit des Aufbaus rissträchtiger Spannungen in der Decke und an deren Auflagern,
- Feuchtigkeitsschäden infolge von Tauwasser an den Innenflächen der Außenbauteile verhindern,
- die Terrassenbauschichten in Verbindung mit der Dampfsperre vor einem unzulässig hohen Maß an Tauwasserausfall schützen.

3.1.2.1 Wärmetechnische Grundlagen nach DIN EN ISO 6946

Grundlagen für die Berechnung des U-Wertes:

Die Baukonstruktion wird beurteilt nach dem Wärmedurchlasswiderstand R. Dabei sind die einzelnen Bauteilschichten eines Bauteils bestimmt durch die jeweilige Baustoffdicke d in m und den Bemessungswert der Wärmeleitfähigkeit des Stoffes λ in W/(m · K).

Wärmedurchlasswiderstand R nach DIN EN ISO 6946, Abschnitt 5.1:

$$R = d/\lambda \ [m^2 \cdot K/W]$$

Dabei sind

d = Dicke einer Schicht im Bauteil [m]

λ = Bemessungswert der Wärmeleitfähigkeit des Stoffes, entweder nach DIN ISO 10456 berechnet oder als Tabellenwert entnommen [W/(m · K)]

Wärmedurchlasswiderstand mehrerer Schichten:

$$R = d_1/\lambda_1 + d_2/\lambda_2 + \ldots + d_n/\lambda_n$$

oder

$$R = \Sigma \ d_i/\lambda_i$$

Dabei ist

i = 1, 2, 3, … n

Wärmeübergangswiderstände an der Terrassenplattenunterseite (innen) R_{si} und der Terrassenplattenbelagsoberfläche (außen) R_{se} nach DIN EN ISO 6946, Abschnitt 5.2, Tabelle 1:

R_{si} = innerer Wärmeübergangswiderstand [m² · K/W]

R_{se} = äußerer Wärmeübergangswiderstand [m² · K/W]

Wärmedurchgangswiderstand R_T nach DIN EN ISO 6946, Abschnitt 6.1:

Der Wärmedurchgangswiderstand R_T eines ebenen Bauteiles aus thermisch homogenen Schichten senkrecht zum Wärmestrom ist nach folgender Gleichung zu berechnen:

$$R_T = R_{si} + R_1 + R_2 + R_3 + \ldots + R_n + R_{se} \ [m^2 \cdot K/W]$$

Dabei sind

$R_1, R_2, \ldots R_n$ = Bemessungswerte des Wärmedurchlasswiderstands jeder Schicht

R_{si} = innerer Wärmeübergangswiderstand

R_{se} = äußerer Wärmeübergangswiderstand

Wärmedurchgangskoeffizient U nach DIN EN ISO 6946, Abschnitt 7:

Der U-Wert ergibt sich als Kehrwert aus dem Wärmedurchgangswiderstand R_T. Mit dem Wärmedurchgangskoeffizienten U wird der Wärmeverlust der Dachterrasse gekennzeichnet. Je kleiner der U-Wert, desto geringer sind die Wärmeverluste des Bauteiles.

$$\begin{aligned} U &= 1/R_T \\ &= 1/(R_{si} + R_1 + R_2 + \ldots + R_n + R_{se}) \ [W/(m^2 \cdot K)] \end{aligned}$$

Der mittlere Wärmedurchgangskoeffizient U_m für ein Bauteil ergibt sich entsprechend den nebeneinander liegenden Bauteilbereichen zu:

$$U_m = (U_1 \cdot A_1 + U_2 \cdot A_2 + \ldots + U_n \cdot A_n)/\Sigma A \ [W/(m^2 \cdot K)]$$

Dabei sind

$A_1, A_2, \ldots A_n$ = die einzelnen nebeneinander liegenden Bauteilflächen [m²]

ΣA = die Summe aller Teilflächen [m²]

Je kleiner der U-Wert ist, desto besser ist die Wärmedämmung.

3.1.2.2 Wärmetechnische Mindestanforderungen nach DIN 4108-2 (2003-07)

Maßgeblich für die Mindestdicke der Wärmedämmschichten auf Dachterrassen sind die Anforderungen der DIN 4108-2 (2003-07) „Wärmeschutz und Energie-Einsparung in Gebäuden – Teil 2: Mindestanforderungen an den Wärmeschutz".

Der erforderliche Mindestwert für den Wärmedurchlasswiderstand R von Bauteilen ist in der Tabelle 3 festgelegt. Für Dachterrassen gilt die Zeile 11.2: Decken, die Aufenthaltsräume gegen die Außenluft nach oben abgrenzen, z. B. Dächer und Decken unter Terrassen. Als erforderlicher Mindestwert ist der Wärmedurchlasswiderstand R = 1,2 [m² · K/W] angegeben.

Nach DIN 4108-2, Abschnitt 3.1.2, ist der Mindestwärmeschutz eine Maßnahme, die an jeder Stelle der Innenoberfläche der Systemgrenze bei ausreichender Beheizung und Lüftung unter Zugrundelegung üblicher Nutzung ein hygienisches Raumklima sicherstellt, so dass rechnerisch Tauwasserfreiheit und Schimmelpilzfreiheit an Innenoberflächen von Außenbauteilen im Ganzen, in Ecken und in den geometrisch und materialbedingten Wärmebrücken gegeben ist. Dieser Mindestwärmeschutz entspricht nicht mehr den heutigen Anforderungen an den energiesparenden Wärmeschutz. Die heutigen Anforderungen sind in der EnEV vom 16.11.2001, gültig ab 1.2.2002, festgeschrieben.

Diese EnEV ist mit der „Ersten Verordnung zur Änderung der Energieeinsparverordnung" vom 2.12.2004 geändert worden und am 8.12.2004 in Kraft getreten. In der Änderung geht es im Wesentlichen um eine Anpassung der EnEV an Änderungen im technischen Regelwerk (in den DIN-Normen), auf welche die EnEV verweist.

Mindestwert des Wärmedurchlasswiderstandes R für wärmeübertragende Bauteile (mit einer flächenbezogenen Gesamtmasse von ≥ 100 kg/m²) für Dachterrassen, die Aufenthaltsräume gegen die Außenluft abgrenzen, nach DIN 4108-2, Tabelle 3, Zeile 11.2, ist:

$$R = 1{,}20 \ m^2 \cdot K/W$$

Wärmeübergangswiderstände nach DIN EN ISO 6946, Tabelle 1, bzw. DIN EN ISO 13370, Abschnitt 4.3:

$R_{si} = 0{,}13 \ m^2 \cdot K/W$

$R_{se} = 0{,}04 \ m^2 \cdot K/W$

3.1.2.3 Berechnungsbeispiele für die Tabelle 3.1 zur Bemessung der Dämmstoffdicke bei einem gewählten Bemessungswert der Wärmeleitfähigkeitsgruppe 040 des Dämmstoffes

Aufbau der Terrassenkonstruktion von oben nach unten:

keramische Platten	1,5 cm	Schicht 1
Zementestrich und Verlegemörtel	8,0 cm	Schicht 2
Dränageschicht	1,6 cm	Schicht 3
Bitumenabdichtung	1,0 cm	Schicht 4
Wärmedämmung (gesucht)	x cm	Schicht 5
Dampfsperre (vernachlässigt)	0,5 cm	Schicht 6
Stahlbetonplatte	18,0 cm	Schicht 7
Innenputz	1,5 cm	Schicht 8

Tabelle 3.1: Bauphysikalische Rechenwerte der Bauteilschichten

Spalte	1	2	3	4
	Schicht	d [m]	λ [W/(m · K)]	R_{si}, R_{se}, R_n [m² · K/W]
	Wärmeübergang außen R_{se}	–	–	0,04
1	keramische Platten	0,015	1,20	0,01
2	Zementestrich und Verlegemörtel	0,08	1,40	0,06
3	Dränagematte	0,016	–	0,08[1)]
4	Bitumenabdichtung	0,01	0,17	0,06
5	Wärmedämmung (gesucht)	?	0,04	x
6	Dampfsperre (vernachlässigt)	0,005	–	–
7	Stahlbetonplatte	0,18	2,10	0,09
8	Innenputz	0,015	0,87	0,02
	Wärmeübergang innen R_{si}	–	–	0,13
	Summe ohne R_{si}- und R_{se}-Wert und R_5-Wert Dämmung			0,32
	Summe des R_T-Wertes ohne R_5-Wert Dämmung			0,49

[1)] Wärmedurchlasswiderstand nach DIN EN ISO 6946, Tabelle 2 und Abschnitt 5.3.2 „Schwach belüftete Luftschicht", der Bemessungswert des Wärmedurchlasswiderstandes einer schwach belüfteten Luftschicht beträgt die Hälfte des entsprechenden Wertes nach Tabelle 2.

Das Gewicht des Konstruktionsaufbaues ab Oberkante Gefällebeton des geplanten Aufbaus ist ≥ 2,5 kN/m² (≥ 250 kg/m²) ohne Wärmedämmung.

Die wärmeschutztechnischen Bemessungswerte der Wärmeleitfähigkeit für die einzelnen Bauteilschichten sind in DIN EN 12524 und DIN V 4108-4 enthalten.

Gesucht wird in Tabelle 3.1 die erforderliche Dicke d der Wärmedämmung.

Erforderliche Dämmstoffdicke mit einer Wärmeleitfähigkeitsgruppe 040 nach den Mindestanforderungen der DIN 4108-2 für den Aufbau der Terrassenkonstruktion nach Tabelle 3.1

Geforderter Mindestwert für den Wärmedurchlasswiderstand R von Bauteilen nach DIN 4108-2, Tabelle 3, Zeile 11.2, ist R = 1,20 m² · K/W.

Damit ergibt sich ein Wärmedurchlasswiderstand R_5 für die Wärmedämmung des gewählten Konstruktionsaufbaues nach Tabelle 3.1 von:

R_5 = 1,20 – (Summe ohne R_{si}, R_{se}, R_5)

R_5 = 1,20 – 0,32 = 0,88 m² · K/W

R_5 ergibt sich ebenfalls aus der Formel des Wärmedurchlasswiderstandes:

$R = d/\lambda$ [m² · K/W]

Für die Wärmedämmschicht wird ein Material gewählt mit der Wärmeleitfähigkeit λ = 0,04 W/(m · K).

Mit dem in Tabelle 3.1, Zeile 5, gewählten Rechenwert der Wärmeleitfähigkeit der Wärmedämmschicht λ = 0,04 W/(m · K) lässt sich die notwendige Dicke der Wärmedämmung wie folgt aus der umgestellten Formel ermitteln:

$d_5 = R_5 \cdot \lambda$ [m]

d_5 = 0,88 m² · K/W · 0,04 W/(m · K) = 0,035 m

Die gewählte Dicke der Wärmedämmschicht ist 40 mm. Die Dicke von 40 mm ist im eingebauten und unter der Nutzlast und dem Gewicht aufliegender Bauschichten zusammengedrückten Zustand zu messen.

Die Anforderungen an den Mindestwärmeschutz werden mit dem Einbau von d_5 = 40 mm Wärmedämmung mit λ_5 = 0,04 W/(m · K) bei dem gewählten Dachterrassenaufbau nach Tabelle 3.1 erfüllt. Der Wärmedurchlasswiderstand in Tabelle 3.1 beträgt für 40 mm Wärmedämmung:

$R_5 = d_5/\lambda_5$

R_5 = 0,040 m/0,04 W/(m · K) = 1,00 m² · K/W

Somit wird bei dem gewählten Aufbau nach Tabelle 3.1 folgender Wärmedurchgangskoeffizient U erzielt:

$U = 1/R_T = 1/(R_{si} + R_{1 \text{ bis } 8} + R_{se})$

U = 1/(0,13 + 1,32 + 0,04)

U = 1/1,49 = 0,67 W/(m² · K)

Dieser U-Rechenwert ist für die heutige Zeit, in der Energiesparen im Wohnungsbauen vorgeschrieben ist, nicht akzeptabel, da erhebliche Energieverluste durch dieses gerechnete Bauteil Dachterrasse auftreten.

Die Aufbauhöhe (Konstruktionshöhe) beträgt ab Oberkante der Stahlbetonplatte für die oben angeführte Berechnung nach Tabelle 3.1 mit 40 mm Wärmedämmung insgesamt:

Keramikbelag	1,5 cm
Estrich und Verlegemörtel	8,0 cm
Dränageschicht	1,6 cm
Bitumenabdichtung	1,0 cm
Wärmedämmung	4,0 cm
Dampfsperre	0,5 cm
(1,5 + 8,0 + 1,6 + 1,0 + 4,0 + 0,5)	= 16,6 cm

Erforderliche Dämmstoffdicke mit einer Wärmeleitfähigkeitsgruppe 040 nach EnEV, Anhang 3, Ziffer 7, für den Aufbau der Terrassenkonstruktion nach Tabelle 3.1

Die Wärmeschutzverordnungen vom 24.2.1982, gültig ab 1.1.1984, sowie vom 16.8.1994, gültig ab 1.1.1995, sind durch die EnEV 2002 ersetzt worden, die mit der „Ersten Verordnung zur Änderung der Energieeinsparverordnung" vom 2.12.2004 geändert wurde und am 8.12.2004 in Kraft trat. Nach dieser Verordnung ist – auf der Grundlage einer Vielzahl nationaler und internationaler Normen – der Jahres-Primärenergiebedarf für Gebäude mit normalen und niedrigen Innentemperaturen zu berechnen und zu begrenzen.

In der EnEV werden im Anhang 3, Ziffer 7 „Anforderungen", Tabelle 1, „Höchstwerte der Wärmedurchgangskoeffizienten bei erstmaligem Einbau, Ersatz und Erneuerung von Bauteilen" festgeschrieben. Nach dieser Tabelle, Zeile 4b), sind Maßnahmen nach Nr. 4.2 „Flachdächer" zu ergreifen und für Gebäude nach § 1 Abs. 1 Nr. 1 EnEV ist ein maximaler Wärmedurchgangskoeffizient U_{max} von 0,25 W/(m² · K) einzuhalten. Es handelt sich hierbei um Gebäude mit normalen Innentemperaturen, die nach ihrem Verwendungszweck auf eine Innentemperatur von +19 °C und mehr und jährlich mehr als 4 Monate beheizt werden und die ganz oder deutlich überwiegend zum Wohnen genutzt werden.

Berechnung der erforderlichen Dämmstoffdicke bei einem gewählten U-Wert von ≤ 0,20 W/(m² · K) für den gewählten Konstruktionsaufbau mit Wärmedämmung der Wärmeleitfähigkeit $\lambda_R = 0{,}04$ W/(m · K):

Gesucht wird die erforderliche Wärmedämmschichtdicke d_5.

$$U = 1/R_T = 1/(R_{si} + R_{1\,bis\,8} + R_{se})$$

R_T bei dem gewählten Konstruktionsaufbau der Tabelle 3.1 zur Erzielung eines U-Wertes von 0,20 W/(m² · K):

$$R_T = 1/U = 1/0{,}20 = 5{,}0\ \text{m}^2 \cdot \text{K/W}$$

Der Wärmedurchgangswiderstand R_5 für die Wärmedämmung in Zeile 5 der Tabelle 3.1 ergibt sich wie folgt:

$$R_5 = R_T - (R_{si} + R_1 + R_2 + R_3 + R_4 + R_6 + R_7 + R_8 + R_{se})$$

$$R_5 = 5{,}0 - (0{,}13 + 0{,}32 + 0{,}04) = 4{,}51\ \text{m}^2 \cdot \text{K/W}$$

Aus $R_5 = 4{,}51$ m² · K/W ergibt sich die benötigte Wärmedämmschichtdicke d_5 durch Umstellung der Formel bei gewählter Wärmeleitfähigkeit $\lambda = 0{,}04$ W/(m · K) des Wärmedämmstoffes:

$$R_5 = d_5/\lambda_5$$
$$d_5 = R_5 \cdot \lambda_5$$
$$= 4{,}51 \cdot 0{,}04$$
$$= 0{,}18\ \text{m Wärmedämmschichtdicke}$$

Die Aufbauhöhe (Konstruktionshöhe) beträgt ab Oberkante der Stahlbetonplatte für die oben angeführte Berechnung nach Tabelle 3.1 mit 18 cm Wärmedämmung insgesamt:

Keramikbelag	1,5 cm
Estrich und Verlegemörtel	8,0 cm
Dränageschicht	1,6 cm
Bitumenabdichtung	1,0 cm
Wärmedämmung	18,0 cm
Dampfsperre	0,5 cm

$(1{,}5 + 8{,}0 + 1{,}6 + 1{,}0 + 18{,}0 + 0{,}5) = 30{,}6$ cm

Erforderliche Dämmstoffdicke zur Verringerung der Aufbauhöhe durch den Einbau eines Dämmstoffes mit einer Wärmeleitfähigkeitsgruppe 025 für den Aufbau der Terrassenkonstruktion nach Tabelle 3.1

Die Aufbauhöhe von 30,6 cm kann vermindert werden, indem man einen Dämmstoff mit einer niedrigeren Wärmeleitfähigkeit wählt, z. B. PUR-Hartschaum mit $\lambda = 0{,}025$ W/(m · K), und damit den gleichen Wärmedurchgangskoeffizienten (U-Wert) von 0,20 W/(m² · K) einhält.

Gesucht wird die erforderliche Wärmedämmschichtdicke d_5.

$$R_T = 1/U = 1/0{,}20 = 5{,}0\ \text{m}^2 \cdot \text{K/W}$$

Der Wärmedurchgangswiderstand R_5 für die Wärmedämmung in Zeile 5 der Tabelle 3.1 ergibt sich wie folgt:

$$R_5 = 5{,}0 - (0{,}13 + 0{,}32 + 0{,}04) = 4{,}51\ \text{m}^2 \cdot \text{K/W}$$

Die benötigte Wärmedämmschichtdicke d_5 ergibt sich bei gewählter Wärmeleitfähigkeit $\lambda = 0{,}025$ W/(m · K) des Wärmedämmstoffes wie folgt:

$$d_5 = R_5 \cdot \lambda_5 = 4{,}51 \cdot 0{,}025$$
$$= 0{,}113\ \text{m, gewählt 0,12 m Wärmedämmschichtdicke}$$

Der Wärmedurchlasswiderstand in Tabelle 3.1 beträgt für 120 mm Wärmedämmung:

$$R_5 = d_5/\lambda_5$$
$$R_5 = 0{,}120\ \text{m}/0{,}025\ \text{W/(m} \cdot \text{K)}$$
$$= 4{,}80\ \text{m}^2 \cdot \text{K/W}$$

Die Aufbauhöhe (Konstruktionshöhe) beträgt ab Oberkante der Stahlbetonplatte für die oben angeführte Berechnung nach Tabelle 3.1 mit 12 cm Wärmedämmung insgesamt:

$(1{,}5 + 8{,}0 + 1{,}6 + 1{,}0 + 12{,}0 + 0{,}5) = 24{,}6$ cm

Durch den Einbau eines Wärmedämmstoffes mit dem Bemessungswert der Wärmeleitfähigkeit von $\lambda = 0{,}025$ W/(m · K) wird die Aufbauhöhe (Konstruktionshöhe) ab Oberkante der Stahlbetonplatte zur Erzielung eines U-Wertes = 0,20 W/(m² · K) bei dem gewählten Aufbau um 6 cm gegenüber dem Einbau einer Wärmedämmung mit der Wärmeleitfähigkeit $\lambda = 0{,}04$ W/(m · K) verringert.

Erforderliche Dämmstoffdicke mit Verbesserung des U-Wertes gegenüber den bisher durchgeführten Berechnungen für den Aufbau der Terrassenkonstruktion nach Tabelle 3.1

Weitere Berechnung der erforderlichen Dämmstoffdicke bei einem gewählten U-Wert von ≤ 0,15 W/(m²·K) für den gewählten Konstruktionsaufbau mit Wärmedämmung der Wärmeleitfähigkeit λ = 0,025 W/(m·K):

Gesucht wird die erforderliche Wärmedämmschichtdicke d_5.

$$U = 1/R_T = 1/(R_{si} + R_{1\,bis\,8} + R_{se})$$

R_T bei dem gewählten Konstruktionsaufbau der Tabelle 3.1 zur Erzielung eines U-Wertes von 0,15 W/(m²·K):

$$R_T = 1/U = 1/0,15 = 6,67 \text{ m}^2 \cdot \text{K/W}$$

Der Wärmedurchgangswiderstand R_5 für die Wärmedämmung in Zeile 5 der Tabelle 3.1 ergibt sich wie folgt:

$$R_5 = R_T - (R_{si} + R_1 + R_2 + R_3 + R_4 + R_6 + R_7 + R_8 + R_{se})$$
$$R_5 = 6,67 - (0,13 + 0,32 + 0,04) = 6,18 \text{ m}^2 \cdot \text{K/W}$$

Die benötigte Wärmedämmschichtdicke d_5 ergibt sich bei gewählter Wärmeleitfähigkeit λ = 0,025 W/(m·K) des Wärmedämmstoffes wie folgt:

$$d_5 = R_5 \cdot \lambda_5 = 6,18 \cdot 0,025 = 0,15 \text{ m}$$

Die Aufbauhöhe (Konstruktionshöhe) beträgt somit ab Oberkante der Stahlbetonplatte für die oben angeführte Berechnung nach Tabelle 3.1 mit 15 cm Wärmedämmung insgesamt:

$$(1,5 + 8,0 + 1,6 + 1,0 + 15,0 + 0,5) = 27,6 \text{ cm}$$

Die notwendigen Konstruktionshöhen sind bei der Planung von Dachterrassen zu beachten.

3.1.3 Minderung der temperaturwechselbedingten Längenänderungen der Stahlbetondecke durch Wärmedämmung

Eine über der tragenden Terrassendeckenkonstruktion liegende Wärmedämmung verringert mit zunehmendem Wärmedurchlasswiderstand R die Einwirkung der durch das Außenklima bedingten Temperaturwechsel auf die Tragkonstruktion. Die Erwärmung der Deckenplatte führt zu Flächenausdehnungen, Abkühlung zu Kontraktionen und dies unzählige Male während eines Jahres.

Man kann bei bauphysikalischen Untersuchungen theoretisch von den folgenden Temperaturverhältnissen ausgehen:

- Innentemperatur unter der Dachterrasse: im Sommer und Winter +20 °C,
- Oberflächentemperatur eines dunklen Terrassenbelages bei voller Sonneneinstrahlung: im Sommer +80 °C, im Winter –20 °C.

Grafisches Verfahren zur Veranschaulichung der zu erwartenden Temperaturen der einzelnen Bauteilschichten der Terrassenkonstruktion nach Tabelle 3.1 im Winter bzw. im Sommer

Im Folgenden wird zur Feststellung der maximalen Temperaturdifferenzen in der Stahlbetondecke (Schicht 7) und im Zementestrich und Verlegemörtel (Schicht 2) nach Tabelle 3.1 ein grafisches Verfahren beschrieben, das die Verhältnisse deutlich aufzeigt.

Da von Oberflächentemperaturen des Terrassenbelages ausgegangen wird, entfällt der Ansatz für den äußeren Wärmeübergangswiderstand R_{se} bei der Ausarbeitung des Diagramms.

Der Schichtenaufbau der hier betrachteten Terrasse entspricht den Angaben des Aufbaus für Tabelle 3.1. Die Werte für die Wärmedurchlasswiderstände R der einzelnen Schichten sowie des inneren Wärmeübergangswiderstandes R_{si} sind der Tabelle 3.1 zu entnehmen.

Für die Berechnung mit der Dämmschichtdicke nach den Mindestanforderungen nach DIN 4108-2, Tabelle 3, hatte sich ein Wärmedurchlasswiderstand $R_5 = 0,88$ m²·K/W entsprechend einer Dämmstoffdicke von 35 mm bei einer Wärmeleitfähigkeit von λ = 0,04 W/(m·K) ergeben.

Da die Regeldämmstoffdicke nicht 35 mm beträgt, sondern die nächste lieferbare Dämmstoffdicke 40 mm beträgt, wurde für $d_5 = 40$ mm eingesetzt.

Der Gesamtwärmedurchlasswiderstand $R_{1\,bis\,8}$ einschließlich des inneren Wärmeübergangswiderstandes R_{si} beträgt nach Tabelle 3.1 mit 40 mm Wärmedämmung in der grafischen Ermittlung für den Fall a in Abb. 3.1:

$$R_T - R_{se} = (R_{1\,bis\,8}) + R_{si} = (0,32 + 1,00) + 0,13$$
$$= 1,45 \text{ m}^2 \cdot \text{K/W}$$

Für die Berechnung mit der erforderlichen Dämmschichtdicke bei einem gewählten U-Wert von ≤ 0,15 W/(m²·K) hatte sich ein Wärmedurchlasswiderstand $R_5 = 6,18$ m²·K/W entsprechend einer Dämmstoffdicke von 150 mm bei einer Wärmeleitfähigkeit von λ = 0,025 W/(m·K) ergeben.

Der Gesamtwärmedurchlasswiderstand $R_{1\,bis\,8}$ einschließlich des inneren Wärmeübergangswiderstandes R_{si} beträgt nach Tabelle 3.1 mit 150 mm Wärmedämmung in der grafischen Ermittlung für den Fall b in Abb. 3.2:

$$R_T - R_{se} = (R_{1\,bis\,8}) + R_{si} = (0,32 + 6,18) + 0,13$$
$$= 6,63 \text{ m}^2 \cdot \text{K/W}$$

Über einer Temperaturskala von –30 °C bis +90 °C werden der R_{si}-Wert und die einzelnen Wärmedurchlasswiderstände (R-Werte) aller Schichten des Terrassenaufbaues in einem beliebigen Maßstab aufgetragen.

Auf der Diagrammgrundlinie L wird die für Winter und Sommer gleich große Innenlufttemperatur von +20 °C (A) markiert, auf der oberen Grenzlinie für den Terrassenbelag O werden die Oberflächentemperaturen für den Sommer mit +80 °C (B) und für den Winter mit –20 °C (C) angezeichnet.

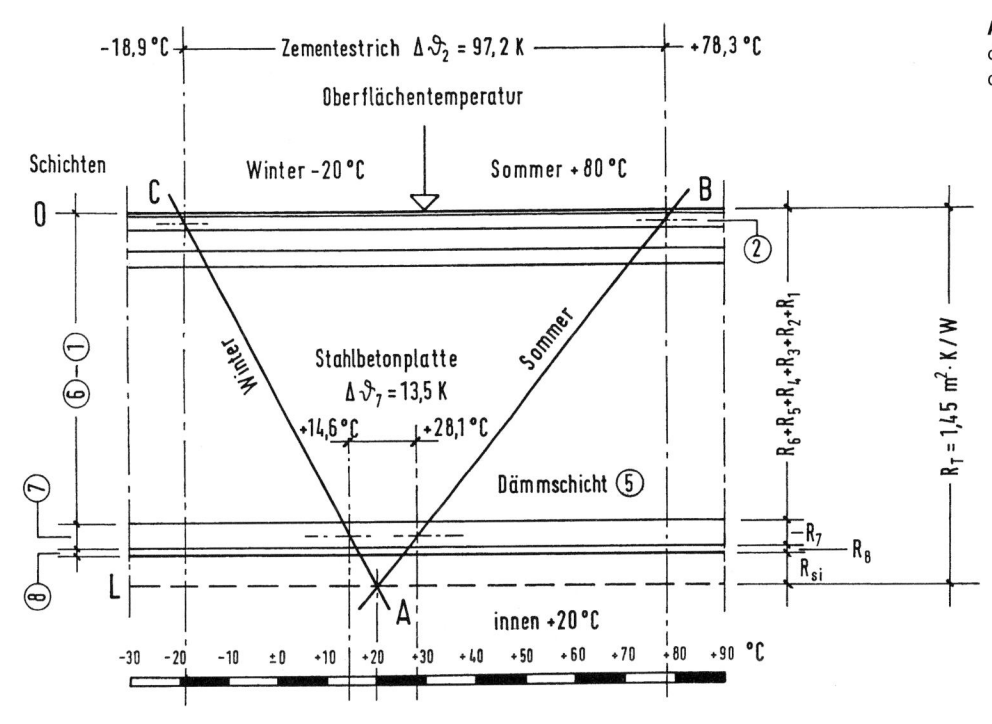

Abb. 3.1: Grafische Ermittlung der Temperaturverhältnisse für den Fall a

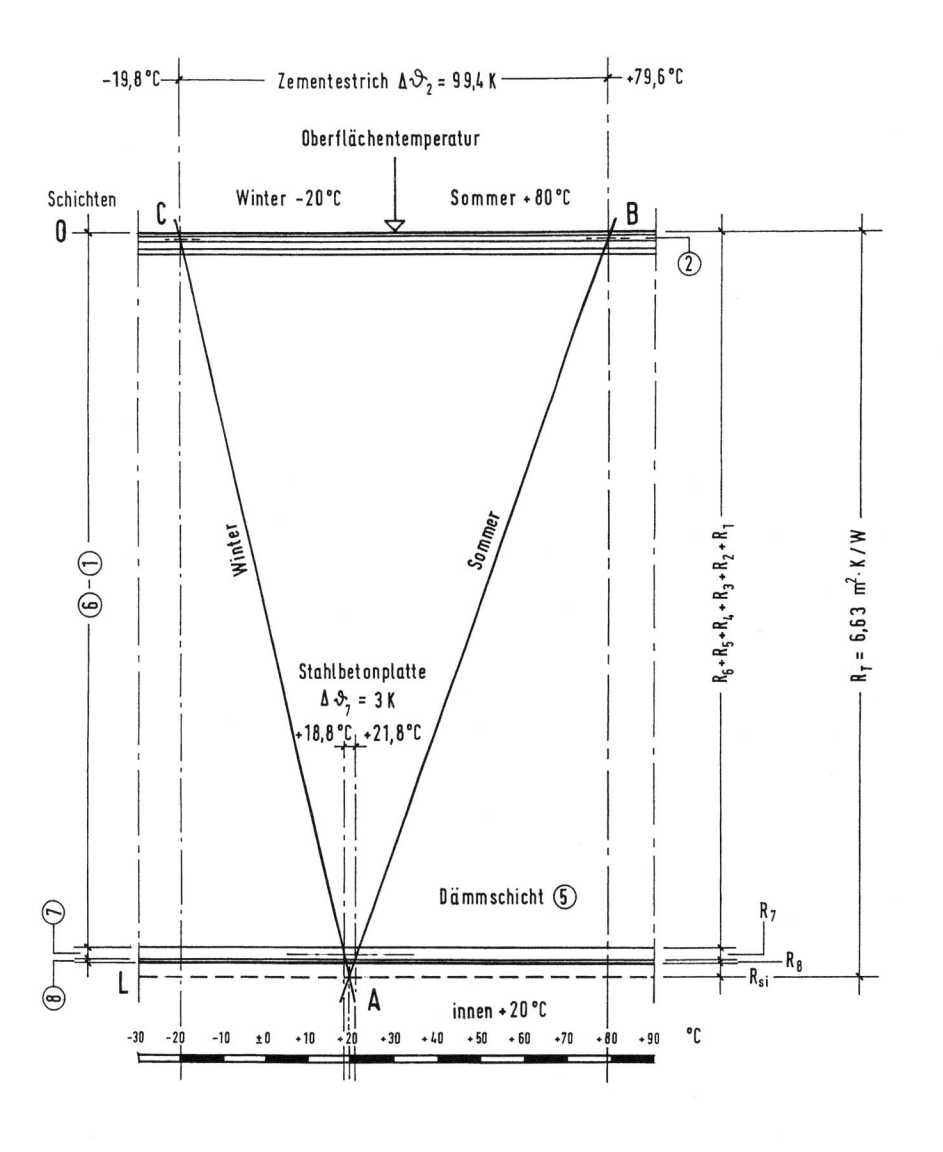

Abb. 3.2: Grafische Ermittlung der Temperaturverhältnisse für den Fall b

Verbindet man die Punkte A und B für die Sommerwerte und die Punkte A und C für die Winterwerte durch je eine Gerade, so erhält man die Temperaturlinien für Sommer und Winter und kann unter den Schnittpunkten dieser Linien mit den waagerechten Grenzstrichen der einzelnen Bauschichten auf der Temperaturskala die jeweiligen maximalen und minimalen Temperaturen zwischen den einzelnen Bauschichten ablesen.

Unter den Schnittpunkten der Temperaturlinien mit den waagerechten geometrischen Mittellinien der Stahlbetonschicht (7) und der Zementestrichschicht (2) findet man auf der Temperaturskala die mittleren Grenztemperaturen dieser Schichten wie folgt:

Fall a nach Tabelle 3.1 mit 40 mm dicker Wärmedämmung und der Wärmeleitfähigkeit $\lambda_5 = 0{,}04$ W/(m · K):

Zementestrich und Verlegemörtel:

Schicht 2 $\quad \vartheta_{max} = +78{,}3$ °C
$\quad\quad\quad\quad \vartheta_{min} = -18{,}9$ °C
$\quad\quad\quad\quad \Delta\vartheta_2 = 97{,}2$ K als Temperaturdifferenz

Stahlbetonplatte:

Schicht 7 $\quad \vartheta_{max} = +28{,}1$ °C
$\quad\quad\quad\quad \vartheta_{min} = +14{,}6$ °C
$\quad\quad\quad\quad \Delta\vartheta_7 = 13{,}5$ K als Temperaturdifferenz

Fall b nach Tabelle 3.1 mit 150 mm dicker Wärmedämmung und der Wärmeleitfähigkeit $\lambda_5 = 0{,}025$ W/(m · K):

Zementestrich und Verlegemörtel:

Schicht 2 $\quad \vartheta_{max} = +79{,}6$ °C
$\quad\quad\quad\quad \vartheta_{min} = -19{,}8$ °C
$\quad\quad\quad\quad \Delta\vartheta_2 = 99{,}4$ K als Temperaturdifferenz

Stahlbetonplatte:

Schicht 7 $\quad \vartheta_{max} = +21{,}8$ °C
$\quad\quad\quad\quad \vartheta_{min} = +18{,}8$ °C
$\quad\quad\quad\quad \Delta\vartheta_7 = 3{,}0$ K als Temperaturdifferenz

Resümee

Es ist leicht zu erkennen, dass im Fall a bereits die Dämmschicht in Abb. 3.1 von 40 mm Dicke die Temperaturdifferenz der Stahlbetonterrassenplatte gegenüber der an der Belagsoberfläche von 100 K beträchtlich verkleinert.

$\Delta\vartheta \approx 14$ K erbringt eine Längenänderung von ca.

$\Delta L = 10$ bis $12 \cdot 10^{-6}$ m/(m · K) · 14 K
$\quad\quad = 1{,}4$ bis $1{,}7 \cdot 10^{-4}$ m/m
$\quad\quad = 0{,}14$ bis $0{,}17$ mm/m

Im Fall b nach Abb. 3.2 verringert sich die Temperaturdifferenz der Stahlbetonterrassenplatte gegenüber der an der Belagsoberfläche von 100 K infolge der 150 mm dicken Dämmschicht weiterhin.

$\Delta\vartheta \approx 3$ K erbringt eine Längenänderung von ca.

$\Delta L = 10$ bis $12 \cdot 10^{-6}$ m/(m · K) · 3 K
$\quad\quad = 3$ bis $3{,}6 \cdot 10^{-5}$ m/m
$\quad\quad = 0{,}03$ bis $0{,}04$ mm/m

Diese temperaturwechselbedingten Längenänderungen können bei normalen Deckenspannweiten von 3 bis 6 m von herkömmlichen Stahlbetondecken und von deren Auflagern im Gegensatz zu den Bewegungen in der Größenordnung von 1 bis 1,2 mm/m bei einer Temperaturdifferenz von 100 K in der Regel schadlos aufgenommen werden.

3.1.4 Schallschutz nach DIN 4109 (1989-11)

Terrassenkonstruktionen über Aufenthaltsräumen müssen so aufgebaut sein, dass sie auch genügend Schutz gegen Außenlärm und den Verkehrslärm aus Straßen-, Schienen-, Wasser- und Luftverkehr bieten und dass die Weitergabe des Körperschalls (Trittschalls), der beim Begehen oder Befahren der Dachterrassen entsteht, in zulässigen Grenzen bleibt.

Diesbezügliche Bestimmungen und Ermittlungen sind im Wesentlichen in der DIN 4109 „Schallschutz im Hochbau; Anforderungen und Nachweise" mit einer Berichtigung, Beiblättern sowie Änderungen als anerkannte Regeln der Technik festgeschrieben. Die DIN 4109 ist ein bauaufsichtlich eingeführtes Regelwerk und bedarf keiner zusätzlichen Vereinbarung, die Mindestanforderung an den Schallschutz in dieser Norm ist vorgeschrieben und muss eingehalten werden.

Das Beiblatt 2 ist kein Bestandteil des Bauordnungsrechts, denn es ist nicht bauaufsichtlich eingeführt. Die darin enthaltenen Empfehlungen können im Bedarfsfall vereinbart werden.

Beim Schallschutz allein auf derzeitig gültige Normen zu achten, reicht nicht immer aus. Natürlich ist es äußerst wichtig, einen baurechtlich einwandfreien Schallschutz zu erzielen, nicht weniger wichtig ist aber auch ein angemessener und nutzungsgerechter Schallschutz.

Darüber hinaus sind Vorschläge für einen erhöhten Schallschutz in der Richtlinie VDI 4100 „Schallschutz von Wohnungen; Kriterien für Planung und Beurteilung" (VDI, 1994) angegeben. In dieser Richtlinie werden 3 Schallschutzstufen je nach Qualität des subjektiv empfundenen Schallschutzes definiert und zugehörige Kennwerte unter anderem für Luft- und Trittschallschutz sowie Schutz gegen von außen eindringende Geräusche angegeben. Dabei entsprechen die Kennwerte der untersten Schallschutzstufe I (SSt I) den Anforderungen der DIN 4109. Der erhöhte Schallschutz der Schallschutzstufen SSt II oder SSt III bedarf einer gesonderten Vereinbarung.

Gemessen wird die Güte einer Schallschutzmaßnahme in Dezibel (dB), definiert durch den dekadischen Logarithmus des Quotienten zweier Größen der gleichen Größenart.

3.1.4.1 Grundlagen

Schall sind mechanische Schwingungen und Wellen eines elastischen Mediums. Im Bauwesen interessiert insbesondere Schall im Frequenzbereich von 100 Hz bis 3.015 Hz. Es wird nach dem zu Schwingungen angeregten Medium in Luftschall und Körperschall (besonders Trittschall) unterschieden.

Luftschall ist der sich in der Luft infolge Anregung der (Raum-)Luft (z. B. durch Sprache, Musik, Außenlärm) ausbreitende Schall. Jedes vom Gehör empfundene Schallereignis wird als Luftschall wahrgenommen.

Körperschall ist der sich in festen Stoffen infolge unmittelbarer Anregung der Schall übertragenden Bauteile (z. B. Gehgeräusche auf Decken und Treppen, Geräusche aus haustechnischen Anlagen) ausbreitende Schall. Körperschall wird durch die Oberfläche des angeregten Körpers abgestrahlt.

Trittschall ist der Schall, der beim Begehen und bei ähnlicher Anregung einer Decke, Treppe o. Ä. als Körperschall entsteht und teilweise als Luftschall in einen darunter liegenden oder anderen Raum abgestrahlt wird. Trittschall wird ebenfalls durch die Abstrahlung von Luftschall hörbar.

Die Aufgabe des baulichen Schallschutzes ist, die Übertragung von Schall aus fremden Wohn- und Arbeitsbereichen oder von Außenlärm wirkungsvoll zu reduzieren. Um dieses Ziel zu erreichen, stehen prinzipiell 2 Mechanismen zur Verfügung:

- die Schalldämpfung, bei der die auf ein Bauteil treffenden Schallwellen innerhalb des Bauteils durch Reibungsvorgänge in Wärme umgewandelt werden (Dissipation der Schallenergie); zur Schalldämpfung eignen sich poröse Schallschluckstoffe;
- die Schalldämmung, bei der die Schallwellen an der Oberfläche von Bauteilen zurückgeworfen werden (Reflexion). Eine hohe Schalldämmung wird erzielt, wenn die flächenbezogene Masse der Materialien auf beiden Seiten der Grenzfläche sehr stark unterschiedlich ist. Zur Luftschalldämmung eignen sich daher schwere Bauteile. Bei der Trittschalldämmung finden genormte, leichte und weiche, für den Anwendungsbereich geeignete Dämmschichten Verwendung.

3.1.4.2 Regelungen des Schallschutzes

Der bauliche Schallschutz ist in Deutschland im Wesentlichen durch die DIN 4109 (1989-11) „Schallschutz im Hochbau; Anforderungen und Nachweise" geregelt. Diese Norm und das Beiblatt 1 (1989-11) „Ausführungsbeispiele und Rechenverfahren" sind in allen Bundesländern bauaufsichtlich eingeführt und damit für alle genehmigungspflichtigen Bauten verbindlich. Die Forderungen der DIN 4109 stellen ein Mindestmaß an den Schallschutz dar, das es zu erfüllen gilt, ein Unterschreiten ist unzulässig und es bedarf keiner zusätzlichen Vereinbarung.

Ein erhöhter Schallschutz einzelner oder aller Bauteile nach den Vorschlägen in DIN 4109, Beiblatt 2 (1989-11) „Hinweise für Planung und Ausführung, Vorschläge für einen erhöhten Schallschutz und Empfehlungen für den Schallschutz im eigenen Wohn- oder Arbeitsbereich" muss ausdrücklich zwischen dem Bauherrn und dem Entwurfsverfasser vereinbart werden. Wird ein erhöhter Schallschutz nach Tabelle 2 dieses Beiblattes vereinbart, muss dies bereits bei der Planung des Bauwerkes berücksichtigt werden. Es ist bei der Ausführung auf eine enge Abstimmung der beteiligten Gewerke zu achten. Bei der Vereinbarung des herzustellenden Schallschutzes ist es nützlich, detaillierte Abmachungen zu treffen, um ganz klar festzulegen, welche Art Schallschutz eingebaut wird. Haben Gebäude bzw. Wohnungen ein höheres oder sogar überdurchschnittliches Ausstattungsniveau, so ist generell ein höherer Schallschutz einzuplanen, ohne dass es einer vertraglichen Vereinbarung bedarf.

Im Folgenden sind die kennzeichnenden Größen zur Beschreibung des Luft- bzw. Trittschallschutzes angegeben. Die Einheit dieser Größen ist das Dezibel, das keine physikalische Dimension, sondern eine logarithmierte Verhältnisgröße (Pegel) ist.

Größen zur Angabe der Luftschalldämmung:

R'_w = bewertetes Bau-Schalldämm-Maß mit Schallübertragung über flankierende Bauteile [dB]

R_w = bewertetes Schalldämm-Maß ohne Schallübertragung über flankierende Bauteile [dB]

Größen zur Angabe der Trittschalldämmung:

$L'_{n,w}$ = bewerteter Norm-Trittschallpegel [dB]

früher:

TSM = Trittschallschutzmaß [dB]

Das Trittschallschutzmaß TSM wurde 1962 in DIN 4109 als kennzeichnende Einzahlangabe für die Trittschalldämmung eingeführt. In der neuen Ausgabe der DIN 4109 von 1989 ist das Trittschallschutzmaß TSM durch den bewerteten Norm-Trittschallpegel $L_{n,w}$ bzw. $L'_{n,w}$ ersetzt worden. Umrechnungsfaktoren befinden sich in der DIN 4109 (1989-11), Abschnitt A.8.

Eine hohe Trittschalldämmung bedeutet niedrige Werte von $L'_{n,w}$.

Tabelle 3.2: Mindestwerte für die Luftschalldämmung erf. R'_w und die Trittschalldämmung erf. $L'_{n,w}$ zum Schutz gegen Schallübertragung aus einem fremden Wohn- oder Arbeitsbereich nach DIN 4109 (1989-11), Tabelle 3

Wohn- und Arbeitsbereich Mindestanforderungen	Decken erf. R'_w [dB]	Decken erf. $L'_{n,w}$ [dB]
Geschosshäuser mit Wohnungen und Arbeitsräumen, Decken unter Terrassen und Loggien über Aufenthaltsräumen	–	53
Einfamilien-Doppelhäuser und Einfamilien-Reihenhäuser, Decken	–	48
Beherbergungsstätten, Krankenhäuser, Sanatorien, Decken	54	53
Schulen und vergleichbare Unterrichtsbauten, Decken	55	53

Bei auskragenden Balkonplatten können zur Verhinderung von Körperschallübertragungen durch die Stahlbetondeckenkonstruktion zwischen fremden Wohn- und Arbeitsbereichen ebenfalls zusätzliche Schalldämmmaßnahmen notwendig werden.

Mit dem Trittschallverbesserungsmaß ΔL_w wird die trittschalldämmende Wirkung von Deckenauflagen (schwimmenden Estrichen) gekennzeichnet. Im Wesentlichen entspricht dieser Wert der Differenz zwischen bewertetem Norm-Trittschallpegel $L_{n,w}$ ohne Trittschalldämmung und dem entsprechenden Wert mit Trittschalldämmung.

3.1.4.3 Luftschalldämmung nach DIN 4109 (1989-11)

Zur Kennzeichnung der Luftschalldämmung von Geschossdecken dient das bewertete Schalldämm-Maß R'_w in dB. Große flächenbezogene Massen dämmen den Luftschall am besten. Das Schalldämm-Maß ist von der Flächenmasse und der Frequenz abhängig. Das Berger'sche Massengesetz beschreibt diesen Zusammenhang.

Nach der DIN 4109, Beiblatt 1 (1989-11), Tabelle 35 „Ausführungsbeispiele für trennende und flankierende Bauteile bei neben- oder übereinander liegenden Räumen mit Anforderungen erf. R'_w von dB 55", Spalte 3, Zeile 3, erfüllt eine Massivdecke nach DIN 1045 mit flächenbezogener Masse m' ≥ 300 kg/m² mit schwimmendem Zementestrich nach DIN 18560-2 mit einem $ΔL_{w,R}$ nach DIN 4109, Beiblatt 1, Tabelle 17, diese Anforderungen von erf. R'_w = 55 dB.

Je größer das Gewicht (die flächenbezogene Masse) eines trennenden Bauteiles ist, desto höhere R'_w-Werte werden erreicht, allerdings unter der Voraussetzung, dass die flankierenden Bauteile eine mittlere flächenbezogene Masse m' ≥ 300 kg/m² aufweisen. Hierauf zu achten, ist Aufgabe der Bauplanung.

3.1.4.4 Trittschalldämmung nach DIN 4109 (1989-11)

Die Trittschalldämmung von Massivdecken wird mit dem bewerteten Norm-Trittschallpegel $L'_{n,w}$ in dB gekennzeichnet.

Der bewertete Norm-Trittschallpegel $L'_{n,w,R}$ (Rechenwert) von Massivdecken lässt sich für einen unter einer Decke liegenden Raum wie folgt berechnen:

$$L'_{n,w,R} = L_{n,w,eq,R} - ΔL_{w,R}$$

Dabei sind

$L'_{n,w,R}$ = bewerteter Norm-Trittschallpegel, der den am Bau zu erwartenden Trittschallpegel eines Bauteils angibt (Rechenwert)

$L_{n,w,eq,R}$ = äquivalenter bewerteter Norm-Trittschallpegel der Massivdecke ohne Deckenauflage (Rechenwert)

$ΔL_{w,R}$ = Trittschallverbesserungsmaß der Deckenauflage (Rechenwert)

Es ist zu beachten: Nach Beiblatt 1 zu DIN 4109, Abschnitt 4.1.1, muss der so errechnete Wert von $L'_{n,w,R}$ mindestens 2 dB niedriger sein als die in DIN 4109 genannten Anforderungen.

Der bewertete Norm-Trittschallpegel $L'_{n,w}$ einer Deckenkonstruktion wird bestimmt von der Dicke der Stahlbetondecke, der Art und der dynamischen Steifigkeit s' in MN/m³ des Trittschalldämmstoffes und der flächenbezogenen Masse der Lastverteilungsschicht (Zementestrich mit Belag).

Die dynamische Steifigkeit s' in MN/m³ von Dämmstoffen kennzeichnet das Federvermögen einer Zwischenschicht, z. B. eines Trittschalldämmstoffes zwischen 2 Schichten (Zementestrich und Stahlbetondecke). Je kleiner s', desto größer ist das Trittschallverbesserungsmaß $ΔL_w$.

Die dynamische Steifigkeit gibt keinen Aufschluss über die statische Belastbarkeit (Druckfestigkeit) eines Dämmstoffes. Dämmstoffe zur Trittschalldämmung müssen einer Steifigkeitsgruppe zugeordnet und entsprechend gekennzeichnet werden. Gruppe 30 bedeutet z. B. s' ≤ 30 MN/m³.

In Fußbodenkonstruktionen, bei denen neben Wärmedämmung auch Trittschalldämmung gefordert wird, sind Trittschalldämmstoffe mit dem Typkurzzeichen TK (geringe Zusammendrückbarkeit) einzubauen.

In den Tabellen der DIN 4109 sind unterschiedlich hohe Anforderungen an die Trittschalldämmung von Decken als trennendes Bauteil für die verschiedenen Gebäudearten enthalten. Die Anforderungen an den Trittschallschutz sind immer zu erfüllen, da die DIN 4109 in den Bundesländern bauaufsichtlich eingeführt ist. Im eigenen Wohnbereich, z. B. in frei stehenden Einfamilienhäusern, wird eine Trittschalldämmung in DIN 4109 nicht gefordert. Eine Forderung auch für einen erhöhten Trittschallschutz kann sich hier jedoch aus einem Werkvertrag ergeben.

Ein erhöhter Trittschallschutz muss immer zwischen den Vertragsparteien, z. B. Bauherr und Planer, vertraglich vereinbart werden. Die Planung bzw. Konstruktion (Stahlbetondeckendicke ≥ 18 cm) muss darauf abgestimmt sein.

3.1.4.5 Trittschallberechnung

Für Bauteile zum Schutz gegen Schallübertragung aus einem fremden Wohn- oder Arbeitsbereich ist eine Trittschallberechnung durchzuführen.

Wie folgt sind die Berechnungsgrundlagen für eine Stahlbetondecke (ohne Unterdecke) d = 18 cm mit Deckenputz aus Gips und einem Konstruktionsaufbau oben über der Abdichtung mit einem schwimmenden Zementestrich und einem Belag aus Fliesen und Platten zu bestimmen.

Nach Beiblatt 1 zu DIN 4109, Tabelle 16 „Äquivalenter bewerteter Norm-Trittschallpegel $L_{n,w,eq,R}$ von Massivdecken in Gebäuden in Massivbauart ohne/mit biegeweicher Unterdecke (Rechenwerte)", wird für die gewählte Massivdecke ohne Unterdecke mit einer flächenbezogenen Masse von 414 kg/m² der interpolierte $L_{n,w,eq,R}$-Wert mit 73 dB ermittelt.

Aus Beiblatt 1 zu DIN 4109, Tabelle 17, ergibt sich das Trittschallverbesserungsmaß $ΔL_{w,R}$ von schwimmenden Zementestrichen nach DIN 18560 mit einer flächenbezogenen Masse m' ≥ 70 kg/m² auf Dämmschichten aus Dämmstoffen nach DIN 18164-2 oder DIN 18165-2 und mit hartem Bodenbelag mit einer dynamischen Steifigkeit s' von höchstens:

- 50 MN/m³ mit $ΔL_{w,R}$ = 22 dB,
- 40 MN/m³ mit $ΔL_{w,R}$ = 24 dB,
- 30 MN/m³ mit $ΔL_{w,R}$ = 26 dB,
- 20 MN/m³ mit $ΔL_{w,R}$ = 28 dB,
- 15 MN/m³ mit $ΔL_{w,R}$ = 29 dB,
- 10 MN/m³ mit $ΔL_{w,R}$ = 30 dB.

Der bewertete Norm-Trittschallpegel $L'_{n,w,R}$ von Massivdecken kann nach DIN 4109 wie folgt berechnet werden:

$L'_{n,w,R} = L_{n,w,eq,R} - \Delta L_{w,R} + 2$ dB

Bei dieser Berechnung des bewerteten Norm-Trittschallpegels $L'_{n,w,R}$ ist das Vorhaltemaß von 2 dB berücksichtigt worden.

Gewählt wird ein Dämmstoff mit dynamischer Steifigkeit s' von 50 MN/m³. Es ergibt sich das Trittschallverbesserungsmaß von $\Delta L_{w,R} = 22$ dB.

$L'_{n,w,R} = L_{n,w,eq,R} - \Delta L_{w,R} + 2$ dB

$L'_{n,w,R} = 73$ dB $- 22$ dB $+ 2$ dB

$L'_{n,w,R} = 53$ dB, geeignet für Anforderungen nach DIN 4109: $L'_{n,w} \leq 53$ dB

Gewählt wird ein Dämmstoff mit dynamischer Steifigkeit s' von 10 MN/m³. Es ergibt sich das Trittschallverbesserungsmaß von $\Delta L_{w,R} = 30$ dB.

$L'_{n,w,R} = L_{n,w,eq,R} - \Delta L_{w,R} + 2$ dB

$L'_{n,w,R} = 73$ dB $- 30$ dB $+ 2$ dB

$L'_{n,w,R} = 45$ dB, geeignet für erhöhten Schallschutz nach DIN 4109, Beiblatt 2, Abschnitt 3, Tabelle 2: $L'_{n,w} \leq 46$ dB

Es ist mit dem Herstellerwerk abzuklären, ob die gewählte Trittschalldämmung für die lotrechten Nutzlasten von Dachterrassen nach DIN 1055-3, Tabelle 1, Zeile 21:

$q_k = 4$ kN/m², $Q_k = 2$ kN

geeignet ist. Nach dem Merkblatt „Außenbeläge – Belagskonstruktionen mit Fliesen und Platten außerhalb von Gebäuden" (ZDB, 2005), Abschnitt 1.5, darf die Zusammendrückbarkeit c der Dämmschicht (Wärmedämm- und Trittschalldämmplatten) 2 mm nicht überschreiten.

Man kann durch den Einbau von Trittschalldämmstoffen mit unterschiedlicher dynamischer Steifigkeit verschiedene Trittschallschutzergebnisse erzielen.

Trittschalldämmplatten sollten, wenn möglich, unterhalb der Wärmedämmung verlegt werden, da sie nicht so druckfest wie Wärmedämmstoffe sind. Falls Versorgungsleitungen auf der Rohbaudecke verlegt sind, müssen sie festgelegt sein. Durch eine gebundene Ausgleichsschicht ist wieder eine ebene Oberfläche zur Aufnahme der Trittschalldämmung zu schaffen. Diese erforderliche Konstruktionshöhe muss eingeplant sein. Auch druckbelastbare Dämmstoffe dürfen als Ausgleichsschicht verwendet werden, Schüttungen nur, wenn ihre Brauchbarkeit nachgewiesen ist.

3.2 Ausführung von Wärme- und Schalldämmungen

3.2.1 Allgemeine Angaben

Dämmstoffschichten müssen den Normenanforderungen entsprechen und dürfen nur dann eingesetzt werden, wenn sie bauaufsichtlich zugelassen sind. Sie müssen ausreichend temperaturbeständig, formbeständig, maßhaltig, unverrottbar und für den Einsatz bei Dachterrassen mit lotrechten Nutzlasten nach DIN 1055-3, Tabelle 1, Zeile 21, geeignet sein. Die Dämmstoffschichten müssen so druckfest sein, dass keine Schäden an den darüber liegenden Schichten entstehen. Die Dämmschicht muss vollflächig auf der Unterlage aufliegen. Hohlstellen sind durch geeignete Maßnahmen zu beseitigen. Leicht entflammbare Dämmstoffe dürfen nicht verwendet werden.

Verschiedene Kunststoffschaum-Dämmplatten neigen während eines bestimmten Zeitraumes nach ihrer Herstellung zum Schwinden. Es ist daher zweckmäßig, entsprechend lang abgelagerte Werkstoffe einzubauen oder sich die Schwindfreiheit vom Hersteller bestätigen zu lassen. Um ein schwindungsbedingtes Reißen zu vermeiden, sollen nach den Flachdachrichtlinien (ZVDH, 2003), Abschnitt 3.4, die Seitenlängen von Hartschaum-Dämmplatten nicht größer als 1,25 m sein.

Nach den Flachdachrichtlinien (ZVDH, 2003), Abschnitt 4.4, sollen platten- oder bahnenförmige Dämmstoffe eng aneinander verlegt werden. Dämmplatten und -bahnen sind im Verband zu verlegen. Zur Vermeidung durchgehender Stoßfugen, die sich immer als Wärme- und Schallbrücken auswirken, ist es zweckmäßig, Dämmschichten zweilagig mit versetzten Stößen zu verlegen. Geeignet sind auch Einschichtplatten mit Verfalzungen, solange sich dadurch unvermeidbare temperaturwechselbedingte Bewegungen der Einzelplatten nicht in größeren Flächen rissträchtig auswirken. Rolldämmmatten sind brauchbar, wenn die Stöße der einzelnen Segmente im abgerollten Zustand, z. B. durch labyrinthartige Stoßkantenausbildungen, mit Überdeckungen verschlossen werden.

Dämmplatten und rollbare Wärmedämmbahnen werden in Terrassen auf der Dampfsperr- oder Dampfbremsschicht üblicherweise über einer Folienzwischenlage als Trennschicht lose verlegt. Es ist auf die Kunststoffverträglichkeit (z. B. mögliche Weichmacherwanderung) dieser Trennschicht sowohl mit der Dampfbremse als auch mit der Dämmschicht zu achten.

Eine vollflächige oder teilweise Verklebung der Dämmschicht auf dem Verlegeuntergrund ist bei geeigneten Materialien im Prinzip zulässig. Man sollte jedoch davon Abstand nehmen, da scherfeste Verbindungen in diesem Bereich die temperaturwechselbedingten Bewegungen der Einzelschichten behindern und zu schadensträchtigem Spannungsaufbau mit möglichen Rissbildungen in dünnen Dampfbremsschichten führen können. Die Verklebung der Dämmplatten dient in der Regel zum Schutz dieser relativ leichten Bauelemente gegen Verschiebung oder Abheben bei höherer Windgeschwindigkeit während der Bauzeit. Ein Auflegen von Brettern oder Schaltafeln bis zum Einbau der Dichtschicht kann diese Gefahr in den meisten Fällen ohne größeren Aufwand beseitigen.

Soll die der Wärmedämmung aufliegende Abdichtungsschicht aus bituminösen und heiß einzubauenden Bahnen bestehen, so ist es zweckmäßig, bei Kunststoffschaumplatten oder kunststoffgebundenen Faserdämmplatten Ausführungen zu wählen, deren Oberflächen mit Bitumenpappen oder ähnlichen Werkstoffen als Wärmeschutz kaschiert sind. Die Wärmeverträglichkeit für Heißbitumenstoffe muss auch bei allen anderen Wärmedämmmaterialien gewährleistet sein. Abschnitt 4.4 der Flachdachrichtlinien

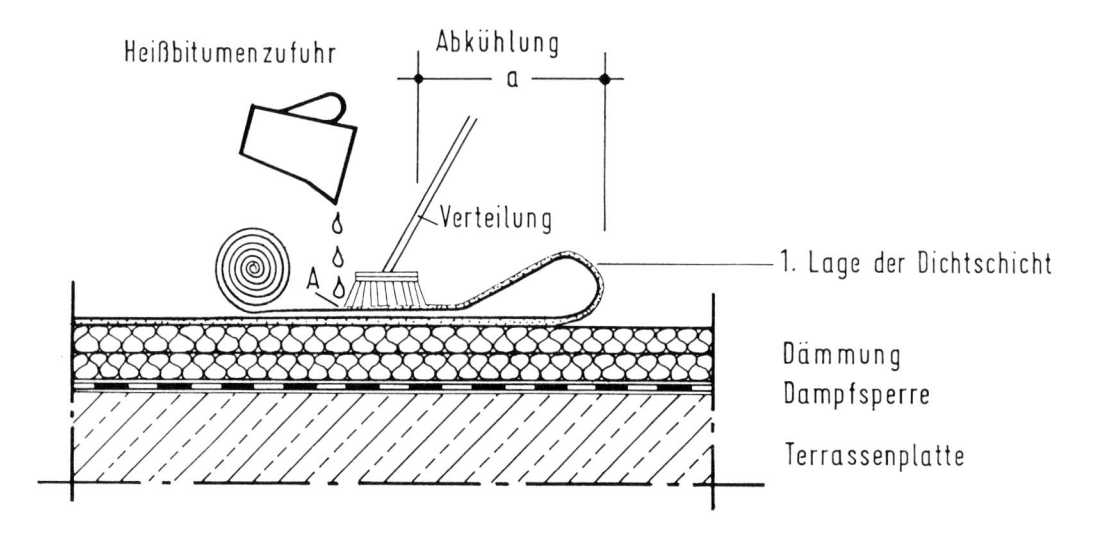

Abb. 3.3: Klappverfahren bei der Heißverklebung von Dichtungsbahnen auf Kunststoffschaumplatten

(ZVDH, 2003) besagt, dass Dämmplatten aus Polystyrol-Hartschaum, auf die die erste Lage der Dachabdichtung geschweißt wird, oberseitig mit Überlappung kaschiert sein sollen. Die Überlappungen müssen nicht verklebt sein. Bei nicht besonders kaschierten Kunststoffschaumplatten hat es sich bei Heißverklebung von Dichtungsbahnen bewährt, das erhitzte Klebebitumen nicht unmittelbar auf die Dämmung aufzutragen, sondern die Verlegung im Klappverfahren nach Abb. 3.3 vorzunehmen.

Dabei wird im Punkt A das Heißbitumen aufgegossen und durch Bürsten gleichmäßig verteilt. Nach Abkühlung der Bitumenschicht auf eine für den Kunststoffschaum unschädliche, jedoch für eine fachgerechte Verklebung ausreichend hohe Temperatur im Bereich a werden die Dachbahnen mit entsprechendem Andruck eingewalzt.

Alle Dämmplatten mit Ausnahme von Schaumglas (CG) deformieren sich unter Auflast. Das heißt, sie verringern je nach Qualität und Härte ihre Dicke. Das Merkblatt „Außenbeläge – Belagskonstruktionen mit Fliesen und Platten außerhalb von Gebäuden" (ZDB, 2005) besagt unter Abschnitt 1.5 „Aufgeklebte oder lose verlegte Dämmstoffe": *„Wärmedämmstoffe müssen für den vorgesehenen Verwendungszweck (Begehen, Befahren) entsprechend ihrem Anwendungstyp geeignet sein (…) Die Zusammendrückbarkeit c der Dämmschicht darf 2 mm nicht überschreiten."*

In der DIN V 4108-10 und den Stoffnormen DIN EN 13162 bis 13171 werden detaillierte Mindestanforderungen an die Dimensionsstabilität unter definierten Temperatur- und Feuchtebedingungen, die Grenzabmaße für die Dicke und die Druckspannung oder Druckfestigkeit genannt. Je geringer die Zusammendrückbarkeit der Dämmstoffe bei Belastung unter den Belagskonstruktionen ist, desto geringer ist die Gefahr der Rissbildung in den Belägen aus Fliesen und Platten.

Es ist auch möglich, einen bestimmten Teil der Dämmung aus weichen Wärmedämmstoffen unter der tragenden Terrassendecke, also im Rauminnern, einzubauen und den restlichen Teil aus druckfesten Dämmstoffen oberhalb der Stahlbetondecke zu platzieren. Hier müssen jedoch eingehende bauphysikalische Untersuchungen in Bezug auf die Dampfdiffusionsvorgänge angestellt werden. Ganz besonders wichtig ist es, die temperaturwechselbedingten Längenänderungen der Stahlbetonterrassentragplatte zu ermitteln, um die Bewegungen der Decke im unschädlichen Bereich zu halten. Durch Verteilung der Wärmedämmung in den Innen- und Außenbereich verringert sich die Aufbauhöhe im Außenbereich, die in der Regel bei nicht detaillierter Planung immer zu gering ist.

Es sei hier besonders darauf hingewiesen, dass Schaumglas und harte Kunststoffschaumstoffe nicht ausreichend schalldämmend sind. Werden Ansprüche an Luft- oder Körperschalldämmung gestellt, sind Kombinationen der Wärmedämmplatten mit meist relativ dünnen Trittschalldämmplatten mit einer dynamischen Steifigkeit s' von höchstens 50 MN/m³ (SD50) vorzusehen. Den besten Trittschallschutz bietet eine dynamische Steifigkeit s' ≤ 5 MN/m³ (SD5). Diese Platten oder Matten werden unter der Wärmedämmung auf glatten Auflageflächen der Dampfsperre oder Dampfbremse verlegt und sind an allen aufgehenden Bauteilen (Wänden oder Pfeilern) senkrecht bis zur Oberkante der Wärmedämmung hochzuführen. Im Bereich der Estrichschicht und des Plattenbelages sind trittschalltechnisch geeignete Randfugen-Stehstreifen einzubauen, um den sich waagerecht im Estrich ausbreitenden Körperschall zu dämmen. Eine bauphysikalische Berechnung ist dringend zu empfehlen.

Die Dämmschicht muss für die vorgesehene Nutz- bzw. Verkehrslast als geeignet ausgewiesen sein. Die Zusammendrückbarkeit $c = (d_L - d_B)$ ergibt sich aus der Differenz zwischen der Lieferdicke d_L und der Dicke unter Belastung d_B. Sie ist aus der Kennzeichnung der Dämmstoffe ersichtlich, z. B. 20 – CP3 entspricht d_L = 20 mm, c = 3 mm (CP ist das Symbol für die angegebene Stufe der Zusammendrückbarkeit). Bei mehreren Lagen sind die Zusammendrückbarkeiten der einzelnen Lagen zu addieren. Die Zusammendrückbarkeit von geeigneten, druckbelastbaren Dämmstoffen ist bei der Addition mit dem Wert 0 anzusetzen.

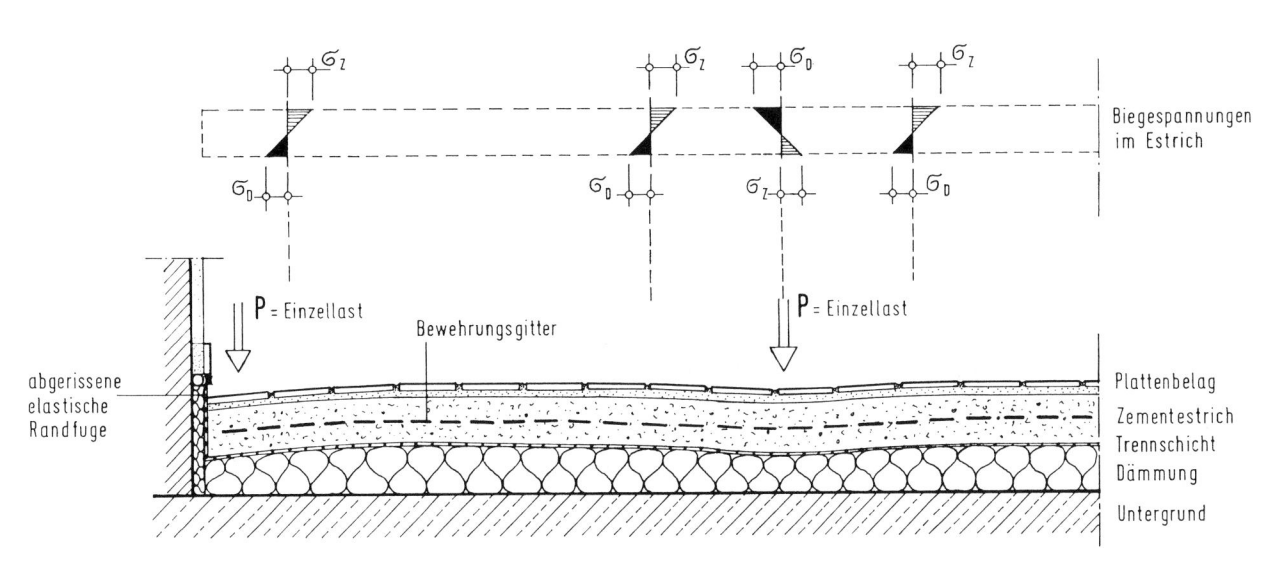

Abb. 3.4: Deformationsschema eines schwimmenden Zementestrichs unter Einzelauflasten

Werden Trittschall- und Wärmedämmstoffe in einer Dämmschicht zusammen eingesetzt, muss der Dämmstoff mit der geringeren Zusammendrückbarkeit oben liegen.

Als Nutzlasten sind in der DIN 1055-3 „Einwirkungen auf Tragwerke", Tabelle 1 „Lotrechte Nutzlasten", Zeile 21, für Dachterrassen und Balkone eine Flächenlast von $q_k = 4$ kN/m² und eine Einzellast von $Q_k = 2$ kN angegeben.

Die gleichmäßige Flächenlast ist dabei eine für statische Berechnungen durchaus zulässige, vereinfachte Annahme. In Wirklichkeit setzt sich die Gesamtnutzlast immer aus einer Reihe von Einzellasten zusammen. Man denke nur an stehende Menschen, an die Beine von Stühlen, Bänken und Tischen oder an große Pflanzkübel und Steinplastiken.

Zur Verteilung der Einzellast auf eine größere Fläche der Dämmschicht dient der Zementestrich. Er kann das umso besser, je dicker er ist. Diese Forderung stand schon lange an und es wurde ihr jetzt in der DIN 18560-2 (2004-04) für lotrechte Nutzlasten in den Tabellen 3 und 4 Rechnung getragen. Es kommt aber aufgrund des Zusammendrückens der Dämmstoffe immer zu Verbiegungen der Estrichtragschicht, dies umso weniger, je härter und damit unverformbarer die Dämmung ist.

Die Abb. 3.4 zeigt einen keramischen Plattenbelag auf einem schwimmenden Zementestrich über einer Dämmschicht. 2 Einzellasten führen bei einer zu weichen, verformbaren, nicht genügend druckfesten Dämmschicht zu den übertrieben eingezeichneten Verbiegungen der Estrichfläche. Das eingebaute Bewehrungsgitter führt keinesfalls, wie häufig angenommen, zu einer Erhöhung der Biegefestigkeit. Es liegt aus Korrosionsschutzgründen etwa in der Estrichmitte. Es kann also demnach keine Biegespannungen aufnehmen und hat, wie später erläutert, ganz andere Aufgaben.

Je nach konvexer oder konkaver Deformation des Zementestrichs entstehen wechselweise an seiner Ober- oder Unterfläche Biegezugspannungen σ_Z.

Zementestriche (CT, z. B. mit der Druckfestigkeit C30) weisen trotz hoher Druckfestigkeit (z. B. $\sigma_D \geq 30$ N/mm²) nur geringe Biegezugfestigkeit (z. B. $\sigma_Z \geq 5$ N/mm²) auf.

Wird wegen zu weicher Dämmschicht die Verbiegung des Estrichs so groß, dass sein Aufnahmevermögen an Biegezugspannung überschritten wird, so entstehen in ihm wechselweise von oben oder unten beginnend Risse, die sich unweigerlich im Fliesen- oder Plattenbelag sichtbar fortsetzen und damit zur Zerstörung des Belages führen. Zusätzlich können sich durch Zusammendrücken der Dämmschicht an den Terrassenrändern Abrisse der dort vorgeschriebenen elastischen Verfugung zwischen Bodenbelag und Sockelleiste ausbilden.

Im Durchschnitt ergeben sich ungefähr die folgenden Belastungen der Dämmschichten nach DIN 1055-1 und DIN 1055-3:

Plattenbelag:	0,02 m · 22 kN/m³	= 0,44 kN/m²
Zementestrich CT:	0,08 m · 22 kN/m³	= 1,76 kN/m²
Abdichtung:		0,15 kN/m²
lotrechte Nutzlast:		4,00 kN/m²
	g	= 6,35 kN/m²
		= 6,35 kPa

Daraus lässt sich die Notwendigkeit folgern, dass Wärmedämmungen, auch in Kombination mit Trittschalldämmungen, gleich welcher Art und welcher bauphysikalisch bedingten Schichtdicke in normalen Balkonen und Terrassen bei Druckspannungen von

ca. $6{,}35 \cdot 10^{-3}$ N/mm² $= 0{,}0064$ N/mm²
$\qquad\qquad\qquad\quad = 0{,}64$ N/cm²

sich nicht mehr als 2 mm zusammendrücken dürfen.

Planer tun gut daran, diese Erfordernisse in den Ausschreibungsunterlagen anzuführen, den Ausführenden ist anzuraten, sich vom Dämmstoffhersteller die notwendigen Eigenschaften bestätigen zu lassen.

3.2.2 Dämmwerkstoffe

3.2.2.1 Wärmedämmstoffe

Zu beachtende Normen (neben den am Kapitelanfang erwähnten Regelungen):

DIN V 4108-10	Wärmeschutz- und Energie-Einsparung in Gebäuden – Anwendungsbezogene Anforderungen an Wärmedämmstoffe – Teil 10: Werkmäßig hergestellte Wärmedämmstoffe (2004-06) und Berichtigung 1 (2004-09)
DIN EN 826	Wärmedämmstoffe für das Bauwesen – Bestimmung des Verhaltens bei Druckbeanspruchung (1996-05)
DIN EN 12430	Wärmedämmstoffe für das Bauwesen – Bestimmung des Verhaltens unter Punktlast (1998-08)
DIN EN 12431	Wärmedämmstoffe für das Bauwesen – Bestimmung der Dicke von Dämmstoffen unter schwimmendem Estrich (1998-08)

Für Dämmschichten von Dachterrassen dürfen nur Dämmstoffe verwendet werden, die bauaufsichtlich eingeführten Normen oder allgemeinen bauaufsichtlichen Zulassungen entsprechen. Es müssen Dämmplatten mit erhöhter Druckbelastbarkeit verwendet werden.

Jedes Dämmstoffprodukt, für das eine europäische Produktnorm gültig ist, muss seit 13.5.2003 unabhängig vom Herkunftsland die CE-Kennzeichnung als eine Art „technischen Reisepass" tragen – möglichst auf dem Produkt, sonst auf dem Etikett bzw. der Verpackung. Mit dem CE-Zeichen bestätigt der Hersteller die Konformität des Produktes mit den jeweiligen EU-Richtlinien. Das CE-Zeichen ist kein Gütesiegel und darf nicht für Werbezwecke verwendet werden. Produkte, für die es keine europäischen Produktnormen gibt, benötigen weiterhin eine allgemeine bauaufsichtliche Zulassung des Deutschen Institutes für Bautechnik, das CE-Zeichen ist die europäische „Variante" des Ü-Zeichens.

Die CE-Kennzeichnung signalisiert aber auch, dass das Produkt bestimmte Mindestanforderungen für die Gebrauchstauglichkeit für „Wärmedämmung von Gebäuden" erfüllt. Diese sind im Abschnitt 4.2 der jeweiligen DIN-EN-Produktnorm durch bestimmte Werte von Produkteigenschaften festgelegt worden, die nicht unterschritten werden dürfen. Dazu kommen nach Abschnitt 4.2 der DIN-EN-Produktnormen auch eine Aussage über die jeweiligen Anforderungen an die Produkte zur Wärmeleitfähigkeit λ_D (Nennwert) oder zum Wärmedurchlasswiderstand R_D und die Aussage zum Brandverhalten.

Die europäischen Produktnormen DIN EN 13162 bis 13171 legen strenge Anforderungen an werkmäßig hergestellte Produkte als Wärmedämmstoffe für Gebäude fest. Diese Leistungsmerkmale werden dabei entweder in Form von Mindestanforderungen definiert oder aber in Klassen und Stufen.

Die Stufe wird als Nennwert der betreffenden Stoffeigenschaft angegeben. Der angegebene Wert ist obere oder untere Begrenzung einer Anforderung. Die Klasse ist eine Kombination zweier Stufen derselben Eigenschaft, zwischen denen die Leistung liegen muss.

Die neue deutsche Anwendungsnorm DIN V 4108-10 verknüpft die Spezifikationen der europäischen Produktnormen (DIN EN 13162 bis 13171) mit der Anwendung der Dämmstoffe in der Praxis. Den in der DIN V 4108-10 definierten Anwendungsgebieten werden auf diese Weise garantierte Mindesteigenschaften zugeordnet.

3.2.2.2 Anwendungsgebiet und -typ nach DIN V 4108-10

Die Anforderungen an die genormten Wärmedämmstoffe sind je nach Einsatzbereich unterschiedlich. Für Wärmedämmungen z. B. für Dachterrassen sind in DIN V 4108-10, Tabelle 1 in Verbindung mit Bild 1 „Piktogramme für Anwendungstypen", die Anwendungsgebiete aufgezeigt.

Das Kurzzeichen „DAA" (**D**ämmung **a**ußen unter **A**bdichtung) ist für das Anwendungsgebiet der Außendämmung von Dach oder Decke, vor Bewitterung geschützt, Dämmung unter Abdichtungen, festgelegt.

Für die Innendämmung der Stahlbetondeckenplatte gilt das Kurzzeichen „DI", das das Anwendungsgebiet **D**ecke **I**nnendämmung (unterseitig) benennt.

Produktspezifische Anforderungen an die einzelnen Dämmmaterialien sind in DIN V 4108-10 in den Abschnitten 4.2.2 bis 4.2.11 in Bezug auf die entsprechenden Anwendungsgebiete und die jeweiligen Produktnormen angegeben.

Zusätzlich zu den Anwendungsgebieten werden notwendige anwendungsbezogene Anforderungen (DIN V 4108-10, Abschnitt 4.3) gestellt, die für Dachterrassen in Tabelle 3.3 aufgelistet werden.

Tabelle 3.3: Bestimmte Produkteigenschaften für die Dämmung von Dachterrassen nach DIN V 4108-10, Tabelle 2

Produkteigenschaft	Kurzzeichen	Beschreibung	Beispiele, Einsatzbereiche
Druckbelastbarkeit	dh	hohe Druckbelastbarkeit	genutzte Dachflächen, Terrassen
	ds	sehr hohe Druckbelastbarkeit	Industrieböden, Parkdecks
	dx	extrem hohe Druckbelastbarkeit	hoch belastete Industrieböden, Parkdecks
Wasseraufnahme	wk	keine Anforderungen	Innendämmungen im Wohn- und Bürobereich
	wf	Wasseraufnahme durch flüssiges Wasser	Außendämmung von Außenwänden und Dächern
Zugfestigkeit	zh	hohe Zugfestigkeit	Dach mit verklebter Abdichtung
schalltechnische Eigenschaften	sg	Trittschalldämmung, geringe Zusammendrückbarkeit	schwimmender Estrich
Verformung	tl	Verformung unter Last und Temperatur	Dach mit Abdichtung

Verwendete Symbole und Abkürzungen für Dämmstoffe, hier speziell für Dachterrassen:

DAA — Kurzzeichen für Anwendungsgebiet Außendämmung von Dach oder Decke unter Abdichtungen

Klassen der Grenzabmaße:
L — angegebene Klasse der Grenzabmaße für die Länge
W — angegebene Klasse der Grenzabmaße für die Breite
T — angegebene Klasse der Grenzabmaße für die Dämmstoffdicke
S — angegebene Klasse der Grenzabmaße für die Rechtwinkligkeit
P — angegebene Klasse der Grenzabmaße für die Ebenheit

Dimensionsstabilität:
DS(N) — angegebene Klasse der Dimensionsstabilität im Normalklima
DS(TH) — angegebene Stufe der Dimensionsstabilität unter definierten Temperatur- und Feuchtebedingungen
DS(T+) — Nennwert der Dimensionsstabilität bei definierten Temperaturen
DLT — angegebene Stufe der Verformung bei definierter Druck- und Temperaturbeanspruchung
SD — angegebene Stufe der dynamischen Steifigkeit
BS — angegebene Stufe der Biegefestigkeit
TR — angegebene Stufe der Zugfestigkeit senkrecht zur Plattenebene
CS(10) — angegebene Stufe der Druckspannung bei 10 % Stauchung
CP — angegebene Stufe der Zusammendrückbarkeit
WD(V) — angegebene Stufe der Wasseraufnahme durch Diffusion
WL(T) — angegebene Stufe der Wasseraufnahme durch Eintauchen
WL(P) — angegebene Stufe der Wasseraufnahme bei langzeitigem teilweisem Eintauchen
WS — angegebene Stufe der Wasseraufnahme bei kurzzeitigem teilweisem Eintauchen
MU — angegebene Stufe der Wasserdampfdiffusionswiderstandszahl
Z — Nennwert des Wasserdampfdiffusionswiderstandes
FW — angegebene Stufe der Abweichung von der Ebenheit bei einseitiger Befeuchtung
CS (10\Y) x — angegebene Stufe der Druckspannung oder Druckfestigkeit
PL(P) — angegebene Stufe der Verformung unter Punktlast
CC(i_1/i_2/y)σ_c — angegebene Stufe des Kriechverhaltens

3.2.2.3 Mindestanforderungen an die einzelnen Dämmstoffe für Dachterrassen unterhalb der Abdichtung nach DIN V 4108-10

Polystyrol-Hartschaum (EPS) nach DIN EN 13163

Expandiertes Polystyrol (EPS) ist ein fester Dämmstoff mit Zellstruktur, der aus verschweißtem, geblähtem Polystyrol oder einem seiner CO-Polymere hergestellt wird und eine geschlossenzellige, luftgefüllte Struktur hat.

Tabelle 3.4: Mindestanforderungen an Polystyrol-Hartschaum (EPS) nach DIN V 4108-10, Tabelle 4

Kurzzeichen	DAA
Druckfestigkeitsklasse	dh
Toleranzabmaße für die Dicke	T1
Längentoleranz	L1
Breitentoleranz	W1
Rechtwinkligkeitstoleranz	S1
Ebenheitstoleranz	P3
Biegefestigkeit	BS50
Druckspannung bei 10 % Stauchung	CS (10) 150
Dimensionsstabilität im Normalklima	DS(N)5
Verformung unter Druck und Temperaturbelastung	DLT(2)5
Baustoffklasse[1]	B1/B2
Nennwert der Wärmeleitfähigkeit	0,030–0,050 W/(m · K)
Wasserdampfdiffusionswiderstand	20–100

[1] Stand Februar 2005, neue Brandklassen gemäß DIN EN 13501: Klasse A–E, genaue Einstufung noch nicht klar

Beispiel für den Bezeichnungsschlüssel der EPS-Dämmplatte:

EPS EN 13163 – T1 – L1 – W1 – S1 – P3 – BS50 – CS (10) 150 – DS(N)5 – DLT(2)5

Leider ist ein Blick in die Produktnorm notwendig, um die realen Werte der Produkteigenschaften zu ermitteln, um letztlich die Gebrauchstauglichkeit festzustellen. Dieser Nachteil der Verschlüsselung wirkt sich besonders bei der Anwendung aus, da auch in der DIN V 4108-10, Abschnitt 4, die tatsächlichen Werte nicht aufgeführt werden, sondern nur die codierten Klassen und Stufen.

Beim Einsatz von PVC und lösungsmittelhaltigen Abdichtungen bei Polystyrol-Dämmstoffen muss zwischen diesen Bauschichten grundsätzlich eine Trennschicht (z. B. PE-Folie) angeordnet werden, um eventuelle Weichmacherwanderungen zu verhindern, die zu einer Zerstörung der Polystyrol-Dämmstoffe führen können.

Tabelle 3.5: Mindestanforderungen an Polystyrol-Extruderschaum (XPS) nach DIN V 4108-10, Tabelle 5

Kurzzeichen	DAA	DAA
Druckfestigkeitsklasse	dh	ds
Toleranzabmaße für die Dicke	T1	T1
Druckspannung bei 10 % Stauchung	CS (10\Y) 300	CS (10\Y) 500
Verformung unter Druck und Temperaturbelastung	DLT(2)5	DLT(2)5
Baustoffklasse[1]	B1	B1
Nennwert der Wärmeleitfähigkeit	0,030–0,040 W/(m · K)	0,030–0,040 W/(m · K)
Wasserdampfdiffusionswiderstand	80–250	80–250

[1] Stand Februar 2005, neue Brandklassen gemäß DIN EN 13501: Klasse A–E, genaue Einstufung noch nicht klar

Tabelle 3.6: Mindestanforderungen an Polyurethan-Hartschaum (PUR) und Polyisocyanurat-Hartschaum (PIR) nach DIN V 4108-10, Tabelle 6

Kurzzeichen	DAA	DAA
Druckfestigkeitsklasse	dh	ds
Grenzabmaße für die Dicke	T2	T2
Dimensionsstabilität unter definierten Temperatur- und Feuchtebedingungen	DS(TH)2	DS(TH)2
Druckspannung bei 10 % Stauchung	CS (10/Y) 100	CS (10/Y) 150
Zugfestigkeit senkrecht zur Plattenebene	TR40	TR40
Ebenheit nach einseitiger Befeuchtung	FW2	FW2
Baustoffklasse[1]	B1/B2	B1/B2
Nennwert der Wärmeleitfähigkeit	0,025–0,030 W/(m · K)	0,025–0,030 W/(m · K)
Wasserdampfdiffusionswiderstand	40–200	40–200

[1] Stand Februar 2005, neue Brandklassen gemäß DIN EN 13501: Klasse A–E, genaue Einstufung noch nicht klar

Polystyrol-Extruderschaum (XPS) nach DIN EN 13164

Extrudierter **P**olystyrolschaum (XPS) ist ein harter Dämmstoff aus Schaumkunststoff, der durch Blähen und Extrudieren aus Polystyrol oder einem seiner CO-Polymere mit oder ohne Haut hergestellt wird und der eine geschlossenzellige Struktur aufweist. Mindestanforderungen an Polystyrol-Extruderschaum (XPS) siehe Tabelle 3.5.

Polyurethan-Hartschaum (PUR) und Polyisocyanurat-Hartschaum (PIR) nach DIN EN 13165

Bei den in dieser Norm beschriebenen Eigenschaften wird nicht zwischen Polyurethan-Hartschaum (PUR) und Polyisocyanurat-Hartschaum (PIR) unterschieden. Die in dieser Norm angewendete Abkürzung PUR schließt PIR-Produkte mit ein.

Poly**ur**ethan-Hartschaum (PUR) ist ein harter oder halbharter Schaumkunststoff auf der Basis von Polyurethan, der eine überwiegend geschlossenzellige Struktur aufweist.

Poly**i**socyan**ur**at-Hartschaum (PIR) ist ein harter Dämmstoff aus Schaumkunststoff mit überwiegend geschlossenzelliger Struktur, welcher aus Polymeren besteht, die zur Familie der Isocyanurate gehören.

Mindestanforderungen an Polyurethan-Hartschaum (PUR) und Polyisocyanurat (PIR) siehe Tabelle 3.6.

Phenolharz-Hartschaum (PF) nach DIN EN 13166

Phenolharz-Hartschaum (**Ph**enolic **F**oam – PF) ist ein harter Dämmstoff aus Schaumkunststoff, dessen polymeres Gerüst im Wesentlichen durch die Polykondensation von Phenol, seiner Homologen und/oder Derivaten mit Aldehyden oder Ketonen hergestellt wird. Zu den Mindestanforderungen an Phenolharz-Hartschaum siehe Tabelle 3.7.

Schaumglas (CG) nach DIN EN 13167

Schaumglas (**C**ellular **G**lass – CG) ist ein fester Dämmstoff aus geschäumtem Glas mit einer geschlossenzelligen Struktur. Zu den Mindestanforderungen an Schaumglas siehe Tabelle 3.8.

Schaumglas ist ein idealer Wärmedämmstoff für Terrassen mit Fliesen- und Plattenbelägen, wenn keine Anforderungen an die Trittschalldämmung gestellt werden. Trittschallschutz erfordert jedoch zusätzliche Baumaßnahmen.

Ein Zusammendrücken ist bei zulässiger Druckbeanspruchung nicht zu erwarten. Bei fachgerechter vollflächiger Verlegung in Heißbitumen mit dichten Stoßfugen sind keine Dampfsperren oder Dampfbremsen erforderlich. In diesem Fall sind gemäß Herstellervorschriften an die Ebenheit des Untergrundes besondere Anforderungen zu stellen.

Tabelle 3.7: Mindestanforderungen an Phenolharz-Hartschaum (PF) nach DIN V 4108-10, Tabelle 7

Kurzzeichen	DAA
Grenzabmaße für die Dicke	T1
Dimensionsstabilität bei definierten Temperaturen	DS(T+)
Dimensionsstabilität bei definierten Temperatur- und Feuchtebedingungen	DS(TH)
Druckfestigkeit	CS (Y) 150
Zugfestigkeit senkrecht zur Plattenebene	TR60
Wasseraufnahme bei kurzzeitigem teilweisem Eintauchen	WS1
Baustoffklasse[1]	B1/B2
Nennwert der Wärmeleitfähigkeit	0,025–0,045 W/(m · K)
Wasserdampfdiffusionswiderstand	10–50

[1] Stand Februar 2005, neue Brandklassen gemäß DIN EN 13501: Klasse A–E, genaue Einstufung noch nicht klar

3.2.2.4 Trittschalldämmstoffe

Terrassenkonstruktionen über Aufenthaltsräumen müssen so aufgebaut sein, dass sie genügend Schutz gegen Luftschall bieten und dass die Weitergabe des Trittschalls in zulässigen Grenzen bleibt. Es ist zu beachten, dass nicht alle Wärmedämmstoffe auch trittschalldämmende Eigenschaften haben.

Wenn besondere Anforderungen an den Luftschallschutz, besonders aber an den Körperschallschutz (Trittschallschutz), gestellt werden, ist es erforderlich, zusätzliche Trittschalldämmungen in Form von möglichst dünnen, unter der vorhandenen Belastung wenig zusammendrückbaren Platten bzw. Bahnen nach schalltechnischer Berechnung einzubauen.

Geeignet sind Werkstoffe aus Schaumkunststoff nach DIN 18164-2 oder verfestigte anorganische Faserwerkstoffe nach DIN 18165-2. Sie müssen der jeweils geforderten Steifigkeitsgruppe entsprechen, die Typenbezeichnung TK für geringe Zusammendrückbarkeit tragen und den zugeordneten, vom Estrich aufzunehmenden maximalen Verkehrslasten nach DIN 1055-3 entsprechen.

Wird auf Balkonen eine Trittschalldämmung gefordert, so liegt diese unmittelbar auf dem Rohbeton der Kragplatten unter der Abdichtung. Um Perforierungen der relativ dünnen Matten durch Unebenheiten der Rohbetonoberfläche

Tabelle 3.8: Mindestanforderungen an Schaumglas (CG) nach DIN V 4108-10, Tabelle 8

Kurzzeichen	DAA	DAA	DAA
Druckfestigkeitsklasse	dh	ds	dx
Punktlast	PL(P)2	PL(P)1	PL(P)1
Dimensionsstabilität bei definierten Temperaturen	DS(T+)	DS(T+)	DS(T+)
Dimensionsstabilität unter definierten Temperatur- und Feuchtebedingungen	DS(TH)	DS(TH)	DS(TH)
Druckfestigkeit bei 10 % Stauchung	CS (Y) 400	CS (Y) 900	CS (Y) 1200
Biegefestigkeit	BS200	BS450	BS500
Zugfestigkeit senkrecht zur Plattenebene	TR150	TR150	TR150
Langzeit-Kriechverhalten	CC(2/1,5/50)150	CC(2/1,5/50)270	CC(2/1,5/50)480
kurzzeitige Wasseraufnahme	WS	WS	WS
langzeitige Wasseraufnahme	WL(P)	WL(P)	WL(P)
Baustoffklasse[1]	A1	A1	A1
Nennwert der Wärmeleitfähigkeit	0,040–0,060 W/(m · K)	0,040–0,060 W/(m · K)	0,040–0,060 W/(m · K)
Wasserdampfdiffusion MU oder Z	≥ 40.000	≥ 40.000	≥ 40.000

[1] Stand Februar 2005, neue Brandklassen gemäß DIN EN 13501: Klasse A–E, genaue Einstufung noch nicht klar

zu vermeiden, ist diese glatt zu verreiben, erforderlichenfalls abzuschleifen, abzuspachteln oder mit einem dünnen Kunststoffüberzug abzuglätten. Lose verlegte Abdichtungsbahnen, z. B. verschweißte Kunststofffolien, sind über der Dämmung auf einer kunststoffverträglichen Trennschicht, z. B. Rohglasschutzvlies mit 120 g/m², zu verlegen, um mögliche Kunststoffunverträglichkeiten (Weichmacherwanderung) zwischen Schallschutzmatte und Dichtfolie zu vermeiden.

Wird eine Heißverklebung bituminöser Dichtbahnen auf den Schallschutzmatten vorgenommen, so müssen diese an der Oberfläche entsprechend kaschiert und wärmebeständig sein. Das in Kapitel 3.2.1 beschriebene und in Abb. 3.3 gezeigte Klappverfahren ist bei der Verlegung zweckmäßigerweise anzuwenden.

Der Wärmedurchlasswiderstand zusätzlicher Trittschalldämmung wird dem Wärmeschutz der Gesamtkonstruktion angerechnet.

Bei einer kombinierten Anwendung von Trittschall- und Wärmedämmplatten sollte der Wärmedämmstoff wegen der geringeren Zusammendrückbarkeit als obere Lage verlegt werden.

Trittschalldämmstoffe haben neben ihrer Wärmedämmfähigkeit noch die zusätzlichen Schallschutzeigenschaften. In dem Merkblatt „Außenbeläge – Belagskonstruktionen mit Fliesen und Platten außerhalb von Gebäuden" (ZDB, 2005) wird in Abschnitt 1.5 für Belagskonstruktionen mit Dämmschichten und Abdichtungen Folgendes über Trittschallstoffe ausgesagt: *„Die Zusammendrückbarkeit c der Dämmschicht darf 2 mm nicht überschreiten."*

Die Anforderungen an die Schaumkunststoffe sind in der DIN 18164-2 (2001-09) festgelegt.

Für ihre Anwendung gelten die folgenden Begriffe:

- expandierter Polystyrol-Hartschaum (EPS): Hartschaum mit luftgefüllter, geschlossener Zellstruktur, hergestellt durch Verschweißung vorgeschäumter Perlen aus expandierbarem Polystyrol oder einem seiner CO-Polymere;
- EPS-Platte: Dämmstoff oder -material (geschnitten, geformt oder kontinuierlich geschäumt) mit rechtwinkliger Form bzw. Schnittkanten und einer Dicke, die deutlich kleiner ist als die anderen Maße; die Kanten dürfen verschiedenartig sein (z. B. stumpf, Stufenfalz, Nut und Feder);
- EPS-Bahnen: Platten oder Streifen, welche durch eine biegsame Kaschierung miteinander verbunden sind, geliefert in gewickelter oder gefalteter Form, die eine kontinuierliche Dämmschicht nach dem Auslegen ergeben.

Symbole für die Eigenschaften von expandiertem Polystyrol-Hartschaum (EPS) siehe Tabelle 3.9.

Nach der Verwendbarkeit der Trittschalldämmstoffe werden die in DIN 18164-2, Abschnitt 4.1, Tabelle 1, aufgeführten Anwendungstypen mit den entsprechenden Typkurzzeichen unterschieden.

Der Anwendungstyp T kommt für Terrassen unter Lastverteilschichten mit Fliesen- und Plattenbelag wegen der zu großen Zusammendrückbarkeit ($d_L - d_B$) ≤ 5 mm und der

Tabelle 3.9: Symbole für Eigenschaften von expandiertem Polystyrol-Hartschaum

Symbol	Eigenschaft	Einheit
c	Zusammendrückbarkeit ($d_L - d_B$)	mm
d_B	Dicke des Produkts unter einer Belastung von 2 kPa, nachdem kurzzeitig eine zusätzl. Belastung (48 kPa) aufgebracht worden war	mm
d_L	Dicke des Produkts unter einer Belastung von 250 Pa (dient der Bemessung der Konstruktionshöhe)	mm
λ_R	Rechenwert der Wärmeleitfähigkeit nach DIN V 4108-4	W/(m·K)
λ_Z	Messwert der Wärmeleitfähigkeit nach DIN 52612-2 einschließlich Zuschlag nach DIN V 4108-4	W/(m·K)
R	Wärmedurchlasswiderstand	m²·K/W
s'	dynamische Steifigkeit	MN/m³
X_t	Dickenminderung unter Langzeitbelastung zu einer Zeit t	mm

zu geringen maximalen Nutzlaststufe von ≤ 2 kPa nicht zur Anwendung.

Der Anwendungstyp TK wird in 2 Varianten angeboten. Der erste Anwendungstyp TK kommt für Terrassen unter Lastverteilschichten mit Fliesen- und Plattenbelag wegen der zu großen Zusammendrückbarkeit ($d_L - d_B$) ≤ 3 mm und der zu geringen maximalen Nutzlaststufe von ≤ 3,5 kPa nicht zur Anwendung.

Zum Einsatz kommt als Trittschalldämmplatte der zweite Anwendungstyp TK mit einer vom Zementestrich aufzunehmenden Nutzlast nach DIN 1055-3 von ≤ 5 kPa mit einer Zusammendrückbarkeit ($d_L - d_B$) ≤ 2 mm, der alle gestellten Anforderungen erfüllt.

Beispiel für die Bezeichnung einer Trittschalldämmplatte (P) nach DIN 18164-2 aus expandiertem Polystyrol (EPS) des Anwendungstyps TK mit der maximalen Nutzlaststufe von 5,0 kPa, Steifigkeitsgruppe 30, Wärmeleitfähigkeitsgruppe 045, schwer entflammbar (B1) nach DIN 4102-1, Dicke d_L = 40 mm, Zusammendrückbarkeit c = 2 mm:

Schaumdämmstoff DIN 18164 – EPS – P – TK – 5,0 – 30 – 045 – B1 – 40 – 2

Weitere Anforderungen an die Trittschalldämmung:

- Zusammendrückbarkeit c = $d_L - d_B$ [mm] (DIN 18164-2, Abschnitt 6.3.3): Die Zusammendrückbarkeit c wird zur Festlegung der Estrichdicken nach DIN 18560-2 benötigt.
- Biegefestigkeit (DIN 18164-2, Abschnitt 6.5): Die Biegefestigkeit muss mindestens 30 kPa betragen.
- dynamische Steifigkeit (DIN 18164-2, Abschnitt 6.6): Platten und Bahnen müssen ein ausreichendes Federungsvermögen haben. Das Federungsvermögen wird gekennzeichnet durch die dynamische Steifigkeit s' der Dämmschicht einschließlich der in ihr eingeschlossenen Luft. Die Schaumkunststoffdämmstoffe für die Tritt-

Tabelle 3.10: Steifigkeitsgruppen nach DIN 18164-2, Tabelle 4

Steifigkeitsgruppe	Anforderungen an den Mittelwert der dynamischen Steifigkeit s' [MN/m³]
50	≤ 50
40	≤ 40
30	≤ 30
20	≤ 20
15	≤ 15
10	≤ 10
7	≤ 7

Tabelle 3.11: Wärmeleitfähigkeitsgruppen nach DIN 18164-2, Tabelle 5

Wärmeleitfähig-keitsgruppe	Rechenwert λ_R [W/(m · K)]	Anforderungen an die Wärmeleitfähigkeit λ_Z[1] [W/(m · K)]
035	0,035	≤ 0,035
040	0,040	≤ 0,040
045	0,045	≤ 0,045

[1] Wärmeleitfähigkeit λ_Z nach DIN 52612-2 unter Anwendung der Zuschlagswerte nach DIN V 4108-4

schalldämmung werden in Tabelle 4 der Norm nach ihrer dynamischen Steifigkeit in Steifigkeitsgruppen eingestuft (siehe Tabelle 3.10).

- Wärmeleitfähigkeit und Wärmedurchlasswiderstand (DIN 18164-2, Abschnitt 6.7): Trittschalldämmstoffe sind in Abhängigkeit von ihrer Wärmeleitfähigkeit λ_Z in Wärmeleitfähigkeitsgruppen einzustufen (siehe Tabelle 3.11).

Der Wärmedurchlasswiderstand R wird nach der Gleichung $R = d_L/\lambda_R$ bestimmt. Der Wert ist auf 2 wertanzeigende Ziffern nach dem Komma gerundet anzugeben.

- Brandverhalten (DIN 18164-2, Abschnitt 6.8): Trittschalldämmstoffe nach dieser Norm müssen einschließlich vorhandener Beschichtungen mindestens der Baustoffklasse B2 nach DIN 4102-1 (normal entflammbar) entsprechen.

Die Anforderungen an die Faserdämmstoffe sind in der DIN 18165-2 (2001-09) festgelegt.

Mineralwolle-Dämmstoffe sind aus künstlichen Mineralfasern, die aus einer silikatischen Schmelze (z. B. Glas-, Gesteins- oder Schlackenschmelze) gewonnen werden, mit oder ohne Faserbindung hergestellt. Sie können nur zur Anwendung kommen, wenn folgende Kriterien erfüllt werden:

- vom Estrich aufzunehmende maximale Nutzlast ≤ 5 kPa nach DIN 1055-3,
- Zusammendrückbarkeit $c = (d_L - d_B) \leq 2$ mm,
- Grenzabweichungen des gemessenen Mittelwertes von der angegebenen Bemessungsdicke für die Konstruktionshöhe d_L +2/–0 mm,
- Anforderungen an den Mittelwert der dynamischen Steifigkeit s' ≤ 50 MN/m³.

3.2.2.5 Schallschutzmatten

Eine Alternative stellen für Terrassen im eigenen Wohnbereich nicht genormte Schallschutzmatten dar. Es sind Matten mit äußerst geringer Zusammendrückbarkeit unter der auftretenden Belastung von 0,5 bis 1,5 mm bei Mattendicken von 5 bis 8 mm zu wählen.

Diese Trittschallschutzmatten liegen über Trennschichten unmittelbar auf der Dampfsperre unter der eigentlichen Wärmedämmung. Sie werden an den aufgehenden Bauteilen zweckmäßigerweise bis über die späteren Oberflächen des Fliesen- oder Plattenbelages hochgeführt, falls dort nicht bereits trittschalltechnisch geeignete Randfugen-Stehstreifen vorgesehen sind. Diese Maßnahme ist unbedingt erforderlich, um den sich auch waagerecht im Estrich und in der harten Wärmedämmung ausbreitenden Körperschall an den Wandanschlüssen zu dämmen. Die zu erreichende Trittschallverbesserung unter der Schutz- und Lastverteilungsschicht bei Dachterrassen mit der maximalen Nutzlast ≤ 4 kPa muss nach einer schalltechnischen Berechnung nachgewiesen werden.

4 Dampfdruckausgleichsschichten

4.1 Allgemeine Angaben

Die Dampfdruckausgleichsschicht ist eine zusammenhängende und sich über die gesamte Terrassenfläche erstreckende Luftschicht unter der Abdichtung, die an den Rändern der Terrasse mit der Außenluft in Verbindung steht. Sie hat die Aufgabe, örtlichen Wasserdampfdruck, der aus eingebauter oder eindiffundierter Feuchtigkeit bei Erwärmung entsteht, zu verteilen und dadurch zu entspannen.

Zu beachtende Fachregel:

Fachregel für Dächer mit Abdichtungen – Flachdachrichtlinien (ZVDH, 2003)

Dampfdruckausgleichsschichten sind hinsichtlich ihrer bauphysikalischen Aufgabe nicht misszuverstehen. Sie sollen Dampfblasenbildungen verhindern, die bei Sonneneinstrahlung entstehen können. Aufgrund natürlicher bauphysikalischer Verhältnisse bei Dampfbremsen, durch konstruktive Gegebenheiten und infolge nicht immer vermeidbarer geringer Undichtheiten der Abdichtung und der Dampfsperre, besonders aber durch Witterungseinflüsse vor und während dem Einbau von Trittschall- und Wärmedämmstoffen kann eine gewisse, an sich unschädliche Be- oder Durchfeuchtung dieser Materialien erfolgen. Bei Erwärmung der eingeschlossenen oder eingewanderten Feuchtigkeit verdunstet diese. Das führt zu örtlicher Dampfdruckerhöhung, wenn nicht die Möglichkeit zur Verteilung und Entspannung gegeben ist.

Dampfdruckausgleichsschichten liegen bei Dachterrassen zwischen der Wärmedämmung und der Abdichtung gegen nicht drückendes Wasser. Sie stellen dort physikalisch eine durchgehende Luftschicht dar, die an den Terrassenrändern mit der Außenluft in Verbindung stehen muss, um für den nötigen Druckausgleich zu sorgen.

Dieser Ausgleich ist immer erforderlich, wenn Abdichtungsbahnen unmittelbar auf der Wärmedämmschicht fest verklebt werden sollen. Ohne eine solche Dampfdruckausgleichsschicht können in verklebten Abdichtungen Blasen entstehen.

4.2 Ausführung

Ausgleichende Luftschichten können erreicht werden, wenn die erste Lage der bituminösen Abdichtung punkt- oder streifenweise mit der Dämmschicht verklebt wird. Diese Ausführung funktioniert nur bei exakter handwerklicher Arbeit.

Empfehlenswert ist eine lose Zwischenlage aus gelochten Bitumendachbahnen.

Die erste Lage der Abdichtung wird dann nur durch die Löcher der Lochbahn mit den Dämmplatten punktweise verklebt. Zwischen den Klebelöchern verbleibt unter der Bahn für die Dampfdruckausgleichsschicht eine bis zu den Terrassenrändern reichende Luftschicht bestehen.

Werden Dämmstoffe verwendet, deren temperaturbedingte Längenänderung sich nachteilig auswirken kann, ist eine vollflächige Trennung zwischen Dämmschicht und Abdichtung vorzusehen.

Bei der Verwendung offenporiger Dämmstoffe, z. B. verschiedener Mineralfaser-Hartdämmplatten, kann der Dampfdruckausgleich innerhalb des Dämmstoffes erfolgen. Eine besondere Dampfdruckausgleichsschicht ist dann nicht erforderlich, ebenso wenig wie z. B. unter lose verlegten, nur an den Stößen untereinander verschweißten Weich-PVC-Abdichtungen.

Hier dient die dünne Luftschicht zwischen Dämmstoff und Dichtungsbahn dem Dampfdruckausgleich.

Bei fachgerecht verlegten Dämmschichten aus Schaumglas, die gleichzeitig auch die Dampfsperre ersetzen, ist keine Ausgleichsschicht erforderlich.

Für den Einbau der Dampfdruckausgleichsschichten gelten die Abschnitte 1.2.9 und 4.5 der Flachdachrichtlinien (ZVDH, 2003).

5 Abdichtung gegen nicht drückendes Oberflächenwasser

5.1 Allgemeine Angaben

Balkone und wärmegedämmte Dachterrassen gelten immer als Dachkonstruktionen mit äußerst geringem Oberflächengefälle. Eine Abdichtung ist immer erforderlich und muss dauerhaft funktionsfähig sein.

Zu beachtende Regelungen:

Fachregel für Dächer mit Abdichtungen – Flachdachrichtlinien (ZVDH, 2003)

Merkblatt Hinweise für die Ausführung von Verbundabdichtungen mit Bekleidungen und Belägen aus Fliesen und Platten für Innen- und Außenbereich (ZDB, 2005)

ATV DIN 18336   Abdichtungsarbeiten (2002-12)

ATV DIN 18338   Dachdeckungs- und Dachabdichtungsarbeiten (2002-12)

DIN 18195-1   Bauwerksabdichtungen (2000-08)
bis -3 und -5

DIN 18195-8   Bauwerksabdichtungen (2004-03)
bis -10

Balkone und Dachterrassen mit Fliesen- oder Plattenbelägen ohne besondere Dichtschichten abzudichten, ist nicht möglich.

Auch wenn keramische Fliesen und Platten, Natursteinoder Kunststeinplatten und deren Verfugungsmaterialien wasserundurchlässig oder wasserdicht sind, ist damit keine Abdichtung zu erreichen. Dies ist kein Ausführungsmangel, sondern eine werkstoffspezifische Eigenschaft.

Die Wärmeausdehnungskoeffizienten der Beläge und Verfugungen differieren zum Teil erheblich. Die thermische Dehnung bei 100 K Temperaturdifferenz beträgt z. B.

- bei Naturstein je nach Art   0,70 bis 1,20 mm/m,
- bei Keramik   0,60 bis 0,80 mm/m,
- bei Betonwerkstein   1,00 bis 1,20 mm/m,
- bei Zementfugenmörtel   1,00 bis 1,20 mm/m,
- bei Epoxidharzfugenmörtel   2,00 bis 3,00 mm/m, zum Teil mehr.

Bei den unzähligen Temperaturwechseln bilden sich infolge unterschiedlicher Wärmedehnungen zwischen Plattenwerk und Verfugung im Laufe der Zeit feinste Haarrisse aus, die zwar für die Standfestigkeit des Belages unerheblich sind, aber dem Oberflächenwasser auf kapillarem Wege Zutritt in die Bauunterschichten ermöglichen.

Der Verschluss der **Rand- und Bewegungsfugen** im Balkon- und Terrassenbelag mit elastischem Fugendichtstoff ist auf Dauer nicht wasserdicht. Diese elastischen Fugen sind „Wartungsfugen" und in regelmäßigen Zeitabständen auf ihre Funktionsfähigkeit hin zu überprüfen, da sie in der Regel an den Fugenflanken abreißen.

Dachterrassen, genutzte Dachflächen gehören lt. DIN 18195-1, Tabelle 1, zu Bauteilen, die durch nicht drückendes Wasser mit hoher Beanspruchung belastet werden. Die Art der erforderlichen Abdichtung sollte nach DIN 18195-5, Abschnitt 8.3, erfolgen.

Balkone gehören lt. DIN 18195-1, Tabelle 1, zu Bauteilen, die durch nicht drückendes Wasser mit mäßiger Beanspruchung belastet werden. Die Art der erforderlichen Abdichtung sollte nach DIN 18195-5, Abschnitt 8.2, erfolgen.

In den Flachdachrichtlinien (ZVDH, 2003), Abschnitt 1.1 „Geltungsbereich", ist für Balkone jedoch Folgendes festgelegt: *„Obwohl die Abdichtung von Balkonen zum Geltungsbereich der DIN 18195-5 gehört, kann sie auch nach den ‚Fachregeln für Dächer mit Abdichtungen' ausgeführt werden. Die Abdichtung entspricht dann einer Abdichtung für hoch beanspruchte Flächen nach DIN 18195-5."*

Abdichtungen der Balkone für mäßige Beanspruchung, wie sie die Norm DIN 18195-1 einteilt, kommen eigentlich nur für Balkonflächen mit thermisch geringer Beeinflussung zur Anwendung, z. B. für überdachte Balkone an Nord- oder Ostseiten.

Die **Kriterien für mäßige Beanspruchung der Abdichtungen** sind:

- die Verkehrslasten sind vorwiegend ruhend nach DIN 1055-3, die Abdichtung liegt nicht unter befahrenen Flächen;
- die Temperaturschwankung an der Abdichtung beträgt nicht mehr als 40 K;
- die Wasserbeanspruchung ist gering und nicht ständig.

Abdichtungen sind hoch beansprucht, wenn eine oder mehrere Beanspruchungen die oben angegebenen Grenzen überschreiten.

Abdichtungen auf Balkonen und Terrassen sollten **immer als hoch belastet eingestuft** werden, da die Temperaturschwankungen an der Dichtschicht im Freien immer über 40 K liegen können. In dem Beispiel in Abb. 3.1 ergibt sich direkt über der Dämmstoffschicht (5) in der Abdichtungsebene (4) eine Temperaturdifferenz zwischen Winter- und Sommertemperaturen von ca. 89 K, im Beispiel in Abb. 3.2 werden ca. 97 K erreicht.

Diese Temperaturen sind mit einem Maßstab leicht nachzumessen, 10 °C entsprechen 1 cm. Die Temperaturen in

°C sind als Linie unter den Bauschichten aufgetragen. Der Abstand zwischen der Sommer- und der Winterlinie im Bereich der jeweiligen Schicht, deren Temperaturbelastung man wissen möchte, ist an jeder beliebigen Stelle mit einem Maßstab zu messen, z. B. entsprechen 9,7 cm 97 Kelvin.

Geeignete **Bauweisen** für hoch beanspruchte Abdichtungen sind in DIN 18195-5, Abschnitt 8.3, festgelegt und werden in dieser Norm in Abschnitt 6 „Bauliche Erfordernisse" in den Abschnitten 6.1 bis 6.7 näher beschrieben.

Besonders wichtig und leider in der Praxis häufig unbeachtet ist die Bestimmung in der DIN 18195-5, Abschnitt 8.1.5. Danach sind die Abdichtungen in der Regel an allen anschließenden, höher gehenden Bauteilen, wie Wänden, Stufen, Brüstungen, Türelementen usw., mindestens 15 cm über die Oberfläche des fertigen Balkon- oder Terrassenbelages hochzuführen und dort hinterfließungsfrei durch Verklemmungen nach DIN 18195-9, Abschnitt 7.4, zu sichern.

Ist dies im Einzelfall nicht möglich, z. B. bei Balkon- oder Terrassentüren, so sind dort besondere Maßnahmen gegen das Eindringen von Wasser oder das Hinterlaufen der Abdichtung einzuplanen (z. B. ausreichend große Vordächer, Rinnen mit Gitterrosten).

Nicht rostende **Klemmschienen** für die **Sicherung der Abdichtung** müssen mit einem Mindestquerschnitt von ≥ 45 × 5 mm durch Sechskantschrauben mit einem Durchmesser von 8 mm in Dübeln im Abstand von 150 bis 200 mm und mit einem Schraubenabstand von den Enden der Klemmschiene von 75 mm zur Sicherung der Dichtungsbahnoberkanten eingebaut werden. Die Einzellängen der Klemmschienen sollten 2,50 m nicht überschreiten. Es gibt Spezialklemmprofile im Handel. Diese sind aber nur dann zulässig, wenn sie mindestens das gleiche Widerstandsmoment wie ein Flachprofil ≥ 45 × 5 mm aufweisen und die Verschraubung den oben gemachten Angaben entspricht.

Klemmprofile nach DIN 18195-9, Abschnitt 7.5, sind in Abhängigkeit von ihrer Funktion zu dimensionieren und zu befestigen. Wenn sie außer der Randfixierung auch die Sicherung der Abdichtung gegen Hinterlaufen durch Anpressen übernehmen sollen, müssen sie ausreichend biegesteif sein.

In Abhängigkeit von der jeweiligen Bauweise können auch Konstruktionen mit Los- und Festflansch erforderlich sein. Vorschläge dafür sind in den Abschnitten 7.6 und 7.7 in den Bildern 1 bis 5 der DIN 18195-9 dokumentiert. Die Tabelle 1 der Norm nennt die Regelmaße für Los- und Festflanschbefestigungen für Abdichtungsränder und -übergänge.

Die Flachdachrichtlinien (ZVDH, 2003) fordern in Abschnitt 5.3 ebenfalls, dass die Dichtungen an **Türanschlüssen** 15 cm über die Oberfläche des Belages geführt werden müssen, und geben an, dass dieses Maß in schneereichen Gebieten zu erhöhen ist. Dadurch soll verhindert werden, dass bei Schneematschbildung, Wasserstau durch verstopfte Abläufe, Schlagregen, Winddruck oder bei Vereisung Niederschlagswasser über oder unter der Türschwelle eindringt. Eine Verringerung der Anschlusshöhe ist möglich, wenn bedingt durch die örtlichen Verhältnisse zu jeder Zeit ein einwandfreier Wasserablauf im Türbereich sichergestellt ist. Dies ist dann der Fall, wenn sich im unmittelbaren Türbereich Terrassenabläufe oder andere Entwässerungsmöglichkeiten befinden. In solchen Fällen sollte die Anschlusshöhe jedoch mindestens 5 cm betragen.

Barrierefreie Übergänge sind Sonderkonstruktionen. In diesen Fällen ist eine Koordination zwischen dem Planer, den Ausführenden und dem Bauherrn erforderlich. Die Abdichtung allein kann die Dichtheit am Türanschluss nicht sicherstellen. Deshalb sind zusätzliche Maßnahmen erforderlich, z. B.:

- Terrassenabläufe im Türbereich,
- beheizbarer, wannenförmiger Entwässerungsrost mit direktem Anschluss an die Entwässerung,
- Gefälle,
- Spritzwasserschutz durch Überdachung,
- Türrahmen mit Flanschkonstruktion usw.

Der Betonuntergrund oder die Wärmedämmschicht, auf den oder die eine Abdichtung gegen nicht drückendes Wasser aufgebracht werden soll, muss das entsprechende **Gefälle** von 2 % zur Entwässerung der Fläche aufweisen. Wenn die Rohbaukonstruktion kein Gefälle aufweist, ist auf sie ein Verbund-Zement-Gefälleestrich CT 20 nach DIN 18560 aufzubringen.

Der **Untergrund**, auf dem die Abdichtung eingebaut werden soll, muss

- eben und ohne Pfützenbildung sein,
- eine ausreichende Festigkeit aufweisen,
- frostfrei und oberflächentrocken sein,
- frei sein von Nestern, klaffenden Rissen und Graten,
- mit gefasten Kanten und gerundeten Kehlen sein,
- frei sein von schädlichen Verunreinigungen, wie Verschmutzungen, Ausblühungen, Bindemittelanreicherungen, Trennmitteln, Absandungen, losen Bestandstoffen und Staub.

Dämmschichten, auf die Abdichtungen unmittelbar aufgebracht werden, müssen für die jeweilige Nutzung geeignet sein. Sie dürfen keine schädlichen Einflüsse auf die Dichtschicht ausüben und müssen sich als Untergrund für die Abdichtung und deren Herstellung eignen. Wechselwirkungen der Dichtungsbahnen und -stoffe, der Dämmstoffe und ggf. der Einbauteile untereinander können das Fehlerpotenzial erhöhen. Nicht alle Werkstoffe lassen sich beliebig (schadensfrei) kombinieren. Unter Umständen muss eine Weichmacherwanderung aus den Dichtungsbahnen in die Dämmplatten durch eine Trennschicht verhindert werden.

Für die Dauerhaftigkeit der Abdichtung sind eine fachgerechte Detailplanung und eine sorgfältige Ausführung wichtig. Die Wahl der Abdichtungsart ist abhängig von der **Wasserbelastung** und den zu erwartenden physikalischen, insbesondere mechanischen und thermischen, Beanspruchungen.

Die Abdichtung muss die auf sie einwirkenden planmäßig **zu erwartenden Lasten** auf tragfähige Bauteile weiterleiten. Der Abdichtungsschicht darf keine Übertragung von Kräften parallel zu ihrer Ebene zugewiesen werden. Sofern

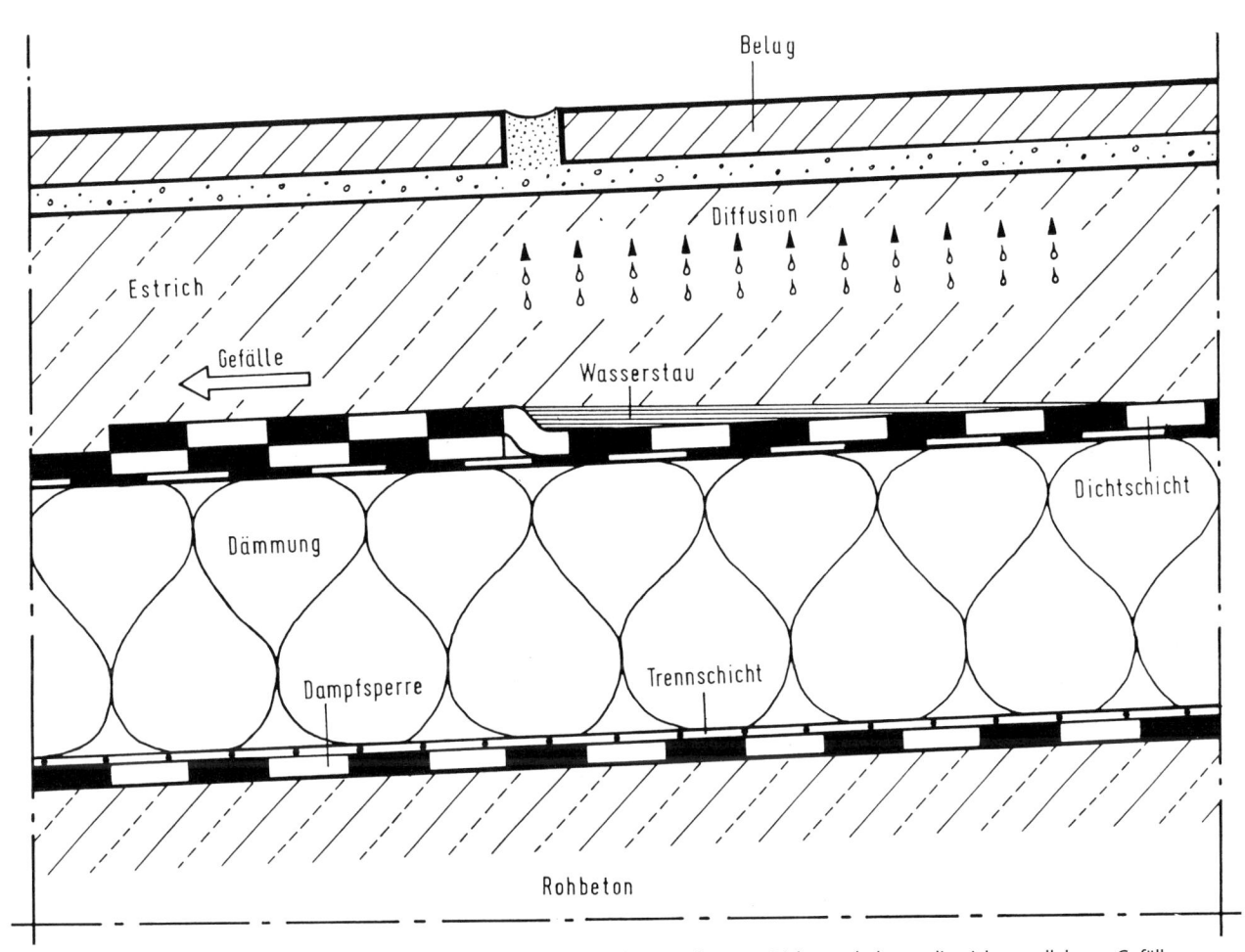

Abb. 5.1: Wasseransammlung mit möglicher Diffusion durch den Estrich an Stößen von Dichtungsbahnen, die nicht parallel zum Gefälle verlaufen

dies in Sonderfällen nicht zu vermeiden ist, muss durch Anordnung von Widerlagern, Ankern oder durch andere konstruktive Maßnahmen dafür gesorgt werden, dass Bauteile auf der Abdichtung nicht gleiten oder ausknicken.

Abdichtungen müssen so geplant und ausgeführt werden, dass sie bei den zu erwartenden Temperaturen von −20 °C bis +80 °C funktionsfähig und wasserdicht bleiben.

In der Regel sind Abdichtungen mit **Schutzschichten** nach DIN 18185-10 zu versehen. Die Ausführung des regensicheren Anschlusses mit Überhangstreifen oder vorgefertigtem Metallprofil am aufgehenden Bauteil erfolgt nach der „Fachregel für Metallarbeiten im Dachdeckerhandwerk" (ZVDH, 1999).

Für Abdichtungen gegen nicht drückendes Wasser ist in DIN 18195-5, Abschnitt 6.5, die folgende Vorschrift festgeschrieben: *„Grundsätzlich ist durch bautechnische Maßnahmen dafür zu sorgen, dass das auf die Abdichtung einwirkende Wasser dauernd wirksam so abgeführt wird, dass es keinen bzw. nur einen geringen hydrostatischen Druck ausüben kann."*

Besonders wichtig ist bei dem geringen Gefälle von 2 % die **Anordnung der Stöße** von dickeren Dichtungsbahnen. Die Überdeckungsstöße sollen immer parallel mit dem Gefälle laufen.

Wie Abb. 5.1 schematisch zeigt, bilden sich bei **senkrecht zum Gefälle laufenden Überdeckungsstößen** im darüber liegenden Estrich keilförmige **Wasseransammlungen**. Dadurch sind Frostschäden im Estrich möglich.

Da das dort gespeicherte Wasser bei jeder größeren Erwärmung durch den Estrich und durch den Belag diffundiert, kann es, z. B. bei nicht vollständiger Hydratation des Zementestrichs, im Fugennetz des Belages oder bei wenig diffusionsdichten Belägen zur Ablagerung von wassergelöstem Kalkhydrat aus dem unvollkommen chemisch gebundenen Zement des Estrichs auf der Oberfläche führen. Es wird dort nach Verdunstung des Wassers unter Einfluss des Kohlensäuregehaltes der Luft in Calciumcarbonat umgewandelt, das durch Wasser nicht mehr lösbar ist.

In vereinzelten Fällen können auch weit hartnäckigere Silikatdurchwanderungen entstehen. Der komplizierte chemische Vorgang wurde in „Schäden an Belägen und Bekleidungen mit Keramik- und Werksteinplatten" (Zimmermann, 2001) publiziert.

Derartige Ablagerungen lassen sich nur durch Flusssäure oder deren Verbindungen lösen. Damit werden aber auch Naturstein, Keramik und ihre Glasuren sowie zementgebundene Baustoffe und Verfugungen angegriffen.

Gleichartige Ausblühungen und Ablagerungen sind auch zu befürchten, wenn durch nicht ordnungsgemäße Ausführung der Abdichtungsschicht größere Unebenheiten in ihr entstanden sind.

Der Praktiker gießt vor dem Einbau des Estrichs einige Eimer Wasser auf die Dichtung. Überall da, wo sich größere Pfützen bilden, können Schäden, wie oben beschrieben, entstehen. Hier wären Bedenken gegen die Leistungen eines Vorunternehmers nach DIN 1961 § 4 Abs. 3 VOB/B dem Bauherrn schriftlich mitzuteilen.

Bei bituminösen Abdichtungen kann meist durch Aufguss zusätzlichen Heißbitumens ein annähernd befriedigender Ausgleich erreicht werden.

Abläufe zur Entwässerung von Belagsoberflächen, die die Abdichtung durchdringen, müssen sowohl die Oberfläche als auch die Abdichtungsebene dauerhaft entwässern. Diese Entwässerungseinläufe müssen in der Höhe der Dichtungsebene Sicköffnungen besitzen und an den jeweiligen Tiefpunkten der Balkon- oder Terrassenoberflächen so angeordnet sein, dass sie sowohl das Oberflächenwasser des Balkon- oder Terrassenbelages als auch das durch Belag und Estrich durchgesickerte Wasser in der Ebene der Abdichtung rückstandslos und verlässlich abführen.

Sie müssen wie alle anderen Durchdringungen der Abdichtungsschicht (z. B. Wasserfallrohre, Geländerstäbe usw.) durch Flansche oder Dichtungskragen mit der Dichtungsschicht wasserdicht verklebt, verschweißt oder verklemmt werden.

Die im Folgenden näher beschriebenen **Dichtschichtaufbauten** sind bestimmungsgemäß geeignet für Abdichtungen mit hoher Beanspruchung (nach DIN 18195-5, Abschnitte 7.3 und 8.3) und für Dachneigungen mit mindestens 2 % Gefälle nach Abschnitt 2.1 der Flachdachrichtlinien (ZVDH, 2003).

Dachterrassen mit einem Gefälle unter 2 % sind Sonderkonstruktionen. Sie erfordern deshalb besondere Maßnahmen, um eine höhere Beanspruchung in Verbindung mit stehendem Wasser auszugleichen (Abschnitt 2.1 Flachdachrichtlinien [ZVDH, 2003]).

5.2 Bituminöse Werkstoffe

Als Bitumen-Voranstriche kommen niedrigviskose Bitumenlösungen oder Emulsionen (nach DIN 18195-2, Tabelle 1, Zeilen 2 und 3) zur Anwendung, die auf die Bodenplatten, Rohbetonoberflächen oder Gefälleestriche und im Bereich von Anschlüssen kalt durch Streichen, Rollen oder Spritzen aufgetragen werden. Sie dienen zur Staubbindung und als Haftverbesserung der Bitumenverklebung mit dem zementären Untergrund. Diese Grundierungen müssen auf die nachfolgenden Schichten abgestimmt und vor dem Aufbringen weiterer Schichten ausreichend durchgetrocknet sein.

5.2.1 Abdichtungen mit Bitumendachbahnen

Die Abdichtung ist aus mindestens 3 Lagen herzustellen, die auf dem Untergrund und untereinander mit Bitumenklebemasse in der Regel heiß zu verkleben und mit einem Deckaufstrich zu versehen sind. Sie darf nur angewandt werden, wenn eine Einpressung der Abdichtung mit einem Flächendruck von mindestens 0,01 MN/m² sichergestellt ist.

Die Bitumenbahnen müssen sich an Nähten, Stößen und Anschlüssen um 10 cm überdecken. Die Unterseiten der Bitumenbahnen der ersten Lage sind vollflächig mit Klebemasse zu versehen. Falls erforderlich, ist auf dem Untergrund ein Voranstrich aufzubringen. Die Klebemassen sind im Bürstenstreich-, im Gieß- oder im Gieß- und Einwalzverfahren aufzubringen. Dabei sind die Mindesteinbaumengen für Klebeschichten und Deckaufstrich nach DIN 18195-5, Abschnitt 8.2.1, Tabelle 1, einzuhalten. Sie betragen bei ungefülltem Bitumen

- im Bürstenstreich- oder Flämmverfahren   1,5 kg/m²,
- im Gießverfahren   1,3 kg/m²,
- als Deckaufstrich   1,5 kg/m².

Werden die Bahnen im Gieß- und Einwalzverfahren eingebaut, ist für die Klebeschichten gefülltes Bitumen in einer Mindestmenge von 2,5 kg/m² zu verwenden.

Geeignete Werkstoffe sind nach DIN 18195-2, Tabelle 4, Zeilen 2 bis 4, unter anderem:

- nackte Bitumenbahnen nach DIN 52129
  R 500 N, bitumengetränkte Rohfilzbahnen ohne Deckschichten, Oberfläche unbesandet, mit einem Flächengewicht von 500 g/m²,
- Bitumendachbahnen nach DIN 52128
  R 500, bitumengetränkte Rohfilzbahnen, beiderseits mit Deckmasse versehen und gleichmäßig mit mineralischen Stoffen bedeckt, mit einem Flächengewicht von 500 g/m²,
- Glasvlies-Bitumendachbahnen nach DIN 52143
  V 13, bitumengetränkte Glasvliesbahnen mit einem Vlies-Nenngewicht von 60 g/m², beiderseits mit Deckschichten aus Bitumen versehen, auf der Oberseite mit schuppenförmigem Korn 1 bis 4 mm, auf der Unterseite mit kugeligem Korn 1 mm bestreut.

5.2.2 Abdichtungen mit Bitumendichtungsbahnen, Bitumendachdichtungsbahnen, Bitumenschweißbahnen, Polymerbitumen-Dachdichtungsbahnen und Polymerbitumenschweißbahnen

Die Abdichtung ist aus mindestens 2 Lagen Bahnen mit Gewebe-, Polyestervlies- oder Metallbandeinlage herzustellen nach Tabelle 4, Zeilen 5 bis 10 von DIN 18195-2 (2000-08). Für Abdichtungen auf genutzten Dachflächen (z. B. begehbaren oder bepflanzbaren Flächen) ist die obere Lage aus Polymerbitumenbahnen herzustellen. Beträgt das Gefälle der Abdichtungsunterlage unter 2 %, sind mindestens 2 Lagen Polymerbitumenbahnen zu verwenden.

In den Flachdachrichtlinien (ZVDH, 2003) wird in Abschnitt 4.6.1.1 folgende Aussage getroffen: *„Dachabdichtungen mit einer Neigung unter 2 % sind Sonderkonstruktionen und sollen nur in Ausnahmefällen vorgesehen werden. In diesen Fällen sind entweder beide Lagen aus Polymerbitumenbahnen herzustellen oder es sind unter der oberen Lage Polymerbitumenbahn zwei Lagen Bitumenbahnen einzubauen, von denen höchstens eine Lage eine Bahn mit niedriger Höchstzugkraft und geringer Dehnung sein darf. Zusätzlich sollte ein schwerer Oberflächenschutz vorgesehen werden."*

Die Bahnen sind mit Klebemasse im Bürstenstreich-, im Gieß- oder Flämmverfahren, Schweißbahnen jedoch vorzugsweise im Schweißverfahren ohne zusätzliche Verwendung von Klebemassen einzubauen. Bei Bitumenschweißbahnen erfolgt die Verklebung durch Aufschmelzen der entsprechenden Bitumenschichten an den Schweißbahnen. Das Schweißverfahren ist nur für Dichtungsbahnen mit der Kennzeichnung S zu verwenden.

An den Nähten, Stößen und Anschlüssen sind die Bahnen um 10 cm zu überdecken. Bei der Verwendung von Bahnen mit Vlieseinlagen sollte die Abdichtung aus 3 Lagen bestehen. Falls erforderlich, ist auf dem Untergrund ein Voranstrich aufzubringen. Obere Lagen aus Bitumendichtungsbahnen Cu 0,1 D nach DIN 18190-4 und Bitumendachdichtungsbahnen nach DIN 52130 müssen mit einem Deckaufstrich versehen werden. Für die Mindesteinbaumengen für Klebemassen und Deckaufstriche gilt DIN 18195-5, Abschnitt 8.2.1, Tabelle 1.

Geeignete Werkstoffe sind nach DIN 18195-2, Tabelle 4, Zeilen 5 bis 7, unter anderem:

- Bitumendichtungsbahnen mit Metallbandeinlage nach DIN 18190-4
  Cu 0,1 D oder Al 0,2 D, bitumenbeschichtete Kupferbandeinlagen (Cu), 0,1 mm dick, oder Aluminiumbandeinlagen (Al), 0,2 mm dick, mit gleichmäßiger Besandung der Bitumenbeschichtungen, Korn 0 bis 1 mm,
- Bitumendachdichtungsbahnen mit Jutegewebeeinlage nach DIN 52130
  J 300 DD, bitumengetränkte Jutegewebeeinlage mit einem Gewebegewicht von 300 g/m² mit beidseitigen Deckschichten aus Bitumen, Oberseite mit schuppenförmigem Korn 1 bis 4 mm, Unterseite mit kugeligem Korn 1 mm bestreut,
- Bitumendachdichtungsbahnen mit Glasgewebeeinlage nach DIN 52130
  G 200 DD, bitumengetränkte Glasgewebeeinlage mit einem Gewebegewicht von 200 g/m² mit beidseitiger Deckschicht aus Bitumen, Oberseite mit schuppenförmigem Korn 1 bis 4 mm, Unterseite mit kugeligem Korn 1 mm bestreut,
- Bitumendachdichtungsbahnen mit Polyesterfaservlieseinlage nach DIN 52130
  PV 200 DD, bitumengetränktes Polyestervlies mit einem Vliesgewicht von 200 g/m² mit beidseitiger Deckschicht aus Bitumen, Oberseite mit schuppenförmigem Korn 1 bis 4 mm, Unterseite mit kugeligem Korn 1 mm bestreut,
- Bitumenschweißbahnen mit Glasvlieseinlage nach DIN 52131
  V 60 S 4, bitumengetränkte Glasvlieseinlage mit einem Vlies-Nenngewicht von 60 g/m² mit beidseitigen dicken Bitumendeckschichten, zur Verarbeitung durch Schweißen geeignet, talkumiert, beschiefert oder besandet, unten folienkaschiert, mit einer mittleren Dicke von 4 mm,
- Bitumenschweißbahnen mit Glasgewebeeinlage nach DIN 52131
  G 200 S 4 oder G 200 S 5, bitumengetränkte Glasgewebeeinlage mit einem Gewebegewicht von 200 g/m² mit beidseitigen dicken Bitumenschichten, zur Verarbeitung durch Schweißen geeignet, talkumiert, beschiefert oder besandet, unten folienkaschiert, mit einer mittleren Dicke von 4 bzw. 5 mm,
- Bitumenschweißbahnen mit Jutegewebeeinlage nach DIN 52131
  J 300 S 4 oder J 300 S 5, bitumengetränkte Jutegewebeeinlage mit einem Gewebegewicht von 300 g/m² mit beidseitigen dicken Bitumenschichten, zur Verarbeitung durch Schweißen geeignet, talkumiert, beschiefert oder besandet, unten folienkaschiert, mit einer mittleren Dicke von 4 bzw. 5 mm,
- Bitumenschweißbahnen mit Polyesterfaservlieseinlage nach DIN 52131
  PV 200 S 5, bitumengetränktes Polyestervlies mit einem Vliesgewicht von 200 g/m² mit beidseitigen dicken Bitumenschichten, zur Verarbeitung durch Schweißen geeignet, talkumiert, beschiefert oder besandet, unten folienkaschiert, mit einer mittleren Dicke von 5 mm.

Besandete und beschieferte Polymerbitumen-Dachdichtungsbahnen werden mit Kurzzeichen für das verwendete Polymerbitumen bezeichnet:

- PYE bei Modifizierung mit thermoplastischen Elastomeren,
- PYP bei Modifizierung mit thermoplastischen Kunststoffen (Plastomeren).

Weitere geeignete Werkstoffe nach DIN 18195-2, Tabelle 4, Zeilen 8 bis 10, sind:

- Polymerbitumen-Dachdichtungsbahnen mit Glasgewebeeinlage nach DIN 52132
  PYE-G 200 DD, polymerbitumengetränkte Glasgewebeeinlage mit einem Gewebegewicht von 200 g/m² mit beidseitiger Deckschicht aus Polymerbitumen, Oberseite beschiefert oder mit schuppenförmigem Korn 1 bis 4 mm, Unterseite mit kugelförmigem Korn 1 mm bestreut,
- Polymerbitumen-Dachdichtungsbahnen mit Jutegewebeeinlage nach DIN 52132
  PYE-J 300 DD, polymerbitumengetränkte Jutegewebeeinlage mit einem Gewebegewicht von 300 g/m² mit beidseitiger Deckschicht aus Polymerbitumen, Oberseite beschiefert oder mit schuppenförmigem Korn 1 bis 4 mm, Unterseite mit kugelförmigem Korn 1 mm bestreut,
- Polymerbitumen-Dachdichtungsbahnen mit Polyestervlieseinlage nach DIN 52132
  PYE-PV 200 DD, polymerbitumengetränkte Polyestervlieseinlage 200 T oder 250 B nach DIN 18192 nach Wahl des Herstellers, mit beidseitiger Deckschicht aus Polymerbitumen, Oberseite beschiefert oder mit schuppenförmigem Korn 1 bis 4 mm, Unterseite mit kugelförmigem Korn 1 mm bestreut,
- Polymerbitumenschweißbahnen mit Glasgewebeeinlage nach DIN 52133
  PYE-G 200 S 5, polymerbitumengetränkte Glasgewebeeinlage mit einem Gewebegewicht von 200 g/m² mit beidseitigen dicken Polymerbitumenschichten, zur Verarbeitung durch Schweißen geeignet, talkumiert, beschiefert oder besandet, unten folienkaschiert, mit einer mittleren Dicke von 5 mm,

- Polymerbitumenschweißbahnen mit Polyestervlieseinlage nach DIN 52133
  PYE-PV 200 S 5, polymerbitumengetränkte Polyestervlieseinlage mit einem Vliesgewicht von 200 oder 250 g/m² mit beidseitigen dicken Polymerbitumenschichten, zur Verarbeitung durch Schweißen geeignet, talkumiert, beschiefert oder besandet, unten folienkaschiert, mit einer mittleren Dicke von 5 mm,
- Polymerbitumenschweißbahnen mit Jutegewebeeinlage nach DIN 52133
  PYE-J 300 S 5, polymerbitumengetränkte Jutegewebeeinlage mit einem Gewebegewicht von 300 g/m² mit beidseitigen dicken Polymerbitumenschichten, zur Verarbeitung durch Schweißen geeignet, talkumiert, beschiefert oder besandet, unten folienkaschiert, mit einer mittleren Dicke von 5 mm,
- Bitumenschweißbahnen nach DIN 52131, abweichend jedoch mit 0,1 mm dicker Kupferbandeinlage.

5.2.3 Einbau von Bitumen- und Polymerbitumen-Dichtungsbahnen

Für die Befestigung von Bitumen- und Polymerbitumen-Dichtungsbahnen auf waagerechtem oder schwach geneigtem Verlegeuntergrund und untereinander kann unter verschiedenen Ausführungsarten gewählt werden:

5.2.3.1 Gießverfahren

Geeignete ungefüllte Bitumenklebemassen, je nach Art auf Temperaturen zwischen +150 und +210 °C erwärmt (DIN 18195-3, Tabelle 1), werden vor der fest aufgerollten Bahn so reichlich auf den Verlegeuntergrund gegossen, dass beim Einrollen der Bahn vor der Rolle in ganzer Bahnenbreite ein Klebemassenwulst entsteht und die Bahn satt in die Klebemasse eingebettet wird. An den Längs- und Querrändern der Bahnen muss die Masse sichtbar austreten. Die ausgetretene Klebemasse ist sofort flächig zu verteilen.

5.2.3.2 Gieß- und Einwalzverfahren

Zur Verwendung kommen gefüllte und erhitzte Bitumenklebemassen.

Die straff auf einen Kern gewickelten Bahnen werden wie beim Gießverfahren ausgerollt und in die Klebemasse fest eingewalzt. An den Längs- und Querrändern der Bahnen muss die Masse sichtbar austreten. Die ausgetretene Klebemasse ist sofort flächig zu verteilen.

5.2.3.3 Bürstenstreichverfahren

Geeignete ungefüllte und erhitzte Bitumenklebemassen werden mit der Bürste in ausreichender Dicke auf dem Verlegeuntergrund aufgetragen. Die Bahnen werden mit Wickelkern vollsatt so in die Klebemasse eingerollt, dass vor der Rolle in ganzer Bahnenbreite ein Klebemassenwulst entsteht und die Bahn möglichst hohlraumfrei aufgeklebt werden kann. Beim Bürstenstreichverfahren kühlt die auf den Verlegeuntergrund aufgebrachte Klebemasse relativ schnell ab. Es ist häufig zweckmäßig, diese Klebemasse durch Anflämmen auf der zum fachgerechten Kleben erforderlichen Temperatur zu halten. An den Längs- und Querrändern der Bahnen muss die Masse sichtbar austreten.

Die Ränder der aufgeklebten Bahnen sind anzubügeln.

5.2.3.4 Flämmverfahren

Beim Flämmverfahren wird Klebemasse aus Heißbitumen in ausreichender Menge auf den Untergrund gegossen und möglichst gleichmäßig verteilt. Zum Verkleben der Bitumenbahn ist die Bitumenschicht durch Wärmezufuhr wieder aufzuschmelzen und die fest aufgewickelte Bitumenbahn darin auszurollen. Im Übergangsbereich der Bitumenbahnen ist zusätzlich Klebemasse aufzubringen.

5.2.3.5 Schweißverfahren (nur für Dichtungsbahnen mit der Kennzeichnung S)

Beim Schweißverfahren sind sowohl die dem Untergrund zugewandte Seite der fest aufgewickelten Schweißbahn als auch der Untergrund selbst zum Zwecke einer einwandfreien Verbindung ausreichend zu erhitzen. Die Bitumenmasse der Schweißbahn muss dabei so weit aufgeschmolzen werden, dass beim Ausrollen der Bahn ein Bitumenwulst in ganzer Breite vorläuft und die Bitumenmasse an den Rändern der ausgerollten Bahn austritt. Die ausgetretene Bitumenmasse ist sofort flächig zu verteilen. Bei Stößen und bei der Verklebung mehrerer Bahnen miteinander sind alle zu verklebenden Bitumenschichten aufzuschmelzen.

5.3 Hochpolymere Werkstoffe, Kunststoffe

Vor der punktuellen, streifenweisen oder vollflächigen bituminösen Heiß- oder Kaltverklebung ist nach Angabe der Bahnenhersteller auf Rohbetonoberflächen oder Gefälleestrichen ein Bitumen-Voranstrichmittel nach DIN 18195-2, Tabelle 1, Zeilen 2 und 3, als Bitumenlösung oder Bitumenemulsion kalt durch Streichen, Rollen oder Spritzen aufzutragen und ausreichend trocknen zu lassen. Es dient der besseren Verklammerung der Bitumenverklebung mit dem zementären Untergrund.

Bei loser Verlegung der relativ dünnen hochpolymeren Dichtungsbahnen auf Betonuntergrund ist immer eine weiche Zwischenschicht aus Vlies nach DIN 61210 oder Geotextil aus Chemiefasern mit einem Flächengewicht von mindestens 300 g/m² und mindestens 2 mm dick zum Schutz vor Verletzungen der Folien durch Untergrundrauigkeiten einzubauen.

Um Verletzungen der Dichtungsbahnen nach deren Einbau durch Begehen bei weiteren Arbeiten zu vermeiden, ist eine weitere Vliesauflage (300 g/m²) erforderlich. Diese dient gleichzeitig als Schutz- und Trennlage zu aufliegenden Bauschichten. Diese lose Verlegung ist mit einer dauernd wirksamen Auflast zu versehen (z. B. Estrich, Fliesen- und Plattenbelag).

Beim Einbau hochpolymerer Dichtungsbahnen ist immer auf die Kunststoffverträglichkeit (z. B. gefährdet durch Weichmacherwanderung oder Bitumenunverträglichkeit) sich berührender Werkstoffe zu achten. Erforderlichenfalls sind geeignete Trennlagen vorzusehen. Die Werkstoffeigenschaften sind bei den Herstellern zu erfragen.

Zur Information kann der Fachleitfaden für Dachbahnen und Dichtungsbahnen (DUD, 2005) herangezogen werden. Die zulässige Auflast auf hochpolymeren Dichtungsbahnen ist in den einzelnen Fällen zu berücksichtigen.

5.3.1 Abdichtungen mit Kunststoffdichtungsbahnen aus Polyisobutylen (PIB) und Ethylencopolymerisat-Bitumen (ECB)

Die Abdichtung ist aus einer Lage Kunststoffdichtungsbahnen

- bei PIB nach DIN 16935 mindestens 1,5 mm dick,
- bei ECB nach DIN 16729 mindestens 2,0 mm dick

herzustellen.

Bei loser Verlegung ist die Abdichtung zwischen 2 Schutzlagen aus geeigneten Stoffen nach DIN 18195-2, Abschnitt 5.3, einzubauen.

Als Schutzlagen nach Abschnitt 5.3 werden folgende Stoffe verwendet:

- Bahnen aus PVC, halbhart, mindestens 1 mm dick,
- Bautenschutzmatten und -platten aus Gummi- oder Polyethylengranulat, mindestens 6 mm dick,
- Vliese nach DIN 61210 bzw. Geotextilien aus Chemiefasern, mindestens 300 g/m², mindestens 2 mm dick.

Die Schutz- und Trennschicht schützt die Dichtungsbahn vor mechanischen Beschädigungen durch Rauigkeiten des Verlegeuntergrundes und bewahrt sie vor der unmittelbaren Berührung mit Dämmschichten, die zu Kunststoffunverträglichkeiten führen könnte.

Bei verklebter Verlegung werden Kunststoffdichtungsbahnen aus PIB oder ECB mit Bitumen auf einer unteren Lage aus einer Bitumenbahn lt. DIN 18195-2, Tabelle 4, Zeilen 6 bis 9, z. B. aus einer

- Bitumendachdichtungsbahn nach DIN 52130 oder
- Bitumenschweißbahn nach DIN 52131 oder
- Polymerbitumen-Dachdichtungsbahn, Bahntyp PYE nach DIN 52132, oder
- Polymerbitumenschweißbahn, Bahntyp PYE nach DIN 52133,

oder auf einer entsprechenden Kaschierung der Wärmedämmung aufgeklebt. Erforderlichenfalls ist ein Bitumen-Voranstrich auf den Untergrund aufzubringen.

Die Kunststoffdichtungsbahnen werden im Bürstenstreich- oder Flämmverfahren eingebaut. Die Mindesteinbaumenge für die Klebeschichten beträgt bei ungefülltem Bitumen im Bürstenstreich- oder Flämmverfahren 1,5 kg/m².

Nähte, Stöße und Anschlüsse erfordern nach DIN 18195-3, Tabelle 3, eine Mindestschweißbreite von ca. 3 cm und sind nach DIN 18195-3, Tabelle 2, bei PIB durch Quellschweißmittel und bei ECB durch Warmgas oder Heizkeil zu verschweißen. Sollen die Nähte und Stöße bituminös verklebt werden, dann ist eine Überdeckung von ca. 10 cm erforderlich.

5.3.2 Abdichtungen mit Kunststoffdichtungsbahnen aus EVA, PVC-P oder Elastomeren

Die Abdichtung ist aus einer Lage Kunststoff- oder Elastomerdichtungsbahnen mit einer Dicke von mindestens 1,5 mm herzustellen, die lose zu verlegen oder aufzukleben sind.

Bahnen aus Ethylen-Vinyl-Acetat-Terpolymer (EVA) sind Bahnen aus thermoplastischem Mischpolymer. Diese Dach- und Dichtungsbahnen sind bitumenverträglich und schweißbar.

Bahnen aus Polyvinylchlorid, weich, (PVC-P) nach DIN 16937 sind bitumenverträglich.

Bahnen aus Polyvinylchlorid, weich, (PVC-P) nach DIN 16938 sind nicht bitumenverträglich. Diese Dichtschichten aus bitumenunverträglichem PVC-P dürfen an keiner Stelle mit bituminösen Bauteilen in Berührung kommen. Die Abdichtungen werden mindestens 1,5 mm dick, einlagig hergestellt und in der Regel lose verlegt.

Bei loser Verlegung ist die Abdichtungslage zwischen 2 Schutzschichten aus geeigneten Stoffen nach DIN 18195-2, Abschnitt 5.3, einzubauen. Geeignet ist ein 2 mm dickes Vlies mit 300 g/m² als Schutz- und Trennschicht. Besteht die obere Schutzlage aus einer Kunststoffdichtungsbahn aus PVC-P, halbhart, mit einer Dicke von mindestens 1 mm, sind deren Längs- und Quernähte zu verschweißen.

Bei verklebter Verlegung werden bitumenverträgliche Kunststoff- oder Elastomerdichtungsbahnen mit Bitumen auf einer unteren Lage aus einer Bitumenbahn lt. DIN 18195-2, Tabelle 4, Zeilen 6 bis 9, z. B. aus einer

- Bitumendachdichtungsbahn nach DIN 52130 oder
- Bitumenschweißbahn nach DIN 52131 oder
- Polymerbitumen-Dachdichtungsbahn, Bahntyp PYE nach DIN 52132, oder
- Polymerbitumenschweißbahn, Bahntyp PYE nach DIN 52133,

oder auf einer entsprechenden Kaschierung der Wärmedämmung aufgeklebt. Erforderlichenfalls ist ein Bitumen-Voranstrich auf den Untergrund aufzubringen.

Die Kunststoffdichtungsbahnen werden im Bürstenstreich- oder Flämmverfahren eingebaut. Die Mindesteinbaumenge für die Klebeschichten beträgt bei ungefülltem Bitumen im Bürstenstreich- oder Flämmverfahren 1,5 kg/m².

Nähte, Stöße und Anschlüsse werden nach DIN 18195-3, Tabelle 2, bei Quellverschweißung und bei Verschweißung durch Warmgas oder Heizkeil mit einer Mindestbreite nach DIN 18195-3, Tabelle 3, hergestellt.

Eine Schutzlage auf der Abdichtung aus einer 1 mm dicken weichen oder halbharten PVC-Bahn oder einer 2 mm dicken Vliesbahn mit 300 g/m² ist notwendig.

Bei der Auswahl des PVC-P-Materials ist immer die tatsächlich vorhandene Belastung in Betracht zu ziehen. Anschlüsse an Rand- oder Traufbleche lassen sich in einfachster Form lösen, wenn diese Bleche beidseitig feuerverzinkt und auf der Gebrauchsseite mit PVC-P beschichtet sind. Die Verbindung zwischen Blech und Dichtungsbahn erfolgt dann durch die gleiche Schweißung wie bei den Bahnen untereinander.

Bei guter Eignung dieser Abdichtungsart gilt es zu bedenken, dass PVC-Kunststoffe mehr oder weniger schnellen Alterungsvorgängen bei direkter Einwirkung ultravioletter Strahlung unterliegen. Es ist daher zweckmäßig, auch sog. UV-stabilisierte Dichtbahnen konstruktiv so einzubauen, dass sie an keiner Stelle auf die Dauer dem direkten Sonnenlicht ausgesetzt sind.

5.3.3 Einbau von Kunststoffdichtungsbahnen

5.3.3.1 Verklebte Verlegung

Kunststoffdichtungsbahnen sind vollflächig zu verkleben. Bei Verwendung von Bitumenklebemassen sind bitumenverträgliche Bahnen zu verwenden. Für die Befestigung von Kunststoffdichtungsbahnen auf waagerechtem oder schwach geneigtem Verlegeuntergrund durch verklebte Verlegung kann unter verschiedenen Ausführungsarten gewählt werden:

- Bürstenstreichverfahren,
- Gießverfahren,
- Flämmverfahren.

5.3.3.2 Lose Verlegung mit Auflast

Die Kunststoffdichtungsbahnen sind zwischen Schutzschichten lose auf dem Untergrund zu verlegen und mit einer dauernd wirksamen Auflast zu versehen. Diese Auflast wird bei Balkonen und Terrassen durch die Schutz- und Lastverteilungsschicht sichergestellt.

5.3.3.3 Fügetechnik der Kunststoff- und Elastomerdichtungsbahnen

Für die Herstellung der Naht- und Stoßverbindungen auf der Baustelle dürfen in Abhängigkeit von den Werkstoffen der Kunststoffdichtungsbahnen folgende Verfahren nach DIN 18195-3, Abschnitt 7.4, Tabelle 2, angewendet werden:

- Quellschweißen: Hierbei sind die sauberen und trockenen Verbindungsflächen mit einem Lösungsmittel (Quellschweißmittel) anzulösen und unmittelbar durch gleichmäßiges, flächiges Andrücken zu verbinden.
- Warmgasschweißen: Hierbei sind die sauberen Verbindungsflächen durch Einwirkung von Warmgas (Heißluft) zu plastifizieren und unmittelbar durch gleichmäßiges, flächiges Andrücken zu verbinden.
- Heizelementschweißen: Hierbei sind die sauberen Verbindungsflächen durch einen Heizkeil zu plastifizieren und unmittelbar durch gleichmäßiges, flächiges Andrücken zu verbinden.
- Verkleben mit Heißbitumen: Kunststoffdichtungsbahnen aus ECB oder PIB können auch mit Heißbitumen verklebt werden, dabei sind die sauberen Verbindungsflächen vollflächig mit Bitumenklebemasse zu verbinden.

Bei Kunststoffdichtungsbahnen ab 1,5 mm Dicke sind im Bereich von T-Stößen die Kanten der mittleren Dichtungsbahnen abzuschrägen.

Auf der Baustelle ausgeführte Naht- und Stoßverbindungen sind nach DIN 18195-3, Abschnitt 7.4.6, auf ihre Dichtheit zu prüfen.

5.4 Verbundabdichtungen von Balkonen und Terrassen nach dem Merkblatt des Fachverbandes Deutsches Fliesengewerbe im Zentralverband des Deutschen Baugewerbes (ZDB) e. V.

Grundlage für die Verbundabdichtungen für Balkone und Terrassen ist das Merkblatt „Hinweise für die Ausführung von Verbundabdichtungen mit Bekleidungen und Belägen aus Fliesen und Platten für den Innen- und Außenbereich" (ZDB, 2005).

Je nach Feuchtigkeitsbeanspruchung der Flächen ist zu unterscheiden zwischen bauaufsichtlich geregelten Abdichtungen bei hoher Beanspruchung (A1, A2, B, C) und bauaufsichtlich nicht geregelten Abdichtungen bei mäßiger Beanspruchung ($_O$, A_{O1}, A_{O2}, B_O).

Bei Verbundabdichtungen nach diesem Merkblatt bilden die nach Herstellervorschrift aufgebrachte Abdichtung und der darauf im Dünnbettverfahren verlegte Belag aus Fliesen und Platten die Schutzschicht.

Verbundabdichtungen schützen Untergründe vor Durchfeuchtung und vermindern Ausblühungen auf der Belagsoberfläche, da bei dieser Bauweise der Untergrund (Beton/Estrich) nicht durch Wasser belastet werden kann.

Balkone und Terrassen sind in dem Merkblatt in Tabelle 1.3 „Feuchtigkeitsbeanspruchungsklassen im bauaufsichtlich nicht geregelten Bereich (mäßige Beanspruchung)" in die Beanspruchungsklasse B_O eingruppiert, allerdings mit der Einschränkung: *„nicht über genutzten Räumen"*.

Als Abdichtungstoffe für die Beanspruchungsklasse B_O werden empfohlen:

- Kunststoff-Mörtel-Kombinationen (Gemische aus hydraulisch abbindenden Bindemitteln, mineralischen Zuschlägen und organischen Zusätzen sowie Polymerdispersionen in pulverförmiger oder flüssiger Form; die Erhärtung erfolgt durch Hydratation und Trocknung);
- Reaktionsharze (Gemische aus synthetischen Harzen und organischen Zusätzen mit oder ohne mineralische Füllstoffe).

Abdichtungen auf Balkonen und Terrassen sollten jedoch immer als hoch belastet eingestuft werden, da sie höchsten Beanspruchungen durch Witterungswechsel ausgesetzt sind und die Temperaturschwankungen an der Dichtschicht im Freien immer über 40 K liegen. Außenbeläge unterliegen auch erheblichen chemischen Angriffen und das nicht nur aus konzentrierten Reinigungsmitteln, sondern auch durch sauren Regen (pH-Wert teilweise 4,5), der über die zementären Fugen in die Belagsfläche eindringt. Dazu kommen die biologischen Angriffe durch Flechten, Moose und Algen sowie Staubpartikel, Blütenpollen und Samen, die sich in angegriffenen und zerstörten Fugen ansiedeln und weitere Korrosion verursachen.

Im Abschnitt 1.1 des genannten Merkblatts wird darauf hingewiesen, dass bei Terrassen über genutzten Räumen (Dachterrassen) immer eine Abdichtung nach DIN 18195 auszuführen ist. Das bedeutet, die Verbundabdichtung kann nur zusätzlich zu der normengerechten Abdichtung bei Dachterrassen über genutzten Räumen ausgeführt werden.

Dieser Hinweis im Merkblatt zeigt deutlich, dass nur eingeschränkte Funktionen bei den beschriebenen Verbundabdichtungen im Außenbereich zu erwarten sind, obwohl es vorteilhaft wäre, die Abdichtung möglichst oberhalb der Schutz- und Lastverteilungsschicht und unter dem keramischen Belag anzuordnen.

Im Merkblatt wird für den bauaufsichtlich nicht geregelten Bereich, hier sind Balkone und Terrassen eingestuft, grundsätzlich kein allgemeines bauaufsichtliches Prüfzeugnis erteilt. In den Feuchtigkeitsbeanspruchungsklassen O, A_{O1}, A_{O2}, B_O sollte jedoch ebenfalls der Qualitätsnachweis für das Verbundsystem entsprechend den Prüfgrundsätzen für die Erlangung eines allgemeinen bauaufsichtlichen Prüfzeugnisses (Verbundabdichtungen) erbracht werden. Beim Vorliegen eines allgemeinen bauaufsichtlichen Prüfzeugnisses für den geregelten Bereich kann das Verbundsystem auch im nicht geregelten Bereich eingesetzt werden (siehe dazu Tabelle 2 des Merkblatts).

5.5 Abdichtungen von Balkonen und Terrassen mit Zweikomponenten-Kunststoffbeschichtungen auf Reaktionsharzbasis

5.5.1 Allgemeine Angaben

Hierbei handelt es sich um geprüfte Reaktionsharze mit niedrigem Elastizitätsmodul (E-Modul), z. B. auf der Basis von Epoxidharz, mit einem allgemeinen bauaufsichtlichen Prüfzeugnis. Bei der vom Hersteller vorgegebenen Einbauschichtdicke sollten sich die Werte für die amtlich geprüfte Rissüberbrückung an den Forderungen der DIN 18195-5, Abschnitt 5.4, orientieren.

Bei Sanierungen von Balkonen und wärmegedämmten Terrassen, aber auch bei manchen Neubauten kann man bei fehlender Aufbauhöhe für die einzelnen Bauschichten durch Kunststoffbeschichtung aus Zweikomponenten-Reaktionsharz mit niedrigem E-Modul bei einer Gesamteinbaudicke ≥ 2 mm Lösungen für die Abdichtung finden. Dies ist kein Allheilmittel für vorher beim Rohbau begangene Planungs- oder Baufehler, führt aber bei korrekter Ausführung zu funktionierenden Lösungen. Beim sorgfältigen Verarbeiten von Qualitätsreaktionsharzprodukten nach den Richtlinien der Hersteller entstehen nahtlose, flexible Dichtschichten in der Art von Kunststofffolien, die mit hoher Abzugsfestigkeit mit dem Untergrund kraftschlüssig verankert sind. Die fachgerecht besandeten Oberflächen dieser Dichtschichten können unmittelbar mit Fliesen oder Platten im Dünnbettverlegeverfahren ohne zusätzliche Schutzschichten mit festem Verbund auf eine flüssigkeitsdichte und gegen verschiedene Chemikalien resistente Dichtschicht belegt werden.

Betonuntergründe, wie Zementestriche oder Konstruktionsbetone, haben mit 10 bis 12 · 10^{-6} m/(m · K) einen annähernd doppelt so großen thermischen Ausdehnungskoeffizienten wie Keramikplatten mit 5 bis 8 · 10^{-6} m/(m · K). Bei den in den Oberflächen von Terrassen und Balkonen laufend auftretenden erheblichen Temperaturdifferenzen bauen sich in der Verlegemörtelschicht zwischen dem zementären Untergrund und der aufliegenden Baukeramik infolge der divergierenden Längenänderungen zum Teil erhebliche Spannungen auf. Je nach Dicke einer elastischen Reaktionsharzdichtschicht auf dem Betonuntergrund unter der Verlegemörtelschicht vermindern sich diese Belastungen weitgehend.

In Bezug auf Rand-, Tür- und Durchdringungsanschlüsse gelten die jeweils einschlägigen Bestimmungen der DIN 18195-5 und -9.

Kunststoffabdichtungen auf Epoxidharzbasis wurden für den Einsatz im industriellen Säureschutzbau entwickelt. Es handelt sich zwar bei Balkonabdichtungen nicht um Säureschutzbau (oder doch, bei saurem Regen mit in manchen Regionen teilweise gemessenem pH-Wert unter 4,5), für die Anforderungen an die zu schützenden, hier abzudichtenden Unterlagsflächen sollte jedoch das Arbeitsblatt S 10 der Arbeitsgemeinschaft Industriebau e. V. (AGI, Teil 1 bis 4, 2001 bis 2003) in allen Teilen zu Rate gezogen werden. Dieses Arbeitsblatt gibt dem Balkonbauer bautechnisches Sicherheitsgefühl und manche für ihn interessante und durchaus erfolgreich auszuführende Lösungsanregungen.

Für Planer und Handwerker ist es empfehlenswert, dem Bauherrn die hier gegebene Ausführung zu erklären und sie sich vor Herstellung schriftlich genehmigen zu lassen.

5.5.2 Untergrund

Reaktionsharzbeschichtungen sind auf Dämmschichten nur unter Zwischenlage ausreichend dicker Zementestrichschichten (≥ 65 mm) geeignet. Sie sind in ihrer Ausführung ohne weiteres möglich auf Stahlbetonbalkonplatten, deren Oberflächen eben abgezogen wurden und das geforderte Gefälle von 2 % aufweisen.

Die zu beschichtenden Flächen der Rohbetone oder Estriche müssen frei sein von Zementschlämmen, Zementhaut sowie von losen und mürben Teilen. Eventuell vorhandene Schwindrisse im Unterbau sind mittels Druckinjektionen aus lösungsmittelfreien Epoxidharzen kraftschlüssig zu verpressen.

Der Untergrund darf sich nach dem Auftragen der Abdichtung nur begrenzt verformen. Bei Untergründen, die schwinden und kriechen, müssen die Abdichtungen und Bekleidungsstoffe möglichst spät aufgebracht werden. Laut Merkblatt „Hinweise für die Ausführung von Verbundabdichtungen mit Bekleidungen und Belägen aus Fliesen und Platten für den Innen- und Außenbereich" (ZDB, 2005), Abschnitt 3.3, gilt als Richtwert, dass auf Untergründen aus Beton nach DIN 1045 die Abdichtungen und Belagsstoffe erst ca. 6 Monate nach Herstellung aufgebracht werden dürfen. Bei Untergründen, bei denen die erwähnten Formänderungen weitgehend abgeschlossen sind, kann die angegebene Zeitspanne kürzer sein. Die Maßgenauigkeit und Lage des Untergrundes soll der fertigen Fläche entsprechen. Für die Beurteilung der Ebenflächigkeit gelten die erhöhten Anforderungen nach DIN 18202.

Alle Rohbauflächen müssen eine Haftzugfestigkeit von ≥ 1,5 N/mm² besitzen und sollen weniger als 5 % Eigenfeuche haben. Erforderlichenfalls sind sie durch Sandstrahlen, Flammstrahlen oder gleichwertig vorzubehandeln.

5.5.3 Grundierung

Nach dem Entstauben der Rohbauoberflächen sind diese mit einem ungefüllten Reaktionsharz mit ca. 300 bis 400 g/m², je nach Saugfähigkeit des Untergrundes, zu bestreichen oder einzuwalzen. Damit soll eine intensive kapillare Verklammerung der Dichtschicht mit dem Untergrund erreicht werden. Diese Beschichtung ist nach den Angaben des Herstellers in der Regel im frischen Zustand mit feuergetrocknetem Quarzsand 0,1 bis 0,5 mm zu besanden.

5.5.4 Fugenüberdeckung

Boden-Wand-Anschlüsse, Bewegungsfugen, Durchdringungen, Übergänge usw. müssen, soweit sie nicht in Anlehnung an DIN 18195-9 behandelt werden, mit flexiblen, selbstklebenden, mit dem Reaktionsharz kunststoffverträglichen Fugenbändern überdeckt werden. Erforderliche Schlaufen sind dabei einzumodellieren. Das Selbstkleben dient nur als Montagehilfe, die eigentliche Arretierung erfolgt mit der nachfolgenden Beschichtung über die perforierten Seitenstreifen der Fugenbänder. In besonderen Fällen können diese Bänder auch zwischen die erste und zweite Beschichtungslage eingebaut werden.

5.5.5 Beschichtung in 2 Lagen

Es folgt eine erste Kunststoffdichtbeschichtung mit einem lösungsmittelfreien, hochflexiblen Reaktionsharz mit einer Mindestdehnung (im ausgehärteten Zustand) von ca. 60 %. Die Beschichtung ist nach Angabe des Herstellers mit einem Auftrag von ca. 1.200 bis 1.500 g/m² mit nachfolgender Absandung mit trockenem Quarzsand der Körnung 0,1 bis 0,5 mm herzustellen. Nach Verfestigung ist der Sandüberschuss abzukehren. Folgt die zweite Kunststoffdichtbeschichtung mit dem gleichen hochflexiblen Reaktionsharz innerhalb von 24 Stunden, dann kann in den meisten Fällen diese Absandung entfallen.

Die zweite Kunststoffbeschichtung entspricht in ihrer Materialqualität der ersten. Der Auftrag soll bei 1.500 g/m² liegen und eine nachfolgende Absandung mit der Körnung 0,5 bis 1,0 mm erhalten. Nach Verfestigung ist der Quarzsandüberschuss abzukehren.

Die Abstreuung der zweiten Dichtschicht dient als Haftbrücke für den zu verlegenden keramischen Belag, der im Dünn- bzw. Mittelbett verlegt werden kann. Unmittelbar auf die nach 12 bis 48 Stunden fertig erhärteten, besandeten Reaktionsharz-Abdichtungsschichten können ohne besondere Tragestrich- oder Schutzschichten Fliesen oder Platten verlegt werden.

Zur Ausführung der hier beschriebenen Beschichtungen sollten nur erfahrene Fachfirmen herangezogen werden, die geschult sind und korrekt nach den Empfehlungen der Kunststoffhersteller arbeiten. Es sollten nur Werkstoffe verarbeitet werden, deren Eignung für den Einsatz auf Balkonen und Terrassen durch allgemeine bauaufsichtliche Prüfzeugnisse nachgewiesen wird.

5.5.6 Durchdringungen und Bodenabläufe

Durchdringungen werden mit vom Kunststoffhersteller zu liefernden Dichtflanschen und/oder Dichtmanschetten in die Abdichtungen eingebunden. Es muss bei der Planung sichergestellt sein, dass mindestens 30 cm Arbeitsraum zu aufgehenden Bauteilen vorhanden ist.

Bodenabläufe sind mit Klebe- oder tiefer gelegten Los- und Festflanschen zu verwenden. Es muss sichergestellt sein, dass die Befestigungsschrauben des Losflansches unterhalb der Abdichtungsebene liegen. An den Flanschen können je nach Empfehlung des Reaktionsharzherstellers Trägergewebe, Vliese oder Folien angeschlossen und in die Verbundabdichtung eingearbeitet werden.

6 Dränageschichten

6.1 Allgemeine Angaben

Für die Ausführung von Dränageschichten und den Einbau von Dränagerosten geltende Vorschriften, Richtlinien und Normen:

Fachregel für Dächer mit Abdichtungen – Flachdachrichtlinien (ZVDH, 2003)

Merkblatt Außenbeläge – Belagskonstruktionen mit Fliesen und Platten außerhalb von Gebäuden (ZDB, 2005)

Behindertengleichstellungsgesetz (BGG), in Kraft getreten am 1.5.2002

DIN 1055-3	Einwirkungen auf Tragwerke – Teil 3: Eigen- und Nutzlasten für Hochbauten (2002-10)
DIN 1986-100	Entwässerungsanlagen für Gebäude und Grundstücke – Teil 100: Zusätzliche Bestimmungen zu DIN EN 752 und DIN EN 12056 (2002-03) und Berichtigung 1 (2002-12)
DIN 18025-1	Barrierefreie Wohnungen; Wohnungen für Rollstuhlbenutzer; Planungsgrundlagen (1992-12)
DIN 18195-5	Bauwerksabdichtungen – Teil 5: Abdichtungen gegen nichtdrückendes Wasser auf Deckenflächen und in Nassräumen; Bemessung und Ausführung (2000-08)
DIN 18195-9	Bauwerksabdichtungen – Teil 9: Durchdringungen, Übergänge, An- und Abschlüsse (2004-03)

Durch Fliesen- und Plattenbeläge auf Balkonen und Dachterrassen ist, wie bereits näher in Kapitel 5 erläutert, keine Abdichtung gegen Niederschlagswasser, wie Regen oder schmelzenden Schnee, zu erzielen.

Tragende Estriche unter Oberflächenbelägen können unter den normalen Bedingungen auf Baustellen kaum wasserundurchlässig, bestimmt aber nicht wasserdicht hergestellt werden.

Das heißt, bei einer durchaus richtigen Bauausführung dringt bei Balkonen und Terrassen das Niederschlagswasser immer durch Oberflächenbeläge, besonders im Bereich der Fugen, durch den Estrich hindurch bis zur darunter liegenden Abdichtung ein. Es muss auf deren geneigter Oberfläche aufgefangen und zu Rinnen oder Abflüssen geführt werden.

Das die Plattenbeläge und den Tragestrich durchdringende ursprüngliche Oberflächenwasser sickert bei geringer Neigung in den Kapillaren des Estrichs in Richtung des Gefälles ab.

Dieses Sickerwasser führt häufig ungebundene Kalkteilchen in Form von gelöstem Kalkhydrat aus dem Plattenverlegemörtel und dem Estrich mit sich. Sie können sich mit der Zeit durch den dauernden Wechsel von nass und trocken in den Kapillaren des Estrichs ablagern. In Trockenperioden bildet sich unter Luftzutritt aus den Ablagerungen wasserunlösliches Calciumcarbonat.

Das führt zur teilweisen Verstopfung der Sickerwege. Damit ist der Wasserabfluss auf der Abdichtungsschicht gestört. Das sich als Wasserfilm und in Form von Pfützen auf der Abdichtung ansammelnde Wasser kann im Winter zu Frostschäden führen. Ebenso vergrößert das in den Hohlräumen und Poren des Estrichs und des Verlegemörtels angestaute Wasser beim Gefrieren sein Volumen und der entstehende Eisdruck wird bei wassergesättigten Hohlräumen zum Sprengdruck. Abgelöste Fliesen und Platten, Abplatzungen und Auffrierungen an den Bodenbelägen sind die Folge.

Die meisten Körper ziehen sich beim Erstarren zusammen. Wasser jedoch dehnt sich beim Gefrieren aus, deshalb ist es neben Rost und Gips ein preiswertes Sprengmittel. Ursache hierfür ist die starke Volumenvergrößerung von 9 % beim Wechsel vom flüssigen in den festen Aggregatzustand. Verhindert man diese Ausdehnung, so entsteht ein beachtlicher Druck mit entsprechender Sprengkraft.

Ansonsten wird das im Estrich nicht oder nur unvollkommen abfließende Wasser bei jeder größeren Erwärmung durch den Estrich und durch den Fliesen- oder Plattenbelag diffundieren und dabei an dessen Oberfläche Ablagerungen (Ausblühungen) hinterlassen, besonders auf der Oberfläche des Fugennetzes.

Die meisten Natursteinsorten werden durch Wasseraufnahme dunkler und farbintensiver. Dies ist für geeignete frostsichere Materialien unschädlich, weil sie nach der Trocknung wieder ihre ursprüngliche Farbe erlangen. Schädlich sind jedoch lang anhaltende Belastungen durch Staunässe, erst recht, wenn Belag und Mörtelschicht ungedränt auf Pfützen bildenden Abdichtungen verlegt sind, denen meist auch das notwendige Gefälle fehlt. Es ist die häufigste Ursache für Verfärbungen und Ausblühungen an der Oberfläche der Natursteinplatten, wenn dieses kalkhaltige Sickerwasser an der Oberfläche des Belages verdunstet.

Im Dünnbettmörtel verlegte Fliesen und Platten im Außenbereich, also auf Balkonen und Terrassen, sind aufgrund der hohen Nassbelastung besonderen Risiken ausgesetzt. Bei über einen längeren Zeitraum angestautem, nur unvollkommen abfließendem Wasser besteht bei hoch kunststoffvergüteten Klebern die Gefahr der Verseifung. Der Klebemörtel verliert dann seine erforderliche Festigkeit. Bei der Verlegung des Plattenbelages muss hier immer eine hohlraumfreie Verlegung erzielt werden. DIN 18157-1 besagt in Abschnitt 7.3.3, dass im Außenbereich das kombinierte Buttering-Floating-Verfahren anzuwenden ist, um Hohlräume im Dünnbettmörtel zu vermeiden, in denen sich Wasser anreichern kann. Die Dünnbettmörtelhersteller bieten seit geraumer Zeit sog. Fließbettmörtel an, mit denen sich die Bodenbeläge aus Fliesen und Platten rationeller, kostengünstiger und sicher hohlraumfrei verlegen lassen.

Zur Vermeidung von Unzulänglichkeiten durch nicht abfließendes, angestautes Wasser ist zwischen der Abdichtungsschicht und dem Tragestrich eine besondere Dränageschicht anzuordnen, die für den schnellen und gefahrlosen Abfluss des eingesickerten Wassers auf der Dichtschicht sorgt. Im Merkblatt „Außenbeläge – Belagskonstruktionen mit Fliesen und Platten außerhalb von Gebäuden" (ZDB, 2005) wird in Abschnitt 1.8 folgende Forderung gestellt: *„Kapillarbrechende Dränageschichten sind bei Lastverteilschichten ohne Verbundabdichtung erforderlich."*

Das heißt, Dränageschichten müssen immer bei Estrich ohne Verbundabdichtung eingebaut werden. Verbundabdichtungen (alternative Abdichtungen) sind spezielle Abdichtungen, die oberhalb der zementären Tragschicht liegen und auf denen direkt keramische Beläge hohlraumfrei verlegt werden (siehe Kapitel 5.4).

Ebenso fordert die DIN 18195-5 im Abschnitt 6.5: *„Wird der Wasserabfluss durch die Belagsschichten so weit verzögert, dass daraus Schäden zu erwarten sind, sind Dränschichten auf der Abdichtung erforderlich."*

Die Dränageschicht ist auf der im Gefälle liegenden Abdichtung auf einer Trennschicht anzuordnen. Die Wasserabführung muss durch die Dränageschicht verzögerungsfrei und rückstaufrei gewährleistet sein. Eine Forderung, die erfüllt sein muss, damit Eisbildungen im Winter unterhalb des Tragestrichs sowie im Tragestrich und im Verlegemörtel, Ausblühungen und Verfärbungen an der Belagsoberfläche und Versagen des Dünnbettmörtels vermieden werden.

Deshalb sollten Dränmatten zum Einsatz kommen, die mindestens eine Dicke von 12 mm, besser von 16 mm haben. Sie sollten eine hohe Entwässerungsleistung und Wasserableitung aufweisen und die nach DIN 1055-3, Tabelle 1, geforderten lotrechten Nutz- und Einzellasten schadlos aufnehmen können. Die Dränmatten dürfen keine Schäden an der Abdichtungsschicht durch Punkt- und Linienlasten oder Materialunverträglichkeiten verursachen.

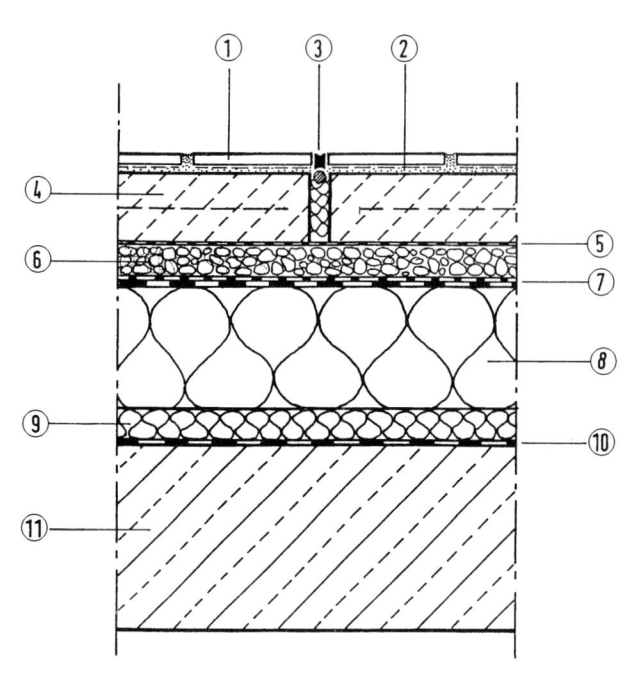

(1) Fliesen oder Platten
(2) Verlegemörtel
(3) Bewegungsfuge
(4) Zementestrich mit Bewehrung
(5) wasserdurchlässige, jedoch Zementschlämme zurückhaltende Kiesbettabdeckung
(6) Kiesbett (Körnung 8 bis 16 mm) mit Kiesverfestiger, ca. 3,5 mm dick
(7) Dichtschicht mit Trennschicht im Gefälle
(8) Wärmedämmung
(9) Trittschalldämmung
(10) Dampfsperre mit Trennschicht
(11) Stahlbetondecke mit Oberflächengefälle

Abb. 6.1: Systemskizze für eine Kiesbettdränage einer wärmegedämmten Terrasse

6.2 Ausführungsarten

6.2.1 Kiesbettdränagen

Die älteste Ausführung ist die Dränageschicht aus verdichtetem Kiesmaterial der Körnung 8 bis 16 mm.

Als Gleit- und Trennschicht wird die Abdichtung der Terrasse oder des Balkons mit Polyethylen-(PE-)Folie mit einem Flächengewicht von 140 bis 180 g/m², Rohglasvlies o. Ä. abgedeckt. Darauf wird das Kiesfiltermaterial in einer Dicke von ca. 3,5 cm eingebaut und eben, im Gefälle, abgezogen. Kiesverfestiger wird nach Vorschrift des Herstellers aufgebracht. An den freien Balkon- und Terrassenrändern müssen entsprechend hohe, nicht rostende, gelochte Spezialprofile vorgesehen werden, die dem Wasser rückstaufreien Abfluss gewähren, dabei aber dem Filtermaterial als feste Randstützen dienen. Die Filterschicht ist mit einer wasserdurchlässigen Abdeckung zu versehen, die jedoch das Eindringen von Zementschlämmen in die Filterschicht beim Estricheinbau wirksam verhindert.

Das Einbausystem einer Kiesbettdränage ist in Abb. 6.1 dargestellt und beschrieben.

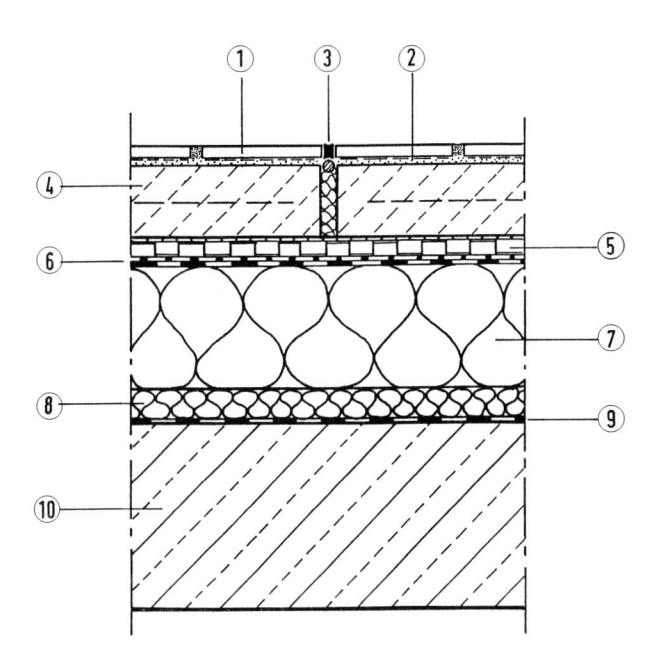

(1) Fliesen oder Platten
(2) Verlegemörtel
(3) Bewegungsfuge
(4) Zementestrich mit Bewehrung
(5) Kunststoff-Dränagesystem
(6) Dichtschicht mit Trennschicht im Gefälle
(7) Wärmedämmung
(8) Trittschalldämmung
(9) Dampfsperre mit Trennschicht
(10) Stahlbetondecke mit Oberflächengefälle

Abb. 6.2: Systemskizze für eine Matten- oder Plattendränage einer wärmegedämmten Terrasse

6.2.2 Dränagen aus Kunststoffplatten oder -matten

Es gibt eine Reihe industriell vorgefertigter unverrottbarer Kunststoff-Dränagematten bzw. -platten mit oberer Filtervliesabdeckung (Glasgittergewebearmierung), die das aus allen Richtungen anfallende Oberflächenwasser schadlos abführen können. Sie werden in verschiedenen Varianten und Größen angeboten. Die unterschiedlichen Möglichkeiten der Stoßüberlappungen der Matten sind zu berücksichtigen, damit kein Zementestrich bzw. Verlegemörtel in den Stoßbereich gelangt.

Bei der Verlegung auf bituminösen Dichtschichten ist durch Einbau geeigneter steifer Trennlagen unter den Dränageplatten oder -matten dafür Sorge zu tragen, dass bei der Erwärmung der Balkon- und Terrassenflächen die Wasserrinnen und -eintrittsschlitze nicht durch erweichende Bitumenbaustoffe verschlossen werden. Bei hochpolymeren Dichtschichten ist auf die Kunststoffverträglichkeit sich berührender Baustoffe zu achten. Falls erforderlich, sind geeignete Trennlagen vorzusehen.

Der Einbau einer Dränage aus Kunststoffmatten oder -platten ist in Abb. 6.2 dargestellt und beschrieben.

Die Dränagematten dürfen an den Balkon- oder Terrassenrändern keine Abflussquerschnittsverengung durch die Randprofile, Dränabschlussprofile oder Einfassungen erfahren. An den Balkon- und Terrassenrändern sollten bei dieser Dränageausbildung geeignete, nicht rostende Profile eingebaut werden, die den ungehinderten Wasseraustritt gewährleisten und in den Ansichtsflächen für saubere Abschlüsse und Kanten sorgen.

Regenwasser und Sickerwasser, das ungehindert an den Stirnseiten der Balkonkragplatten abläuft, hinterlässt unansehnliche Schmutzfahnen. Die Bausubstanz wird von unkontrolliert abtropfendem Wasser durchfeuchtet und Nachbarn in darunter liegenden Stockwerken könnten davon beeinträchtigt werden. DIN 1986-100 „Entwässerungsanlagen für Gebäude und Grundstücke" besagt in Abschnitt 9.1: *„Balkone und Loggien sollten einen Ablauf oder eine vorgehängte Rinne erhalten. Nur wenn Dritte dadurch nicht beeinträchtigt werden, darf das Regenwasser auch direkt über Wasserspeier oder Tropfleisten auf das Grundstück abgeleitet werden."*

Rinnensysteme mit passenden Randprofilen und Fallrohrelementen sind für die gezielte Abführung von Oberflächen- und Sickerwasser an Balkonen, Loggien und Dachterrassen dringend zu empfehlen.

6.2.3 Dränageroste für barrierefreie, behindertengerechte, schwellenfreie Übergänge

Der Bundestag hat im Jahr 2002 mit Zustimmung des Bundesrates das Behindertengleichstellungsgesetz (BGG) beschlossen, das in Abschnitt 1 § 4 die Barrierefreiheit und in Abschnitt 2 § 8 die Herstellung von Barrierefreiheit in den Bereichen Bau und Verkehr regelt. Der Gesetzgeber hat damit die Voraussetzungen dafür geschaffen, dass Rollstuhlfahrer und Gehbehinderte in Zukunft weniger Einschränkungen ihrer Bewegungsfreiheit antreffen werden.

Die Ausführung barrierefreier Übergänge an Balkon- und Terrassentüren zählt zu den komplizierten Detaillösungen an Gebäuden – unabhängig von der ohnehin nicht einfachen Rechtslage. Die Barrierefreiheit ist mit den zurzeit geltenden technischen Richtlinien nicht immer in Einklang zu bringen. Zwischen Auftraggeber und Ausführenden sollte Auftragsklarheit bestehen, um spätere haftungsrechtliche Komplikationen zu vermeiden. Der Auftraggeber muss vom Planer und auch vom Auftragnehmer umfassend über diese Ausführung informiert und beraten werden.

Eine sorgfältige Planung und Ausführung der barrierefreien Türschwellenanschlüsse auf Balkonen und Terrassen ist auch notwendig durch die hohen Belastungen durch Niederschläge, Sommer wie Winter, extreme Temperaturwechsel und die Gefahr von Wärmebrücken.

Zu beachten ist hier DIN 18025-1 „Barrierefreie Wohnungen", Abschnitt 5.2: *„Untere Türanschläge und -schwellen sind grundsätzlich zu vermeiden. Soweit sie technisch unbedingt erforderlich sind, dürfen sie nicht höher als 2 cm sein."*

Die DIN 18195-5 „Abdichtungen gegen nichtdrückendes Wasser auf Deckenflächen und in Nassräumen" verlangt in Abschnitt 8.1.5: *„Die Abdichtung von waagerechten oder schwach geneigten Flächen ist an anschließenden, höher gehenden Bauteilen im Regelfall mindestens 150 mm über die Schutzschicht, die Oberfläche des Belages oder der Überschüttung hochzuführen und dort zu sichern (siehe DIN 18195-9). Ist dies im Einzelfall nicht möglich, z. B. bei Bal-*

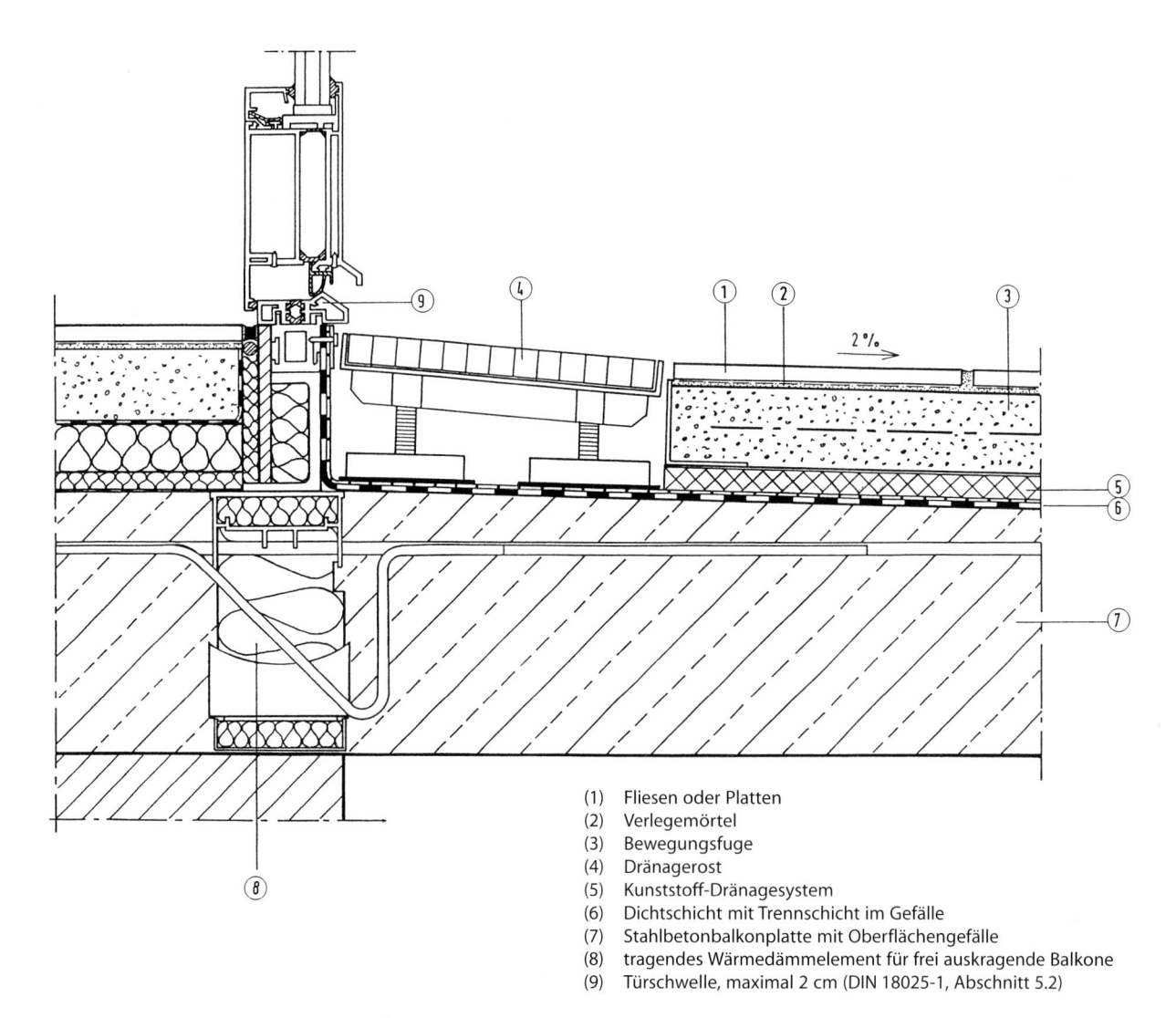

(1) Fliesen oder Platten
(2) Verlegemörtel
(3) Bewegungsfuge
(4) Dränagerost
(5) Kunststoff-Dränagesystem
(6) Dichtschicht mit Trennschicht im Gefälle
(7) Stahlbetonbalkonplatte mit Oberflächengefälle
(8) tragendes Wärmedämmelement für frei auskragende Balkone
(9) Türschwelle, maximal 2 cm (DIN 18025-1, Abschnitt 5.2)

Abb. 6.3: Systemskizze für einen barrierefreien Übergang zur Balkontüre mit Dränagerost und Kunststoff-Dränagesystem

kon- oder Terrassentüren, sind dort besondere Maßnahmen gegen das Eindringen von Wasser oder das Hinterlaufen der Abdichtung einzuplanen (z. B. ausreichend große Vordächer, Rinnen mit Gitterrosten)."

In den Flachdachrichtlinien (ZVDH, 2003), Abschnitt 5.3 „Anschlüsse an Türen", heißt es: *„Eine Verringerung der Anschlusshöhe ist möglich, wenn bedingt durch die örtlichen Verhältnisse zu jeder Zeit ein einwandfreier Wasserablauf im Türbereich sichergestellt ist. Dies ist dann der Fall, wenn sich im unmittelbaren Türbereich Terrassenabläufe oder andere Entwässerungsmöglichkeiten befinden. In solchen Fällen sollte die Anschlusshöhe jedoch mindestens 0,05 m betragen (oberes Ende der Abdichtung oder von Anschlussblechen unter dem Wetterschenkel/Sockelprofil). (…) Barrierefreie Übergänge sind Sonderkonstruktionen. In diesen Fällen ist eine Koordination zwischen Planer und Ausführenden erforderlich. Die Abdichtung allein kann die Dichtigkeit am Türanschluss nicht sicherstellen. Deshalb sind zusätzliche Maßnahmen erforderlich, z. B.:*

- *Terrassenabläufe im Türbereich*
- *beheizbarer, wannenförmiger Entwässerungsrost mit direktem Anschluss an die Entwässerung*
- *Gefälle*
- *Spritzwasserschutz durch Überdachung*
- *usw."*

In der DIN 18195-9 werden in Abschnitt 5.4.4 die Möglichkeiten der Anordnung der Abdichtung bei Türschwellen und Türpfosten beschrieben.

Sind die mindestens 15 cm hohen *„Aufkantungshöhen im Einzelfall nicht herstellbar (z. B. bei behindertengerechten Hauseingängen, Terrassentüren, Balkon- oder Dachterrassentüren), so sind dort besondere Maßnahmen gegen das Eindringen von Wasser oder das Hinterlaufen der Abdichtung einzuplanen. So sind z. B. Türschwellen und Türpfosten von der Abdichtung zu hinterfahren oder an ihrer Außenoberfläche so zu gestalten, dass die Abdichtung z. B. mit Klemmprofilen wasserdicht angeschlossen werden kann.*

Schwellenabschlüsse mit geringer oder ohne Aufkantung sind zusätzlich z. B. durch ausreichend große Vordächer, Fassadenrücksprünge und/oder unmittelbar entwässerte Rinnen mit Gitterrosten vor starker Wasserbelastung zu schützen. Das Oberflächengefälle sollte nicht zur Tür hin gerichtet sein."

Beim Einbau von Dränagerosten für barrierefreie Übergänge vor Balkon- und Terrassentüren entsteht eine zusätzliche Wasserbelastung für den Dränagerostbereich durch schräg auftreffende Niederschläge, die an der Fassade über der Türe und im Türbereich (Verglasung) auftreffen und dort abrinnen. Diese Wassermengen gelangen durch den Rost auf die Abdichtungsebene und müssen über die Dränagematten zusätzlich abgeleitet werden.

Gebäudestandort, Hauptwindrichtung, Neigungswinkel des auftreffenden Regens und regionale Niederschlagsmengen bestimmen die Intensität der zusätzlichen Wasserbelastung.

Die DIN 1986-100 „Entwässerungsanlagen für Gebäude und Grundstücke" enthält in Tabelle A.1 die regional zu erwartenden Regenspenden (siehe auch Kapitel 1.5.2).

Die Dränageroste ohne Schmutzgitter stellen eine Gefahr für die Dränagematten dar. Durch die Öffnungen der Abdeckroste dringen im Laufe der Zeit Schmutz, Laub und Samen ein und verengen den Anschluss zur Flächendränage. Die Folge sind Verstopfungen bis zum völligen Versagen der Dränagefunktion. Der somit unvermeidliche Rückstau durchfeuchtet die Schutz- und Lastverteilungsschicht. Bei herbst- und winterlichen Witterungsverhältnissen (Schneeregen, Frost, tagsüber Schneeschmelze mit anschließendem Nachtfrost) wird dies unweigerlich zu Schäden an Estrich und Plattenbelag führen.

Abhilfe bringt ein direkt unter dem Dränagerost eingebautes, rostfreies, feinmaschiges Schmutzgitter, das als Grobfilter wirkt und Laub und größere Partikel fern hält. Es sollte sich wartungsfreundlich mit wenigen Handgriffen leicht ausbauen und reinigen lassen.

Dränageroste mit großen, breiten Stegen, Schlitz- oder Lochroste sind ungeeignet. Diese horizontalen Flächen belasten durch auftreffende Regentropfen die Anschlüsse zwischen Türrahmen und Terrassentür erheblich mit Rückspritzwasser. Die Dränageroste sollen eine gitterartige Oberfläche mit schmalen Stegen aufweisen. Durch rampenartigen Einbau, zur Eingangstür ansteigend, bietet der Rost einen erhöhten Widerstand gegen den anströmenden Wind und die mitgeführten Wassermengen, Rückspritzwasser zum Türelement hin wird weitgehend vermieden. Durch verstellbare Standfüße mit Drehgewinde kann der schräge Einbau der Roste unproblematisch vorgenommen und millimetergenau justiert werden. Die Standfüße der Roste müssen eine große Auflagerfläche haben, damit die Abdichtung keinen Schaden nimmt. Es ist zweckmäßig, unter den Standfüßen lastverteilende Zwischenplatten einzubauen, die die Aufstandsflächen noch weiter vergrößern.

Bei bisher barrierefrei ausgeführten Übergängen für Terrassentüren liegt die Oberkante der Türschwelle meist nur gering über der Oberkante des Terrassenbelages. Dies hat zur Folge, dass die Oberkante der Abdichtung stets unterhalb der überfahrbaren Türschwelle endet – ein Detail mit schadensträchtigem Risiko für eine hermetische Abdichtung im Bereich der Türen. Diese barrierefreien Übergänge sind Sonderkonstruktionen und erfordern erhöhte Sicherheit und Umsicht in Bezug auf Planung, Ausführung und bauvertragliche Gestaltung.

Das Einbausystem eines barrierefreien Übergangs zur Balkontür ist in Abb. 6.3 dargestellt.

Diese Ausführungen müssen als Detail gesondert mit dem Bauherrn vereinbart und auch beauftragt werden.

7 Zementestriche unter Balkon- und Terrassenbelägen

7.1 Allgemeine Angaben

Trag- und Lastverteilschichten unter den Balkon- und Terrassenbelägen sowie Gefälleestriche sind prinzipiell zementgebundene Bauteile. Calciumsulfatbindemittel (Anhydrite) sind wegen ihrer Feuchtigkeitsempfindlichkeit als Bindemittel ausgeschlossen, Asphaltestriche erweichen unter den hohen Temperatureinwirkungen im Sommer und sind weniger geeignet. Zementestriche sind, wenn sie durch Taumittel beansprucht werden, in Anlehnung an die DIN 1045-1 herzustellen.

Zu beachtende Merkblätter des Fachverbandes Deutsches Fliesengewerbe im Zentralverband des Deutschen Baugewerbes (ZDB) e. V.:

Merkblatt Außenbeläge – Belagskonstruktionen mit Fliesen und Platten außerhalb von Gebäuden (ZDB, 2005)

Merkblatt Keramische Fliesen und Platten, Naturwerkstein und Betonwerkstein auf zementgebundenen Fußbodenkonstruktionen mit Dämmschichten (ZDB, 1995)

Merkblatt Bewegungsfugen in Bekleidungen und Belägen aus Fliesen und Platten (ZDB, 1995)

Merkblatt Mechanisch hoch belastbare keramische Bodenbeläge (ZDB, 2005)

Zu beachtende Hinweise des Bundesverbandes Estrich und Belag (BEB) e. V.:

BEB-Hinweisblatt Hinweise für Estriche im Freien, Zement-Estriche auf Balkonen und Terrassen (BEB, 1999)

BEB-Hinweisblatt Hinweise für die Verlegung von Estrichen in der kalten Jahreszeit (BEB, 1997)

BEB-Hinweisblatt Hinweise zur Verlegung von dicken Zement-Verbundestrichen (BEB, 1997)

BEB-Hinweisblatt Hinweise für Auftraggeber für die Zeit nach der Verlegung von Zementestrichen (BEB, 2001)

Zu beachtende Normen:

ATV DIN 18352	Fliesen- und Plattenarbeiten (2002-12) VOB/C	
ATV DIN 18353	Estricharbeiten (2005-01) VOB/C	
DIN 1045-1 bis -4	Tragwerke aus Beton, Stahlbeton und Spannbeton (2001-07)	
DIN 1164-10	Zement mit besonderen Eigenschaften – Teil 10: Zusammensetzung, Anforderungen und Übereinstimmungsnachweis von Normalzement mit besonderen Eigenschaften (2004-08) und Berichtigung 1 (2005-01)	
DIN 18560-1 bis -4	Estriche im Bauwesen (2004-04)	
DIN EN 197-1	Zement – Teil 1: Zusammensetzung, Anforderungen und Konformitätskriterien von Normalzement (2004-08)	
DIN EN 13318	Estrichmörtel und Estriche – Begriffe (2000-12)	
DIN EN 13813	Estrichmörtel, Estrichmassen und Estriche – Estrichmörtel und Estrichmassen – Eigenschaften und Anforderungen (2003-01)	

Kurzzeichen nach DIN EN 13813 „Estrichmörtel und Estrichmassen" (2003-01) nach dem verwendeten Bindemittel:

CT   Zementestrich
CA   Calciumsulfatestrich
SR   Kunstharzestrich
MA   Magnesiaestrich
AS   Gussasphaltestrich

Zur Bezeichnung der Eigenschaften unter anderem in DIN EN 13813 verwendete Abkürzungen:

C   Druckfestigkeit
F   Biegezugfestigkeit
A   Verschleißwiderstand nach Böhme
SH   Oberflächenhärte
E   Biegeelastizitätsmodul
B   Haftzugfestigkeit
IR   Schlagfestigkeit

Es sind Bindemittel, Gesteinskörnungen, Zusatzmittel, Zusatzstoffe und Wasser zu verwenden, die nachweislich für Estrichmörtel und Estrichmassen geeignet sind.

Nach DIN 18560-2 (2004-04), Abschnitt 7, sind schwimmende Estriche mit der Benennung „Estrich", der DIN-Hauptnummer, dem Kurzzeichen für die Estrichmörtelart und der Biegezugfestigkeits- bzw. Härteklasse nach DIN EN 13813 und darüber hinaus mit dem Buchstaben „S" für schwimmend sowie der Nenndicke der Estrichschicht in mm zu bezeichnen.

Tabelle 7.1: Überblick einiger Zementestrichbezeichnungen nach alter DIN 18560-1 (1992-05), neuer DIN EN 13813 (2003-01) und DIN 18560-2 (2004-04)

Estrich mit Bindemittel aus Zement	Bezeichnungen nach		
	DIN EN 13813 (2003-01)	DIN 18560-1 (1992-05)	DIN 18560-2 (2004-04)
	CT – C15 – F3	ZE 12	
	CT – C20 – F4		
	CT – C25 – F4	ZE 20	CT – F4
	CT – C30 – F5		
	CT – C35 – F5	ZE 30	CT – F5
	CT – C40 – F6		
	CT – C45 – F6	ZE 40	
	CT – C50 – F7		
	CT – C55 – F7	ZE 50	
	CT – C60 – F10		

Beispiel für die Bezeichnung von Zementestrich der Biegezugfestigkeitsklasse 4 (F4), schwimmend (S), mit 70 mm Nenndicke:

Estrich DIN 18560 – CT – F4 – S70

Nach DIN EN 13813 (2003-01), Abschnitt 7, sind Estrichmörtel und Estrichmassen zur Herstellung von Estrichen mindestens durch Art (siehe Abschnitt 3.2 der Norm) und Klasse mit Bezug auf jede normative Anforderung zu bezeichnen. Die Bezeichnung kann auf Wunsch auch weitere Eigenschaften enthalten, falls diese im Einzelfall erforderlich sind.

Beispiel für die Bezeichnung von Zementestrichmörtel der Druckfestigkeitsklasse C20 und der Biegezugfestigkeitsklasse F4:

EN 13813 CT – C20 – F4

Es ist zu beachten, dass die europäische Norm DIN EN 13813 (2003-01) die Anforderungen an Estrichmörtel festlegt, die für Fußbodenkonstruktionen in Innenräumen eingesetzt werden.

Im Allgemeinen müssen Estriche den vorgesehenen Beanspruchungen entsprechen, sie sind nach DIN 18560-1 auszuführen.

Estriche im Freien werden lediglich in DIN 18560-1 (2004-04) in Abschnitt 5.8 kurz erwähnt: *„Als Estriche im Freien eignen sich Gussasphalt- und Zementestriche. Hierfür sind Gussasphaltestriche in der Regel der Härteklasse IC 40 nach DIN EN 13813 zu verwenden. Zementestriche sind, wenn sie durch Taumittel beansprucht werden, in Anlehnung an DIN 1045-1 herzustellen."*

Die meisten Schäden in Balkon- und Terrassenbelägen sind unter anderem auf Fehler im Estrichaufbau zurückzuführen. Man bedenke, dass alle Unregelmäßigkeiten in der Bauausführung und selbst kleinste Rissbildungen in der Estrichschicht immer in dem relativ dünnen Oberbelag als Mängel in Erscheinung treten können. Deshalb ist auf besonders sorgfältige, den Bestimmungen und den Handwerksregeln entsprechende Arbeitsweisen zu achten.

Hinweise geben das „Handbuch für das Estrich- und Belaggewerbe" (Bundesfachgruppe Estrich und Belag im ZDB e. V. u. a., 2005) und das Buch „Estriche" (Timm, 2004).

Bei der Begutachtung unzähliger Bauschäden an Balkonen und Terrassen wurden die nachstehend aufgeführten Planungs- und Ausführungsfehler im Bereich der Estrichschicht besonders häufig vorgefunden:

- zu geringe Dicke der Estrichschichten,
- nicht gleichmäßig dick ausgeführte schwimmende Estrichschichten, z. B. zur Erzielung eines im Untergrund fehlenden Gefälles in der Belagsoberfläche,
- zu hoher Zementzusatz im Estrichmörtel, ungünstiges Verhältnis des Anmachwassers zur Zementmenge (Wasserzementwert) und ungeeignete Körnung der Mörtelzuschläge.

Diese 3 Faktoren erhöhen in erster Linie das Schwinden des eingebauten Estrichs und können zu Schwindrissen führen.

Weitere häufige Planungs- und Ausführungsfehler sind:

- zu geringer Zementanteil in der Mörtelmischung oder zu geringe Hydratation des zugegebenen Zements im (verdursteten, verbrannten) Estrich,
- zu großer Porenanteil im Estrichgefüge,
- zu geringe Druck- und Biegezugfestigkeit,
- fehlende bzw. nicht richtige Lage der Bewehrung im Estrich in Form von Gitter- oder Baustahlgewebe, besonders in Flächen, die großen Temperaturunterschieden ausgesetzt sind,
- Bewehrung, die durch die Bewegungsfugen hindurchgeht,
- nicht sachgemäß durch Kunststoffdruckinjektionen verschlossene Schwindrisse im Estrich,
- nicht kraftschlüssig verpresste Arbeitsunterbrechungsfugen (Kellenschnitte, Scheinfugen),
- Verwölbung und Aufschüsselung der Estrichflächen als Folge von zu frühzeitig erfolgter Verlegung von Fliesen oder Platten auf dem noch zu wenig geschwundenen Zementestrich mit nachfolgendem Bruch der Schichten unter Belastung,
- nicht fachgerecht eingebaute oder gar fehlende Bewegungsfugen in den Estrichflächen oder an deren Rändern,
- keine Koordinierung zwischen dem Fliesen- und Plattenraster und den Bewegungsfugen (mindestens 1 cm Breite) in der Estrichschicht,
- fehlende Nachbehandlung und zu schnelles Austrocknen des Zementestrichs.

Zur Vermeidung dieser hier angeführten Baufehler werden im Folgenden Empfehlungen gegeben und die entsprechenden technischen Vorschriften aus den anerkannten Regelwerken genannt.

Von der baukonstruktiven und handwerklichen Ausführung her unterscheidet man 3 verschiedene Zementestricharten auf Balkonen und Terrassen, für die die allgemeinen Anforderungen in DIN 18560-1 und die allgemeinen technischen Vertragsbedingungen für Bauleistungen (ATV) in DIN 18353 festgeschrieben sind:

- Zementverbundestriche, z.B. Gefälleestriche im kraftschlüssigen Verbund mit dem Untergrund (nach DIN 18560-3),
- Zementestriche auf Trennschichten, z.B. auf Dichtschichten von Balkonen (nach DIN 18560-4),
- Zementestriche auf Dämmschichten (schwimmende Estriche), z.B. auf Abdichtungen über Wärmedämmungen auf Dachterrassen (nach DIN 18560-2).

7.2 Zementestrichmörtelmischung

7.2.1 Zement

Geeignet sind alle in der DIN EN 197-1 genormten Zementarten der Festigkeitsklassen ≥ 32,5.

In Tabelle 7.2 folgt eine Zusammenstellung der Normzementarten mit ihren entsprechenden prozentualen Portlandzementklinkeranteilen nach DIN EN 197-1.

Je größer der Anteil an gemahlenem Portlandzementklinker in einem Zement ist, desto höher ist sein Kalkgehalt.

Da sich auch bei sorgfältiger Arbeit auf der Baustelle infolge von äußeren Einflüssen eine vollkommene wasserunlösliche Bindung durch Hydratation aller Kalkbestandteile nicht immer erreichen lässt, empfiehlt sich für Zementestriche auf Balkonen und Terrassen der Einsatz von kalkarmen Zementarten wie CEM II/B-S, besser CEM II/B-P oder CEM III/B.

Ungebundene Kalkteilchen im Zementestrich können sich unter späterer Wassereinwirkung lösen. In diesem Zustand steigen sie durch die Baustoffkapillaren zur Belagsoberfläche auf und lagern sich dort nach Verdunstung des Wassers als kristalliner Flor ab, der dann unter der Einwirkung der Kohlensäure der Luft als weißes, wasserunlösliches Calciumcarbonat in Form von „Ausblühungen" verbleibt.

Die Zusätze von Hüttensand im Hochofenzement bzw. von Trass- oder Lavamehl (natürliches Puzzolan) im Portlandpuzzolanzement haben die Eigenschaft, sich mit nicht völlig hydratisierten Kalkteilchen teilweise zu verbinden. Damit wird eine spätere Auflösung solcher Teilchen im Wasser weitgehend verhindert. Der Bundesverband der Deutschen Zementindustrie hat dies im Zement-Merkblatt B27 „Ausblühungen, Entstehung, Vermeidung, Beseitigung" (BDZ, 2003) ausführlich beschrieben.

Tabelle 7.2: Hauptzementarten nach DIN EN 197-1 (2004-08)[a]

Hauptzementarten	neu nach DIN EN 197-1	Kurzzeichen	Portlandzementklinkeranteil [%]
CEM I	Portlandzement	**CEM I**	95–100
CEM II	Portlandhüttenzement	**CEM II/A-S** **CEM II/B-S**	80– 94 65– 79
	Portlandsilikastaubzement	CEM II/A-D	90– 94
	Portlandpuzzolanzement	**CEM II/A-P** **CEM II/B-P** CEM II/A-Q CEM II/B-Q	80– 94 65– 79 80– 94 65– 79
	Portlandflugaschenzement	**CEM II/A-V** CEM II/B-V CEM II/A-W CEM II/B-W	80– 94 65– 79 80– 94 65– 79
	Portlandschieferzement	**CEM II/A-T** **CEM II/B-T**	80– 94 65– 79
	Portlandkalksteinzement	CEM II/A-L CEM II/B-L **CEM II/A-LL** CEM II/B-LL	80– 94 65– 79 80– 94 65– 79
	Portlandkompositzement	CEM II/A-M CEM II/B-M	80– 94 65– 79
CEM III	Hochofenzement	**CEM III/A** **CEM III/B** CEM III/C	35– 64 20– 34 5– 19
CEM IV	Puzzolanzement	CEM IV/A CEM IV/B	65– 89 45– 64
CEM V	Kompositzement	CEM V/A CEM V/B	40– 64 20– 38

[a] Die bisher in Deutschland genormten Zemente sind durch Fettdruck gekennzeichnet.

Hinweise zur Vermeidung von Wasseransammlungen auf der im Gefälle liegenden Abdichtung unter der Schutz- und Lastverteilschicht und Empfehlungen für den beschleunigten Abfluss des in den Estrich eingesickerten Wassers mit Hilfe von Dränagen wurden bereits im Kapitel 6 gegeben.

Um bauchemisch und bauphysikalisch bedingte Schwindvorgänge in Zementestrichen möglichst gering zu halten, sollte die der Mörtelmischung zugesetzte Zementmenge nie größer sein, als zur Erreichung der gewünschten Estrichfestigkeit erforderlich ist.

Die alte Estrichnorm DIN 18560 nannte noch folgende Zementmaximalmengen:

- 400 kg für 1 m³ verdichteten Zementestrich nach DIN 18560-2 (1981), Abschnitt 7.3.4, für schwimmende Estriche,
- 450 kg für 1 m³ verdichteten Zementestrich nach DIN 18560-3 (1985), Abschnitt 7.4, für Verbundestriche,
- 450 kg für 1 m³ verdichteten Zementestrich nach DIN 18560-4 (1985), Abschnitt 7.5, für Estriche auf Trennschicht.

Die neuen Estrichnormen DIN 18560 sowie DIN EN 13318 und die DIN EN 13813 geben im Hinblick auf die einem Zementestrich zuzusetzende Zementmenge keine zahlenmäßigen Empfehlungen mehr. Das führt mitunter dazu, dass einige Estricheinbaufirmen unter dem Gesichtspunkt „viel hilft viel", besonders bei sehr flüssig eingestellten, pumpfähigen Mischungen, anstelle von Betonverflüssigern (BV) übergroße Zementmengen beimischen und damit die Gefahr der Bildung von Schwindrissen erheblich erhöhen.

DIN 18560-1 (2004-04) führt jetzt in Abschnitt 7.5 lapidar an:

„Bei der Herstellung von Zementestrichmörtel sollte der Zementgehalt auf das notwendige Maß beschränkt werden."

Es empfiehlt sich daher für die vorsorgliche Estricheinbaufirma, zunächst mit den vorgesehenen Gesteinskörnungen (Zuschlägen) bei der geforderten Estrichfestigkeitsklasse und bei verschiedenen Zementzugaben Prüfungen durchzuführen, um die Zementmenge an ihrer unteren Grenze festlegen zu können.

In dem Kurzbericht „Zementestriche – Verbundestriche" (Bauberatung Zement Hannover, 1998) wird in Abschnitt 2 „Güteanforderungen" der Zementgehalt für 1 m³ Zementestrich angegeben:

Festigkeitsklasse des Zementestrichs ZE 20 (EN 13813 CT – C25 – F4):

- bei Gesteinskörnung 0 bis 4 mm: 390 kg/m³
- bei Gesteinskörnung 0 bis 8 mm: 360 kg/m³
- bei Gesteinskörnung 0 bis 16 mm: 320 kg/m³
- Festigkeitsklasse des Zementes CEM 32,5 R
- wirksamer Wasserzementwert w/z ≤ 0,62

Festigkeitsklasse des Zementstrichs ZE 30 (EN 13813 CT – C35 – F5):

- bei Gesteinskörnung 0 bis 8 mm: 410 kg/m³
- bei Gesteinskörnung 0 bis 16 mm: 365 kg/m³
- Festigkeitsklasse des Zementes CEM 32,5 R
- wirksamer Wasserzementwert w/z ≤ 0,53

7.2.2 Gesteinskörnungen für Mörtel

Gesteinskörnungen (Zuschläge) für Zementestriche auf Balkonen und Terrassen müssen der DIN EN 12620 (2003-04) „Gesteinskörnungen für Beton" entsprechen.

Gesteinskörnungen können natürlich, industriell hergestellt oder recycelt sein. Sie müssen frei sein von Stoffen organischen Ursprungs (z. B. Humus), von Ton, Lehm, Kohleteilchen und sonstigen quellfähigen Bestandteilen, von Stoffen, die das Erstarren und Erhärten nachteilig beeinflussen, und von Schwefelverbindungen und Stahl angreifenden Zusätzen.

Die Prüfung und die Überwachung der Gesteinskörnungen werden in der DIN EN 12620 geregelt.

Die Form der Gesteinskörnungen soll möglichst gedrungen (kugelig, würfelig) sein. Ein Gesteinskorn gilt als ungünstig geformt, wenn sein Verhältnis Länge zu Dicke (nicht Breite) größer als 3 : 1 ist. Nach DIN EN 12620, Abschnitt 4.4, wird die Kornform entweder durch die Plattigkeitskennzahl FI (**f**lakiness **i**ndex), Tabelle 8, oder durch die Kornformkennzahl SI (**s**hape **i**ndex), Tabelle 9, bestimmt. Die Plattigkeitskennzahl ist die Referenzgröße für die Bestimmung der Kornform von groben Gesteinskörnungen. Grobe Gesteinskörnung ist nach Abschnitt 3.9 die Bezeichnung für größere Korngruppen mit D nicht kleiner als 4 mm und d nicht kleiner als 2 mm.

Die Festigkeit der Gesteinskörnungen muss mit ausreichender Sicherheit höher sein als die später für den Estrich geforderte. Die Gesteinskörnungen müssen bei starker Durchfeuchtung und bei häufigen Frost-Tau-Wechseln ausreichend widerstandsfähig sein. Hinweise dazu enthält DIN EN 12620 im Anhang F. Für frostwiderstandsfähige Gesteinskörnungen muss der nach DIN EN 1367-1 „Prüfverfahren für thermische Eigenschaften und Verwitterungsbeständigkeit von Gesteinskörnungen – Teil 1: Bestimmung des Widerstandes gegen Frost-Tau-Wechsel" oder DIN EN 1367-2 „Prüfverfahren für thermische Eigenschaften und Verwitterungsbeständigkeit von Gesteinskörnungen – Teil 2: Magnesiumsulfat-Verfahren" bestimmte Frostwiderstand entsprechend der zutreffenden, in DIN EN 12620, Tabelle 18 oder 19, festgelegten Kategorie angegeben werden.

Für relativ dünne Verbundestriche (z. B. Gefälleverbundestriche) werden Gesteinskörnungen von 0 bis 4 mm eingesetzt.

Die Dicke der schwimmenden Estriche und der Estriche auf Trennschicht liegt in der Regel zwischen 50 und 80 mm. Hierfür sind Gesteinskörnungen von 0 bis 8 mm bestens zu empfehlen. Es sind aber auch Körnungen von 0 bis 16 mm zulässig. Diese haben den Vorteil geringeren Zementbedarfs. Zementestriche mit solchen gröberen

Tabelle 7.3: Aufbau der Gesteinskörnungen für Zementestriche nach DIN EN 13813 und DIN 18560-1 in Anlehnung an die Sieblinien nach DIN 1045

Gesteinskörnungen	Siebdurchgang in Masse-% der gesamten Gesteinskörnung bei Maschen- bzw. Lochweiten in mm						
	0,25	0,5	1,0	2,0	4,0	8,0	16,0
0– 4 mm	15–20	30–37	46–56	67–75	100	–	–
0– 8 mm	8–11	19–26	31–42	47–57	68–74	100	–
0–16 mm	5 – 8	15–20	22–32	31–42	46–56	68–76	100

Gesteinskörnungen neigen daher auch zu geringerem Schwinden.

Die Kornzusammensetzung der Gesteinskörnungen muss ein möglichst dichtes Gefüge mit einem Minimum an Hohlräumen zwischen den Einzelkörnern bilden. Das heißt, die Hohlräume zwischen der jeweils größeren Korngruppe müssen weitestgehend durch die jeweils kleinere Korngruppe ausgefüllt werden. Dies führt im Mörtelgefüge zur Einsparung von Zementschlämmen, verbunden mit einer Verringerung des Schwindens des Fertigestrichs.

7.2.3 Anmachwasser

Zum Mischen von Zementestrichmörteln ist reines Leitungswasser zu verwenden. Quellwasser muss durch eine Analyse voruntersucht werden. Wasser aus Teichen, Bächen oder Flüssen ist infolge von Verunreinigungen ungeeignet.

Wasser bildet im Estrichmörtel mit dem Bindemittel Zement den Zementleim. Durch chemische Reaktion (Hydratation) erhärtet der Zementleim und bindet die von ihm umhüllten losen Gesteinskörnungen zu Estrich. Der wirksame Wassergehalt w in einem Estrichmörtel setzt sich zusammen aus der Oberflächenfeuchte der Gesteinskörnungen und aus dem noch erforderlichen Zugabewasser, das beim Mischvorgang des Mörtels zugesetzt wird.

Das Masseverhältnis des wirksamen Wassergehaltes w zum Zementgehalt z in einem Estrichmörtel wird als Wasserzementwert (w/z-Wert) bezeichnet.

Mit steigendem w/z-Wert vergrößert sich das Ausmaß des Schwindens im fertigen Zementestrich.

Im Kurzbericht „Zementestriche – Verbundestriche" (Bauberatung Zement Hannover, 1998) sind für Verbundestriche die folgenden w/z-Werte angegeben:

- Festigkeitsklasse des Zementestrichs ZE 20
  (Estrich DIN 18560 – CT – F4 oder
  EN 13813 CT – C25 – F4) bei Zementmengen von
  320 bis 390 kg/m³ Fertigestrich: w/z-Wert 0,62,
- Festigkeitsklasse des Zementestrichs ZE 30
  (Estrich DIN 18560 – CT – F5 oder
  EN 13813 CT – C35 – F5) bei Zementmengen von
  365 bis 410 kg/m³ Fertigestrich: w/z-Wert 0,53.

Durch diese Forderung entstehen schwindarme Zementestriche der geforderten Festigkeitsklasse, aber auch relativ trockene Zementestrichmörtel, die auf Betondecken als Verbundestriche durch Verdichten (Rüttelbohle) gut verarbeitet werden können.

Zur Verarbeitung auf Dämm- und Trennschichten, auch wegen der Förderung durch Pumpen und Förderschläuche zum Verarbeitungsort, sind plastischere Zementestrichmörtel mit etwas höherem w/z-Wert unter Zusatz von geeigneten Zusatzmitteln nach DIN EN 934-3 (2004-03) „Zusatzmittel für Beton, Mörtel und Einpressmörtel – Teil 3: Zusatzmittel für Mörtel – Definitionen, Anforderungen, Konformität, Kennzeichnung und Beschriftung" erforderlich.

Fließzementestriche nivellieren sich weitgehend selbst und sind wegen des vorhandenen Gefälles auf Balkonen und Terrassen nicht geeignet und deshalb als Tragschicht unter Fliesen und Platten unbrauchbar.

7.2.4 Mörtelzusätze

Mörtelzusatzmittel sind flüssige oder pulverförmige Stoffe, die der Zementestrichmischung in geringer Menge zugegeben werden, um durch chemische und/oder physikalische Wirkung die Eigenschaften des Frisch- oder des Festestrichs in gewünschter Art zu beeinflussen.

Zementestrichzusätze dürfen mit den Mörtelbestandteilen keine störenden Verbindungen eingehen, die notwendigen Eigenschaften des Fertigestrichs nicht in unzulässiger Weise mindern und den Korrosionsschutz der Estrichbewehrung nicht beeinträchtigen.

Betonverflüssiger (BV) vermindern den Wasseranspruch des Zementestrichmörtels und verbessern seine Verarbeitbarkeit (Verbesserung der Pumpbarkeit, Erleichterung bei der Verdichtung). Sie sind so zu wählen, dass für die gewünschte Verarbeitungsweise der Mischung ein möglichst niedriger Wasserzementwert erreicht und das Schwinden des Estrichs dabei so gering wie möglich gehalten wird. Der Einfluss von Betonverflüssigern auf das Schwindverhalten des fertigen Estrichs wird in Kapitel 7.6.4 besonders behandelt.

Erstarrungsverzögerer (VZ) greifen bremsend in die chemische Reaktion (Hydratation) des Zements mit Wasser ein und bewirken ein verzögertes Erstarren des Zements und eine langsamere Wärmeentwicklung. Dieser Zusatz ist von großer Bedeutung, wenn der Zementestrich in Fertigbeton-Mischanlagen mit anschließendem Transport zur Baustelle und mit der Pumpe über Förderschläuche zum Einbauort befördert wird.

Fließmittel (BVF) bewirken eine Verminderung des Wasseranspruchs und/oder Verbesserung der Verarbeitbarkeit des Zementestrichmörtels. Sie sollten möglichst vermieden oder nur bei speziellen Erfahrungen eingesetzt werden, da sie die immer erforderliche Ausbildung von Estrichoberflächengefällen erheblich erschweren können.

Dichtungsmittel (DM) in Estrichen auf Balkonen und Terrassen sind nicht empfehlenswert. Es sind Stoffe, die die kapillare Wasseraufnahme verhindern sollen. Hydrophobierende Dichtungsmittel geben dem Zementestrich Wasser abweisende Eigenschaften. Quellende Dichtungsmittel wirken Poren verstopfend und können nur Poren abdichten, die verhältnismäßig klein sind. Keinesfalls sind sie in der Lage, einen schlechten, falsch zusammengesetzten Estrich abzudichten. Die Bauwerksabdichtung erfolgt durch besondere Abdichtungsschichten gegen nicht drückendes Wasser nach Kapitel 5. Dichtungsmittel bewirken in der Regel eine Verringerung der Estrichgüte und sind für Balkone und Terrassen nicht zu empfehlen.

Der Zusatz von **Frostschutzmitteln** (FM) bei Estrichmörteln ist abzulehnen, da Zementestriche nach DIN 18560-1, Abschnitt 7.5, nur bei Temperaturen über + 5 °C eingebaut werden dürfen. Solche Zugaben sind sehr häufig die Ursache späterer Ausblühungen im verlegten Fliesen- und Plattenbelag. Der beste Schutz vor möglichem Nachtfrost besteht für frische Zementestriche in einer fachgerechten wärmedämmenden Abdeckung.

7.2.5 Herstellung von Mörtelmischungen

Werden Zementestrichmischungen auf der Baustelle hergestellt, so sollten immer Zwangsmischer eingesetzt werden. Zement und Zuschläge der geeigneten Körnung sind pro Mischung abgewogen, das Wasser ist über einen automatischen Durchflussmengenmesser zuzugeben. Die DIN EN 13813 vermerkt im Abschnitt 5.1 „Allgemeines" unter anderem: *„Die Eigenschaften des Estrichs auf der Baustelle sind nicht immer direkt mit den unter Laborbedingungen ermittelten Estricheigenschaften vergleichbar, z. B. aufgrund von Unterschieden beim Mischen, Verdichten oder Nachbehandeln."*

Die auf Kleinbaustellen vorgenommenen, per Schaufel und Wassereimer zusammengesetzten Mischungen bergen ein hohes, nicht kalkulierbares Risiko, belasten die Zivilkammern der Gerichte und unterstützen Rechtsanwälte und Bausachverständige.

Die größte Sicherheit für die vorschriftsmäßige, korrekte Zusammensetzung von Zementestrichmischungen bieten zeitgerechte und auf dem Stand der Technik eingerichtete Hersteller von Transportmörteln. Hier kann eine optimale Gesteinskornzusammensetzung der Zuschläge durch die Zugabe aus mehreren Rohstofflagern mit verschiedenen Korngruppen erreicht werden. Durch automatische Wägung werden Zement und Zuschläge im richtigen Verhältnis zugesetzt. Das Zugabewasser wird unter der Berücksichtigung der Oberflächenfeuchte der Gesteinskörnung entsprechend dem gewünschten w/z-Wert beigemischt; Mörtelzusätze können genau dosiert werden.

7.3 Festigkeitsklassen der Zementestriche

Die Festigkeitsklassen für Zementestriche sind in der DIN EN 13813 „Estrichmörtel und Estrichmassen – Eigenschaften und Anforderungen" festgelegt. Die Anforderungen an die Eigenschaften eines Zementestrichs hängen vom vorgesehenen Verwendungszweck ab. Diese Eigenschaften werden in 2 Gruppen eingeteilt: Eigenschaften, die sich auf den frischen, nicht erhärteten Estrichmörtel beziehen und Eigenschaften, die sich auf den erhärteten Estrichmörtel beziehen.

Die erforderlichen zu prüfenden Eigenschaften der Estrichmörtel sind in Tabelle l der DIN EN 13813, Abschnitt 5.2, aufgeführt.

Nach der alten DIN 18560 waren Druck- und Biegezugfestigkeiten fest miteinander verbunden. Ein ZE 20 musste eine Druckfestigkeit von 25 N/mm^2 und eine Biegezugfestigkeit von 4 N/mm^2 besitzen. Nach DIN EN 13813 werden Biegezugfestigkeit und Druckfestigkeit getrennt voneinander angegeben.

Die Druckfestigkeit nach DIN EN 13813, Abschnitt 5.2.1, muss für Zementestrichmörtel vom Hersteller deklariert werden.

Die Druckfestigkeitsklasse ist mit dem Buchstaben **C** (**c**ompression = Druck) und der in N/mm^2 angegebenen Druckfestigkeit nach Tabelle 7.4 (siehe S. 111) zu bezeichnen. Für die Schutz- und Lastverteilschicht kommt C25 mit der Druckfestigkeit von 25 N/mm^2 oder höher zur Anwendung.

Die Biegezugfestigkeit nach DIN EN 13813, Abschnitt 5.2.2, muss für Zementestrichmörtel vom Hersteller deklariert werden.

Die Biegezugfestigkeitsklasse ist mit dem Buchstaben **F** (**f**lexural strength = Biegezugfestigkeit) und der in N/mm^2 angegebenen Biegezugfestigkeit nach Tabelle 7.5 (siehe S. 111) zu bezeichnen. Für die Schutz- und Lastverteilschicht kommt F4 oder F5 mit der Biegezugfestigkeit von 4 bzw. 5 N/mm^2 oder höher zur Anwendung.

Der Biegezugelastizitätsmodul nach DIN EN 13813, Abschnitt 5.2.11, von Estrichmörteln, mit Ausnahme von Gussasphaltestrichmassen, kann vom Hersteller deklariert und mit dem Buchstaben **E** (**E**lastizität) sowie dem Elastizitätsmodul in kN/mm^2 nach Tabelle 7.6 (siehe S. 111) bezeichnet werden. Der Elastizitätsmodul ist nach DIN EN ISO 178 zu bestimmen.

Die Haftzugfestigkeit nach DIN EN 13813, Abschnitt 5.2.12, für Zementestrichmörtel kann vom Hersteller deklariert werden. Die Haftzugfestigkeitsklasse wird mit dem Buchstaben **B** (**b**ond = Haftung) und der in N/mm^2 angegebenen Haftzugfestigkeit nach Tabelle 7.7 (siehe S. 111) bezeichnet.

Für schwimmende Zementestriche sind die Estrichnenndicken in Abhängigkeit von der Nutzlast bzw. der lotrechten Einzellast nach DIN 1055-3 und der Zusammendrückbarkeit der Dämmschicht c in der DIN 18560-2 „Estriche im Bauwesen – Teil 2: Estriche und Heizestriche auf Dämmschichten (schwimmende Estriche)" festgelegt. Als Nutzlasten sind in der DIN 1055-3 „Einwirkungen auf Tragwerke", Tabelle 1 „Lotrechte Nutzlasten", Zeile 21, für Dachterrassen und Balkone eine Flächenlast von q_k = 4 kN/m^2 und für Einzellasten Q_k = 2 kN angegeben. Somit sind in der DIN 18560-2 die Tabellen 3 und 4 für die

Tabelle 7.4: Druckfestigkeitsklassen für Estrichmörtel nach DIN EN 13813, Tabelle 2

Klasse	C5	C7	C12	C16	C20	C25	C30	C35	C40	C50	C60	C70	C80
Druckfestigkeit N/mm²	5	7	12	16	20	25	30	35	40	50	60	70	80

Tabelle 7.5: Biegezugfestigkeitsklassen für Estrichmörtel nach DIN EN 13813, Tabelle 3

Klasse	F1	F2	F3	F4	F5	F6	F7	F10	F15	F20	F30	F40	F50
Biegezugfestigkeit N/mm²	1	2	3	4	5	6	7	10	15	20	30	40	50

Tabelle 7.6: Biegezugelastizitätsmodulklassen für Zementestrich nach DIN EN 13813, Tabelle 10

Klasse	E1	E2	E5	E10	E20	um jeweils 5 höhere Klassen
Biegezugelastizitätsmodul kN/mm²	1	2	5	10	20	25, 30 usw.

Tabelle 7.7: Haftzugfestigkeitsklassen für Zementestrichmörtel nach DIN EN 13813, Tabelle 11

Klasse	B0,2	B0,5	B1,0	B1,5	B2,0
Haftzugfestigkeit N/mm²	0,2	0,5	1,0	1,5	2,0

Nenndicken und Biegezugfestigkeiten bzw. Härten unbeheizter Estriche auf Dämmschichten für lotrechte Nutzlasten für Dachterrassen und Balkone maßgebend.

In der ATV DIN 18353 „Estricharbeiten" wird unter Abschnitt 3.2.2 folgende Aussage gemacht: *„Anhydrit-, Magnesia- und Zementestriche auf Dämmstoffschichten zur Aufnahme von Stein- und keramischen Belägen müssen mindestens 45 mm dick, Zementestriche außerdem bewehrt sein."* Diese Dicke gilt nach der DIN 18560-2, Tabelle 1, nur für lotrechte Nutzlasten von ≤ 2 kN/m² und somit nur für Innenräume des Wohnungsbaues.

Für Zementestriche im Außenbereich sind normativ die Druck- und Biegezugfestigkeiten festgeschrieben. Optional sollten bei Transportzementestrichen die Verarbeitungszeit, das Schwinden und Quellen, die Konsistenz, der pH-Wert, der Biegezugelastizitätsmodul und die Haftzugfestigkeit angegeben sein.

7.4 Zementestricharten

7.4.1 Verbundestriche

Verbundestriche nach DIN 18560-3 werden unter Fliesen- und Plattenbelägen zum Ausgleich unebener Rohbetonflächen oder als Gefälleestrich mit ca. 2 % Oberflächengefälle mit einer Haftbrücke eingebaut, wenn das Gefälle nicht bereits in der Rohbaudecke vorgenommen wurde. Die Ebenheit muss den erhöhten Anforderungen der DIN 18202 entsprechen.

Der Rohbauuntergrund (Tragbeton) muss frei sein von Rissen, mürben Bestandteilen, Staub und losen Teilen und Zementschlämmeschichten geringer Festigkeit. Auf der Tragbetonoberfläche dürfen sich keine Verschmutzungen aus Öl, Kraftstoff, Mörtelresten, Anstrichmitteln o. Ä. befinden. Für eine optimale Behandlung der Tragbetonoberfläche kommt nach dem Entfernen haftmindernder Teile eine Säuberung mit Wasserstrahl und durch Absaugung in Frage. Vor dem Aufbringen des Verbundestrichs muss der Tragbeton pfützenfrei und leicht angetrocknet sein. Anschließend muss eine Haftbrücke aus Estrichmörtel, eventuell mit einer Kunststoffdispersion versehen, oder eine vorgefertigte industrielle Haftbrücke eingebürstet werden. Die Flächen sind so weit vorzubereiten, dass der Estrichmörtel frisch in frisch eingebaut werden kann.

Die Angaben in Abschnitt 3.1.1 der ATV DIN 18353 „Estricharbeiten" sind zu beachten.

Erforderlichenfalls muss der Estrichhersteller Bedenken nach § 4 Nr. 3 VOB/B geltend machen, wenn folgende und in Abschnitt 3.1.1 der Norm aufgeführte widrige Umständen vorliegen:

- unrichtige Lage und fehlende Höhe sowie ungenügende Tragfähigkeit des Untergrundes,
- ungeeignete Beschaffenheit des Untergrundes, z. B. Ausblühungen, zu wenig feste, zu glatte oder zu raue, zu trockene, zu feuchte oder gefrorene Flächen, Risse, ungeeignete oder mangelhaft ausgebildete Fugen,
- größere Unebenheiten des Untergrundes als nach DIN 18202 „Toleranzen im Hochbau" zulässig;

- Rohrleitungen oder Kabel auf dem Untergrund innerhalb des Verbundestrichs, wenn dieser als Nutzfläche verbleibt oder unmittelbar auf ihm im Dünn- oder Dickbett Fliesen oder Platten verlegt werden sollen,
- ungeeignete Temperaturen des Untergrundes oder des Umgebungsklimas.

Sollten sich im Stahlbeton-Verlegeuntergrund Schwindrisse befinden, so sind diese durch geeignete Verfahren (Druckinjektionen mit Zweikomponenten-Kunststoff, z. B. Epoxidharz) kraftschlüssig zu verpressen.

Zur Gewährleistung eines ausreichenden Haftverbundes des Zementestrichs mit dem Untergrund kann eine mechanische Bearbeitung der Oberfläche durch Schleifen, Hämmern, Kugel- oder Sandstrahlen erforderlich sein.

Die Dicke von Verbundestrichen sollte bei einschichtigem Zementestrich 50 mm nicht überschreiten und nach DIN 18560-3 aus fertigungstechnischen Gründen nicht weniger als etwa das Dreifache des Größtkorns der Gesteinskörnung betragen.

Gefälleverbundestriche sollen an der dünnsten Stelle nach den Abschnitten 2 und 5 des Kurzberichtes „Zementestriche – Verbundestriche" (Bauberatung Zement Hannover, 1998) mindestens 20 mm bzw. das Dreifache des Zuschlag-Größtkorns betragen. Sind z. B. aus Mangel an Aufbauhöhe geringere Estrichdicken auszuführen, so ist der Einbau vorgefertigter kunststoffvergüteter Zementmörtel oder von Ausgleichsmassen nach Angabe und unter Gewährleistung der Hersteller möglich.

Der Verbundzementestrich soll nach DIN 18560-3, Abschnitt 3.3 „Festigkeitsklasse", den Mindestanforderungen der Tabelle 1 der Norm entsprechen. Gefordert wird die Festigkeitsklasse bzw. Härteklasse nach DIN EN 13813 bei einem Zementestrich (CT) ohne Belag von ≥ C25/F4 bzw. bei einem Zementestrich (CT) mit Belag von ≥ C20/F3.

Diese Mindestforderung ist für den Außenbereich nicht akzeptabel und hängt auch von der Festigkeitsklasse des Tragbetons ab. Es sollte mindestens ein CT – C25 – F4, möglichst mit einem w/z-Wert von ≈ 0,60, sofort nach dem maschinellen Mischen eingebaut werden. Nach dem Auslegen von den im Gefälle zur Entwässerung liegenden Lehren wird der frische Zementestrichmörtel auf der Haftbrücke verteilt, abgezogen und gut verdichtet (Rüttelbohle oder Gleichwertiges). Nach dem Verdichten ist die Oberfläche zu verreiben, um eine ebene Oberfläche nach den erhöhten Anforderungen der DIN 18202 zu erreichen.

Beim Einbringen darf die Temperatur des Zementestrichmörtels + 5 °C nicht unterschreiten. Sie sollte anschließend wenigstens 3 Tage auf mindestens + 5 °C gehalten werden.

Der frisch eingebaute Zementverbundestrich ist möglichst 28 Tage durch geeignete Abdeckung vor Temperatureinflüssen (Sonne, Frost, Zugluft, Schlagregen) und erforderlichenfalls durch Anfeuchten der Oberfläche vor zu schneller Austrocknung zu schützen. Zementestriche sollten nicht vor Ablauf von 3 Tagen begangen und nicht vor Ablauf von 7 Tagen höher belastet werden.

Bewegungsfugen des Rohbaus sind an gleicher Stelle und in gleicher Breite im Verbundestrich zu übernehmen. Der Bundesverband Estrich und Belag gibt dazu Hinweise im BEB-Hinweisblatt „Hinweise für Fugen in Estrichen – Teil 1: Fugen in Industrieestrichen" (BEB, 1992).

Fugen von ca. 1 cm Breite sollen im Verbundestrich über allen Schein-, Press- und Arbeitsunterbrechungsfugen des Rohbaus angeordnet werden, sofern diese nicht durch Kunststoff-Druckinjektionen kraftschlüssig verpresst wurden.

Eventuell vorhandene Risse und Schein-, Press- und Arbeitsunterbrechungsfugen sind durch geeignete Verfahren (z. B. Druckinjektionen mit Zweikomponenten-Kunststoff) kraftschlüssig zu verpressen, so dass wieder eine ungestörte Tragschicht entsteht.

In den Anschlusszonen zu aufgehenden Bauteilen (Außenwänden, Stützen, Durchdringungen) sind im Verbundestrich 1 cm breite Fugen in der Dicke des Estrichs einzubauen, damit elastische Deformationen einzelner Konstruktionsteile nicht zu unkontrollierten Spannungen und damit zu Rissen im Verbundzementestrich führen.

Diese Fugen werden, ebenso wie die Bewegungsfugen, unter Berücksichtigung der Bauhöhen weiterer Schichten des Bodenaufbaus mit elastischen, unverrottbaren und geschlossenzelligen Kunststoffrandstreifen oder -platten verschlossen.

Eine weitere Unterteilung des Verbundestrichs durch Fugen in Einzelfelder ist nicht erforderlich. Sie könnte sich durch Abscheren des Zementestrichs an den Fugen vom Untergrund nachteilig auswirken.

Eine Bewehrung von Verbundestrichen mit Betonstahlmatten oder Edelstahlgittern ist nicht erforderlich und kann sich nachteilig auswirken, da die Verbundzone zwischen Haftbrücke und Zementestrich gestört werden könnte. Somit wird die Zone in ihrer Funktion geschwächt, die für das Verhalten des Verbundestrichs ausschlaggebend ist.

Sollten sich in Verbundestrichen, die unmittelbar mit Fliesen und Platten belegt werden sollen, trotz sorgfältiger Ausführung Schwindrisse bilden, so sind diese kraftschlüssig (z. B. mit Epoxidharz) zu vergießen oder mittels Druckinjektion kraftschlüssig zu verpressen.

Solche sorgfältig nachbehandelten Estrichflächen gelten bei späteren Verlegearbeiten mit Fliesen und Platten als rissfrei.

In Gefälleverbundestrichen unter Dämmschichten oder Abdichtungen nach DIN 18195-5 sind Schwindrisse geringer Ausdehnung im Allgemeinen ohne besondere schadensträchtige Bedeutung, wenn sie die Druckfestigkeit des Estrichs nicht mindern. Eine Nachbehandlung dieser Risse ist, soweit kein Versatz vorliegt, in der Regel nicht erforderlich.

7.4.2 Estriche auf Trennschichten und Dränageschichten

Ein Estrich auf einer Trennschicht mit ggf. darüber liegender Dränageschicht ist eine Trag- und Lastverteilungsschicht unter einem Fliesen- oder Plattenbelag auf einer in der Regel zweilagigen Trenn- und Gleitlage aus Polyestervlies, Glasfaservlies oder Polyethylenfolie über einer Abdichtung gegen nicht drückendes Wasser nach DIN

18195-5. Kapillarbrechende Dränageschichten sind bei Lastverteilungsschichten ohne Verbundabdichtung im Außenbereich immer erforderlich (siehe auch Merkblatt „Außenbeläge – Belagskonstruktionen mit Fliesen und Platten außerhalb von Gebäuden" [ZDB, 2005], Abschnitt 1.8). Bei zweilagiger Verlegung der Trennschicht dürfen Abdichtungen und Dampfsperren als eine Lage der Trennschicht gelten. Die Lagen der Trennschicht sollen glatt und ohne Aufwerfungen verlegt werden, durch sie darf kein Wasserstau entstehen.

Schutzlagen, Trennschicht oder Trennlage können durch geeignete Dränagesysteme ersetzt werden (Merkblatt „Außenbeläge – Belagskonstruktionen mit Fliesen und Platten außerhalb von Gebäuden" [ZDB, 2005], Abschnitt 1.7).

Die Dränagematten oder -platten sind mit einer wasserdurchlässigen Abdeckung kaschiert und werden auf der im Gefälle von 2 % liegenden Abdichtung auf den Trennschichten verlegt. Die Wasserabführung muss durch die Dränageschicht zur Innen- oder Außenentwässerung immer gewährleistet sein.

Eine Bewehrung ist nach ATV DIN 18352 „Fliesen- und Plattenarbeiten", Abschnitt 2.6, und ATV DIN 18353 „Estricharbeiten", Abschnitt 3.2.2, vorzusehen.

Die Angaben der ATV DIN 18353 „Estricharbeiten" sind zu beachten, erforderlichenfalls muss der Estrichhersteller Bedenken nach § 4 Nr. 3 VOB/B geltend machen, wenn mit den in Abschnitt 3.1.1 der Norm aufgeführten widrigen Umständen gerechnet werden muss.

Ein Estrich auf einer Trennschicht muss über die gesamte Fläche von gleicher Dicke sein. Die Dicke muss nach dem Merkblatt „Außenbeläge – Belagskonstruktionen mit Fliesen und Platten außerhalb von Gebäuden" (ZDB, 2005), Abschnitt 1.9 „Lastverteilungsschicht über Trennschicht/Trennlage", mindestens 50 mm betragen. Sind Dränageschichten unter dem Estrich eingebaut, so sind die Dickenangaben für Estriche auf Dämmschichten nach DIN 18560-2 (2004-04), Tabellen 3 und 4, zu empfehlen.

Die Bewehrung (nicht statisch) gemäß Abschnitt 1.10 des Merkblattes „Außenbeläge – Belagskonstruktionen mit Fliesen und Platten außerhalb von Gebäuden" (ZDB, 2005) ist so einzubauen, dass sie allseitig vor Korrosion geschützt ist (siehe dazu Angaben in Kapitel 7.5). Nach Abschnitt 1.14.2 des Merkblatts sind Bewegungsfugen in Abhängigkeit von Größe und Grundrissgliederung geradlinig durchlaufend im Raster von Fliesen und Platten im Abstand von ca. 2,50 m einzuteilen, so dass die einzelnen Felder ein möglichst gedrungenes Seitenverhältnis (bis ca. 1 : 2) erhalten. Durch die Anordnung von Rand- und Anschlussfugen ist eine Einspannung der Belagsfläche auszuschließen.

In DIN 18560-4, Abschnitt 3.3, wird die Mindestanforderung an Estrich auf Trennschicht festgelegt. Sie muss auf die Art der Nutzung und Beanspruchung vom Planer abgestimmt werden. Sie muss mindestens den Anforderungen der Tabelle 1 der Norm entsprechen und ist hier für Zementestrich (CT) bei Nutzung mit Belag auf ≥ F4 festgelegt, dies ist für den Innenbereich von Gebäuden ausreichend. Für Balkone und Terrassen sollte jedoch mindestens Zementestrich nach DIN 13813 CT – C25 – F4 mit einer Dicke von ≥ 70 mm eingebaut werden.

Zementestriche auf Trennschichten liegen häufig auf nicht oder nur wenig federnden und unter den üblichen Auflasten nicht oder nur äußerst gering zusammendrückbaren Unterlagen. Besonders beim Einbau von Dränageschichten ist die Estrichmörtelmischung durch Zusatz eines Betonverflüssigers zu plastifizieren und mit gleichmäßiger Dicke unter Beachtung der Bewegungsfugen (≥ 10 mm) einzubauen. Die nicht statisch wirkende Bewehrung ist mittig im Zementestrich einzulegen, auf allseitige ausreichende Überdeckung (als Korrosionsschutz) ist zu achten. Die Verdichtung des eingebauten Estrichmörtels erfolgt dann durch leichte großflächige Auflagerüttler oder durch Rüttelbohlen beim ebenen Abziehen der Estrichoberfläche.

Der frisch eingebaute Zementestrich für Balkone und Terrassen ist möglichst 28 Tage durch geeignete Abdeckung vor Sonneneinstrahlung, Zugluft, Schlagregen und Frost und erforderlichenfalls durch Anfeuchten der Oberfläche vor zu schneller Austrocknung zu schützen. Zementestriche sollten nicht vor Ablauf von 3 Tagen begangen und nicht vor Ablauf von 7 Tagen höher belastet werden.

7.4.3 Zementestriche auf Dämmschichten

Ein Estrich auf einer Dämmschicht (schwimmender Estrich nach DIN 18560-2) ist eine Trag- und Lastverteilungsschicht unter einem Fliesen- oder Plattenbelag oder einem anderen Werkstoff (z. B. Holz) auf einer Dränageschicht und einer zweilagigen Trenn- und Gleitlage aus Polyestervlies, Glasfaservlies oder Polyethylenfolie über einer Abdichtung gegen nicht drückendes Wasser nach DIN 18195-5, wenn sich unter dieser Dichtschicht eine Wärme- und/oder Trittschalldämmschicht befindet. Eine Bewehrung ist nach ATV DIN 18352 „Fliesen- und Plattenarbeiten" (2002-12), Abschnitt 2.6, und ATV DIN 18353 „Estricharbeiten" (2005-01), Abschnitt 3.2.2, vorzusehen.

Die Dränagematten oder -platten sind mit einer wasserdurchlässigen Abdeckung kaschiert und werden auf der im Gefälle von 2 % liegenden Abdichtung mit Trennschichten verlegt. Die Wasserabführung muss durch die Dränageschicht zur Innen- oder Außenentwässerung immer gewährleistet sein.

Estriche auf Dämmschichten liegen auf federnden und im zulässigen Rahmen zusammendrückbaren Dämmschichten mit darüber angeordneten Abdichtungs- und Dränageschichten (siehe Kapitel 5 und 6). Um die erforderliche Verdichtung des eingebauten Estrichmörtels mit leichten großflächigen Auflagerüttlern oder mit Rüttelbohlen beim Abziehen der Estrichoberfläche ohne störende Federeffekte erreichen zu können, muss die Mörtelmischung durch Zusatz eines Betonverflüssigers mit einem günstigen Wasserzementwert so hergestellt werden, dass bei geringstem Wasserzusatz eine fachgerechte Verarbeitung gewährleistet ist.

Die Angaben in Abschnitt 3.1 der ATV DIN 18353 sind zu beachten.

Erforderlichenfalls muss der Estrichhersteller Bedenken geltend machen, wenn mit den in Abschnitt 3.1.1 der Norm aufgeführten widrigen Umständen gerechnet werden muss.

Eine nicht statische Bewehrung der Zementestriche ist für Balkone und Terrassen immer erforderlich (siehe ATV DIN 18352 „Fliesen- und Plattenarbeiten", Abschnitt 2.6, und ATV DIN 18353 „Estricharbeiten", Abschnitt 3.2.2, sowie Merkblatt „Außenbeläge – Belagskonstruktionen mit Fliesen und Platten außerhalb von Gebäuden" [ZDB, 2005], Abschnitte 1.9 und 1.10). Sie ist so einzubauen, dass sie allseitig vor Korrosion geschützt ist, auf ausreichende Überdeckung ist zu achten.

Nach dem Merkblatt „Außenbeläge – Belagskonstruktionen mit Fliesen und Platten außerhalb von Gebäuden" (ZDB, 2005), Abschnitt 1.14.2, sind Bewegungsfugen in Abhängigkeit von Größe und Grundrissgliederung geradlinig durchlaufend im Raster von Fliesen und Platten im Abstand von ca. 2,50 m einzuteilen, so dass die einzelnen Felder ein möglichst gedrungenes Seitenverhältnis (bis ca. 1 : 2) erhalten. Durch die Anordnung von Rand- und Anschlussfugen ist eine Einspannung der Belagsfläche auszuschließen. Die Tiefe der Bewegungsfugen geht von der Oberkante des Belages bis zur Dränageschicht bzw. Trennlage.

Ein schwimmender Zementestrich muss über die gesamte Fläche von gleichmäßiger Dicke sein. Die Nenndicke ist abhängig von den Nutzlasten für Balkone und Terrassen.

Nach DIN 1055-3 (2002-10) „Einwirkungen auf Tragwerke – Teil 3: Eigen- und Nutzlasten für Hochbauten", Tabelle 1, Zeile 21, beträgt für Dachterrassen, Laubengänge, Loggien und Balkone die gleichmäßig verteilte Nutzlast $q_k = 4$ kN/m² und die anzusetzende Einzellast $Q_k = 2$ kN.

Nach DIN 18560-2 ist Tabelle 3 „Nenndicken und Biegezugfestigkeit unbeheizter Estriche auf Dämmschichten für lotrechte Nutzlasten (Einzellasten bis 3 kN, Flächenlasten ≈ 4 kN/m²)" zu beachten. Zementestriche (CT) müssen dabei die Anforderungen der Biegezugfestigkeitsklasse F4 oder F5 erfüllen. Für Zementestriche (CT) der Biegezugfestigkeitsklasse F4 beträgt die Estrichdicke nach Tabelle 3 der DIN 18560-2 bei einer Zusammendrückbarkeit von $c \leq 3$ mm mindestens 70 mm. Für Zementestriche (CT) der Biegezugfestigkeitsklasse F5 beträgt die Estrichdicke nach Tabelle 3 der DIN 18560-2 bei einer Zusammendrückbarkeit von $c \leq 3$ mm mindestens 60 mm.

Nach DIN 18560-2 ist Tabelle 4 „Nenndicken und Biegezugfestigkeit unbeheizter Estriche auf Dämmschichten für lotrechte Nutzlasten (Einzellasten bis 4 kN, Flächenlasten ≈ 5 kN/m²)" zu beachten. Zementestriche (CT) müssen dabei die Anforderungen der Biegezugfestigkeitsklasse F4 oder F5 erfüllen.

Für Zementestriche (CT) der Biegezugfestigkeitsklasse F4 beträgt die Estrichdicke nach Tabelle 4 der DIN 18560-2 bei einer Zusammendrückbarkeit von $c \leq 3$ mm mindestens 75 mm. Für Zementestriche (CT) der Biegezugfestigkeitsklasse F5 beträgt die Estrichdicke nach Tabelle 4 der DIN 18560-2 bei einer Zusammendrückbarkeit von $c \leq 3$ mm mindestens 65 mm.

7.4.4 Angaben zu Estrichen auf Trennschichten und Dämmschichten

Die folgenden Angaben gelten sowohl für Zementestriche unter Fliesen und Platten auf Trennschichten als auch für schwimmende Zementestriche unter Fliesen und Platten auf Dämmschichten.

Um den Schwindvorgang des Zementestrichs so niedrig wie nur möglich zu halten, sollte die Zementmörtelmischung einen hoch qualifizierten Betonverflüssiger (BV) und nur so viel Wasser erhalten, wie zur fachgerechten Verarbeitung gerade erforderlich ist.

Der eingebaute Zementestrich im Außenbereich ist möglichst 28 Tage durch geeignete Abdeckung vor allen Witterungseinflüssen (Sonneneinstrahlung, Zugluft, Frost) und erforderlichenfalls durch Anfeuchten vor zu schneller Austrocknung zu schützen.

Die Estrichflächen auf Balkonen und Terrassen sind durch Bewegungsfugen von mindestens 1 cm Breite (geradlinig durchlaufend, im Fugenraster des zur Verlegung kommenden Fliesen- oder Plattenbelages) in der Gesamtdicke des Estrichs (bis zur Dränageschicht oder Trennschicht und ohne Mörtelbrücken) in Einzelfelder zu unterteilen.

Zu beachten sind für Estrichfugen Abschnitt 5.3.3 in DIN 18560-2 und Abschnitt 4.3 in DIN 18560-4.

Durch die Anordnung von Rand- und Anschlussfugen in der gleichen Bewegungsfugenbreite ist eine Einspannung der Belagsfläche auszuschließen.

Die Felder sollten möglichst quadratisch sein und bei rechteckiger Einteilung ein gedrungenes Seitenverhältnis von 1 : 1,5 bis maximal 1 : 2 nicht überschreiten.

Längenänderungen und die dadurch bedingten Bewegungen der Estriche auf Trenn- oder Dämmschichten ergeben sich beim Abbinden und Erhärten des Zementestrichs durch Schwinden der Estrichflächen, in erster Linie aber durch die Temperaturwechseleinflüsse (Sonneneinstrahlung, Abkühlung durch Gewitter, Frost). Die Bewegungsfugen haben die Aufgabe, diese Formveränderungen schadlos abzubauen. Entsprechende Angaben sind im Merkblatt „Außenbeläge – Belagskonstruktionen mit Fliesen und Platten außerhalb von Gebäuden" (ZDB, 2005) und im Merkblatt „Bewegungsfugen in Bekleidungen und Belägen aus Fliesen und Platten" (ZDB, 1995) gemacht.

Bei direkter Sonneneinstrahlung, auch wenn sie nur zeitweise stattfindet, sind die Bewegungsfugen (Feldbegrenzungsfugen) im Abstand von maximal 2,50 m anzuordnen. Bei voller Beschattung, z. B. durch Überdachungen, kann der Bewegungsfugenabstand bis auf 5,00 m erweitert werden.

An den Estrichrändern zwischen Boden und Wänden oder Stützen sind immer Randfugen von 1 cm Breite einzubauen, die von der Oberfläche des Bodenbelages bis zur Trennschicht bzw. Dränageschicht reichen müssen.

7.4 Zementestricharten

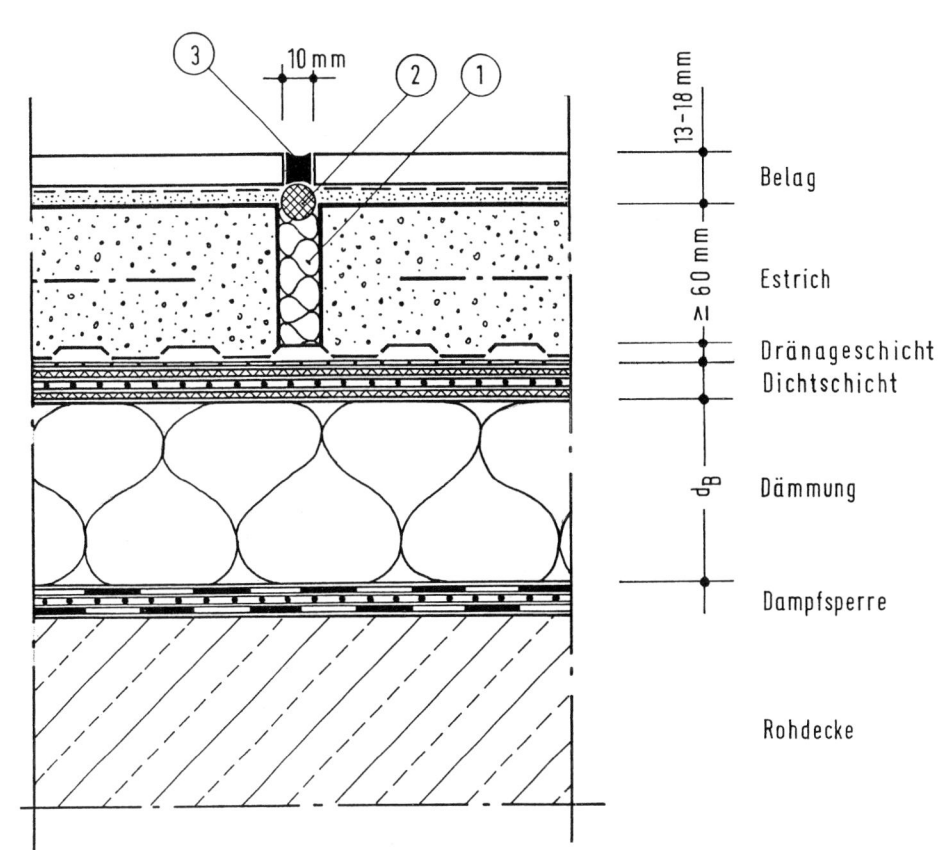

Abb. 7.1: Ausbildung der Bewegungsfuge in einem Estrich mit Fliesen- oder Plattenbelag bei normaler Beanspruchung

(1) geschlossenzelliger, unverrottbarer Kunststoffschaum-Stehstreifen
(2) geschlossenzelliges, unverrottbares Kunststoffschaumprofil
(3) elastische Fugenmasse

Vor der Einteilung der Bewegungsfugen in Estrichen auf Trenn- oder Dämmschichten sind rechtzeitig zwischen dem Bauherrn, Planer und den Ausführenden Format und Fugenschnitt der vorgesehenen Fliesen oder Platten des Belages festzulegen. Es ist unbedingt erforderlich, dass die Bewegungsfugen des Oberflächenbelages unmittelbar über denen der Estrichschicht liegen. Bewegungsfugen innerhalb der Estrichfläche sind ggf. gegen Höhenversatz zu sichern.

Wie aus Abb. 3.1 und 3.2 hervorgeht, können Zementestriche über Dämmschichten auf Dachterrassen im Laufe eines Jahres Temperaturdifferenzen bis nahezu 100 K unterworfen sein.

Es wurden die folgenden Temperaturdifferenzen ermittelt:

- für Abb. 3.1: $\Delta\vartheta = 97{,}2$ K,
- für Abb. 3.2: $\Delta\vartheta = 99{,}4$ K.

Bei einer Temperaturausdehnungszahl des Zementestrichs von $\alpha_T = 10$ bis $12 \cdot 10^{-6}$ m/(m · K) ergeben sich bei einem Abstand der Bewegungsfugen von 2,50 m und einem Temperaturunterschied von rund 100 K lineare Längenänderungen ΔL von

$\Delta L \approx 100$ K $\cdot$ 10 bis $12 \cdot 10^{-6}$ m/(m · K) $\cdot$ 2,5 m = 2,5 bis $3{,}0 \cdot 10^{-3}$ m = 2,5 bis 3,0 mm

Bei der üblichen Breite der Bewegungsfugen von ≥ 10 mm ergeben sich Änderungen des Fugennennmaßes von 25 bis 30 %. Dies ist das Maximum, das man hochwertigen elastischen Verfugungen zumuten sollte.

Um den Zementestrichen auf Trennschichten und den schwimmenden Estrichen ihre durch Längenänderungen bedingten Gleitbewegungen im Bereich der Auflagerflächen zu ermöglichen, müssen zwischen dem Estrich und seinem Auflager immer zusätzliche Trenn- und Gleitlagen angeordnet werden bzw. auf der Dränageschicht ist eine wasserdurchlässige Abdeckung anzuordnen (Merkblatt „Außenbeläge – Belagskonstruktionen mit Fliesen und Platten außerhalb von Gebäuden" [ZDB, 2005], Abschnitte 1.7 und 1.8).

Alle Bewegungs-, Randanschluss-, Feldbegrenzungsfugen reichen durch die gesamte Zementestrichdicke und werden elastisch verschlossen.

Bei normaler Nutzung der Balkone und Terrassen wird der Fugenverschluss nach Abb. 7.1 in Anlehnung an die DIN 18540 ausgeführt.

In die vorgesehenen Bewegungsfugen (≥ 10 mm) im Estrich werden Stehstreifen entsprechender Breite (1) (siehe Abb. 7.1) aus elastischem, geschlossenzelligem, unverrottbarem Kunststoffschaummaterial auf die Dränagematte bzw. den Estrichverlegeuntergrund aufgestellt.

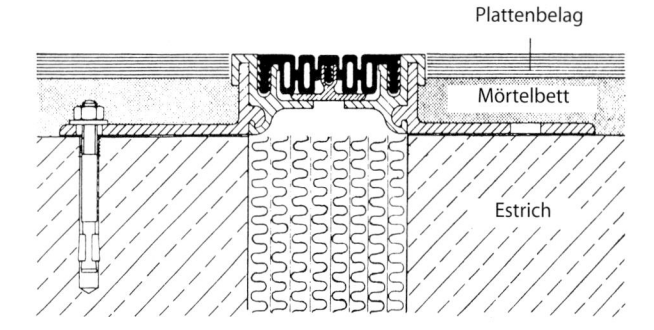

Abb. 7.2: Ausbildung der Bewegungsfuge in einem Fliesen- oder Plattenbelag bei hoher Beanspruchung

Diese Streifen sollen so hoch sein, dass sie ca. 10 mm über den später aufzubringenden Fliesen- oder Plattenbelag hinausstehen.

Dies soll verhindern, dass bei der Verlegung und Verfugung Mörtel in die Bewegungsfugen gelangt und dass diese dann durch harte Brückenbildung in ihren Bewegungsmöglichkeiten behindert werden. Schon die kleinste Feststoffbrücke innerhalb einer elastischen Fuge macht diese in ihrer Funktion unwirksam.

Erst nach Fertigstellung der Verfugung des Belages werden die Stehstreifen mit einem Spezialmesser auf das erforderliche Maß unter der Belagsoberfläche zurückgeschnitten. Danach werden elastische, geschlossenzellige, unverrottbare Kunststoffschaumprofile (2) (siehe Abb. 7.1) in die Fugen gedrückt.

Diese Hinterfüllprofile müssen eine konvexe Begrenzung des Fugengrundes sicherstellen. Sie müssen kunststoffverträglich mit der elastischen Fugendichtungsmasse sein und bei deren Einbringen und Abglätten ausreichenden Widerstand leisten.

Die beiden Fugenränder sind, falls erforderlich, sauber abzukleben und die Fugenflanken des Belagsmaterials mit einem entsprechenden, vom Hersteller des elastischen Fugenmaterials vorgegebenen Primäranstrich zu versehen. Danach ist eine dem Abschnitt 4 der DIN 18540 entsprechende, geeignete elastische Fugenmasse (3) (siehe Abb. 7.1) in einer Dicke, die etwa gleich der Fugenbreite ist, nach den Verarbeitungshinweisen des Herstellers einzubringen und abzuglätten.

Elastische Fugenmassen sind, besonders wenn sie der Witterung ausgesetzt sind, nicht „dauerelastisch". Sie unterliegen einem gewissen Verschleiß und müssen je nach Beanspruchung nach mehreren Jahren erneuert werden. Diese Fugen sind Wartungsfugen.

Das Merkblatt „Außenbeläge – Belagskonstruktionen mit Fliesen und Platten außerhalb von Gebäuden" (ZDB, 2005), besagt in Abschnitt 1.14.2:

„Die Ausführung einer elastischen Fuge stellt keine Abdichtungsmaßnahme dar. Mit Fugenprofilen oder mit elastischen Fugenfüllstoffen geschlossene Fugen sind nicht wasserdicht. Mit elastischen Füllstoffen geschlossene Fugen unterliegen chemischen und/oder physikalischen Einflüssen nach DIN 52460 Abschnitt 2 und können reißen. Die unvermeidbaren Verformungen bei schwimmenden Konstruktionen überschreiten in der Regel die Elastizität der Fugenfüllstoffe. Eine Erneuerung der Fugenfüllstoffe ist ggf. vorzunehmen, um Folgeschäden zu vermeiden."*

Bei hoher Beanspruchung von Dachterrassen, z. B. Autoparkdecks, muss der elastische Verschluss von Bauwerkstrennfugen und Bewegungsfugen in schwimmenden Estrichen durch Spezialprofile, ähnlich wie in Abb. 7.2 dargestellt, oder der Kantenschutz durch Metallschienen erfolgen.

Die Bauwerkstrennfugen trennen den gesamten Baukörper und sind auch im Estrich und Bodenbelag in gleicher Breite zu übernehmen. Bauwerkstrennfugen werden in der Regel mit Fugenprofilen geschlossen.

Es gibt eine ganze Reihe von Herstellern, die elastische oder bewegliche Fertigfugenprofile für die verschiedensten Anwendungsbereiche herstellen. Voraussetzung ist, dass sie mindestens auf 10 mm Fugenbreite 3 mm Bewegungsspiel auf- oder abbauen müssen.

Nach 28 Tagen sind frische Zementestriche auf Trenn- und Dämmschichten, die mit Fliesen oder Platten unmittelbar belegt werden sollen, auf das Vorhandensein von Schwindrissen zu untersuchen. Sollten diese trotz sorgfältiger Ausführung entstanden sein, so sind sie mit Zweikomponenten-Kunststoffen (z. B. Epoxidharz) durch Druckinjektionen kraftschlüssig zu verpressen. So sorgfältig nachbehandelte Estrichflächen gelten bei den nachfolgenden Verlegearbeiten mit Fliesen und Platten als rissfrei.

7.5 Bewehrung von Zementestrichen

7.5.1 Allgemeine Angaben

Über die Notwendigkeit des Einbaues von nicht statischen Stahlbewehrungen in Estrichen wird nun schon etliche Jahrzehnte diskutiert und auch in der Fachpresse viel Brauchbares, aber auch manches Ungereimte publiziert.

Bereits in der Ausgabe 1978 des Merkblattes „Bodenbeläge aus Fliesen und Platten außerhalb von Gebäuden" (ZDB 1978) wurde die fachliche Richtigkeit von nicht statischen Bewehrungen in Zementestrichen auf Trenn- und Dämmschichten festgelegt.

Die Ausgabe 2005 des Merkblattes „Außenbeläge – Belagskonstruktionen mit Fliesen und Platten außerhalb von Gebäuden" (ZDB, 2005) gibt in Abschnitt 1.10 an:

„Durch den Einbau einer Bewehrung kann die Verbreiterung von eventuell auftretenden Rissen und der Höhenversatz der Risskanten verringert werden. Zu empfehlen sind verzinkte Betonstahlmatten/-gitter."

Die Anordnung der Bewehrung erfolgt in der Mitte der Lastverteilungsschicht (Mitte der Estrichdicke). Die Bewehrung soll bei großem Temperaturwechsel durch Abkühlung, besonders wenn dieser plötzlich eintritt, z. B. durch Hagelschlag oder Schneeschauer nach intensiver längerer Sonnenbestrahlung der Balkon- oder Terrassenoberfläche, die axialen Zugspannungen im Zementestrich beim Verkleinern der Belagsfläche aufnehmen (siehe auch Kapitel 7.5.2.4).

Tabelle 7.8: Betonstahlgitter nach Merkblatt „Außenbeläge – Belagskonstruktionen mit Fliesen und Platten außerhalb von Gebäuden", Abschnitt 1.10 (ZDB, 2005)

Maschenweite [mm]	Stabdurchmesser [mm]	Festigkeit
50/50	2	St 700
75/75	3	St 500

Als Bewehrung kommen Betonstahlmatten nach DIN 488-4, z. B. N 94, oder Betonstahlgitter nach Tabelle 7.8 in Frage.

Der vermehrte Einsatz von Fasern (Stahl, Kunststoff, Glas) als Bewehrung in Zementestrichen hat zur Aufnahme in die europäische Normung geführt. In DIN EN 13318 (2000-12) „Estrichmörtel und Estriche – Begriffe" werden Bewehrungen aus Fasern und Matten in Abschnitt 3.10 „Bewehrung" gleichwertig genannt: *„Stahlstäbe oder -drähte, Bewehrungsmatten oder Fasern, die in Estriche eingebettet sind".*

Es wird der Bewehrung hier allerdings kein Verwendungszweck zugeordnet. In DIN 18560-2, Abschnitt 5.3.2, wird angegeben: *„Bei einer Bewehrung aus Fasern soll die Bildung von Schrumpf- bzw. Frühschwindrissen verringert werden."* Das bedeutet, dass Fasern nicht die gleiche hier gewünschte Funktion im Estrich erfüllen wie Bewehrungen aus Baustahlmatten und -gittern, die die axialen Zugspannungen im sich verkürzenden Estrich aufnehmen. Das können die Fasern auch nicht, da sie über 360° dreidimensional im Estrich verstreut liegen, also überall, sogar senkrecht zur Belastungsebene oben und unten und nur zum kleinen Teil in der gewünschten axialen Zugrichtung. Voraussetzung für den Einsatz von Fasern ist, dass sie ihre Eigenschaften nicht verändern und sich nicht nachteilig auf die Estricherhärtung auswirken. Bei der Zugabe von Fasern verändert sich die Konsistenz des Estrichmörtels und es wird oft ohne Anweisung wesentlich mehr Wasser zugegeben als bei einem gleichartigen Zementmörtel ohne Fasern. Durch eine Bewehrung aus Fasern nimmt die Festigkeit bei schwimmenden Estrichen nicht nennenswert zu, auch sein Schwindmaß und die Verformungen werden durch die Fasern kaum beeinflusst.

Einheitliche Aussagen werden im deutschen Normenwerk für Zementestriche zum Einbau einer Bewehrung bis heute noch nicht gemacht.

In der ATV DIN 18353 (2005-01) „Estricharbeiten" wird unter anderem ausgesagt, dass Zementestriche zur Aufnahme von Stein- und keramischen Belägen mindestens 45 mm dick und außerdem bewehrt sein müssen. Diese Bewehrungen sind nach DIN 488-4 „Betonstahl; Betonstahlmatten und Bewehrungsdraht; Aufbau, Maße und Gewichte" auszuführen. Die Baustahlgitter müssen eine Maschenweite von 50/50 mm und einen Stabdurchmesser von 2 mm haben.

In der DIN 18560-1 (2004-04) „Estriche im Bauwesen – Allgemeine Anforderungen, Prüfung und Ausführung" wird in Abschnitt 5.8 „Estrich im Freien" und in Abschnitt 7.5 „Zementestrich" zur Bewehrung keine Aussage gemacht. Ebenso nicht in DIN 18560-4 (2004-04) „Estriche im Bauwesen – Estriche auf Trennschicht".

In DIN 18560-2 (2004-04) „Estriche im Bauwesen – Estriche und Heizestriche auf Dämmschichten (schwimmende Estriche)" wird in Abschnitt 5.3.2 „Bewehrung" zurzeit ausgesagt:

„Eine Bewehrung von Estrichen auf Dämmschicht ist grundsätzlich nicht erforderlich.

Das Entstehen von Rissen kann durch eine Bewehrung nicht verhindert werden. In manchen Fällen kann eine Bewehrung zweckmäßig sein. Es wird zwischen einer Gitter- und einer Faser-Bewehrung unterschieden.

Bei einer Bewehrung aus Stahlmatten, Betonstahlmatten nach DIN 488-4 (mit Maschenweiten 150 mm × 150 mm) oder Betonstahlgittern (Maschenweite 50 mm bis 70 mm, Stabdurchmesser 2 mm bis 3 mm, Stahlfestigkeit ≥ 500 N/mm²) sollen die Verbreiterung von auftretenden Rissen und der Höhenversatz der Risskanten minimiert werden.

Bei einer Bewehrung aus Fasern soll die Bildung von Schrumpf- bzw. Frühschwindrissen verringert werden.

Die Wahl der Bewehrung (Zweck, Art und Ausführung) obliegt dem Planer und ist im Leistungsverzeichnis anzugeben.

Die Bewehrung ist im Bereich von Bewehrungsfugen zu unterbrechen."

Für begehbare und genutzte Balkon- und Terrassenbeläge gelten die im Merkblatt „Außenbeläge – Belagskonstruktionen mit Fliesen und Platten außerhalb von Gebäuden" (ZDB, 2005) festgeschriebenen Anforderungen.

Es wird dringend geraten, unter Beachtung der eingehenden Erläuterungen in den Kapiteln 7.5.2 und 7.5.3 Zementestriche, die größeren Temperaturwechseln (mehr als 30 bis 40 K) unterworfen werden, prinzipiell mit Stahlmatten oder -gittern zu bewehren. Dies betrifft alle Zementestriche auf Trenn- und Dämmschichten der Balkone und Terrassen und gilt als allgemein anerkannte Regel der Bautechnik.

Wer dies unterlässt oder als Estrich- oder Fliesenlegermeister, Architekt oder Bauingenieur von Bewehrungen dieser Estriche abrät, muss damit rechnen, im Schadensfalle die sich daraus ergebenden Konsequenzen zu tragen oder zumindest die sich bei der Schadensbeseitigung ergebenden Kosten anteilig übernehmen zu müssen.

Es ist selbstverständlich, dass sorgfältig hergestellte Zementestriche mit vorgeschriebenen Bewehrungen mit bewehrungslosen, unzulässigen, im Akkordtempo möglichst flüssig gegossenen Estrichausbildungen im Ausführungs- und Materialaufwand, aber auch in der Qualität nicht vergleichbar sind.

Zum Preis der Bewehrungsmatten kommt natürlich der Mehraufwand für den Einbau nicht rostender Abstandshalter mit den für den Dämmwerkstoff entsprechend geformten Auflagefüßen, die die Matten in Estrichmitte justieren, hinzu. Da diese Stahlbewehrungen durch keine

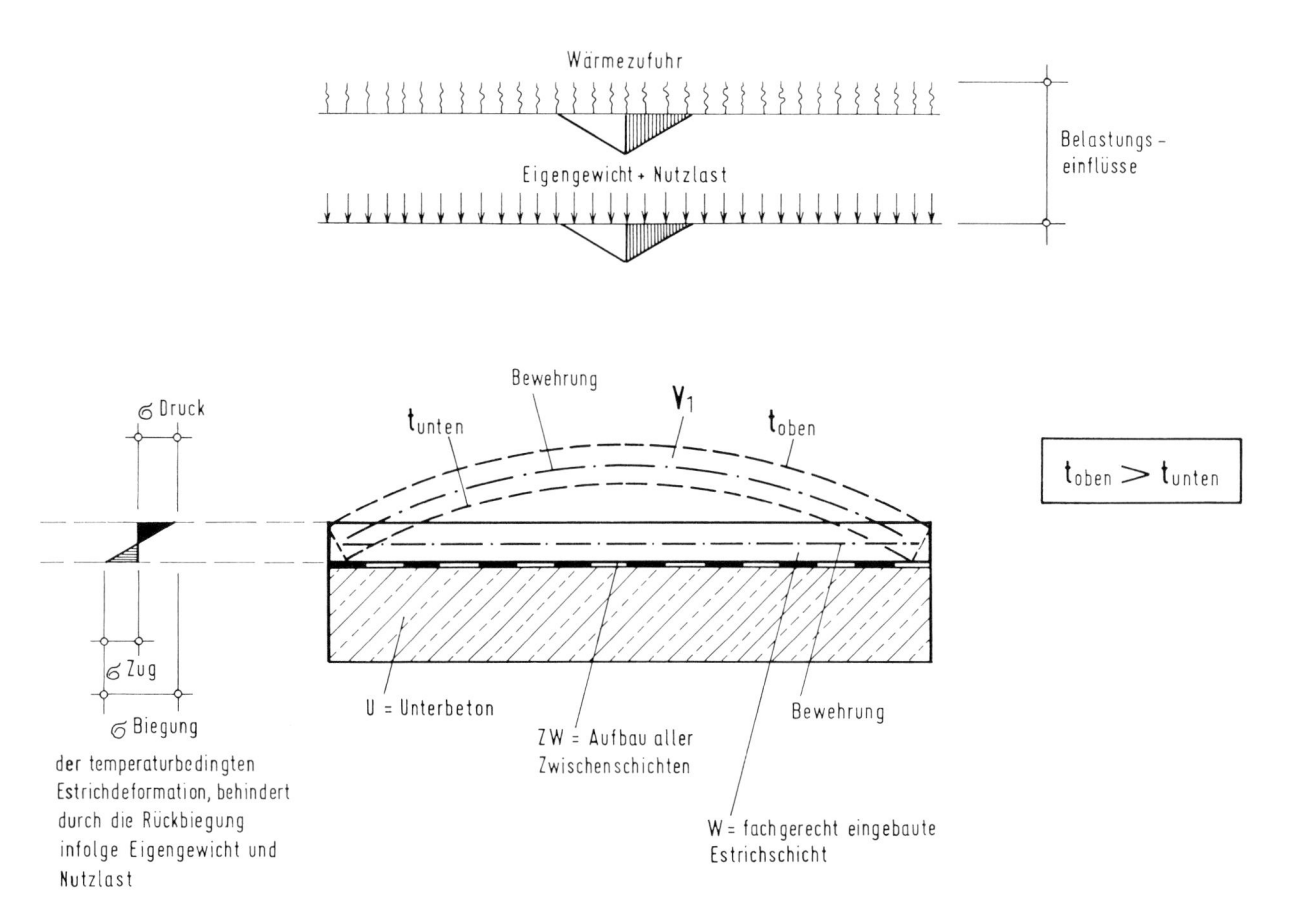

Abb. 7.3: Deformationsschema eines Zementestrichs auf einer Trenn- oder Dämmschicht bei einer zeitweiligen Wärmezufuhr von oben bis zum endgültigen Temperaturausgleich innerhalb dieses Bauteils

Biegezug- oder Biegedruckspannungen belastet werden sollen, sondern nur durch Zentralzugkräfte im Estrich beansprucht werden, liegen sie im Zentrum der Estrichdicke.

Das Begehen und Niedertreten der Bewehrungsmatten findet nicht statt, wenn (wie bei fachgerechtem Estricheinbau üblich) neben den notwendigen Abzugslehren für die Estrichoberfläche auch Begehungsbohlen auf Stelzen für die Handwerker vorgesehen werden. Diese Laufstege werden zusammen mit den Lehren nach dem Abzug der Estrichoberfläche mittels Rüttelbohlen immer wieder entsprechend dem Einbaufortschritt in Einzelabschnitten entfernt. Frisch eingebaute Estrichmörtel dürfen keinesfalls mit Gummistiefeln durchwatet werden. Die Folgen wären Entmischungen.

Leider wurden als Folge zum Teil leichtfertiger und fachtechnisch unüberlegter, sog. ökonomischer, meist schadensträchtiger Estrichausführungsverfahren in den letzten Jahren altbewährte, handwerklich richtige Ausführungsweisen verdrängt.

Wenn man bedenkt, dass Estriche sog. „moderner Technologie" unter Einsparung relativ geringer Kosten gegenüber fachgerechten, sorgfältigen Estricheinbauten in den meisten Fällen die Ursache unreparabler Bauschäden an hochwertigen und wertvollen Fliesen- oder Plattenbelägen sind und dass dies erhebliche Sanierungskosten zur Folge haben kann, erkennt man, dass geringfügige Mehrpreise für korrekte Estrichausführungen über das Ganze gesehen letztendlich zu den preiswerteren Lösungen führen.

7.5.2 Spannungen in Zementestrichen über Trenn- und Dämmschichten

Spannungen in Zementestrichen über Trenn- und Dämmschichten haben innere chemophysikalische Ursachen (z. B. Schwinden) oder entstehen durch äußere physikalische Einflüsse (z. B. Kräfteeinwirkung oder Insolation).

7.5.2.1 Einfluss von Nutzlasten

Durch die Einwirkung von ungleichmäßigen Nutzbelastungen und durch bewegliche Einzellasten entstehen Biegespannungen, besonders in Estrichen über im zulässigen Bereich zusammendrückbaren Wärmedämmungen. Durch sich immer wieder verändernde Lastkonstellationen verändern sich auch immer wieder die Durchbiegungen der in gewissem Rahmen federnd aufliegenden Estrichplatte. Dies wurde in Abb. 3.4 im übertriebenen Maßstab dargestellt. Das dort über dem Querschnitt gezeichnete Spannungsdiagramm zeigt, dass durch Belastungsänderungen die Biegezugspannungen σ_Z und die Biegedruckspannungen σ_D in Abhängigkeit von der Biegelinie laufend ihre Lage zwischen Ober- und Unterfläche des Estrichs wechseln. Diese dauernden Wechselbelastungen sind nur vom Werkstoff Estrichbeton aufzunehmen. Die Stahlbewehrung liegt in der biegeneutralen Mitte der Estrichdicke und ist hier

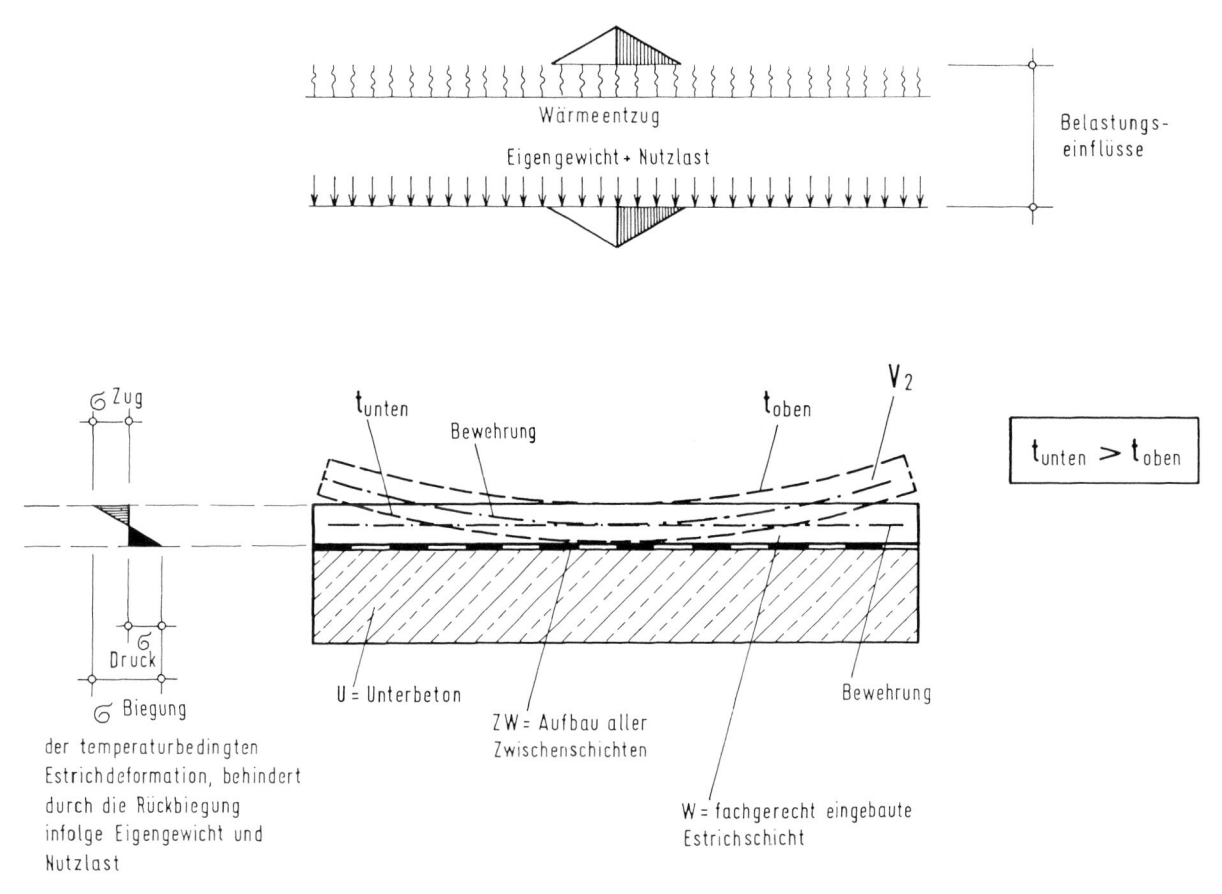

Abb. 7.4: Deformationsschema eines Zementestrichs auf einer Trenn- oder Dämmschicht bei einem zeitweiligen Wärmeentzug von oben bis zum endgültigen Temperaturausgleich innerhalb dieses Bauteils

demnach nicht an der Übernahme von Spannungen beteiligt. Bei unzureichender Estrichqualität kann es daher im Laufe der Zeit zu Ermüdungsbrüchen kommen.

7.5.2.2 Verbiegungen infolge von Erwärmung und Abkühlung

Durch die sich laufend ändernden Temperaturen, denen Estriche auf Trenn- und Dämmschichten zusammen mit ihren Belägen auf Balkonen und Terrassen von ihren Oberflächen her ausgesetzt sind, kommt es immer wieder zur Ausbildung vorübergehender Aufwölbungen oder Aufschüsselungen der Estrichflächen. Dadurch entstehen in Abhängigkeit von der Dicke des Estrichs mit seinem Belag, von seinem Eigengewicht und von seiner Auflast Biegespannungen. Unter dem Einfluss der bauphysikalischen Wärmeleiteigenschaften der darunter liegenden Bauschichten wird sich immer eine Temperatur-Zeit-Phasenverschiebung je nach der Größe und der Zeitdauer der Temperaturwechsel bis zum Temperaturausgleich innerhalb der Estrichdicke ergeben. Danach und in Zeiten gleicher Temperaturverhältnisse entstehen aus diesem Einfluss bis zur nächsten Temperaturänderung keine Spannungen.

Das heißt, bei Sonneneinstrahlung wird die Oberfläche des Estrichs zuerst wärmer, während die Unterfläche zunächst kühler bleibt und erst eine gewisse Zeit später erwärmt wird. Bei Regen, Schnee oder Frost wird die Oberfläche des Estrichs zuerst kühler, während die Unterfläche zunächst wärmer bleibt und erst eine gewisse Zeit später abgekühlt wird.

Aufgrund der guten Wärmeleitfähigkeit des Estrichbetons sind die Temperaturdifferenzen innerhalb einer Estrichschicht bis zum jeweiligen, von der Gesamtbodenkonstruktion abhängigen Temperaturgleichgewicht relativ kurzfristig, aber auch diese kurzen Spannungsspitzen müssen immer im Zusammenhang mit den aus anderen Belastungen entstehenden Spannungen gesehen werden.

Ist eine Estrichschicht zeitweise oben wärmer als unten, dann versucht sie, sich aufgrund ihrer durch die Wärmeausdehnung bedingten vergrößerten Oberfläche gegenüber ihrer Unterfläche gemäß Abb. 7.3 zu verformen.

Ist eine Estrichplatte zeitweise oben kälter als unten, so versucht sie, sich aufgrund ihrer durch die Kältekontraktion bedingten verkleinerten Oberfläche gegenüber ihrer Unterfläche gemäß Abb. 7.4 zu verformen.

Das Eigengewicht der Estrichplatte und des darüber liegenden Fliesen- oder Plattenbelages, zusammen mit den Nutzlasten auf der Fußbodenfläche, zwingen den Estrich jedoch, zum größten Teil in seiner ursprünglichen, nicht deformierten Lage zu verharren.

Das heißt, die bauphysikalisch gegebenen Deformationen der Estrichplatte (länger an der wärmeren Estrichflächenseite und kürzer an der kälteren Estrichflächenseite) werden durch Eigengewicht und Nutzlast zum größten Teil, häufig sogar ganz, verhindert. Die „Möchte-gern-Deformationen" werden dadurch in Biegezug- und Biegedruckspannungen umgesetzt.

An der zeitweise wärmeren Oberfläche einer an der Deformation gehinderten Estrichplatte tritt Druck auf, an der zeitweise kälteren Oberfläche einer an der Deformation gehinderten Estrichplatte tritt Zug auf.

Man spricht hier von aufgezwungenen Spannungen (Zwangsspannungen) in einer Estrichschicht, also an der kälteren Estrichoberfläche von Biegezug-Zwangsspannung und an der wärmeren Estrichoberfläche von Biegedruck-Zwangsspannung, die man nicht unterschätzen sollte, auch wenn sie nur zeitweise und kurzfristig auftreten.

In den Abb. 7.3 und 7.4 wurde zur Darstellungsvereinfachung der Einfluss der Bodenbeläge vernachlässigt.

In Abb. 7.3 ist eine Estrichschicht W über einer Grundplatte U mit einer Zwischenschicht ZW dargestellt, die sich infolge ihrer durch äußere Einflüsse bedingten höheren Flächentemperatur t_{oben} gegenüber ihrer niedrigeren Flächentemperatur t_{unten} entsprechend der Lage V_1 deformieren möchte.

Aufgrund des Eigengewichtes des Estrichs mit seinem Fliesen- oder Plattenbelag sowie der Nutzlast auf der Bodenoberfläche verbleibt der Estrich jedoch weitest gehend in seiner ursprünglichen Lage W. Er wird in diese Ausgangslage zurückgebogen. Dadurch ergeben sich zwangsläufig an seiner wärmeren Oberfläche Biegedruckspannungen und an seiner kälteren Unterfläche Biegezugspannungen.

In Abb. 7.4 ist eine Estrichschicht W über einer Grundplatte U mit einer Zwischenschicht ZW dargestellt, die sich infolge ihrer durch äußere Einflüsse bedingten niedrigeren Flächentemperatur t_{oben} gegenüber ihrer höheren Flächentemperatur t_{unten} entsprechend der Lage V_2 deformieren möchte.

Aufgrund des Eigengewichtes des Estrichs mit seinem Fliesen- oder Plattenbelag sowie der Nutzlast auf der Bodenoberfläche verbleibt der Estrich jedoch weitest gehend in seiner ursprünglichen Lage W. Er wird in diese Ausgangslage zurückgebogen. Dadurch ergeben sich zwangsläufig an seiner kälteren Oberfläche Biegezugspannungen und an seiner wärmeren Unterfläche Biegedruckspannungen.

Die Stahlbewehrung des Estrichs liegt in der biegeneutralen Mitte der Estrichdicke und ist demnach hier nicht an der Übernahme von Spannungen beteiligt. Die Spannungsaufnahme der Estrichscheibe könnte nur durch höhere Festigkeit des Estrichs gesteigert werden.

7.5.2.3 Änderung der Estrichflächengröße infolge von Schwindvorgängen

Durch die chemisch und physikalisch bedingten und daher unvermeidbaren Schwindvorgänge in zementären Baustoffen verringert jede frisch eingebaute Estrichfläche ihre Oberfläche um ein bestimmtes Maß, das vom Zementgehalt, vom w/z-Wert und vom Kornaufbau der Gesteinskörnungen der eingebauten Estrichmischung abhängt. Nähere Angaben können dem Kapitel 7.6 entnommen werden.

Bei der schwindungsbedingten Verkleinerung der Estrichfläche muss diese auf ihrer Auflage so lange rutschen, bis sie ihre endgültige Größe erreicht hat. Bei diesem, wenn auch geringen, Rutschvorgang entsteht zwischen der Estrichunterfläche und dem Estrichauflager eine Reibung, die der Flächenverkleinerung einen bestimmten Widerstand entgegenstellt. Dadurch bauen sich innerhalb des Estrichquerschnittes Zentralzugspannungen auf und das zu einem Zeitpunkt, zu dem der Estrich seine endgültige Zugfestigkeit noch gar nicht erreicht hat. Bei minderer Estrichqualität, besonders bei unzureichender Mörtelverdichtung, und bei unebener Estrichauflagefläche ohne möglichst doppellagige Gleitschicht aus PE-Folie entstehen dadurch sehr häufig Schwindrisse in der Estrichfläche.

Diese Axialzugspannungen können nicht von der Estrichbewehrung aufgenommen werden, da diese nicht mit dem Estrich zusammen ihre Flächenausdehnung verkleinert. Die Stahlgittereinlagen können nur als eine Art Rissbreitenbegrenzer anstelle eines breiteren Schwindrisses mehrere schmälere entstehen lassen. Wenn es dabei gelingen sollte, die Anlage zu schmalen Einzelrissen in der Endlösung in ein harmloses Krakelee umzuwandeln, so mag das noch angehen. Man bedenke aber immer, dass ein im Estrich durchgehender noch so schmaler Riss sich unweigerlich in einem Fliesen- oder Plattenbelag sichtbar fortsetzt. Dies gilt ganz besonders für dünnere Keramikfliesen. Hier kann nur sorgfältige Arbeit des Estrichlegers mit möglichst schwindarmer Estrichrezeptur abhelfen.

7.5.2.4 Änderung der Estrichflächengröße infolge von Erwärmung und Abkühlung

Die in Kapitel 7.5.2.2 beschriebenen, Biegespannungen erzeugenden Temperaturwechsel wirken sich auch durch relativ große Längenänderungen der Estrichflächenabmessungen äußerst nachteilig aus. Durch die sich laufend wiederholenden Expansionen und Kontraktionen entstehen infolge der Reibung zwischen der Estrichunterfläche und der Estrichauflagerfläche zum Teil erhebliche axiale Druckspannungen (Zentraldruckspannungen) und ebenso große axiale Zugspannungen (Zentralzugspannungen) in den Estrichquerschnitten.

Eine Zementestrichscheibe, die bei einer mittleren Temperatur von + 10 °C hergestellt wurde, ruht beispielsweise auf einer mit Trenn- oder Gleitschicht aus Kunststofffolie bedeckten Auflagerfläche mit den in der Herstellungspraxis üblichen Unebenheiten des Untergrundes. Sie ist in Abb. 7.5 schematisch dargestellt.

Bei Erwärmung der Estrichfläche durch die Sonne auf + 80 °C (siehe auch Abb. 3.1 und 3.2), besonders unter dunklen Fliesen- oder Plattenbelägen, dehnt sich diese dreidimensional aus, d. h., sie wird breiter, länger und dicker.

Bei Abkühlung der Estrichfläche, z. B. durch Regen, Hagelschauer, Schnee oder Frost, auf − 20 °C schwindet diese dreidimensional, d. h., sie wird schmäler, kürzer und dünner.

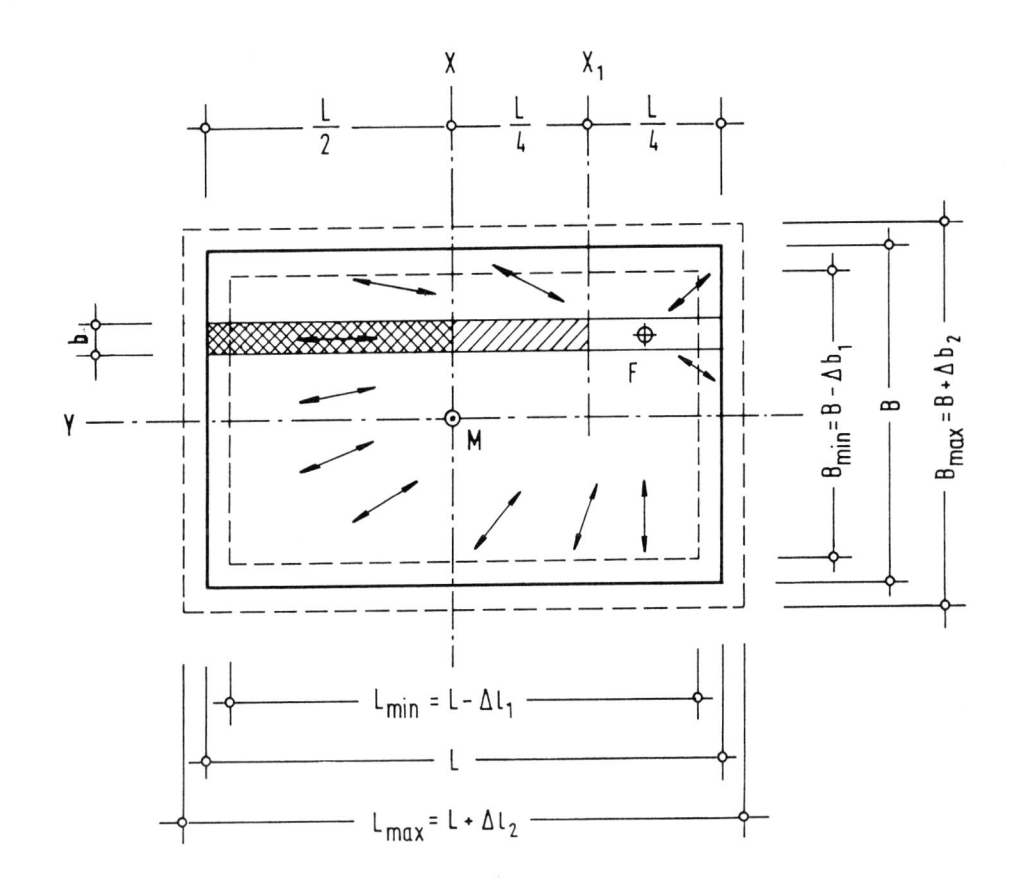

Abb. 7.5: Theoretische Längenänderungen einer Estrichplatte auf Trenn- oder Dämmschicht bei Erwärmung oder Abkühlung

L und **B** = Länge bzw. Breite eines sachgemäß bei einer mittleren Temperatur (z. B. bei + 10 °C) hergestellten Estrichfeldes

Δl_1 bzw. Δb_1 = Längen- bzw. Breitenverkürzungen des Estrichfeldes infolge sinkender Temperatur bis z. B. – 20 °C

Δl_2 bzw. Δb_2 = Längen- bzw. Breitenvergrößerungen des Estrichfeldes infolge steigender Temperatur bis z. B. +80 °C

$\Delta l_{ges} = L_{max} - L_{min}$ = gesamte Längenveränderung des Estrichfeldes als Folge der gesamten Temperaturdifferenz von 100 K

$\Delta b_{ges} = B_{max} - B_{min}$ = gesamte Breitenveränderung des Estrichfeldes als Folge der gesamten Temperaturdifferenz von 100 K

M = geometrischer Mittelpunkt

F = unverschiebbarer Festpunkt

Von Interesse sind hier nur die Abmessungsveränderungen der Längenmaße Δl_1 und Δl_2 sowie der Breitenmaße Δb_1 und Δb_2 nach Abb. 7.5, die abhängig sind von dem Wärmeausdehnungskoeffizienten des Estrichs (10 bis $12 \cdot 10^{-6}$ m/[m · K]), von der Zeitdauer und von der Größe der Temperaturänderung und nicht zuletzt von den Wärmedurchgangswiderständen und den spezifischen Wärmekapazitäten der einzelnen Bauschichten der gesamten Bodenkonstruktion.

Voraussetzung für eine möglichst ungehinderte Bewegungsmöglichkeit der Estrichplatte infolge der temperaturwechselbedingten Abmessungsveränderungen auf der Gleitunterlage sind vorschriftsmäßig ausgeführte und elastisch verfüllte Bewegungsfugen an den Rändern und zwischen den einzelnen Feldern der Estrichfläche. Diese müssen von der Oberfläche des Plattenbelages auf dem Estrich bis zur Unterfläche des Estrichs auf der Trenn- bzw. Gleitschicht ohne jegliche Mörtelbrücken reichen.

Bei der Erwärmung und Abkühlung der Estrichflächen finden aufgrund der Längen- und Breitenveränderungen der Einzelfelder des Estrichs gegenüber deren Auflagerflächen gleitende Bewegungen, also Verschiebungen, in sehr geringen, jedoch mathematisch erfassbaren und an den Bewegungsfugen auch messbaren Größenordnungen statt. Diesen stellen sich tangential zur Auflagerfläche und in ihrer Ebene Reibungswiderstände entgegen.

Diese Bewegungen sollten theoretisch von allen Rändern der Estrichfläche auf den geometrischen Mittelpunkt M zuführen oder von diesem wegführen (siehe Abb. 7.5). Diesen Punkt könnte man sich zunächst als unverschiebbaren Ruhepol vorstellen. Leider tun uns in der Praxis die Estrichflächen meist nicht diesen Gefallen.

Der unverschiebbare Festpunkt F kann irgendwo beliebig im Estrichfeld oder sogar an seinem Rand liegen. Der Grund dafür kann sein,

- dass sich an der Stelle F besonders raue Stellen mit Unebenheiten im Estrichauflager befinden oder ein nicht sachgemäß elastisch eingebauter Bodeneinlauf liegt oder
- dass sich durch die immer gegebene Unregelmäßigkeit der Nutzlastverteilung auf der Balkon- oder Terrassenoberfläche am Rand oder im Feld der Estrichfläche eine Verschiebung des Festpunktes ergibt.

Aufgrund dieser Unwägbarkeiten wurde in Abb. 7.5 der Festpunkt beliebig in Randnähe eingezeichnet.

Die Pfeile in Abb. 7.5 deuten die Bewegungsrichtungen der einzelnen, theoretisch gedachten Flächenstreifen von der Breite b bei der Kontraktion bzw. Expansion der Estrichplatte an und zeigen damit die Richtung der wirksamen Zug- und Druckkräfte.

Die Ursache für die Widerstände beim Gleiten der Estrichfläche auf ihrer Unterlage ist die Reibung zwischen dem Estrich und seinem Auflager, die von dem Rauigkeitsgrad der sich berührenden Flächen abhängig ist. Je glatter die Estrichunterlage, desto geringer ist die Reibung und desto kleiner sind die axialen Zug- und Druckkräfte im Estrich.

Man unterscheidet 2 Arten von Reibungswiderständen:

- Die Haftreibung R_0 ist dann wirksam, wenn eine Gleitbewegung aus einem Ruhestand beginnt oder wenn eine Gleitbewegung ihre Richtung ändert. Das geschieht immer dann, wenn eine Ausdehnung der Estrichplatte durch Erwärmung in eine Zusammenziehung durch Abkühlung übergeht oder wenn auf eine Zusammenziehung der Estrichplatte durch Abkühlung eine Ausdehnung durch Erwärmung folgt.
- Die Bewegungsreibung R ist wirksam während des Ablaufes einer Ausdehnung der Estrichplatte beim Erwärmungsvorgang bzw. während des Ablaufes einer Zusammenziehung der Estrichplatte beim Abkühlungsvorgang, also immer dann, wenn die Gleitbewegung aus dem Beharrungszustand bereits eingeleitet ist.

Die Haftreibung R_0 ist immer größer als die Bewegungsreibung R und ist damit in erster Linie interessant für die Beurteilung der im Estrich auftretenden axialen Druck- und Zugkräfte.

Nach den Regeln der Mechanik ist die Kraft K_0, die erforderlich ist, um die Haftreibung R_0 eines theoretischen Estrichplattenstreifens von der Breite b und vom Gewicht g zu überwinden, also gewisse gedanklich festgelegte Abschnitte der Estrichfläche in Richtung auf ihren Festpunkt F bei Kontraktion und von diesem weg bei Expansion in Bewegung zu setzen, abhängig von dem Koeffizienten für Haftreibung μ_0 und vom Gewicht g des Streifens mit Belag und Nutzlast. K_0 ist nicht abhängig von der Flächengröße der Estrichplatte:

$$K_0 = \mu_0 \cdot g$$

Der Reibungskoeffizient μ_0 berücksichtigt die Unebenheiten und Rauigkeiten zwischen Estrichplatte und ihrer Auflagerfläche, der Trenn- bzw. Gleitschicht. Er ist für jede Auflagerungsart experimentell zu ermitteln.

Bei der Ausdehnung der Estrichplatte durch Erwärmung werden ihre einzelnen Flächenteile vom Festpunkt F weggedrückt.

K_0 ist hier also eine Druckkraft, die bei richtiger Estrichfeldereinteilung und bei sorgfältiger Bewegungsfugenausführung spannungsmäßig bedeutungslos ist, da zementäre Baustoffe relativ druckfest sind.

Bei der Zusammenziehung der Estrichplatte durch Abkühlung, besonders wenn diese plötzlich eintritt, z. B. durch Hagelschlag nach voller Insolation der Balkon- oder Terrassenoberfläche, werden ihre einzelnen Flächenteile zum Festpunkt F hingezogen.

K_0 ist hier also eine Zugkraft. In den Flächenquerschnitten des Estrichs entstehen damit axiale Zugspannungen, die die axialen Bruchzugspannungen unter Berücksichtigung eines Sicherheitsbeiwertes $\gamma = 2,5$ erheblich überschreiten können.

Diese Axialzugspannungen können in der Regel nicht vom Betonquerschnitt des Estrichs aufgenommen werden und müssen einer besonderen Estrichbewehrung zugewiesen werden. Das gelingt ohne weiteres, da diese mit dem Estrich übereinstimmende, von der Temperatur abhängige Flächenkontraktionsveränderungen ausführt.

Die beschriebenen Spannungen in Estrichen sind von vielen verschiedenen äußeren und inneren Einflüssen abhängig. Die Spannungsüberlagerungen werden durch laufend wechselnde Variationen der Beeinflussungen bestimmt. Entsprechend mühsam sind genaue rechnerische Ermittlungen, die letztendlich nur mathematische Umsetzungen von Ergebnissen labormäßiger, der Praxis möglichst nahe kommender Untersuchungen sein können.

7.5.3 Sinn und Aufgabe der Estrichbewehrung

Stahlbewehrungen könnten Zugkräfte aus Biegebeanspruchungen im Verbundbaustoff Stahlbeton nur aufnehmen, wenn sie in der Nähe der durch Biegezug beanspruchten Ober- oder Unterfläche des gebogenen Estrichs eingebaut wären. Nach den bautechnischen Regeln liegen die Bewehrungsmatten jedoch in der Mitte der Estrichdicke und sollen dort im Rahmen praktischer Möglichkeiten beim Betoniervorgang durch Abstandshalter justiert werden. Durch ihre Lage in der neutralen, also weder durch Biegezug noch durch Biegedruck beanspruchten, Zone des Estrichs unterstützen sie diesen in keiner Weise bei der Aufnahme von Biegespannungen.

Bewehrungen sind demnach ohne Einfluss auf die Festigkeit eines Estrichs bei dessen Beanspruchung durch:

- ungleichmäßige Nutzbelastung der Estrichfläche nach Kapitel 7.5.2.1,
- Verbiegungen infolge von Erwärmung und Abkühlung nach Kapitel 7.5.2.2.

Die sich daraus ergebenden Biegespannungen müssen einzig und allein durch den Widerstand des Werkstoffes Zementestrich aufgenommen werden. Bei den Nutzlasten auf Dachterrassen, Laubengängen, Loggien und Balkonen nach DIN 1055-3 (2002-10), Tabelle 1, Zeile 21, von $q_k = 4$ kN/m² für gleichmäßig verteilte Nutzlasten und der anzusetzenden Einzellast $Q_k = 2$ kN sind Zementestriche CT – F5 – S60 (DIN 18560) bzw. CT – C35 – F5 (DIN EN 13813) mit Dicken von ≥ 60 bis ≥ 75 mm bei fachgerechter Ausführung in der Lage, diese Beanspruchung aufzunehmen.

Bewehrungen können auch das Schwinden von Zementestrichen nicht verhindern. Bei der Flächenverkleinerung des Zementestrichs behält die nicht statische Betonstahlmatte ihre Größe bei und ist daher nicht in der Lage, die durch Schwinden verursachten Zugspannungen aufzunehmen. Hier hilft nur der möglichst schwindarme Zementestrichaufbau. Die Bewehrung stellt hier nur eine Art Rissbreitenbegrenzung dar.

Die ATV DIN 18353 „Estricharbeiten" legt in Abschnitt 3.2.2 fest: *„Anhydrit-, Magnesia- und Zementestriche auf Dämmstoffschichten zur Aufnahme von Stein- und keramischen Belägen müssen mindestens 45 mm dick, Zementestriche außerdem bewehrt sein."*

Was den Einbau von Zementestrichbewehrungen betrifft, so müsste die genaue fachgemäße Aussage eigentlich wie folgt formuliert sein:

„Zementestriche zur Aufnahme von Stein- oder keramischen Belägen müssen mit einer Bewehrung versehen werden. Bei unbeheizten Zementestrichen zur Aufnahme von Stein- oder keramischen Belägen darf davon abgewichen werden, wenn keine thermischen und witterungsbedingten Beanspruchungen zu erwarten sind. Die Bewehrung ist so einzubauen, dass sie allseitig vor Korrosion geschützt ist, auf ausreichende Überdeckung ist zu achten."

Dies entspricht den Anforderungen in der Praxis. Häufige Temperaturwechsel gehören zu den Hauptgründen für die Bildung von sich über mehrere Fliesen- und Plattenreihen fortsetzenden Rissen auf Balkonen und Terrassen. Diese durch Reibung an der Unterseite des Zementestrichs entstehenden Zentralspannungen bei jeder Abkühlung können nur durch sich zusammenziehende Bewehrungen aufgenommen werden, wenn die Eigenzugfestigkeit des Zementestrichs nicht mehr ausreicht.

Deshalb sind Zementestrichbewehrungen unbedingt erforderlich zur Aufnahme der durch Temperaturwechsel entstehenden und meist unterschätzten axialen Zugkräfte bei Abkühlung vorher erwärmter Balkon- und Terrassenflächen. Diese Axialkräfte sind auch der Grund für die zentrale Lage der Bewehrung in der Zementestrichschicht.

Da Zementestriche in der Regel hohe Druckfestigkeiten besitzen, spielen die bei der Ausdehnung sich erwärmender Estrichflächen entstehenden Druckkräfte spannungsmäßig eine untergeordnete Rolle, wenn nur die Bewegungsfugen zwischen den Estrichfeldern ordnungsgemäß ausgeführt wurden. Anders ist es bei der Kontraktion sich abkühlender Estrichflächen. Die durch Reibung an den Auflagerflächen entstehenden Zugkräfte im Estrich überschreiten sehr häufig das geringe vorhandene axiale Zugspannungspotenzial des Estrichbetons. Die unweigerliche Folge sind Risse im Estrich und in den Bodenbelägen.

Bewehrungsstahl hat praktisch die gleiche Wärmedehnung wie der Beton und verkürzt sich demzufolge bei Abkühlung in gleicher Dimension wie der Estrich. Er ist dabei in der Lage, die im Estrich entstehenden axialen Zugkräfte zu übernehmen und eine Spannungsüberlastung des Estrichbetons zu verhindern.

Die Forderung, sämtliche Estriche unter Fliesen oder Platten auf Trenn- oder Dämmschichten in jedem Falle zu bewehren, ist überzogen. Da, wo jedoch Temperaturunterschiede in den Estrichen von mehr als 40 K zu erwarten sind, ist der Einbau von Bewehrungsmatten sinnvoll und daher zwingend vorzunehmen.

7.6 Schwindvorgänge im Zementestrich

7.6.1 Allgemeine Angaben

Alle zementgebundenen und hydraulisch abbindenden Estriche schwinden. Dieser Vorgang ist unvermeidbar, kann aber durch bestimmte Maßnahmen beeinflusst und auf ein möglichst geringes Maß beschränkt werden. Das Schwinden ist eine Volumenverringerung, die sich nach dem Einbau eines Frischbetons in den ersten Wochen besonders rapide einstellt, sich mit fortschreitender Zeit immer mehr verlangsamt und in Abhängigkeit von der Bauteildicke (siehe Abb. 1.6) und von Umwelteinflüssen nach einigen Jahren zum Stillstand kommt.

Mögliche Maßnahmen zur Verringerung des Gesamtschwindens eines Estrichbetons wurden bereits genannt (siehe Kapitel 1.1.4).

Das kurzzeitige Frühschwinden, das sich aus dem Kapillarschwinden durch Wasserverlust aus dem Zementleim vor dessen Erhärten und aus dem chemischen Schwinden durch Hydratation unter Volumenverminderung ohne Wasserverlust nach außen zusammensetzt, kann man günstig beeinflussen durch Ausschluss der verursachenden Kapillarkräfte im frischen, noch plastisch verformbaren Beton. Dazu muss man die Anfangswasserverdunstung verhindern und den Frischestrich möglichst frühzeitig für 3 bis 4 Tage abdecken und erforderlichenfalls befeuchten, wie in ATV DIN 18353, Abschnitt 3.1.7, gefordert: *„Estriche sind gegen zu rasches und ungleichmäßiges Austrocknen zu schützen."* Ebenso fordert DIN 18560-1, Abschnitt 7.5: *„Zementestrich ist wenigstens drei Tage vor dem Austrocknen und auch danach noch wenigstens eine Woche vor schädlichen Einwirkungen, z. B. durch Wärme, Schlagregen und Zugluft, zu schützen."*

Das Langzeit- oder Austrocknungsschwinden ist in erster Linie ein physikalischer Vorgang. Es entsteht durch den Verlust von dem für die chemische Bindung überschüssigen Wasser aus dem durch Hydratation entstandenen Zementstein.

Es ist unvermeidlich und kann nur durch geschickte Estrichzusammensetzung mit einem möglichst geringen Anteil an Zementstein minimiert werden. Bei der Umwandlung des im Zementstein enthaltenen Calciumhydroxids in Calciumcarbonat unter Einfluss des Kohlendioxids der Luft (in erster Linie an der Estrichoberfläche) entsteht durch das Verdunsten des sich dabei bildenden Wassers ein weiterer Teil der Langzeitvolumenverkleinerung als Folge des sog. Karbonatisierungsschwindens.

7.6.2 Berücksichtigung des Zementestrichschwindens beim Aufbringen der Bodenbeläge

Adhäsionsfest mit Estrichen auf Trenn- oder Dämmschichten mittels Dünnbett- oder Dickbettmörtel verbundene Bodenbeläge aus Naturstein oder Keramik können den Estrichschwindvorgängen aufgrund ihrer physikalischen Eigenschaften nicht folgen. Kunststeinplatten sind zwar meist zementgebunden und unterliegen einem gewissen Eigenschwinden, sind aber in der Regel älter als die Estriche, auf denen sie verlegt werden sollen. Sie können daher deren Schwindbewegung nicht mehr oder nur in geringem Umfang folgen.

Wenn Estriche unzulässigerweise gleich wenige Tage nach ihrer Fertigstellung mit Bodenfliesen oder -platten belegt werden oder wenn diese gar gleich zusammen mit dem Estrichmörtel frisch in frisch verlegt werden, bauen sich durch die schwindungsbedingte Verkleinerung der Estrichfläche unter der flächenmäßig unveränderlichen Bodenbelagsfläche in und zwischen den verbundenen Werkstoffen erhebliche Spannungen auf, die in vielen Fällen zur Zerstörung der einen oder anderen Schicht führen. Weitere

Angaben dazu sind zu finden in Kapitel 7.6.5 „Typischer Schwindschaden an einem Bodenbelag".

Während Dickbettverlegemörtel infolge ihrer größeren Dicke in sich durch elastische Verformung in geringem Maße die Bewegungsdifferenzen aufnehmen können, ist dies bei Dünnbettmörteln auch bei Zusätzen zur Verbesserung ihres Elastizitätsmoduls nur in äußerst geringem Umfang möglich.

Das bedeutet für Planung und Handwerk, dass zwischen der Fertigstellung des Estrichs und der kraftschlüssigen Verlegung der Fliesen und Platten immer ein Zwischenzeitraum vorgesehen werden muss, der dem Estrich den Abbau eines möglichst großen Teiles seines Schwindpotenziales ermöglicht. Dies ist sowohl bei Dünnbett- als auch bei Dickbettverlegung zu bedenken.

In den Normen für die Verlegung mit hydraulisch erhärtendem Dünnbettmörtel DIN 18157-1 und mit Epoxidharzklebstoffen DIN 18157-3 wurde festgelegt, dass Stahlbetonbauteile nach DIN 1045 3 bis 6 Monate und Estriche mindestens 28 Tage alt sein sollen, bevor sie mit Fliesen oder Platten kraftschlüssig belegt werden dürfen.

Es ist anzunehmen, dass dabei von den üblichen Zementestrichnenndicken nach DIN 18560-2, Tabelle 1, von ≥ 40 bis ≥ 45 mm ausgegangen wurde. Estriche auf Trenn- und Dämmschichten im Balkon- und Terrassenbau weisen nach der gleichen Norm in Tabelle 4 Nenndicken von ≥ 65 bis ≥ 75 mm auf.

Die Schwinddauer von Estrichen sonst gleicher Zusammensetzung und gleicher Einbautechnik verlängert sich mit zunehmender Dicke. In Abb. 1.6 wurde der Schwindverlauf verschieden dicker Betonteile gleicher Mischung dargestellt.

Man erkennt, dass nach einem halben Jahr ein Bauteil

- von 3 cm Dicke ca. 74 %,
- von 5 cm Dicke ca. 60 % und
- von 20 cm Dicke ca. 34 %

seines Gesamtschwindmaßes hinter sich gebracht haben kann.

Wenn man bedenkt, dass der Schwindvorgang eines Zementestrichs außer von seinem Aufbau, seiner sorgfältigen handwerklichen Ausführung und seiner Dicke nach dem Einbau erheblich von den Umweltverhältnissen der Baustelle (wie Temperatur, Luftfeuchte, Schutzabdeckung, Befeuchtung, Zugluft oder direkte Sonneneinstrahlung) abhängt, wird deutlich, dass die Wartezeit von 28 Tagen nur als Anhaltswert dienen kann und keineswegs einen repräsentativen Wert für den Status des Estrichschwindens darstellt. Der zulässige Zeitraum kann sich unter günstigen Umständen verkürzen, er kann sich aber auch erheblich verlängern.

7.6.3 Feuchtigkeit des eingebauten Zementestrichs (Ausgleichsfeuchte und Belegreife der Estriche)

Da die Materialfeuchte eines Zementestrichs zum Teil konkrete Rückschlüsse auf den Fortschritt seines Schwindens zulässt, ist dem Fachmann dringend anzuraten, vor Beginn der Verlegearbeiten von Fliesen oder Platten eine Überprüfung der Estrichwerkstoff-Feuchtigkeit vorzunehmen.

Dieser Messvorgang ist nicht ungewöhnlich, er muss bei der Verarbeitung verschiedener anderer Bodenbeläge (Kunststoff, Teppich, Parkett) auf Estrichen, wenn auch teilweise aus anderen Gründen, ebenfalls durchgeführt werden.

Während DIN 18157-1 in Abschnitt 5.1 und DIN 18157-3 in Abschnitt 4.2.2 für Zementestriche vor der Verlegung von Fliesen oder Platten noch ein Mindestalter von 28 Tagen fordern, stellt ATV DIN 18352 unter anderem die Forderung, bei zu feuchten Ansetz- oder Verlegeflächen dem Auftraggeber unverzüglich und schriftlich nach DIN 1961 § 4 Nr. 3 VOB/B diesbezügliche Bedenken mitzuteilen.

Der Wasserrestgehalt von Estrichen kann aber nur durch Feuchtemessungen festgestellt werden. Diese sind sowohl vor der Dünnbett- als auch vor der Dickbettverlegung der Balkon- und Terrassenoberbeläge durchzuführen.

Darüber anzufertigende Protokolle sollten der Bauleitung zur Unterzeichnung vorgelegt werden. Sie könnten klärend bei späteren Beurteilungen möglicher Schadensfälle herangezogen werden. Es wäre eine dankenswerte Aufgabe für einschlägige Institutionen der Industrie und des Handwerks, nach gemeinsam durchgeführten Untersuchungen entsprechende Merkblätter zur Übernahme in die spätere Normung vorzubereiten und auszuarbeiten. Dabei sei darauf hingewiesen, dass die beiden Faktoren Estrichalter und Estrichaustrocknung in Koordination ihrer zum Teil getrennten, letztlich aber gemeinsam wirksamen Folgeerscheinungen beurteilt werden müssen.

So lange DIN 18157-1 und -3 sowie DIN 18352 keine Angaben über die maximalen Feuchtigkeitsgehalte von Zementestrichen für die Belegreife der Bodenbeläge machen, ist es äußerst zweckmäßig, in Anlehnung an DIN 4725-4 (1992-05) eine Feuchtemessung der Balkon- und Terrassenzementestriche mit dem CM-Gerät vorzunehmen (siehe auch „Handbuch für das Estrich- und Belaggewerbe, Technik [Bundesfachgruppe Estrich und Belag im ZDB e. V. u. a., 2005]). Dabei darf der Feuchtigkeitsgehalt der Zementestriche nach Tabelle 1 der Norm vor dem Verlegen von Fliesen oder Platten bei der Dünnbettverlegung 2 % und bei der Dickbettverlegung 3 % nicht überschreiten.

Im „Handbuch für das Estrich- und Belaggewerbe, Technik", 2. Auflage (Bundesfachgruppe Estrich und Belag im ZDB e. V. u. a., 1999) werden auf S. 240 in Tabelle 1 „Anforderungen an den Feuchtegehalt des Estrichs" die gleichen Forderungen bei Belägen aus Natur-/Betonsteinen bzw. keramischen Fliesen und Platten gestellt.

Zur Messung der Estrichfeuchte kommen die folgenden Verfahren zur Anwendung:

7.6.3.1 Feuchtemessung nach der Trockenschrank-Methode

3 an verschiedenen Stellen des zu prüfenden Bauteils entnommene Estrichproben werden gewogen. Danach werden sie in einem Trockenschrank bis zur Gewichtskonstanz getrocknet. Die Trockenschrank-Temperatur beträgt dabei +110 °C und darf keinesfalls höher sein, um sicherzustellen, dass den Proben kein Kristallwasser entzogen wird.

Die Differenz zwischen dem Gewicht der frischen und dem Gewicht der getrockneten Probe in g stellt das Maß für den Wassergehalt des zu prüfenden Estrichs dar und wird in Gew.-% umgerechnet.

Diese Prüfmethode ist die genaueste, allerdings nicht unmittelbar auf der Baustelle praktikabel. Bis zur Gewichtskonstanz der getrockneten Probe sind in Abhängigkeit von deren Abmessungen mehrere Stunden, mitunter 1 bis 2 Tage Lagerungszeit im Trockenschrank erforderlich.

7.6.3.2 Feuchtemessung mit dem CM-Gerät

Die Calciumcarbid-Methode (CM-Methode) mit einem Gerät der Firma Riedel-de Haën, Seelze, basiert auf der Reaktion des Wassergehaltes im Estrich mit Calciumcarbid. Dazu werden dem Estrich je nach Trocknungszustand dreimal Mengen von 25 bis 100 g entnommen und in einer Reibschale fein zerkleinert. Man achte darauf, dass bei der Zerkleinerung nicht zu viel Wärme entsteht, die zur Wasserverdunstung aus den Proben führen könnte. Das Wiegen der zu untersuchenden Mengen kann mit einer dem Gerät beigefügten Waage vorgenommen werden, die bei 25-g-Portionen eine Streuung von 2 % erreichen kann. Das zerkleinerte Probegut wird ohne Zwischenlagerung verlustfrei zusammen mit 4 Stahlkugeln und mit einer Calciumcarbid-Glasampulle in eine druckfeste Flasche gefüllt.

Diese wird mit einem Deckel mit Manometer druckdicht verschlossen. Nach dem Zerschlagen der Glasampulle durch die Stahlkugeln beim Schütteln der Druckflasche vermischt sich das Estrichpulver mit dem Calciumcarbid. Dieses reagiert mit dem freien Wasser der Probe, dabei bildet sich unter Druckaufbau in der Flasche ein Acetylengas-Luft-Gemisch. Der am Manometer abgelesene Druck kann in einer besonderen Umrechnungstabelle als Wassergehalt der Probe in Gew.-% abgelesen werden. Dieses Messverfahren ist für die Praxis auf der Baustelle sehr gut geeignet, erfordert aber gewisse Zerstörungen der Estrichflächen an den Probeentnahmestellen mit nachfolgend erforderlichen Ausbesserungsarbeiten.

Die Messgenauigkeit ist abhängig von einer sorgsam durchgeführten, möglichst feinpulverigen Zerkleinerung der zu prüfenden Estrichmörtelbestandteile, wobei darauf zu achten ist, dass relativ harte Mörtelzuschläge, wie Sand, Kies oder Splitt, in ihrer ursprünglichen Körnungsform erhalten bleiben. Sie ist weiterhin abhängig von einer möglichst genauen Gewichtsbestimmung der zu untersuchenden Proben und nicht zuletzt von den Eigenschaften des Manometers im Deckel der Druckflasche. Dieses wird mit einer Güteklasse von 1,5 dem CM-Gerät beigefügt. Es hat damit eine relative Fehlerbreite von 1,5 % der Druckmessung. Eine Überprüfung des CM-Gerätes ist von Zeit zu Zeit angebracht.

Dazu wird 1 ml Wasser in die vorher völlig gereinigte Druckflasche verlustfrei eingefüllt und mit einer Originalampulle Calciumcarbid in Reaktion gebracht. Das Manometer muss dann nach einer Reaktionszeit von 30 Minuten 1 bar anzeigen.

Die Dichtheit des Gerätes ist gewährleistet, wenn 30 Minuten nach dem ersten Druckaufbau kein Druckabfall zu beobachten ist.

Die Messergebnisse in Gew.-% bei CM-Prüfungen gleicher Werkstoffe liegen in der Regel unter denen parallel durchgeführter Untersuchungen nach der Trockenschrank-Methode. Das CM-Gerät erfasst nur frei vorliegendes Wasser an den Oberflächen der Körnung und in den Poren der zerkleinerten Probe. Feuchtebestimmungen im Labor-Trockenschrank messen auch Teile des chemisch mit dem Zement noch locker gebundenen Wassers. Dies umso mehr, je jünger eine Estrichmischung ist und je unvollkommener der endgültig zu erwartende Hydratationszustand fortgeschritten ist.

Beim Ausstemmen der Probemengen aus dem Estrich auf der Baustelle, besonders aber beim Zerkleinern der Probestücke für die CM-Prüfung ist es auch bei vorsichtiger Arbeitsweise schlechthin unvermeidbar, dass durch die dabei entstehende Wärmeentwicklung gewisse Wassermengen entweichen und bei der Messung nicht mehr erfasst werden können.

Aufgrund der vielen Faktoren, die den Fortschritt der Hydratation und den nachfolgenden Austrocknungsvorgang eines Zementestrichs beeinflussen, kann ein systematischer Zusammenhang zwischen den Ergebnissen der Prüfungen im Trockenschrank und denen der Prüfungen mit dem CM-Gerät nicht ohne weiteres festgelegt werden.

Bei der Beurteilung eigener Vergleichsuntersuchungen haben sich die in Abb. 7.6 angeführten Beziehungen zwischen den beiden Messsystemen ergeben, die mit gebotener Umsicht in der Praxis brauchbar erscheinen.

Alle Estrichfeuchteangaben werden in Gew.-% ermittelt und in dieser Form angegeben.

Nach 31 Vergleichsmessungen wurden deren Ergebnisse in ein Koordinatensystem eingeführt, wobei die Werte der CM-Messungen auf der x-Achse und die Werte der Messungen nach der Trockenschrank-Methode auf der y-Achse aufgetragen wurden.

Mehrere Regressionsanalysen zeigten, dass eine logarithmische Kurvenanpassung sich sehr gut bewährt. Ihr Bestimmtheitsmaß $r^2 = 0,92$ liegt nur geringfügig unter dem optimalen Wert 1,00, die Regressionskoeffizienten betragen: $a = 1,25$ und $b = 3,47$.

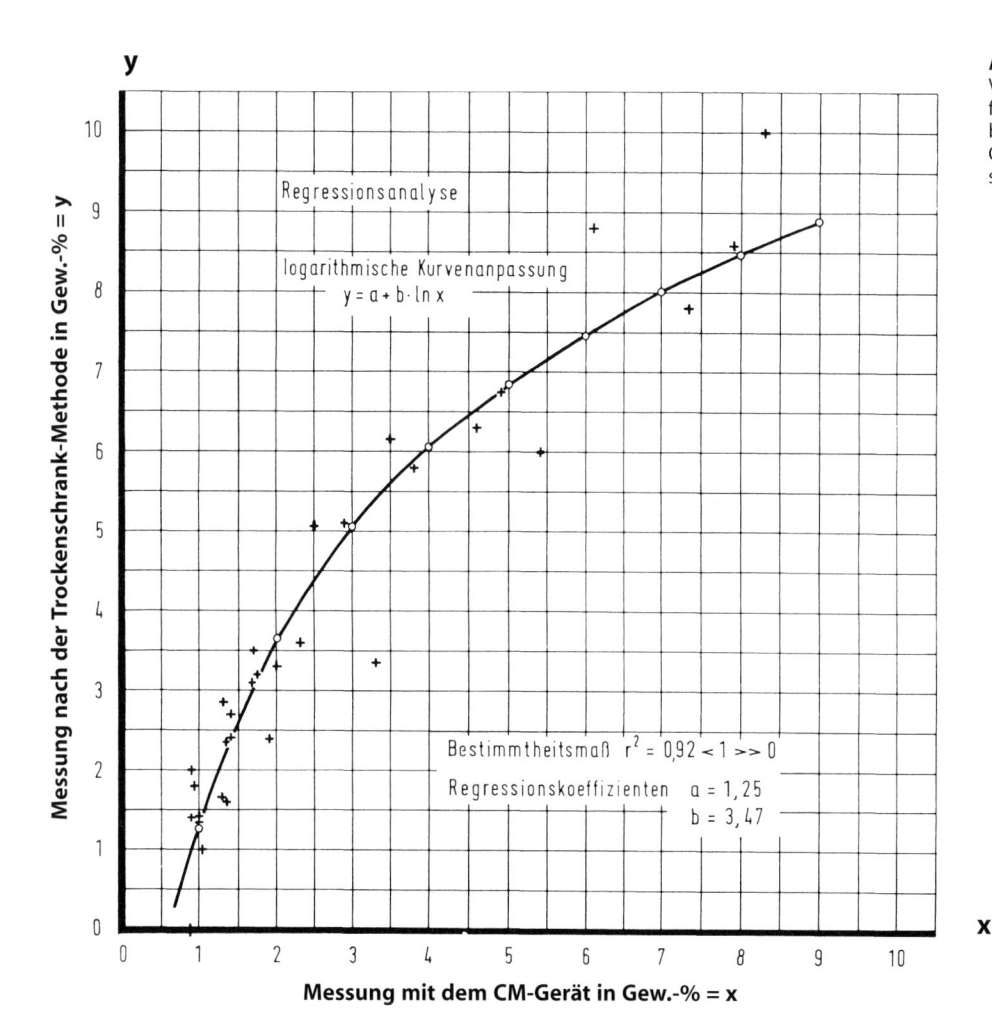

Abb. 7.6: Regressionsanalyse zum Vergleich gemessener Werkstofffeuchtigkeiten von Zementestrichen bei Feuchtemessungen mit dem CM-Gerät und nach der Trockenschrank-Methode

Nach Ermittlung eines CM-Wertes x kann man nach Ablesung im Diagramm oder nach der Formel

$$y = a + b \cdot \ln x$$

auf den Trockenschrank-Wert schließen oder nach Umstellung der Formel lässt sich von einem vorliegenden Trockenschrank-Wert der, in der Annäherung zu erwartende, CM-Wert ermitteln.

7.6.3.3 Elektronische Feuchtemessung

Feuchtemessungen von Estrichen mit der Trockenschrank-Methode sind auf Baustellen nicht durchführbar. Außerdem bedingen sie, wie auch Messungen mit dem CM-Gerät, mehrere Ausstemmungen aus der fertigen Estrichfläche mit den damit verbundenen Zerstörungen. Stemmprobentnahmen führen häufig durch die dabei entstehenden Erschütterungen, besonders bei frischen schwimmenden Estrichen auf federnden Dämmschichten, zu latenter Rissbildungsinitiierung, die zu späteren Bauschäden führen kann.

Estriche gleicher Zusammensetzung und gleichen Alters können in der gleichen Bauteilfläche zum Teil erhebliche Differenzen im Feuchtigkeitsgehalt aufweisen. Dies ist meist auf unterschiedliche Umweltbedingungen (z. B. Zugluft, partielle Insolation, mehr oder weniger gute Abdeckung einzelner Frischestrichteilflächen) oder auch auf Fehlleistungen an einzelnen Estrichflächenabschnitten durch den Einbauenden zurückzuführen. Es ist daher empfehlenswert, bei größeren Flächen an mehreren Stellen Feuchteprüfungen durchzuführen.

Für zerstörungsfreie Feuchtebestimmungen in beliebiger Anzahl innerhalb einer Estrichfläche bieten sich Messungen mit elektronischen Messgeräten an. Geräte, die durch vergleichende elektronische Widerstandsmessungen zu Feuchteermittlungen führen, haben bisher bei Estrichen keine befriedigenden Ergebnisse gebracht.

Wesentlich geeigneter scheinen Handgeräte zu sein, die nach dem Prinzip der Dielektrizitätskonstantenmessung mit hochfrequenten elektromagnetischen Wellen, also im HF-Bereich, durch vergleichende elektrische Wägung der

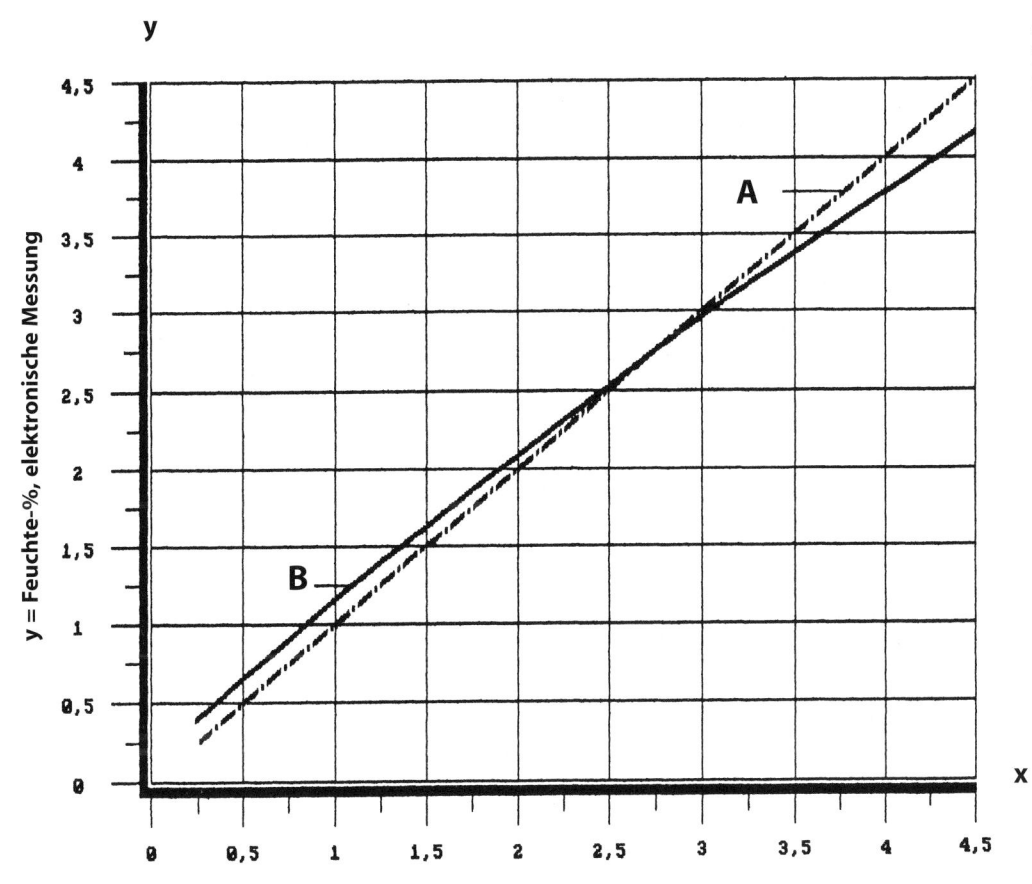

Abb. 7.7: Charakteristik eines elektronischen Feuchtemessgerätes der Firma Denzel

Messdichten des feuchten und des trockenen Estrichs die Differenz als Feuchtigkeitswert in % zur Anzeige bringen.

Die Messdichte des Trockenestrichs kann dabei einer vorbearbeiteten Tabelle entnommen oder besser durch eine einmalige Eichprüfung der Estrichart vor jeder Messreihe mit dem Gerät ermittelt werden.

Elektronische Messgeräte sind in der Regel auf Werte geeicht, die denen der genaueren Trockenschrank-Methode nach Kapitel 7.6.3.1 entsprechen. Dies ist beim Vergleich mit CM-Werten zu beachten.

Es hat sich besonders bewährt, bei größeren Baustellen mit gleichartiger Estrichmörtelzusammensetzung an einer bestimmten Stelle 3 Proben zu entnehmen und an diesen mit dem in der Normung und in Kapitel 7.6.3.2 angeführten CM-Gerät Eichprüfungen vorzunehmen. Um sich von da an auf dieser Baustelle alle weiteren Stemmarbeiten zu ersparen und um vor allem die durch die Erschütterungen möglichen Bauschäden zu vermeiden, werden im Bereich der Probeentnahmestelle sodann elektronische Vergleichsmessungen vorgenommen. Unter Berücksichtigung der in Abb. 7.6 festgelegten und der beschriebenen Messabweichungen kann man dann beliebig viele Feuchtemessungen an den gleichartigen Estrichflächen ohne Aufstemmungen mit dem elektronischen Feuchtemessgerät durchführen.

Nach mehreren eigenen Messreihen mit einer großen Anzahl von Vergleichsmessungen an gleichartigen Proben, einmal nach der Trockenschrank-Methode, zum anderen mit elektronischen Messgeräten, wurden zuletzt für die Praxis völlig ausreichende Wertergebnisse festgestellt.

Die Abb. 7.7 zeigt den Computerausdruck solch einer Messreihe.

Die Ideallinie A zeigt den theoretischen Verlauf, wenn jeweils die Ergebnisse der Feuchtemessungen mit dem elektronischen Messgerät und die Ergebnisse nach der Trockenschrank-Methode völlig identisch wären.

Die Kennlinie B des Messgerätes weicht im hier interessierenden Estrichfeuchtebereich von 0,5 bis 4 % nur unwesentlich von der Ideallinie ab.

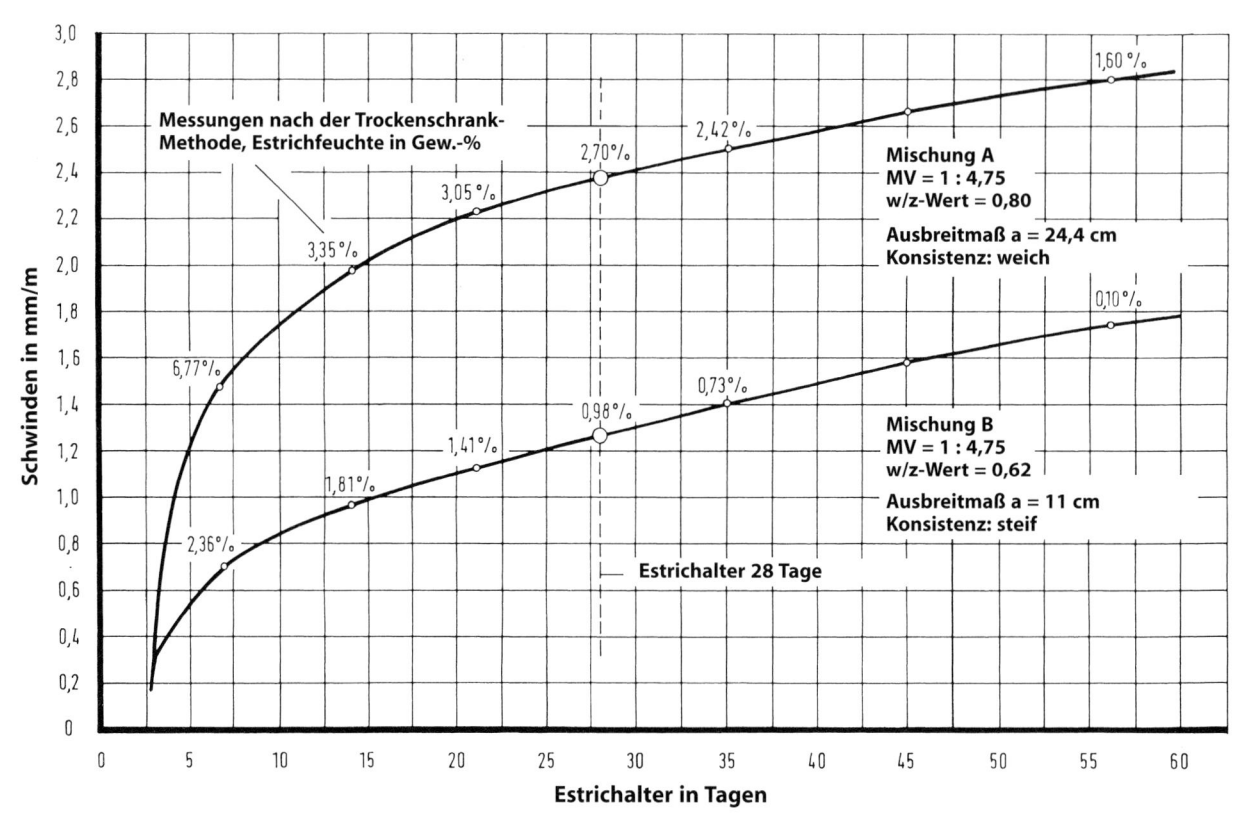

128   7 Zementestriche unter Balkon- und Terrassenbelägen

Abb. 7.8: Zeitabhängige Schwindvorgänge zweier Zementestriche mit unterschiedlichen Wasserzementwerten

MV = Mischungsverhältnis Zement zu Gesteinskörnung in kg zu kg
w/z-Wert = Verhältnis Wasser zu Zement in der Betonmischung in kg zu kg

7.6.4 Zementestrichschwinden, w/z-Wert und Betonverflüssiger (BV)

7.6.4.1 Schwinden zweier verschieden steifer Estrichmischungen mit gleichem Mischungsverhältnis (MV)

Die Abhängigkeit des Zementestrichschwindens vom Wasserzementwert (w/z-Wert) nach Kapitel 7.2.3 ist als Beispiel in Abb. 7.8 dargestellt.

Zwei gleichartige, normgerecht hergestellte Trockenmischungen aus Zement 32,5 und Gesteinskörnung 1 bis 4 mm nach Tabelle 7.3 im gewichtsanteiligen Mischungsverhältnis (MV) 1 : 4,75 ergeben:

- nach Mischung A mit w/z-Wert = 0,80 einen Estrichmörtel weicher Konsistenz mit einem Ausbreitmaß nach DIN 18555-2 von a = 24,4 cm der Estrichgüteklasse (ZE 20) CT – F4 nach DIN 18560 bzw. CT – C25 – F4 nach DIN EN 13813,

- nach Mischung B mit w/z-Wert = 0,62 einen Estrichmörtel steifer Konsistenz mit einem Ausbreitmaß nach DIN 18555-2 von a = 11,0 cm der Estrichgüteklasse (ZE 20) CT – F4 nach DIN 18560 bzw. CT – C25 – F4 nach DIN EN 13813.

Die der DIN 52450 „Bestimmung des Schwindens und Quellens an kleinen Probekörpern" entsprechend eingeformten Estrichprobekörper 160 × 40 × 40 mm wurden nach Abschnitt 6.1 dieser Norm bei einer Raumluft von +20 ± 2 °C und einer relativen Luftfeuchte von 65 ± 3 % gelagert und nach 3, 7, 14, 28 und 56 Tagen zur Beurteilung des Schwindens einzelnen Feinmessungen unterzogen. Die Ergebnisse sind der Abb. 7.8 zu entnehmen. Jeweils gleichzeitig zu den Schwindlängenprüfungen wurden Feuchtebestimmungen an parallel gelagerten Probekörpern nach der Trockenschrank-Methode durchgeführt. Die ermittelten Estrichfeuchtewerte wurden jeweils zum

7.6 Schwindvorgänge im Zementestrich

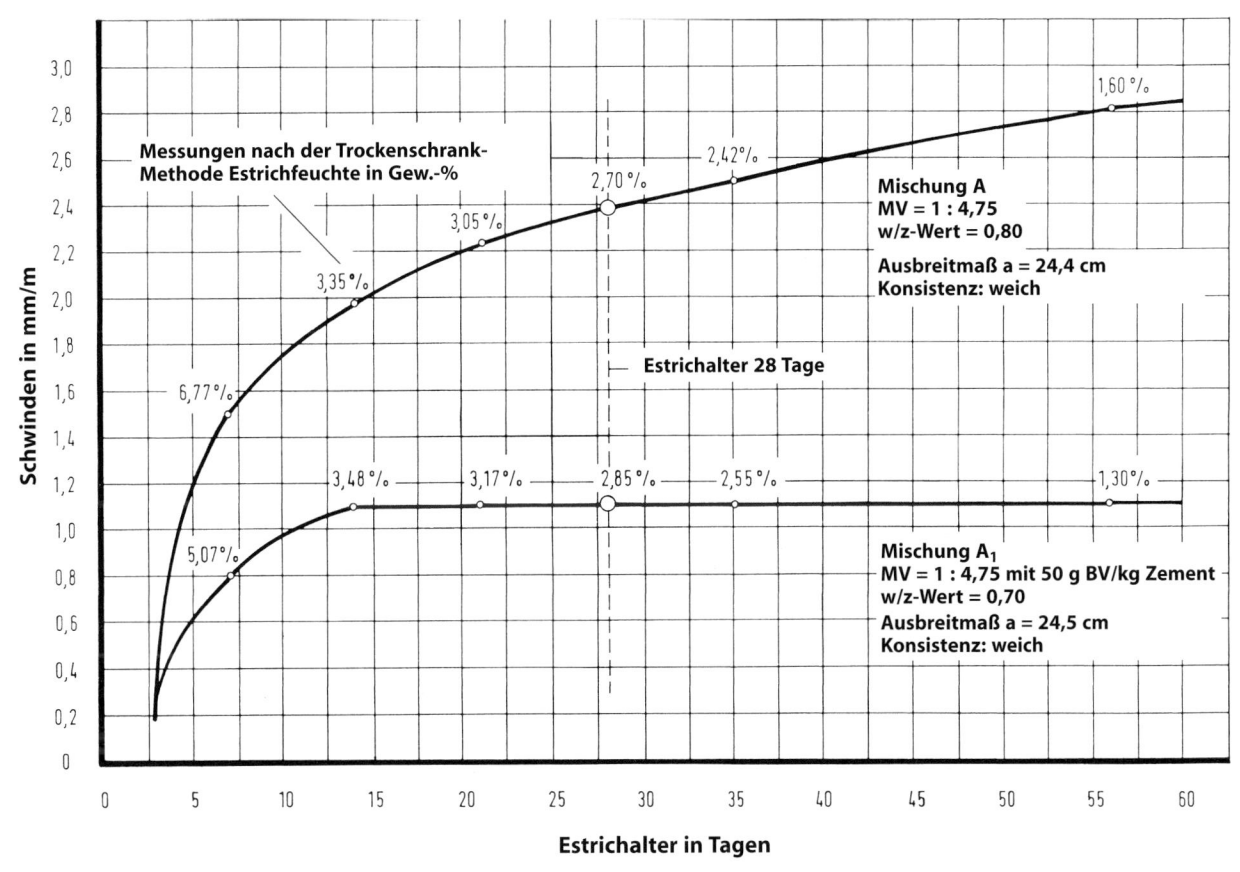

Abb. 7.9: Zeitabhängige Schwindvorgänge zweier relativ feuchter Zementestriche mit annähernd gleichen Ausbreitmaßen, jedoch mit zeitmäßiger Verkürzung der Hauptschwindzeit bei der mit einem geeigneten BV abgemischten Estrichart

MV = Mischungsverhältnis Zement zu Gesteinskörnung in kg zu kg
BV = Betonverflüssiger in der Betonmischung in g pro kg Zement
w/z-Wert = Verhältnis Wasser zu Zement in der Betonmischung in kg zu kg

Messtag gehörend oberhalb der Kurven im Diagramm eingetragen.

Es ist zu erkennen, dass der höhere Wassergehalt der Mischung A zu größerem zeitabhängigem Schwinden führt als der der trockenen Mischung B.

Die Mischung A der Untersuchung erreicht nach 28 Tagen ein Schwinden von 2,38 mm/m und nach der Trockenschrank-Methode einen Wassergehalt von 2,70 Gew.-%. Dies entspricht nach Abb. 7.6 einem nach der CM-Methode zu messenden Wassergehalt von ca. 1,52 Gew.-%.

Bei der Mischung B der Untersuchung ergibt sich nach 28 Tagen ein Schwinden von 1,26 mm/m und nach der Trockenschrank-Methode ein Wassergehalt von 0,98 Gew.-%. Dies entspricht nach Abb. 7.6 einem nach der CM-Methode zu messenden Wassergehalt von ca. 0,93 Gew.-%. Trockenere Estrichmischungen schwinden weniger als nassere.

Es ist dringend zu empfehlen, Fliesen oder Platten auf Zementestrich erst dann zu verlegen, wenn sein Wassergehalt, nach der CM-Methode gemessen, nicht mehr als 2 Gew.-% beträgt. Dies entspricht ca. 3,66 Gew.-% nach der Trockenschrank-Methode.

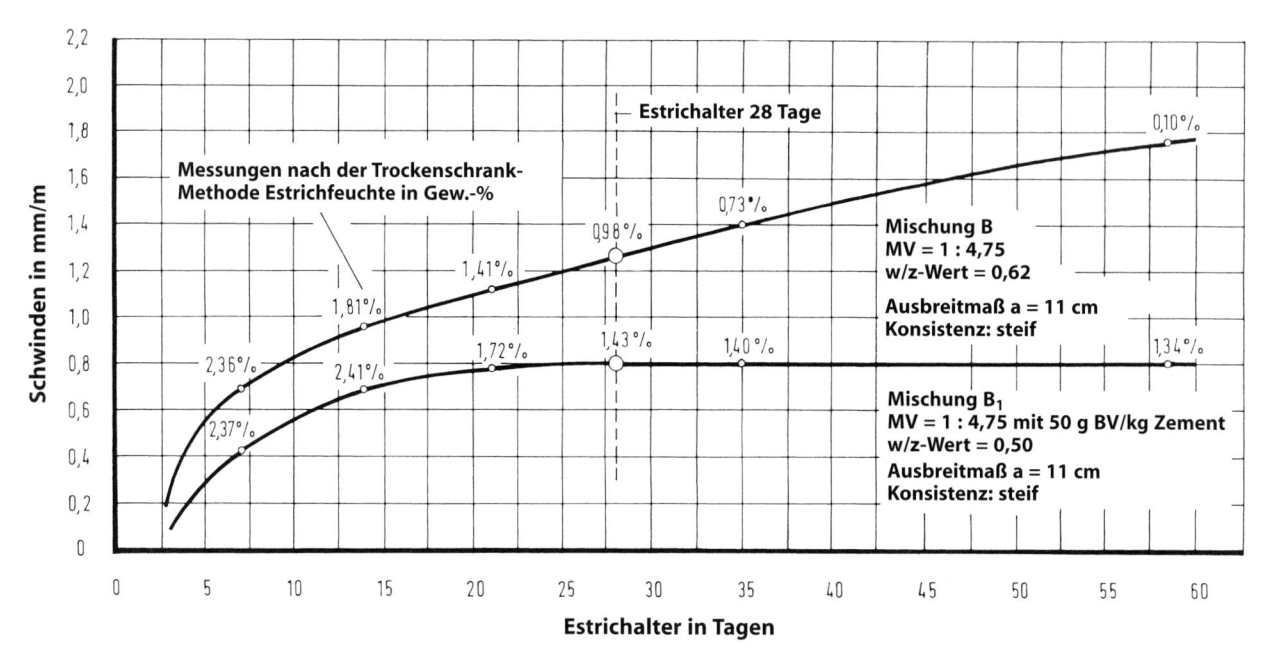

130　7 Zementestriche unter Balkon- und Terrassenbelägen

Abb. 7.10: Zeitabhängige Schwindvorgänge zweier relativ trockener Zementestriche mit gleichen Ausbreitmaßen, jedoch mit zeitmäßiger Verkürzung der Hauptschwindzeit bei der mit einem geeigneten BV abgemischten Estrichart

7.6.4.2 Schwinden von 2 weichen und 2 steifen Zementestrichmischungen, gleiches MV, jeweils einmal ohne BV-Zusatz (A und B) und einmal mit BV-Zusatz (A_1 und B_1)

Die Abhängigkeit des Zementestrichschwindens vom Wasserzementwert (w/z-Wert) nach Kapitel 7.2.3 und vom BV-Zusatz ist in 2 Beispielen in den Abb. 7.9 und 7.10 dargestellt.

Wesentliche zeitliche Verkürzungen der Schwindvorgänge der Zementestriche haben wir bei den Untersuchungen erreicht durch Zusätze zu den Mörtelmischungen von geeigneten Betonverflüssigern (BV) bei gleichzeitiger Plastifizierung und damit besserer Verarbeitbarkeit der Mörtelmischungen unter Verringerung des w/z-Wertes und Erhöhung der End-, Druck- und Biegezugfestigkeiten der Estriche.

Es sei ausdrücklich darauf hingewiesen, dass die hier angesprochenen Verbesserungen der Zementestrichmörteleigenschaften, insbesondere im Hinblick auf das Schwindverhalten der fertigen Estriche, nur von wenigen im Handel befindlichen BV-Zusätzen erreicht werden.

Geeignet sind hier nur Betonverflüssiger, die die Oberflächenspannung im frischen Zementleim nicht erhöhen, unter dispergierendem Einfluss bei gewünschter Mörtelkonsistenz den w/z-Wert mindern, das Schwinden zeitlich verkürzen und größenmäßig verringern. Zur Verwendung kam für die nachfolgend dokumentierten Untersuchungen ein melaminhaltiges Produkt.

Das Schwindverhalten der Estrichmörtelmischung A wurde durch Zusatz eines geeigneten handelsüblichen BV in Höhe

von 5 % der Zementmenge unter Verringerung des w/z-Wertes von 0,80 auf 0,70 bei annähernd gleich großem Ausbreitmaß a des Frischmörtels von 24,4 bzw. 24,5 cm als Mischung A_1 in Abb. 7.9 dargestellt.

Nach 14-tägiger Lagerung der Proben war praktisch kein weiteres Schwinden mehr messbar.

Der Wassergehalt im Estrich betrug zu diesem Zeitpunkt 3,48 Gew.-% nach der Trockenschrank-Methode. Dies entspricht nach Abb. 7.6 ca. 1,90 Gew.-% nach der CM-Methode.

Die Druck- und Biegezugfestigkeiten erreichen die eines Zementestrichs (ZE 30) CT – F5 nach DIN 18560 bzw. CT – C35 – F5 nach DIN EN 13813.

Die Abb. 7.10 zeigt in ähnlicher Weise die Schwindänderung der Mischung B, die nach Zusatz eines geeigneten handelsüblichen BV in Höhe von 5 % der Zementmenge unter Verringerung des w/z-Wertes von 0,62 auf 0,50 bei gleich großem Ausbreitmaß a des Frischmörtels von 11 cm als Mischung B_1 dargestellt wurde.

Hier war nach 21-tägiger Lagerung der Proben ein weiteres Schwinden kaum noch messbar.

Der Wassergehalt im Estrich betrug zu diesem Zeitpunkt 1,72 Gew.-% nach der Trockenschrank-Methode. Dies entspricht nach Abb. 7.6 ca. 1,15 Gew.-% nach der CM-Methode.

Auch hier wurden die Druck- und Biegezugfestigkeiten eines Zementestrichs (ZE 30) CT – F5 nach DIN 18560 bzw. CT – C35 – F5 nach DIN EN 13813 erreicht.

7.6 Schwindvorgänge im Zementestrich   131

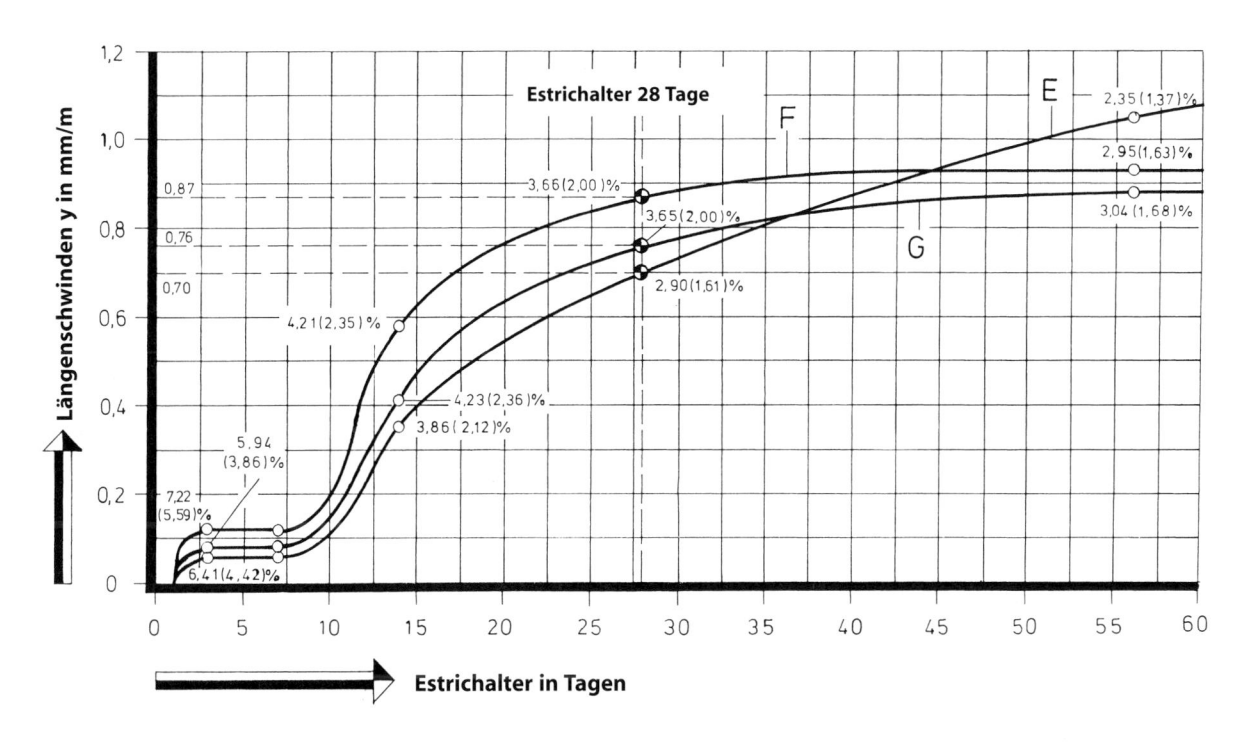

Abb. 7.11: Zeitabhängiges Schwindverhalten von 3 Estrichmörtelmischungen, die bei gleichem Mischungsverhältnis und bei gleich großem Ausbreitmaß sich nur durch verschiedene BV-Zugaben und damit durch verschieden große w/z-Werte unterscheiden

7.6.4.3 Schwinden von 3 Zementestrichmischungen, gleiches MV, gleiche Konsistenz, infolge verschieden hoher BV-Zusätze, verschiedene w/z-Werte

Zur Vervollständigung der vorstehend gemachten Angaben seien hier die Untersuchungsergebnisse von 3 Estrichmörteln wiedergegeben, deren Zusammensetzungen weitgehend den üblichen Ausführungen entsprechen. Es wurde Wert auf annähernd gleich große Ausbreitmaße a der Frischmischungen gelegt, um bei gleicher Konsistenz auch gleiche Verarbeitungsbedingungen zu erzielen.

Zum Erreichen einer möglichst ungestörten Anfangshydratation wurden die Proben nach ihrer Herstellung 7 Tage mit einer Folie abgedeckt. Dies erhöht die Estrichendfestigkeitswerte. Die Lagerung erfolgte bei einem Raumklima von +20 ± 2 °C und bei relativer Luftfeuchte von 40 bis 50 %.

Mischungsverhältnisse:

- Probe E:
  - Zement zu Sand der Körnung 0 bis 4 mm, 1 : 4,5 GT
  - kein BV-Zusatz
  - w/z-Wert = 0,73
  - Ausbreitmaß a = 20,4 cm
  - plastische Mörtelmischung
  - Schwindmaß nach 28 Tagen: 0,70 mm/m mit stark steigender Tendenz
  - erreichte Estrichqualität: (ZE 20) CT – F4 nach DIN 18560 bzw. CT – C25 – F4 nach DIN EN 13813

- Probe F:
  - Zement zu Sand der Körnung 0 bis 4 mm, 1 : 4,5 GT
  - BV-Zusatz: 2,5 % vom Zementgewicht
  - w/z-Wert = 0,63 unter Berücksichtigung des Wassers im flüssigen BV
  - Ausbreitmaß a = 20,2 cm
  - plastische Mörtelmischung
  - Schwindmaß nach 28 Tagen: 0,87 mm/m mit steigender Tendenz
  - erreichte Estrichqualität: (ZE 30) CT – F5 nach DIN 18560 bzw. CT – C35 – F5 nach DIN EN 13813

- Probe G:
  - Zement zu Sand der Körnung 0 bis 4 mm, 1 : 4,5 GT
  - BV-Zusatz: 5 % vom Zementgewicht
  - w/z-Wert = 0,58 unter Berücksichtigung des Wassers im flüssigen BV
  - Ausbreitmaß a = 20,0 cm
  - plastische Mörtelmischung
  - Schwindmaß nach 28 Tagen: 0,76 mm/m mit ganz leicht steigender Tendenz
  - erreichte Estrichqualität: (ZE 30) CT – F5 nach DIN 18560 bzw. CT – C35 – F5 nach DIN EN 13813

Abb. 7.11 zeigt deutlich das bis etwa zum dritten Tag anhaltende, durch chemische Vorgänge beeinflusste Frühschwinden des Zementestrichs. Durch die 7-tägige Folienabdeckung kann das Langzeit- oder Austrocknungsschwinden erst nach dem Entfernen der die Wasserverdunstung behindernden Folie einsetzen.

Die Abdeckzeit führt zwar durch intensivere Hydratation des Zements zu besseren Werten der Estrichendfestigkeit, verzögert aber den Vorgang des physikalisch bedingten

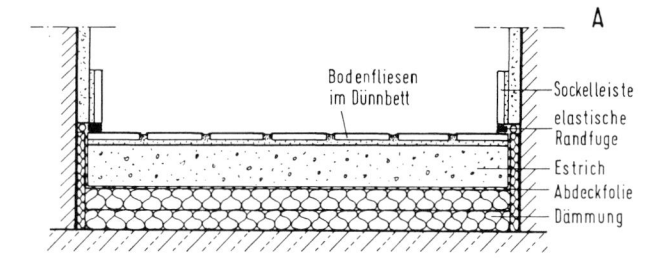

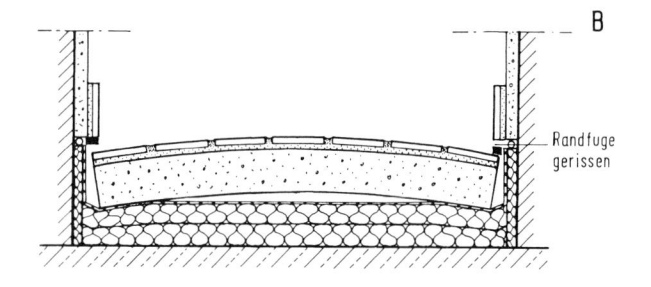

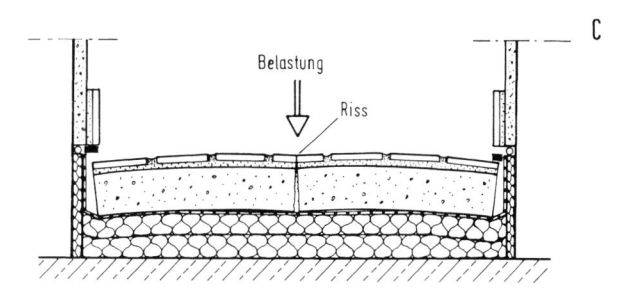

Abb. 7.12 Gegenüberstellung der durch Schwindvorgänge von Zementestrichen sich dort ausbildenden Deformationen und Rissbildungen im Zeitverlauf bei der Verlegung von Fliesen oder Platten auf noch zu frischen Estrichen

Schwindanteils. Der Praktiker muss aufgrund seiner Erfahrungen unter den vorliegenden Baustellenverhältnissen die Dauer einer sinnvollen Folienabdeckungszeit festlegen. 3 bis 4 Tage führen im Allgemeinen zu guten Ergebnissen.

Das Schwinden der Mischung E ohne BV-Zusatz verläuft langsamer als das der Mischungen mit BV-Zusätzen und erreicht nach 28 Tagen nur einen Wert von 0,70 mm/m. Es nimmt danach noch erheblich zu. Die Steigung der Kurve nach 56 Tagen weist auf ein noch längeres Anhalten des Schwindvorganges. Es wird nur eine Estrichqualität (ZE 20) CT – F4 nach DIN 18560 bzw. CT – C25 – F4 nach DIN EN 13813 erreicht.

Die mit 2,5- bzw. 5 %igen BV-Zusätzen versehen Mischungen F und G haben zunächst schneller ablaufende Schwindvorgänge, erreichen nach 28 Tagen Schwindwerte von 0,87 bzw. 0,76 mm/m mit nachfolgendem wesentlich flacheren Kurvenverlauf. Nach 40 bis 50 Tagen waren Schwindzunahmen kaum noch messbar, d. h., mit wesentlichem weiterem Schwinden ist nach dieser Zeit im Allgemeinen nicht mehr zu rechnen. Die Mischung mit 5 % BV-Zusatz erreichte nach 56 Tagen den geringsten Schwindwert, die Mischung mit 2,5 % BV-Zusatz hat sich in der Versuchsreihe bemerkenswert gut verhalten. Die Zementestrichqualität beider Versuchsreihen entsprach (ZE 30)

CT – F5 nach DIN 18560 bzw. CT – C35 – F5 nach DIN EN 13813.

Die neben den Messpunkten in den Kurven eingetragenen Werte nennen die jeweilige Feuchte der Proben in Gew.-%, gemessen nach der Trockenschrank-Methode. In Klammern stehen daneben die korrespondierenden CM-Werte nach Abb. 7.6.

Die vorstehend aufgezeichneten Untersuchungsergebnisse sollen dazu dienen, dem Planenden und dem Ausführenden Wege für weitere Überlegungen zum Abmindern von Schwindvorgängen in dickeren Estrichschichten aufzuzeigen. Es wird keinerlei Anspruch auf Vollständigkeit des hier durchgeführten Untersuchungsprogrammes gestellt. Es wäre eine dankenswerte Aufgabe für die Berufsverbände, für Normenausschüsse und für einschlägig tätige Institute, auf diesem Gebiet in Anlehnung an die hier gemachten Hinweise intensiv weiter zu forschen.

7.6.5 Typischer Schwindschaden an einem Bodenbelag

Ein großer Teil der Schäden an Bodenaufbauten im Allgemeinen und besonders auch an Balkon- und Terrassenbelägen auf schwimmenden Estrichen nach DIN 18560-2 und auf Estrichen auf Trennschichten nach DIN 18560-4 ist darauf zurückzuführen, dass die Zementestriche zum Zeitpunkt der Verlegung von Fliesen oder Platten ihre Belegreife noch nicht erreicht hatten. Sie waren noch zu jung und zu feucht (über 2 % CM-Feuchte), ihr Schwinden war noch nicht weit genug fortgeschritten und die Estrichflächen verkleinerten sich nach dem Einbau der Oberflächenbeläge noch in unzulässigem Maße.

Sind Fliesen oder Platten nicht besonders sorgfältig verlegt oder wurde die Oberfläche des Verlegemörtels in unzulässiger Weise mit Zement „gepudert", lösen sie sich bei den Verkürzungen des Verlegeuntergrundes von diesem, wölben sich kuppelförmig über diesem oder stellen sich in mehreren Scharen dachförmig auf. Der Zementestrich bleibt dabei im Allgemeinen unbeschädigt.

Besonders schadensträchtig wirken sich größere Schwindvorgänge in Zementestrichen bei zu frühzeitiger, sonst aber sorgfältiger und fachgerechter Fliesen- oder Plattenverlegung aus. Zur Erläuterung der Vorgänge wird in Abb. 7.12 ein schwimmender Zementestrich mit einem Bodenfliesenbelag über einer Wärmedämmung gezeigt. Zur Vereinfachung wurde auf die Darstellung der Abdichtungs-, Dränage- und Dampfsperrschichten verzichtet.

In Abb. 7.12 A ist der zu frische, schwimmende Zementestrich kurz nach der Verlegung der Fliesen zu erkennen. Deformationen haben sich noch nicht ausgebildet.

In Abb. 7.12 B hat sich der Estrich infolge seines weiter fortschreitenden Schwindens aufgewölbt. Die Verkürzung kann sich an seiner Unterseite – relativ wenig behindert – ausbilden. An der Oberseite erlaubt der praktisch schwindfreie, mit dem Estrich scherfest verbundene Keramik- oder Steinbelag diese Deformation nicht. Die Folge davon ist, dass die „Möchte-gern-Verkürzung" der Estrichoberfläche dort in Zugspannung umgesetzt wird. Die Plattenverkleidung erhält Druckspannungen, so lange der Verlegemörtel die in ihm entstehenden Schubspannungen aushält. Durch die Aufwölbung verliert der Estrich seine Kräfte übertragende Auflage in der Mitte seiner Flächengeometrie und stützt sich auf seine Ränder.

Die dort entstehenden Kantenauflagerkräfte überfordern das Tragvermögen der Dämmschichten und drücken diese an den Estrichflächenrändern in unzulässiger Weise zusammen. Hierdurch entstehen in den weitaus meisten Fällen die Bodenrandabsenkungen an Sockelleisten und sonstigen Wandanschlüssen.

Die dort ursprünglich vorschriftsmäßig angeordneten elastischen Fugen werden in ihrem Dehnbereich überfordert und reißen. Es ist leicht nachzuvollziehen, dass dabei – hier nicht dargestellte – Dichtschichten gegen nicht drückendes Wasser, die in Dachterrassenkonstruktionen zwischen der Dämmschicht und dem Estrich liegen und (nach Abschnitt 8.1.5 der DIN 18195-5) an den anschließenden Wänden bis 15 cm über die Oberkante des Terrassenbelages geführt und dort hinterfließungssicher verwahrt werden müssen, reißen und dadurch das Schadensausmaß erheblich erhöhen können. Das Eigengewicht des Estrichs und des Belages sowie die Nutzbelastung des Bodens versuchen, den gesamten Verbundaufbau des Bodens in seine ursprüngliche Lage zurückzudrücken. Die Folge davon ist die in Abb. 7.12 C dargestellte Rissbildung. Diese tritt mitunter erst Monate oder Jahre nach Fertigstellung des Bauwerks ein.

Eine Stahlbewehrung in der Mitte der Estrichdicke ist dabei wirkungslos.

Die vorstehend **beschriebenen Schäden** können durch die Beachtung der **folgenden Maßnahmen verhindert** werden:

- möglichst schwindarmer Aufbau des Estrichmörtels,
- Zusatz geeigneter Betonverflüssiger (BV),
- sachgemäße Pflege des Frischestrichs,
- Prüfung der Estrichfeuchte zur Beurteilung seines Schwindzustandes,
- erforderlichenfalls Verlängerung der Wartezeit zwischen Estricheinbau und Plattenverlegung,
- Dickbettmörtel oder Dünnbettmörtel mit günstigem Elastizitätsmodul für die Verlegung von Fliesen oder Platten.

Es ist zu erwarten, dass im Zuge der Normerneuerung auch in DIN 18157 statt der Wartezeit von 28 Tagen Feuchtemessungen gefordert werden.

In der die Estrichnorm flankierenden DIN 1264-4 (2001-12) „Fußboden-Heizung" wird ohne Angabe genauer Feuchtewerte festgelegt, dass der Fußbodenleger vor dem Verlegen die Eignung des Estrichs zum Verlegen des Belags prüfen muss.

Konkrete Richtwerte für die maximale Estrichfeuchtigkeit (Belegreife) waren in DIN 4725-4 (1992-09) Tabelle 1 für Zementestriche unter Stein- und keramischen Belägen im Dickbett mit 3 CM-% und im Dünnbett mit 2 CM-% angegeben. Diese Norm wurde 2001 durch die europäische DIN EN 1246-4 ersetzt. Die angegebenen Werte entsprechen jedoch nach wie vor den anerkannten Regeln der Technik.

Variabler Fließbettmörtel
PCI Nanoflott® flex

PCI Für Bau-Profis

Für Industriebeläge, Balkone, Terrassen

Fließend verlegen!

Ideal für alle Pecilastic-Bahnen

PCI Nanolight® · PCI Nanofug® · PCI Nanoflott® flex
Neueste Technologie - von PCI

- Rationelles Arbeiten - erspart Buttering-Floating
- Gute Erhärtung, sogar bei kühlen Temperaturen
- Für alle Verbundabdichtungen
- C2FE nach DIN EN 12004

Mehr Infos unter: www.pci-augsburg.de

Ein Unternehmen der **degussa.**

8 Balkon- und Terrassenbeläge

8.1 Allgemeine Angaben

Zum Schutz der Unterbauschichten, für die Pflegeleichtigkeit und die farbliche gestalterische Behandlung der Balkon- und Terrassenoberflächen wird eine Reihe von Verkleidungsmaßnahmen durchgeführt.

Zu beachtende Regelungen:

Merkblatt Außenbeläge – Belagskonstruktionen mit Fliesen und Platten außerhalb von Gebäuden (ZDB, 2005)

Merkblatt Hinweise für die Ausführung von Verbundabdichtungen mit Bekleidungen und Belägen aus Fliesen und Platten für Innen- und Außenbereich (ZDB, 2005)

BGR 181 (bisherige ZH 1/571) bzw. GUV-R 181 Fußböden in Arbeitsräumen und Arbeitsbereichen mit Rutschgefahr (HVBG, 2003/BUK, 2003)

BEB-Hinweisblatt Hinweise für Fugen in Estrichen – Teil 2: Fugen in Estrichen und Heizestrichen auf Dämmschichten nach DIN 18560 Teil 2 (BEB, 1994)

BEB-Hinweisblatt Oberflächenzug- und Haftzugfestigkeit von Fußböden. Allgemeines, Prüfung, Beurteilung (BEB, 2004)

Merkblatt Bewegungsfugen in Bekleidungen und Belägen aus Fliesen und Platten (ZDB, 1995)

MFP 1 Merkblatt für Flächenbefestigungen mit Pflaster- und Plattenbelägen – Teil 1 Regelbauweise (Ungebundene Ausführung) (FGSV, 2003)

Wartung und Gewährleistung von elastischen Fugen (ZDB)

ATV DIN 18318	Verkehrswegebauarbeiten – Pflasterdecken, Plattenbeläge, Einfassungen (2000-12) VOB/C
ATV DIN 18332	Naturwerksteinarbeiten (2002-12) VOB/C
ATV DIN 18333	Betonwerksteinarbeiten (2000-12) VOB/C
ATV DIN 18352	Fliesen- und Plattenarbeiten (2002-12) VOB/C
DIN 18156-4	Stoffe für keramische Bekleidungen im Dünnbettverfahren; Epoxidharzklebstoffe (1984-12)
DIN 18157-1	Ausführung keramischer Bekleidungen im Dünnbettverfahren; Hydraulisch erhärtende Dünnbettmörtel (1979-07)
DIN 18157-3	Ausführung keramischer Bekleidungen im Dünnbettverfahren; Epoxidharzklebstoffe (1986-04)
DIN 18158	Bodenklinkerplatten (1986-09)
DIN 18202	Toleranzen im Hochbau – Bauwerke (2005-10)
DIN 18503	Pflasterklinker – Anforderungen und Prüfverfahren (2003-12)
DIN 18540	Abdichten von Außenwandfugen im Hochbau mit Fugendichtstoffen (1995-02)
DIN 52460	Fugen- und Glasabdichtungen – Begriffe (2000-02)
DIN EN 998-2	Festlegungen für Mörtel im Mauerwerksbau – Teil 2: Mauermörtel (2003-09)
DIN EN 1338	Pflastersteine aus Beton – Anforderungen und Prüfverfahren (2003-08)
DIN EN 1339	Platten aus Beton – Anforderungen und Prüfverfahren (2003-08)
DIN EN 1341	Platten aus Naturstein für Außenbereiche – Anforderungen und Prüfverfahren (2002-04)
DIN EN 1342	Pflastersteine aus Naturstein für Außenbereiche – Anforderungen und Prüfverfahren (2002-04)
DIN EN 1344	Pflasterziegel – Anforderungen und Prüfverfahren (2002-07)
DIN EN 1348	Mörtel und Klebstoffe für Fliesen und Platten – Bestimmung der Haftfestigkeit zementhaltiger Mörtel für innen und außen (1999-03)
DIN EN 12004	Mörtel und Klebstoffe für Fliesen und Platten – Definitionen und Spezifikationen (2002-10)
DIN EN 12371	Prüfverfahren für Naturstein – Bestimmung des Frostwiderstandes (2002-01)
DIN EN 13888	Fugenmörtel für Fliesen und Platten – Definitionen und Festlegungen (2002-10)
DIN EN 14411	Keramische Fliesen und Platten – Begriffe, Klassifizierung, Gütemerkmale und Kennzeichnung (2004-03)
DIN EN 26927	Hochbau; Fugendichtstoffe; Begriffe (1991-05)

DIN EN ISO 10545-2   Keramische Fliesen und Platten –
                      Teil 2: Bestimmung der Maße und
                      der Oberflächenbeschaffenheit
                      (1997-12)

DIN EN ISO 10545-3   Keramische Fliesen und Platten –
                      Teil 3: Bestimmung von Wasseraufnahme,
                      offener Porosität scheinbarer relativer Dichte und Rohdichte
                      (1997-12)

DIN EN ISO 10545-9   Keramische Fliesen und Platten –
                      Teil 9: Bestimmung der Temperaturwechselbeständigkeit (1996-09)

DIN EN ISO 10545-12   Keramische Fliesen und Platten –
                      Teil 12: Bestimmung der Frostbeständigkeit (1997-12)

Es ist möglich, Zementestriche nach Kapitel 7 als Nutzbelag direkt zu begehen, wenn die Gesteinskörnung aus der Korngröße 0 bis 4 mm besteht und die Oberfläche sauber abgezogen, verrieben und mit Zement-Feinsand-Schlämme im Mischungsverhältnis 1 : 1 geglättet wurde. Durch diese Maßnahme wird die Oberfläche des Zementestrichs geschlossen und die Schmutzpartikel können nicht in die Oberfläche eindringen, der Algenbeschlag ist deutlich geringer und die Reinigung wird erleichtert. Sollen später Fliesen oder Platten auf diesem Zementestrich verlegt werden, so muss nach einer gründlichen Reinigung durch Kugel-, Sandstrahlen oder Flämmen eine offenporige Verlegefläche hergestellt werden, um für den Verlegemörtel eine einwandfreie Verbindung im kapillaren Bereich zu schaffen.

Alle Fliesen oder Platten aus Keramik, Naturstein oder Kunststein für Balkon- oder Terrassenbeläge, die in Gegenden verlegt werden, in denen mit Temperaturen unter 0 °C zu rechnen ist, müssen frostbeständig sein.

Neben den inneren Kohäsionskräften ist die Wasseraufnahme eines der maßgeblichen Kriterien zur Beurteilung der Frostbeständigkeit von Belagsmaterialien. Sie kennzeichnet den offenen Porenraum, der mit Wasser gefüllt bei Frost durch Eisbildung in den Kapillaren zum Zersprengen des Werkstoffes führen kann.

Die Frostbeständigkeit brauchbarer keramischer Fliesen oder Platten, Beton- und Natursteinplatten wird durch die Normung gefordert und muss durch Prüfzeugnisse nachgewiesen werden.

Die Prüfung für keramische Fliesen und Platten erfolgt nach DIN EN ISO 10545-12 „Keramische Fliesen und Platten – Teil 12: Bestimmung der Frostbeständigkeit". Nach vollständiger Sättigung mit Wasser werden die Probestücke in automatisch gesteuerten Frosttruhen einem 50fachen Temperaturwechsel zwischen +15 °C und –15 °C ausgesetzt. Nach dieser Prüfung dürfen die Ansichtsflächen und die Kanten der Fliesen oder Platten keinerlei Beschädigungen aufweisen.

Die Frostbeständigkeit von Natursteinplatten und Natursteinpflaster wird nach der DIN EN 12371 „Prüfverfahren für Naturstein – Bestimmung des Frostwiderstandes"

geprüft, dabei dürfen die Ergebnisse für sämtliche Probekörper den deklarierten Wert nicht unterschreiten.

Nach DIN EN 1341 „Platten aus Naturstein für Außenbereiche – Anforderungen und Prüfverfahren" (2002-04), Abschnitt 4.2, ist die nach DIN EN 12371 geprüfte Widerstandsfähigkeit gegen Frost-Tau-Wechsel des Steins vom Hersteller nach Tabelle 6 der DIN EN 1341 anzugeben. Die Anzahl der durchzuführenden Prüfzyklen muss 48 betragen. Die Prüfung ist durchzuführen, um die Auswirkungen von Frost-Tau-Wechseln auf die Leistungsmerkmale (z. B. die nach DIN EN 12372 zu bestimmende Biegefestigkeit) zu bestimmen.

Tabelle 8.1: Widerstandsfähigkeit gegen Frost-Tau-Wechsel nach DIN EN 1341, Tabelle 6

Klasse	Klasse 0	Klasse 1
Kennzeichnung	F0	F1
Anforderung	keine Anforderung an die Widerstandsfähigkeit gegen Frost-Tau-Wechsel	widerstandsfähig (Änderung der Biegefestigkeit bis zu 20 %)

Nach DIN EN 1342 „Pflastersteine aus Naturstein für Außenbereiche – Anforderungen und Prüfverfahren" (2002-04), Abschnitt 4.2, ist die nach DIN EN 12371 geprüfte Widerstandsfähigkeit gegen Frost-Tau-Wechsel des Steins vom Hersteller nach Tabelle 4 der DIN EN 1342 anzugeben. Die Anzahl der durchzuführenden Prüfzyklen muss 48 betragen. Die Prüfung ist durchzuführen, um die Auswirkungen von Frost-Tau-Wechseln auf die Leistungsmerkmale (z. B. die nach DIN EN 1926 zu bestimmende Druckfestigkeit) zu bestimmen.

Tabelle 8.2: Widerstandsfähigkeit gegen Frost-Tau-Wechsel nach DIN EN 1342, Tabelle 4

Klasse	Klasse 0	Klasse 1
Kennzeichnung	F0	F1
Anforderung	keine Anforderung an die Widerstandsfähigkeit gegen Frost-Tau-Wechsel	widerstandsfähig (Änderung der Druckfestigkeit bis zu 20 %)

Bei der Vielzahl verschiedener Arten von Kunststeinplatten und deren unterschiedlichen Herstellungsweisen ist es empfehlenswert, sich vom Hersteller die Frostbeständigkeit seiner Erzeugnisse unter Vorlage entsprechender amtlicher Prüfzeugnisse bestätigen zu lassen.

Da Balkone und Terrassen, besonders im Privatbereich, nach Regeneinwirkung auch barfüßig begangen werden, ist bei der Auswahl des Belagsmaterials auf die rutschsichere Ausführung der Oberflächenstruktur zu achten.

Die Prüfung der Beläge erfolgt nach DIN 51097 „Bestimmung der rutschhemmenden Eigenschaft, Nassbelastete Barfußbereiche". Dabei bewegt sich eine Prüfperson in aufrechter Haltung vor- und rückwärts auf dem zu prüfenden Bodenbelag, dessen Neigung vom waagerechten Zustand beginnend bis zu dem Neigungswinkel gesteigert wird, bei dem die Prüfperson unsicher wird. Dieser Winkel wird zur Beurteilung des Bodenbelages herangezogen. Ein Prüfzeugnis ist darüber auszustellen.

Tabelle 8.3: Zuordnung der mittleren Neigungswinkel zu den Bewertungsgruppen der Rutschhemmung nach DIN 51097, Tabelle 1

mittlerer Neigungswinkel	Bewertungsgruppe
≥ 12°	A
≥ 18°	B
≥ 24°	C

Es ist zu empfehlen, Fliesen und Platten zu wählen, die mindestens dem Bereich A (Mindestneigungswinkel 12°), besser aber dem Bereich B (Mindestneigungswinkel 18°) der GUV-Information „Bodenbeläge für nassbelastete Barfußbereiche", GUV-I 8527 (BUK, 2004), entsprechen.

In Sonderfällen kann die Terrassenfläche für Arbeitszwecke oder Arbeitsbereiche in Frage kommen. In diesem Fall sind Belagsmaterialien auszuwählen, die die Anforderungen, die in der BG- bzw. GUV-Regel „Fußböden in Arbeitsräumen und Arbeitsbereichen mit Rutschgefahr", BGR 181 bzw. GUV-R 181 (HVBG, 2003 / BUK, 2003), festgelegt sind, erfüllen müssen. Nach den Kriterien, die in der DIN 51130 festgelegt sind, wird die Oberfläche des zu prüfenden Materials im Begehungsverfahren auf einer schiefen Ebene geprüft.

Der aus einer Messwertreihe ermittelte mittlere Neigungswinkel ist für die Einordnung des Bodenbelages in eine von 5 Bewertungsgruppen maßgebend. Die Bewertungsgruppe dient als Maßstab für den Grad der Rutschhemmung, wobei Beläge mit der Bewertungsgruppe R 9 den geringsten und mit der Bewertungsgruppe R 13 den höchsten Anforderungen an die Rutschhemmung genügen. Die Zuordnung der Bewertungsgruppen zu den Winkelbereichen ist in der nachfolgenden Tabelle dargestellt.

Tabelle 8.4: Zuordnung der Gesamtmittelwerte der Neigungswinkel zu den Bewertungsgruppen der Rutschhemmung nach GUV-R 181 (BUK, 2003), Tabelle 1

Gesamtmittelwerte	Bewertungsgruppe
6°–10°	R 9
> 10°–19°	R 10
> 19°–27°	R 11
> 27°–35°	R 12
> 35°	R 13

Abweichend von GUV-R 181 (BUK, 2003), Tabelle 1, galt für prüftechnische Bewertungen, die bereits vor dem 1.1.2004 eine Zuordnung des Bodenbelages zur Bewertungsgruppe R 9 mit einem Gesamtmittelwert von 3° bis weniger als 6° beinhalteten, eine Übergangsfrist bis zum 31.12.2004. Ab dem 1.1.2005 gilt für eine Zuordnung des Bodenbelages zur Bewertungsgruppe R 9 ein Gesamtmittelwert von 6 bis 10°.

Zusätzlich werden für bestimmte Anforderungen keramische Platten mit Verdrängungsraum an der Oberfläche der Belagsmaterialien hergestellt, deren Verdrängungsraum nach dem Mindestvolumen (in cm^3/dm^2) geprüft wird. Diese Platten erhalten zusätzlich die Bezeichnung des Verdrängungsraumes V4, V6, V8 oder V10. Ein Bodenbelag darf nur mit dem Kennzeichen V für Verdrängungsraum gekennzeichnet werden, wenn das Volumen des Verdrängungsraumes das Maß von 4 cm^3/dm^2 überschreitet.

8.2 Keramische Fliesen und Platten

8.2.1 Allgemeine Angaben

Keramische Fliesen und Platten werden in DIN EN 14411 nach ihrem Herstellungsverfahren und ihrer Wasseraufnahme in Gruppen eingeteilt. Die Gruppen geben jedoch keine Hinweise auf den Verwendungszweck der Fliesen und Platten.

Es gibt folgende Herstellungsverfahren:

- Verfahren A: stranggepresste Fliesen und Platten (siehe DIN EN 14411, Abschnitt 3.5),
- Verfahren B: trockengepresste Fliesen und Platten (siehe DIN EN 14411, Abschnitt 3.6).

Fliesen und Platten für Außenbeläge werden nach ihrer Wasseraufnahme E (ermittelt in Gew.-% nach DIN EN ISO 10545-3) in folgende Gruppen aufgeteilt:

- Fliesen und Platten mit geringer Wasseraufnahme (Gruppe I): E ≤ 3 %,
- Fliesen und Platten mit mittlerer Wasseraufnahme (Gruppe IIa): 3 % < E ≤ 6 %.

Tabelle 8.5: Klassifizierung der keramischen Fliesen und Platten für Außenbeläge in Anlehnung an DIN EN 14411, Tabelle 1, nach ihren Gruppen der Wasseraufnahme E und ihrer Formgebung

Formgebung	Gruppe I E ≤ 3 %	Gruppe IIa 3 % < E ≤ 6 %
A stranggepresste Fliesen und Platten	Gruppe A I (Anhang A)	Gruppe A II$_{a-1}$[1)] (Anhang B)
		Gruppe A II$_{a-2}$[1)] (Anhang C)
B trockengepresste Fliesen und Platten	Gruppe B I$_a$ E ≤ 0,5 % (Anhang G)	Gruppe B II$_a$ (Anhang J)
	Gruppe B I$_b$ 0,5 % < E ≤ 3 % (Anhang H)	

[1)] Gruppe A II$_a$ wird in 2 Teile (Teil 1 und 2) mit verschiedenen Produktanforderungen unterteilt.

Die Gütemerkmale von keramischen Fliesen und Platten in Abhängigkeit von der Anwendung sind in DIN EN 14411, Tabelle 2, genannt und unterteilt in 3 Hauptkategorien:

- Maße und Oberflächenbeschaffenheit,
- physikalische Eigenschaften,
- chemische Eigenschaften.

Eine zusätzliche Unterteilung erfolgt in Fußboden oder Wand, innen oder außen. Es wird auf das Prüfverfahren nach DIN EN ISO 10545 verwiesen. Diese Norm besteht aus mehreren Teilen und beschreibt die Prüfverfahren für keramische Fliesen und Platten, die erforderlich sind, um die notwendigen Produktmerkmale zu bestimmen.

Die wichtigsten Güteanforderungen für keramische Fliesen und Platten sind nach DIN EN 14411 für die Gruppen A I, A II$_{a-1}$ und A II$_{a-2}$ in den Anhängen A, B und C (normativ), für die Gruppen B I$_a$, B I$_b$ und B II$_a$ in den Anhängen G, H und J (normativ) gefordert bzw. die Prüfverfahren stehen auf Anforderung zur Verfügung.

Prüfverfahren für keramische Fliesen und Platten:

DIN EN ISO 10545-1	Probenahme und Grundlage für die Annahme
DIN EN ISO 10545-2	Bestimmung der Maße und der Oberflächenbeschaffenheit
DIN EN ISO 10545-3	Bestimmung der Wasseraufnahme
DIN EN ISO 10545-4	Bestimmung der Biegefestigkeit und Bruchlast
DIN EN ISO 10545-5	Bestimmung der Schlagfestigkeit
DIN EN ISO 10545-6	Bestimmung des Widerstandes gegen Tiefenverschleiß (Unglasierte Fliesen und Platten)
DIN EN ISO 10545-7	Bestimmung des Widerstandes gegen Oberflächenverschleiß (Glasierte Fliesen und Platten)
DIN EN ISO 10545-8	Bestimmung der linearen thermischen Dehnung
DIN EN ISO 10545-9	Bestimmung der Temperaturwechselbeständigkeit
DIN EN ISO 10545-10	Bestimmung der Feuchtigkeitsdehnung
DIN EN ISO 10545-11	Bestimmung der Widerstandsfähigkeit gegen Glasurrisse
DIN EN ISO 10545-12	Bestimmung der Frostbeständigkeit
DIN EN ISO 10545-13	Bestimmung der chemischen Beständigkeit
DIN EN ISO 10545-14	Bestimmung der Fleckbeständigkeit
DIN EN ISO 10545-15	Bestimmung der Abgabe von Blei und Cadmium
DIN EN ISO 10545-16	Bestimmung von kleinen Farbabweichungen

8.2.2 Keramische Spaltplatten (mit Formgebung A gekennzeichnet)

Plastisch eingestellte keramische Massen, bestehend aus Ton, Schamotte und anderen mineralischen Rohstoffen, werden aus Strangpressen, meist in Form von an den Rückseiten durch Stege verbundenen Doppelplatten, als Endlosstrang extrudiert. Sie werden hinter der Presse in der erforderlichen Länge abgeschnitten, getrocknet und gebrannt. Danach werden diese Doppelplatten in verlegefähige Einzelplatten gespalten, daher der Name Spaltplatte. Die Rückseiten dieser Platten besitzen als typische Merkmale schwalbenschwanzförmige oder rillenförmige Profilierungen, die den Verbund im Verlegemörtel erheblich verbessern. Die Oberflächen der Spaltplatten können eben, profiliert, unglasiert oder glasiert hergestellt werden.

Stranggepresste Spaltplatten mit einer Wasseraufnahme von bis zu 3 % sind in der Gruppe A I (siehe Anhang A) und mit einer Wasseraufnahme von mehr als 3 % bis zu 6 % in der Gruppe A II$_{a-1}$ (siehe Anhang B) und der Gruppe A II$_{a-2}$ (siehe Anhang C) in DIN EN 14411 genormt.

Für den Einsatzbereich Außenbeläge in unserer Klimazone müssen alle Arten von Fliesen und Platten frostbeständig sein und sind somit für die Verlegung auf Balkonen und Terrassen geeignet. Die Frostbeständigkeit sollte man sich vom Hersteller schriftlich bestätigen lassen, da sie nur in der Gruppe A I (Anhang A) gefordert wird, während in den Gruppen A II$_{a-1}$ und A II$_{a-2}$ diese Forderung nach Frostbeständigkeit lt. DIN EN 14411 (Anhang B und Anhang C) nicht besteht. Für die Frostbeständigkeit dieser beiden Gruppen ist zwar ein Prüfverfahren nach DIN EN ISO 10545-12 vorhanden, diese Prüfung ist jedoch nur für Produkte vorgeschrieben, die für Sonderanwendungen vorgesehen sind, bei denen Frost auftreten kann. Anhang P „Prüfverfahren" (informativ) besagt:

„Eine Vielzahl der in dieser Europäischen Norm enthaltenen Prüfverfahren stehen auf Anfrage zur Verfügung, gehören jedoch nicht zu den verbindlichen Prüfanforderungen."

Das Koordinierungsmaß C in cm einer Spaltplatte setzt sich zusammen aus dem Werkmaß (Ansicht der Länge und Breite der Spaltplattenoberfläche) und der Fugenbreite.

Tabelle 8.6: Übliche Werkmaße der keramischen Spaltplatten

Breite [cm]	Länge [cm]
5,2	24,0
9,4	19,4
11,5	24,0
19,4	19,4
24,0	24,0
29,4	29,4

Zusätzlich sind Schenkel- und Treppenstufenplatten lieferbar, Sondermaße können mit dem Keramikhersteller vereinbart werden.

8.2.3 Trockengepresste keramische Fliesen und Platten (mit Formgebung B gekennzeichnet)

Trockengepresste keramische Fliesen und Platten sind Erzeugnisse, die aus pulverisiertem oder feinkörnigem Ton, Schamotte und anderen mineralischen Stoffen mit relativ trockener Mischkonsistenz bestehen, in Formen unter hohem Druck gepresst und danach getrocknet und gebrannt werden. Zur Vergrößerung der Haftfläche im Verlegemörtel werden die Rückseiten größerer Fliesen oder Platten häufig mit einer leichten Profilierung versehen. Die Oberflächen können eben, profiliert, unglasiert oder glasiert hergestellt werden.

Trockengepresste Fliesen und Platten sind unterteilt in die Gruppe B I_a (siehe Anhang G) mit einer Wasseraufnahme von bis zu 0,5 %, in die Gruppe B I_b (siehe Anhang H) mit einer Wasseraufnahme von mehr als 0,5 % bis zu 3 % und in die Gruppe B II_a (siehe Anhang J) mit einer Wasseraufnahme von mehr als 3 % bis zu 6 % nach DIN EN 14411.

In den Gruppen B I_a und B I_b wird nach DIN EN 14411 die Frostbeständigkeit gefordert. In der Gruppe B II_a besteht diese Forderung nicht, deshalb sollte man sich beim Einsatz dieser trockengepressten Fliesen und Platten im Außenbereich in unserer Klimazone die Frostbeständigkeit vom Hersteller schriftlich bestätigen lassen. Für die Frostbeständigkeit dieser Gruppe B II_a ist zwar ein Prüfverfahren nach DIN EN ISO 10545-12 vorhanden, diese Prüfung ist jedoch nur für Produkte vorgeschrieben, die für Sonderanwendungen vorgesehen sind, bei denen Frost auftreten kann. Anhang P „Prüfverfahren" (informativ) besagt:

„*Eine Vielzahl der in dieser Europäischen Norm enthaltenen Prüfverfahren stehen auf Anfrage zur Verfügung, gehören jedoch nicht zu den verbindlichen Prüfanforderungen.*"

Zu beachten sind die später beschriebenen besonderen Verlegebedingungen, unter denen trockengepresste Platten mit extrem niedriger Wasseraufnahme von E ≤ 0,5 % zu verlegen sind. Sie werden im Handel auch mit der Bezeichnung „Feinsteinzeug" geführt und sind wegen ihrer hohen Frostbeständigkeit für Balkon- und Terrassenbeläge gut geeignet.

Das Koordinierungsmaß C in cm einer Platte setzt sich zusammen aus dem Werkmaß W und der Fugenbreite. Das Werkmaß ist das für die Herstellung vorgesehene Maß, mit dem das Ist-Maß innerhalb der zulässigen Abweichungen übereinstimmen muss.

Dazu kommt noch eine Anzahl von Kleinformaten, die unter der Bezeichnung „Mosaik" zu halbfertigen Tafeln zusammengestellt werden.

Tabelle 8.7: Übliche Werkmaße trockengepresster keramischer Fliesen und Platten

Breite [cm]	Länge [cm]
7,5	7,5
7,6	7,6
10,0	10,0
10,0	15,0
10,0	20,0
15,0	15,0
15,2	15,2
15,0	30,0
20,0	20,0
20,0	30,0
25,0	25,0
30,0	30,0
30,0	40,0

8.2.4 Bodenklinkerplatten

Bodenklinkerplatten sind in DIN 18158 (1986-09) genormt. Es sind Erzeugnisse, die aus Ton, Lehm, Schamotte und anderen mineralischen Rohstoffen bestehen, die im Trockenpressverfahren geformt, getrocknet und bei Temperaturen über +1.000 °C gebrannt werden.

Bodenklinkerplatten haben ein dichtes Gefüge und sind widerstandsfähig gegen Witterungseinflüsse und Frosteinwirkung.

Die Wasseraufnahme beträgt im Mittel maximal 3 % bei einem größten Einzelwert von 4 %.

Die wichtigsten Güteanforderungen für Bodenklinkerplatten sind in der Tabelle 2 der DIN 18158 festgeschrieben:

- zulässige Längen- und Breitenabweichung vom Werkmaß: ± 1,5 %, jedoch maximal ± 4 mm,
- zulässige Dickenabweichung vom Werkmaß: ± 10 %, jedoch maximal ± 2,5 mm,
- Geradheit der Seiten, zulässige Abweichung, bezogen auf die Seitenlänge: maximal 0,5 %,
- Rechtwinkligkeit, zulässige Abweichung, bezogen auf die Seitenlänge: maximal 1,75 %,
- Ebenflächigkeit, zulässige Abweichung als
  - Wölbung der Plattenmitte: maximal 0,5 %,
  - Krümmung der Plattenkanten: maximal 0,5 %,
  - Verwindung der nicht aufliegenden 4. Ecke: maximal 0,5 %,

jeweils bezogen auf die Länge der Diagonalen,

- Biegefestigkeit:
  Mittelwert: mindestens 20 N/mm²,
  Einzelwert: mindestens 15 N/mm²,
- Druckfestigkeit:
  Mittelwert: mindestens 150 N/mm²,
- Oberflächenbeschaffenheit:
  Die Ansichtsfläche muss frei von Scherbenrissen und Blasen sein. Fehler in der Ansichtsfläche, z. B. kleine Abplatzungen an Kanten und Ecken sowie Poren, sind zulässig, wenn sie nicht störend ins Auge fallen. Unregelmäßigkeiten in den Ansichtsflächen von Bodenklinkerplatten mit farbstrukturiertem Scherben gelten nicht als Fehler.

Bodenklinkerplatten haben vorwiegend rechteckige Form. Die Ansichtsflächen können eben oder profiliert sein. Die Kanten können gefast oder ungefast sein.

Das Koordinierungsmaß C setzt sich zusammen aus dem Werkmaß W und der Fugenbreite.

Tabelle 8.8: Übliche Maße von Bodenklinkerplatten

Koordinierungs-maße C (Nennmaße) [mm]	Werkmaße W Breite b [mm]	Werkmaße W Länge a [mm]	Dicke s [mm]
300 × 300	290	290	10, 15,
250 × 250	240	240	20, 25,
125 × 250	115	240	30, 35
200 × 200	194	194	oder
100 × 200	94	194	40

8.3 Natursteinplatten

Zu beachtende Informationen:

Bautechnische Information BTI-Nr. 1.4 Bodenbeläge, außen (DNV, 1999)

Bautechnische Information BTI-Nr. 1.6 Mörtel für Außenarbeiten (DNV, 1996)

Bautechnische Information BTI-Nr. 1.7 Bauchemische und bauphysikalische Einflüsse, außen (DNV, 1995)

Bautechnische Information BTI-Nr. 3.2 Reinigung und Pflege (DNV, 1997)

Bautechnische Information BTI-Nr. 4.1 Wissenswertes über Naturstein (DNV, 1996)

Zu beachtende Normen:

ATV DIN 18332	Naturwerksteinarbeiten (2002-12) VOB/C
DIN EN 1341	Platten aus Naturstein für Außenbereiche – Anforderungen und Prüfverfahren (2002-04)
DIN EN 1342	Pflastersteine aus Naturstein für Außenbereiche – Anforderungen und Prüfverfahren (2002-04)
DIN EN 12057	Natursteinprodukte – Fliesen – Anforderungen (2005-01)
DIN EN 12058	Natursteinprodukte – Bodenplatten und Stufenbeläge – Anforderungen (2005-01)
DIN EN 12371	Prüfverfahren für Naturstein – Bestimmung des Frostwiderstandes (2002-01)
DIN EN 13161	Prüfverfahren für Naturstein – Bestimmung der Biegefestigkeit unter Drittellinienlast (2002-02) und Berichtigung 1 (2002-11)

Bodenbeläge im Außenbereich sind den höchsten Belastungen ausgesetzt, die auf Natursteine einwirken können. Sie sind witterungsbedingt starken Feuchtigkeitsbelastungen ausgesetzt. Ein wichtiges Kriterium für die Verwitterungsbeständigkeit ist deshalb die Frostbeständigkeit. Auf die rutschhemmende Eigenschaft des gewählten Natursteinbelages ist zu achten, die im Wesentlichen von der Oberflächenrauigkeit bestimmt wird. Eine größere Oberflächenrauigkeit erhöht allerdings die Verschmutzungsneigung und vermindert so auch die Reinigungsfreundlichkeit.

Es ist empfehlenswert, sich die Frostbeständigkeit der Belagsplatten aus Naturstein vom Steinbruch oder von der die Steine bearbeitenden Firma durch amtliches Prüfzeugnis bestätigen zu lassen. Dies gilt besonders für Ergussgesteine, Ablagerungsgesteine und Umwandlungsgesteine.

Die Formate der Natursteinplatten sind mit den Steinbrüchen oder Steinsägewerken von Fall zu Fall abzusprechen. Die Plattendicken sind in Abhängigkeit von den zu erwartenden Belastungen der Balkon- oder Terrassenoberflächen zu vereinbaren.

Als frostbeständige Balkon- und Terrassenbeläge bieten sich an:

Tiefengesteine: Granite, Diorite, Syenite, Gabbros

Granit ist das bekannteste und häufigste, fein- bis grobkörnige Tiefengestein, besteht aus Kalifeldspat, Quarz und Glimmer und wurde durch Erstarrung gebildet. Die Farbe ist in erster Linie vom Feldspat abhängig: hell- bis dunkelgrau, weißblaugrau, hell- bis dunkelgrün, blaugelblich, gelblich, rötlich. Die Oberflächen sind polierfähig.

Diorit ist ein polierfähiges Tiefengestein, ähnlich dem Granit, jedoch feinkörniger, zäher und schwerer zu bearbeiten. Der meist kieselsäureärmere Diorit ist von dunkelgrüner bis tiefschwarzer Farbe.

Syenit ähnelt im Aussehen und in der Härte dem Granit und ist polierfähig, es fehlen ihm jedoch die Quarzbestandteile. Seine Farbe ist grau bis graublau, graurot oder bräunlich grau.

Gabbro ist ein polierfähiges, sehr zähes Tiefen- und Erstarrungsgestein. Es lässt sich manuell nur schwer bearbeiten. Seine Farbe ist dunkel- bis olivgrün, grünlich grau, bräunlich grün oder weißgrau.

Ältere Ergussgesteine: Diabase, Porphyre, Quarzporphyre, Trachyte

Diabas ist ein dem Gabbro entsprechendes, meist klein- bis mittelkörniges, dichtes und polierfähiges Ergussgestein. Es ähnelt in technischer Hinsicht dem Diorit. Die Farbe ist dunkel- bis schwarzgrün.

Porphyr ist ein vulkanisches Gestein hohen Alters und mit dem Syenit mineralogisch und chemisch identisch. Der Feldspat tritt großtafelig-weiß aus der Grundmasse hervor, Hornblende und Glimmer sind selten zu sehen. Die Farbe ist gelblich bis hellgrau.

Quarzporphyr zeigt wegen seiner Entstehungsweise als Ergussgestein gegenüber dem mineralisch und chemisch ähnlichen Granit ein porphyrisches Gefüge. Das Material ist wegen seiner Porosität nicht immer schleif- und polierfähig. Seine Farbe ist rötlich bis gelblich braun, manchmal auch grünlich gesprenkelt mit größeren Einschlusskristallen in der dichten Grundmasse.

Trachyt ist jüngeren vulkanischen Ursprungs als Porphyr, dem es ähnelt. Es ist mit dem Syenit mineralogisch und chemisch identisch. Trachyt und Trachyttuffe sind relativ leicht zu bearbeitende Gesteine, jedoch nicht polierfähig. Die Farbe ist gelblich grau bis graublau.

Quarzfreie jüngere Ergussgesteine: Basaltlaven

Basaltlava ist eine Ergussmasse, die sich teilweise entgasen und mehr oder weniger große Poren bilden konnte, die im Gestein gleichmäßig verteilt sind. Das Porenvolumen liegt bei Hartbasaltlava etwa bei 11 % und bei Weichbasaltlava bei 20 bis 25 %. Die Festigkeit und der Widerstand gegen Abnutzung sind von der Porosität der Gesteinssorten abhängig. Der Steinbruch muss die Frostbeständigkeit nachweisen. Die Farbe ist dunkelgrau bis grauschwarz oder blaugrau.

Ablagerungsgesteine: Grauwacke, Quarzite, Phyllite, frostbeständige Kalksteine, Dolomite, quarzitische Sandsteine

Grauwacke ist ein teils konglomeratisch grober, teils feinerer Sandstein mit hohem kieselhaltigem Anteil im kalktonigen Bindemittel von graublauer, graugrüner oder graubrauner Farbe.

Quarzit ist ein umgewandelter Sandstein älterer geologischer Formation. Das dichte Gefüge ist fein- bis mittelkörnig mit Lagen aus hellem Glimmer. Dadurch entsteht ein schiefrig glänzendes Aussehen von hellgrauer, grünlicher oder braunrötlicher Farbe.

Phyllit besteht als Übergangsgestein von Tonschiefer zu Glimmerschiefer aus feinschuppigen Gemengen von Quarz und Serizit. Die Farbe ist dunkelgrau bis grauschwarz mit grünlichem bis bläulichem Seidenglanz.

Frostbeständige Kalksteine sind in ihren Gefügen sehr verschiedenartig ausgebildete Schichtgesteine. Ihr Hauptbestandteil ist Calciumcarbonat. Dazu gehören Juramarmor, Marmor, Muschelkalk, Onyx, Solnhofener, Travertin usw. Handelsüblich werden alle polierfähigen Kalksteine als Marmor bezeichnet. Es gibt viele Farbtöne in verschiedenen Variationen.

Dolomit ist ein durch magnesiumhaltige Lösungen nachträglich umgewandelter, polierfähiger Kalkstein großer Härte. Mögliche Farben sind Elfenbein, Hellgrau, Graugelb und Grüngrau.

Der meist helle quarzitische Sandstein zeichnet sich durch einen hohen Anteil an Quarzkörnern aus, die untereinander mit Kieselsäure verkittet sind. Quarzitische Sandsteine besitzen eine besondere Härte und eine große Widerstandskraft gegenüber Verwitterungseinflüssen.

Umwandlungsgesteine: Gneise

Gneise sind Gesteine mit verschiedenartigen Entstehungsweisen. Orthogneis ist unmittelbar aus granitischem Material entstanden, Paragneis bildete sich durch Umbildung aus altem Schichtgestein. Das Material ist polierfähig mit schiefrigem, schichtigem Gefüge und kann wie Granit bearbeitet werden. Die Farbe ist hell- bis dunkelgrau, hellgrün oder rötlich.

Oberflächenbehandlungen

Gneise, Quarzite, Phyllite und lagerhafte Sandsteine können z. B. gesägt mit bearbeiteten Sichtflächen, aber auch mit ebenen, bruchrauen Flächen, mitunter polygonal, verlegt werden.

Die meisten Hartgesteine sind stahlsandgesägt oder diamantgesägt. Weichgesteine werden in der Regel mit Diamantblättern geschnitten.

Oberflächenbehandlungen durch Sandstrahlen, Grob- oder Feinschleifen sind möglich, polierte Flächen dürften in der Regel für Balkone und Terrassen zu glatt sein. Auf die erforderliche Rutschsicherheit ist zu achten.

8.4 Betonwerksteinplatten

Zu beachtende Normen:

ATV DIN 18333	Betonwerksteinarbeiten (2000-12) VOB/C
DIN 18200	Übereinstimmungsnachweis für Bauprodukte – Werkseigene Produktionskontrolle, Fremdüberwachung und Zertifizierung von Produkten (2000-05)
DIN 18500	Betonwerkstein; Begriffe, Anforderungen, Prüfung, Überwachung (1991-04)
DIN EN 1339	Platten aus Beton – Anforderungen und Prüfverfahren (2003-08)

Betonwerksteinplatten sind vorgefertigte, bewehrte oder unbewehrte Betonerzeugnisse, deren Oberflächen werksteinmäßig bearbeitet oder besonders gestaltet sind. Sie müssen bei der Lieferung durch den Hersteller ein Mindestalter von 28 Tagen haben oder sollten vom Verleger vor dem Einbau bis zur Erreichung dieses Alters sachgemäß gelagert werden. Sie sind aus Zement und mineralischen Zuschlägen hergestellt.

Diese Erzeugnisse müssen ein geschlossenes Gefüge haben. Sie können in ihrer gesamten Dicke aus einer einheitlichen Mischung bestehen. Bei mehrschichtiger Ausführung sind

Vorsatzbeton und Kernbeton hinsichtlich Zusammensetzung und Verarbeitung aufeinander abzustimmen. Der Vorsatzsichtbeton muss mit dem Kernbeton untrennbar verbunden sein. Die Mindestdicke von Vorsatzbeton sollte 8 bis 10 mm, bei Stufen und Stufenbelägen 15 mm betragen. Bei der Herstellung von Betonwerksteinverbundplatten mit einem Sichtvorsatz aus keramischen Fliesen oder Platten müssen diese kraftschlüssig und scherfest mit dem zementären Plattenkörper verbunden sein.

Betonwerksteinplatten für den Außenbereich müssen frostbeständig sein. Tausalze greifen während der Frost-Tau-Wechselzyklen die Oberfläche des Betonwerksteins an, so dass es im Laufe der Zeit zu Aufrauungen oder zu Abplatzungen an der Oberfläche der Beläge kommen kann. Soll auf die Verwendung von Tausalzen nicht verzichtet werden, so ist dies dem Hersteller rechtzeitig mitzuteilen. Durch besondere zusätzliche werkseitige Maßnahmen kann dann bei der Produktion die Frost- und Tausalzbeständigkeit verbessert werden.

Betonwerksteinplatten werden heute mit rauer, geschliffener, profilierter, aber auch polierter Oberfläche in farblicher Gestaltung angeboten. Allerdings besteht bei den optisch schön polierten Platten bei Nässe Rutschgefahr. Sicherer sind dagegen Platten mit aufgerauter Oberfläche. Die besonderen Ausführungsarten, Einfärbungen, Kantenabfasungen sowie die Rutschsicherheit sind mit dem Hersteller zu vereinbaren.

Für die Grenzabmaße und Ebenheitstoleranzen der Betonwerksteinteile gilt Tabelle 1 der DIN 18500 (1991-04). Bei Abweichungen von der Ebenflächigkeit bei glatten Flächen darf das Stichmaß, bezogen auf die größte Seitenlänge der Bodenplatte, nicht mehr als 0,3 % betragen. Die Längen- und Breitenabweichungen sind beschränkt bei Seitenlängen bis 400 mm auf ± 1 mm und bei Seitenlängen über 400 mm bis 800 mm auf ± 2,5 mm.

Nach DIN 18500, Abschnitt 3.5, müssen Bodenplatten, Stufen und Stufenbeläge eine mittlere Biegezugfestigkeit von mindestens 5 N/mm^2 aufweisen. Der kleinste Einzelwert darf 4 N/mm^2 nicht unterschreiten. Die Güteüberwachung der in Abschnitt 3 der DIN 18500 festgelegten Anforderungen, bestehend aus Eigen- und Fremdüberwachung, ist nach DIN 18200 (2000-05) nachzuweisen.

Als Vorzugsmaße gelten die Nenngrößen: 30 × 30 cm, 35 × 35 cm, 40 × 40 cm und 50 × 50 cm.

Betonwerksteinplatten werden auch als Kompaktplatten mit oberer Keramikverblendung und unterer Betontrageschicht hergestellt. Das Plattenformat beträgt dann in der Regel 49 × 49 × 4 cm.

Die Anforderungen an und Prüfungen von Betonwerksteinen mit werksteinmäßig bearbeiteten oder besonders gestalteten Oberflächen sind in DIN 18500 (1991-04) festgelegt. Die Wasseraufnahme von Betonwerkstein, der im Freien verwendet wird, darf einen Volumenanteil von 15 % nicht überschreiten.

Man unterscheidet folgende Bearbeitungsarten der Oberfläche: geschliffen, feingeschliffen, poliert, gesägt, ausgewaschen, feingewaschen, sandgestrahlt, wassergestrahlt, flammgestrahlt, abgesäuert, gespalten, bossiert, gespitzt, gestockt und scharriert. Die Kriterien sind den Abschnitten 2.2 ff. der DIN 18500 (1991-04) zu entnehmen.

8.5 Holzrostbeläge

Holz ist ein nachwachsendes Naturprodukt. Es eignen sich für den Außenbereich nur bestimmte Holzarten, die zum überwiegenden Teil mit einem Holzschutzmittel versehen sein müssen.

Zu beachtende Normen:

ATV DIN 18334	Zimmer- und Holzbauarbeiten (2005-01) VOB/C
DIN 4074-1 und -5	Sortierung von Holz nach der Tragfähigkeit (2003-06)
DIN 68365	Bauholz für Zimmerarbeiten; Gütebedingungen (1957-11)
DIN 68800-1	Holzschutz im Hochbau – Allgemeines (1974-05)
DIN 68800-2	Holzschutz – Vorbeugende bauliche Maßnahmen im Hochbau (1996-05)
DIN 68800-3	Holzschutz – Vorbeugender chemischer Holzschutz (1990-04)
DIN 68800-4	Holzschutz – Bekämpfungsmaßnahmen gegen holzzerstörende Pilze und Insekten (1992-11)
DIN EN 335-1	Dauerhaftigkeit von Holz und Holzprodukten; Definition der Gefährdungsklassen für einen biologischen Befall – Teil 1: Allgemeines (1992-09)
DIN EN 335-2	Dauerhaftigkeit von Holz und Holzprodukten; Definition der Gefährdungsklassen für einen biologischen Befall – Teil 2: Anwendung bei Vollholz (1992-10)
DIN EN 350-1	Dauerhaftigkeit von Holz und Holzprodukten – Natürliche Dauerhaftigkeit von Vollholz – Teil 1: Grundsätze für die Prüfung und Klassifikation der natürlichen Dauerhaftigkeit von Holz (1994-10)
DIN EN 350-2	Dauerhaftigkeit von Holz und Holzprodukten – Natürliche Dauerhaftigkeit von Vollholz – Teil 2: Leitfaden für die natürliche Dauerhaftigkeit und Tränkbarkeit von ausgewählten Holzarten von besonderer Bedeutung in Europa (1994-10)
DIN EN 351-1	Dauerhaftigkeit von Holz und Holzprodukten – Mit Holzschutzmitteln behandeltes Vollholz – Teil 1: Klassifizierung der Schutzmitteleindringung und -aufnahme (1995-08)

DIN EN 460 Dauerhaftigkeit von Holz und Holzprodukten – Natürliche Dauerhaftigkeit von Vollholz – Leitfaden für die Anforderungen an die Dauerhaftigkeit von Holz für die Anwendung in den Gefährdungsklassen (1994-10)

Nach DIN 18334 (2005-01), Abschnitt 3.9.2, sind Balkonböden und Balkonroste aus Brettern oder Bohlen nach DIN 68365 in Güteklasse II herzustellen. Die Befestigungsmittel müssen korrosionsgeschützt sein und dürfen sichtbar bleiben.

Mitunter werden Holzroste oder Holzfliesen in 5 bis 8 cm dicken Kiesfilterschichten der Körnung 8 bis 16 mm über der im Gefälle liegenden Abdichtung gegen nicht drückendes Wasser verlegt. Es ist zweckmäßig, bituminöse Abdichtungen durch eine stabile Folienschutzschicht vor dem Einbringen der Kiesschicht abzudecken, damit die Kieskörner bei Erwärmung durch Insolation nicht in den dabei erweichenden Bitumendeckanstrich gedrückt werden.

Holzfliesen werden in verschiedenen Größen, z. B. 50 × 50 × 3 cm, mit einer Steck- oder Clip-Konstruktion verlegt, so dass Stabilität gegen Verschieben gewährleistet ist.

Die Holzroste oder Holzfliesen können auch auf Konstruktionshölzern auf der im Gefälle liegenden Abdichtung gegen nicht drückendes Wasser, die mit einem robusten Schutzvlies versehen ist, mit rostfreien Edelstahlschrauben befestigt werden.

Die Roste bestehen aus gehobelten und gegen Holzfäule und Pilzbefall kesseldruckimprägnierten Hartholzdielen mit fein oder grob gerieften Oberflächen und mit gefasten Kanten. Dehnungsnuten an den Unterseiten sorgen für weitgehende Verzugsfreiheit. Die Massivdielen werden in Größen von ca. 60 × 28 mm, 100 × 28 mm oder 140 × 34 mm in verschiedenen Längen angeboten.

Die Holzroste oder Holzfliesen bestehen häufig aus Teakholz, Lärche, thermisch behandeltem Buchenholz oder Bangkirai-Holz. Die Lebensdauer der Massivdielen oder Holzfliesen ist unter den sich laufend ändernden Witterungsverhältnissen, denen Beläge auf Balkonen und Terrassen ausgesetzt sind, begrenzt. Mit der Notwendigkeit einer Auswechselung nach einigen Jahren muss gerechnet werden.

8.6 Verlegemörtel für Keramik, Natur- und Kunststein

8.6.1 Dickbettmörtel

Dickbettmörtel ist ein Gemisch aus dem Bindemittel Zement nach DIN EN 197-1, der feinen Gesteinskörnung 0 bis 4 mm nach DIN EN 13139 und Wasser in vorbestimmten Mischungsverhältnissen, dessen Eigenschaften aus den vorgegebenen Anteilen der Bestandteile abgeleitet werden (Rezeptkonzept).

Zu beachtende Normen:

ATV DIN 18352 Fliesen- und Plattenarbeiten (2002-12) VOB/C

DIN 1164-10 Zement mit besonderen Eigenschaften – Teil 10: Zusammensetzung, Anforderungen und Übereinstimmungsnachweis von Normalzement mit besonderen Eigenschaften (2004-08) und Berichtigung 1 (2005-01)

DIN EN 197-1 Zement – Teil 1: Zusammensetzung, Anforderungen und Konformitätskriterien von Normalzement (2004-08)

DIN EN 998-2 Festlegungen für Mörtel im Mauerwerksbau – Teil 2: Mauermörtel (2003-09)

DIN EN 13139 Gesteinskörnungen für Mörtel (2002-08) und Berichtigung 1 (2004-12)

Als Bindemittel sind geeignet:

- CEM I Portlandzement,
- CEM II/B-S Portlandhüttenzement,
- CEM II/B-P Portlandpuzzolanzement,
- CEM III/B Hochofenzement,
- CEM IV/B Puzzolanzement.

Zur Vermeidung von schädlichen Alkalireaktionen kann es aufgrund der Zuschlagsituation erforderlich sein, Zemente mit einem niedrigen wirksamen Alkaligehalt (NA) zu verwenden.

Bei Dickbettmörtel für den Einsatz im Außenbereich kommen kalkarme Zemente zur Anwendung, um Ausblühungen im fertigen Belag zu vermeiden. Bevorzugt einzusetzen sind die oben angeführten Zementarten. Besonders verschiedene Natursteine sind empfindlich gegenüber auftretender Kapillarwanderung von im Wasser gelöstem, nicht durch Hydratation gebundenem Kalk.

Um Verfärbungen von Bodenbelägen aus Natursteinen zu vermeiden, wird dem Verlegebetrieb empfohlen, durch Rücksprache mit dem Natursteinlieferanten die besonderen Eigenschaften des Steinmaterials zu erkunden und ggf. CEM II/B-P Portlandpuzzolanzement als Bindemittel zu verwenden oder dem Mörtel Trassmehl zuzusetzen. In manchen Fällen kann auch der Zusatz von hydraulischem, besser hochhydraulischem Kalk Verfärbung verhindern. Der Trassanteil im Verlegemörtel erhöht bei sachgemäßem Einsatz dessen Dichtheit und verhindert die Gefahr von Fleckenbildungen und Ausblühungen durch Feuchtigkeitswanderung im Naturstein nach dessen Verlegung. Trass geht mit mangelhaft oder nicht hydratisiertem Kalk Verbindungen ein.

Neben der Wahl des Zementes ist auch die Auswahl der Gesteinskörnungen (Zuschläge) nach DIN EN 13139 „Gesteinskörnungen für Mörtel" von wesentlicher Bedeutung. Den Gesteinskörnungen, die etwa $^3/_4$ der Mörtelmasse einnehmen, muss wesentliche Bedeutung zugeordnet werden, bestimmen sie doch die Güte und das Verformungsverhalten (Schwinden) des Mörtels. Die Gesteinskörnung muss aus verschieden großen Körnern bestehen, soll möglichst eine gedrungene, kubische Kornform haben, gemischtkörnig und hohlraumarm aus Feinsand und Grobsand sein und zusammen ein dichtes, hohlraumarmes Kornhaufwerk bilden. Je dichter der Kornaufbau, desto geringer wird der Anteil an Zementleim zum Erreichen der geforderten Mörtelfestigkeit und desto geringer wird der Schwindvorgang im Mörtel. Geeignete Gesteinskörnungen müssen frostbeständig sein, eine genügende Eigenfestigkeit haben und frei sein von organischen Bestandteilen, Salzen und von sonstigen schädlichen Bestandteilen. Die Mischung für die Gesteinskörnung des Mörtels beträgt 0 bis 4 mm. Unverwitterte, natürliche Zuschlagstoffe erfüllen in der Regel diese Anforderungen.

Dickbettmörtel auf der Baustelle, aus Zement und Gesteinskörnungen gemischt, sollten hergestellt werden nach dem Mörtelmischungsverhältnis:

1 Raumteil Zement : 4 bis 5 Raumteilen Gesteinskörnung 0 bis 4 mm.

Als Wasser soll für die Mörtelmischung nur sauberes Leitungswasser verwendet werden.

Der Dickbettmörtel kann vom Fliesenleger auf der Baustelle maschinell, möglichst in Zwangsmischern, hergestellt und sofort verarbeitet werden. Er kann aber auch vorteilhaft als Trockenfertigmischung bezogen werden, der auf der Baustelle nur die vom Hersteller angegebene Wassermenge beigemischt wird. Der verlegefertig gemischte Mörtel muss in der vom Hersteller angegebenen Zeit verarbeitet werden. Der Einsatz von Transportmörteln ist wegen der zugesetzten Abbindeverzögerer wenig empfehlenswert.

Die Druckfestigkeit des Dickbettmörtels in Anlehnung an DIN EN 998-2 (2003-09), Tabelle 1, soll der Klasse M 20 entsprechen.

Die Dicke des Mörtelbettes soll auf Balkonen und Terrassen bei einem Mittelmaß von ca. 20 mm mindestens 10 mm betragen, maximal sollten 25 mm nicht überschritten werden. Damit können Unebenheiten des Untergrundes und Differenzen der Plattendicken von insgesamt etwa 15 mm ausgeglichen werden.

8.6.2 Dünnbettmörtel

Dünnbettmörtel für die Verarbeitung im Außenbereich auf Balkonen und Terrassen sind Fertigprodukte der chemischen Industrie.

Zu beachtende Normen:

DIN 18156-4	Stoffe für keramische Bekleidungen im Dünnbettverfahren; Epoxidharzklebstoffe (1984-12)
DIN 18157-1	Ausführung keramischer Bekleidungen im Dünnbettverfahren; Hydraulisch erhärtende Dünnbettmörtel (1979-07)
DIN 18157-3	Ausführung keramischer Bekleidungen im Dünnbettverfahren; Epoxidharzklebstoffe (1986-04)
DIN EN 12004	Mörtel und Klebstoffe für Fliesen und Platten – Definitionen und Spezifikationen (2002-10)

Hydraulisch erhärtende Dünnbettmörtel sind bestimmt zur Verlegung von Fliesen und Platten im Dünnbettverfahren. Es ist das am häufigsten angewandte Verlegeverfahren zur Verarbeitung von Fliesen und Platten auf einer ebenen Ansetz- bzw. Verlegefläche, die die erhöhten Anforderungen an die Ebenheit der DIN 18202 erfüllt.

Zur Anwendung kommt nach DIN EN 12004, Abschnitt 3.2.1, zementhaltiger Mörtel C. Dies ist ein Gemisch aus hydraulischen Bindemitteln, mineralischen Zuschlägen von maximal 0,5 mm Korngröße und organischen Zusätzen. Letztere dienen zur Zurückhaltung des Anmachwassers in den relativ dünnen Mörtelbettschichten, um eine möglichst vollkommene Hydratation des Bindemittels Zement zu ermöglichen. Ohne diese Zusätze würde das Wasser von den angrenzenden Baustoffen zu schnell aus dem Frischmörtel herausgefiltert werden oder durch das Fugennetz verdunsten. Der Mörtel wird kurz vor der Verarbeitung mit Wasser oder mit flüssigen Zusatzmitteln in einem sauberen Arbeitsgefäß mit geeignetem Rühr- oder Mischwerkzeug zu einem plastischen, knollenfreien Mörtel angemischt.

Eine zu frühe Hautbildung an der Oberfläche des frisch auf dem Verlegeuntergrund aufgetragenen Mörtels würde die Haftfestigkeit des Mörtelbettes zu den verlegten Platten entscheidend verringern. Sie darf bei vorgenommenen Proben frühestens nach 10 Minuten beginnen.

Die Korrigierzeit, das ist die Nachrichtzeit der Fliesen und Platten, die in das frische, auf den Verlegeuntergrund vorgezogene Mörtelbett gelegt wurden, muss mindestens 10 Minuten betragen.

Die Dicke des herkömmlichen Dünnbett-Mörtelbettes soll bei möglichst vollsatter Verlegung zwischen ca. 3 und 5 mm liegen. Damit können keine Unebenheiten des Untergrundes oder Differenzen der Plattendicken ausgeglichen werden.

Der abgebundene Mörtel muss wasserfest, frost- und witterungsbeständig sein, seine Gebrauchstemperatur muss von – 20 bis + 80 °C reichen.

Durch besondere Kunststoffzugaben zur Mörtelmischung kann der Hersteller den Elastizitätsmodul des Mörtels günstiger einstellen. Dadurch wird die Aufnahme der differierenden Wärmeausdehnungen von Belagsmaterial und zementärem Verlegeuntergrund in der relativ dünnen Mörtelbettschicht verbessert. Solche Mörtel werden in der Regel als „Flexmörtel" bezeichnet. Die Deutsche Bauchemie e. V. veröffentlichte mit Ausgabedatum Juni 2001 die erste Ausgabe der „Richtlinie für Flexmörtel" (Deutsche Bauchemie, 2001). Hierin werden Flexmörtel und deren Einsatzbereiche definiert. Die Bezeichnung Flexmörtel verleitet irreführenderweise leider viele Planer und Anwender zur Annahme der Eigenschaft besonderer Flexibilität und führt mitunter zu Fehleinbauten, z. B. im Bereich von Bewegungsfugen.

Die Bauchemie bietet für Bodenbeläge im Außenbereich unter der Bezeichnung „Fließbettmörtel" einen weiterentwickelten Dünnbettmörtel an, bei dem das zwingend für den Außenbereich bei der Verlegung von Fliesen und Platten vorgeschriebene kombinierte Buttering-Floating-Verfahren, das Aufziehen des Verlegemörtels auf der Rückseite der Fliesen und Platten, entfallen kann. Es handelt sich hierbei um einen plastischen, gießfähigen Verlegemörtel.

Der Fließbettmörtel wird abschnittsweise auf einem mit einer Kontaktschicht vorbereiteten Untergrund ausgegossen. Mit einer Mittelbettkelle, Fließbettzahnleiste oder einer anderen Zahnkelle, die eine vollsatte Verlegung gewährleistet, wird so viel Fließbettmörtel verteilt, wie innerhalb der klebeoffenen Zeit mit Fliesen oder Platten belegt werden kann. Die Belagsstoffe werden mit einer leicht schiebenden Bewegung eingelegt und leicht verdichtet, um eine vollsatte Bettung zu erzielen. Mit dem Fließbettmörtel wird ein weitgehend hohlraumfreies Verlegen möglich, die Mörtelbettdicke beträgt ca. 3 bis 10 mm.

Die spezielle Zusammensetzung des Fließbettmörtels muss sicherstellen, dass die Fliesen oder Platten nicht durch ihr Eigengewicht einsinken und der verlegte Plattenbelag eben bleibt.

Für eine optimale Anwendung im Außenbereich ist der Fließbettmörtel kunststoffvergütet, um auch bei extremen Temperaturschwankungen eine sichere Verbundhaftung zwischen Untergrund und Mörtel sowie zwischen Mörtel und Oberbelag aus Keramik oder Naturstein sicherzustellen. Diese Kunststoffvergütung wirkt sich auch beim Verlegen von nicht saugender Keramik positiv aus.

Bei Fliesen und Platten aus Glas oder besonders dicht gebrannten keramischen Werkstoffen, z. B. Feinsteinzeug mit extrem niedriger Wasseraufnahme der Gruppe B I_a mit E ≤ 0,5 %, oder bei besonders dichtem Naturstein müssen den üblichen Dünnbettmörteln zur Erhöhung der Klebekraft besondere Kunstharzdispersionen zugesetzt werden. Die geringe kapillare Verklammerung infolge fehlender Poren im Verlegematerial muss durch Van-der-Waals-Kräfte, Dipolkräfte und Wasserstoffbrückenbildung ersetzt werden. Diese Kunstharzvergütung wird dem normalen Pulverkleber beim Anmachen auf der Baustelle nach Rezeptur der Hersteller meist in flüssiger Form zugegeben. Es können aber auch fertige, mit Redispersionspulver (sprühgetrockneten Dispersionen) vermischte, hydraulisch erhärtende Dünnbettmörtel zum Einsatz kommen.

Es wurden Untersuchungen zum „Verbundverhalten von im Dick- bzw. Dünnbettverfahren verarbeiteten Feinsteinzeugfliesen" (Untersuchungs- und Beratungsinstitut für Wand- und Bodenbeläge Säurefliesner-Vereinigung e. V., 1977) durchgeführt.

Reaktionsharzklebstoff R ist ein Gemisch aus synthetischem Harz, mineralischen Füllstoffen und organischen Zusätzen, bei dem die Aushärtung durch eine chemische Reaktion erfolgt. Reaktionsharzklebstoffe sind ein- oder mehrkomponentig erhältlich.

Reaktionsharzklebstoffe nach DIN EN 12004 und Epoxidharzklebstoffe nach DIN 18156-4 sind für die Verlegung von besonders dichtem Fliesen- und Plattenmaterial ebenfalls geeignet. Ansonsten werden diese Klebstoffe in erster Linie zum Einbau chemisch beanspruchter Bodenbeläge verwendet.

Nach DIN EN 12004, Abschnitt 6, wird zur Bezeichnung des Mörtels oder Klebstoffs zuerst das Symbol für den Typ angegeben:

C   zementhaltiger Mörtel,
D   Dispersionsklebstoff (nicht für Außenbeläge geeignet),
R   Reaktionsharzklebstoff.

Daran schließt sich das Kurzzeichen für die zugehörige(n) Klasse(n) an:

1   Mörtel oder Klebstoff für normale Anforderungen,
2   Mörtel oder Klebstoff für erhöhte Anforderungen (erfüllt die Anforderungen an zusätzliche Kennwerte),
F   schnell erhärtender Mörtel,
T   Mörtel oder Klebstoff mit verringertem Abrutschen,
E   Mörtel oder Klebstoff mit verlängerter offener Zeit (nur bei zementhaltigen Mörteln für erhöhte Anforderungen).

Für die Verlegung im Außenbereich sind zementhaltige Dünnbettmörtel für erhöhte Anforderungen mit zusätzlichen Kennwerten zu empfehlen, die die sog. C2-Kriterien der DIN EN 12004 erfüllen, d. h. hohe Haftfestigkeit ≥ 1 N/mm² in der Laborprüfung gemäß DIN EN 1348 bei allen geprüften Lagerungsarten, wie z. B. Trockenlagerung, Warmlagerung, Wasserlagerung und Frost-Tau-Wechsel-Lagerung.

Die Bezeichnung der Mörtel und Klebstoffe für Fliesen und Platten für den Außenbereich ist in der folgenden Tabelle beschrieben:

Tabelle 8.9: Klassifizierung und Bezeichnung von Mörteln und Klebstoffen nach DIN EN 12004, Tabelle 6

Typ	Klasse	Beschreibung
C	1	zementhaltiger Mörtel für normale Anforderungen
C	1 F	schnell erhärtender zementhaltiger Mörtel
C	2	zementhaltiger Mörtel für erhöhte Anforderungen mit zusätzlichen Kennwerten
C	2 E	zementhaltiger Mörtel für erhöhte Anforderungen mit zusätzlichen Kennwerten mit verlängerter offener Zeit
C	2 F	schnell erhärtender zementhaltiger Mörtel für erhöhte Anforderungen mit zusätzlichen Kennwerten
R	1	Reaktionsharzklebstoff für normale Anforderungen
R	2	Reaktionsharzklebstoff für erhöhte Anforderungen mit zusätzlichen Kennwerten

8.6.3 Mittelbettmörtel

Sind im Verlegeuntergrund kleine Unebenheiten oder Toleranzen im Plattenmaterial vorhanden, die sich durch Dünnbettmörtel nicht ausgleichen lassen, so kann die Verlegung mit Mittelbettmörtel erfolgen. Diese Mörtelart ist nicht genormt. Es empfiehlt sich daher, vom jeweiligen Hersteller ein amtliches Prüfzeugnis anzufordern. Die Eigenschaften müssen sinngemäß denen der Dünnbettmörtel entsprechen. Die Verarbeitung ist nach den Angaben des Mörtelherstellers vorzunehmen.

Die Mittelbettverlegung stellt eine Variante von Dick- und Dünnbett-Technik dar und wird hauptsächlich bei der frostsicheren Verlegung von Fliesen und Platten auf Außenflächen eingesetzt. Bei diesem Verfahren zieht man wie bei der Dünnbettmethode eine Kontaktschicht und anschließend Klebemörtel auf den Boden auf und durchkämmt die Schicht wie üblich, dabei kommt ein Auftragwerkzeug mit gröberer Zahnung zum Einsatz. Außerdem muss man das zwingend vorgeschriebene kombinierte Buttering-Floating-Verfahren anwenden, hierbei wird zusätzlich eine Klebemörtelschicht auf die Rückseite der Fliese gegeben. Sinn dieser doppelten Schicht ist es, eine vollflächige Haftung der Fliesen am Boden zu erzielen, um Hohlräume, in denen sich Wasser sammeln könnte, auszuschließen. Wie jede Fliesenverlegung im Freien setzt die Mittelbettverlegung selbstverständlich auch eine sehr sorgfältige Abdichtung des Verlegeuntergrundes voraus.

Die Dicke des Mörtelbettes soll bei möglichst vollsatter Verlegung zwischen 5 und 15 mm liegen. Damit können Unebenheiten des Untergrundes und Differenzen der Plattendicken bis 10 mm ausgeglichen werden.

8.6.4 Schnell erhärtende Dünnbettmörtel

Bedingt durch die bauphysikalischen Wartezeiten ist es bei Terminbaustellen und Sanierungsarbeiten manchmal von Bedeutung, dass eine schnelle Ausführung der Arbeiten gewährleistet ist. Schnell erhärtende Dünnbettmörtel wurden mit dem Ziel entwickelt, die Zeit zwischen dem Verlegen der Fliesen und Platten und dem Verfugen und der Begehbarkeit erheblich zu verkürzen.

Es sind Zementmörtelmischungen mit speziellen Additiven. Die verlegeoffene Zeit liegt bei ca. 20 Minuten. Die Begehbarkeit und Verfugbarkeit liegt in der Regel bei ca. 3 Stunden, die volle Belastbarkeit bei ca. 1 Tag nach der Verlegung. Dies ist im Außenbereich vorteilhaft, da nach dem Verlegen durch Begehen bei trockener Witterung und kurz danach bei einer Witterungsänderung mit folgendem Regenschauer keine nachteiligen Folgen für den Belag zu erwarten sind. Auch bei Reparaturen an Belagsflächen kann beim Einsatz von schnell erhärtendem Dünnbettmörtel nach geringer Zeit die Verfugung durchgeführt werden. Die von dem Hersteller dieser Mörtel angegebenen Zeiten sind unbedingt zu beachten.

8.7 Verlegeverfahren

8.7.1 Allgemeine Angaben

Die Verlegung von Fliesen und Platten darf nur auf Untergründen erfolgen, bei denen das Schwinden so weit abgeklungen ist, dass keine schädlichen Folgen zu erwarten sind, und deren Oberflächen keine der Verbundhaftung entgegenstehenden Bestandteile aufweisen. Die Temperatur muss über + 5 °C liegen, Frostschutzmittel im Verlegemörtel sind unzulässig. Frisch verlegte Flächen sind bei Frostgefahr durch entsprechende wärmedämmende Matten abzudecken.

Wegen der relativ hohen Temperaturunterschiede in den Belägen von − 20 °C bis + 80 °C, die bei Balkonen und Terrassen auftreten, ist es empfehlenswert, Fliesen und Platten im Fugenschnitt zu verlegen. Falls sich auch bei korrekter Verlegung infolge des Restschwindens nach der Verlegung und Verfugung feinste Risse zeigen, so verlaufen sie erfahrungsgemäß in den Fugen und bleiben damit relativ unauffällig. Bei im Verband verlegten Fliesen und Platten besteht die Gefahr, dass im Linienzug zwischen 2 Fugen versetzt liegende Platten reißen. Dies ist meist ein Anlass zur Reklamation.

Bei der Planung und Einteilung des Fugennetzes der Belagsfläche ist zu beachten, dass die Bewegungsfugen im Plattenbelag immer genau über den Bewegungsfugen des Zementestrichs liegen müssen. Ein Versatz dieser Fugen, auch nur um wenige Millimeter, führt immer zu Rissbildung im Belag neben der Bewegungsfuge. Es ist daher die Aufgabe des Planers, bereits vor dem Einbau des Zementestrichs eine entsprechende Koordination zu veranlassen. Wurde die Einteilung mit dem Estrichverarbeiter nicht vorgenommen, so muss das Plattenwerk entsprechend der im Estrich vorhandenen Bewegungsfugen zugeschnitten werden. Dies sieht störend, unfachmännisch und unschön aus.

Die Fugenbreiten zwischen den einzelnen Fliesen oder Platten richten sich einmal nach ästhetischen Gesichtspunkten, sind aber in erster Linie eine Funktion der Plattengrößen und der bei der jeweiligen Plattenart nach der Normung zugelassenen Längen- und Breitendifferenzen. Die Fugen sind so anzulegen, dass sie die Maßtoleranzen der Belagsstoffe in ihrer Breite ausgleichen und trotzdem möglichst gleich breit erscheinen. Dies erfordert ein besonderes Geschick des Fliesenlegers. Mitunter ist ein besonders zu vereinbarendes Vorsortieren der Platten erforderlich.

In Abschnitt 3.5.2 der ATV DIN 18352 „Fliesen- und Plattenarbeiten" sind folgende Fugenbreiten vorgesehen:

- trockengepresste keramische Fliesen und
  Platten bis zu einer Seitenlänge von 10 cm: 1 bis 3 mm,
- trockengepresste keramische Fliesen und
  Platten mit einer Seitenlänge über 10 cm: 2 bis 8 mm,
- stranggepresste keramische Fliesen und
  Platten mit einer Kantenlänge bis zu
  30 cm: 4 bis 10 mm,
- stranggepresste keramische Fliesen
  und Platten mit einer Kantenlänge
  über 30 cm: mindestens 10 mm,
- Bodenklinkerplatten nach DIN 18158:   8 bis 15 mm,
- Solnhofener Platten, Natursteinfliesen: 2 bis 3 mm,
- Natursteinmosaik, Natursteinriemchen: 1 bis 3 mm.

Abschnitt 3.3.3 der ATV DIN 18332 „Natursteinarbeiten" gibt an:

„Die Breite der mineralischen Mörtelfugen soll bei Plattenformaten bis 60 cm Kantenlänge etwa 3 mm, bei größeren Kantenlängen etwa 5 mm betragen."

In Abschnitt 3.6.2 der ATV DIN 18333 „Betonwerksteinarbeiten" sind folgende Fugenbreiten festgeschrieben:

- Betonwerksteinplatten im Mörtelbett bei
  Kantenlängen bis 60 cm: 3 mm,
- Betonwerksteinplatten im Mörtelbett bei
  Kantenlängen über 60 cm: 5 mm,
- Betonwerksteinplatten ohne Mörtelbett
  auf Stelzlagern: 5 mm.

8.7.2 Verlegung im Dickbett

Der nach Kapitel 8.6.1 hergestellte Verlegemörtel wird auf dem besenreinen, von Verschmutzungen jeglicher Art freien und mit dem erforderlichen Oberflächengefälle versehenen zementären Verlegeuntergrund in einer Dicke von mindestens 10 bis maximal 25 mm planeben aufgetragen. Bei älteren Betonuntergründen oder bei hohen Temperaturen ist der Untergrund leicht anzufeuchten, ggf. ist eine Haftbrücke vorzusehen.

Auf dem vorgezogenen abgeriebenen Mörtelbett ist eine dünne Kontaktschicht in Form einer Zementmörtelschlämme aufzubringen. Diese setzt sich zusammen aus einer Mischung von 1 Raumteil kalkarmem Zement und 1 bis 2 Raumteilen Sand der Körnung 0 bis 1 mm (bei Naturstein nach Absprache mit dem Steinlieferanten). Das Pudern der Mörteloberfläche mit Zement ist wegen möglicher Ausblühungen des fertigen Belages zu unterlassen. Das Mörtelbett ist durch Anklopfen der Platten von Hand oder maschinell so zu verdichten, dass im Mörtelbett keine Hohlräume entstehen, in denen sich Wasseransammlungen bilden, die bei Frost zur Zerstörung des Belages führen können. Feinsteinzeug mit extrem niedriger Wasseraufnahme soll nicht im Dickbett verlegt werden, da wegen fehlender Poren im Feinsteinzeug die zementäre kapillare Verklammerung nicht ausreicht, um einen dauerhaften Verbund zu gewährleisten.

Die Verlegung frisch in frisch in einem Mörtelbett inklusive Lastverteilungsschicht der Dicke ≥ 60 mm ist nach dem Merkblatt „Außenbeläge – Belagskonstruktionen mit Fliesen und Platten außerhalb von Gebäuden" (ZDB, 2005), Abschnitt 1.11 „Verlegung der Fliesen und Platten auf frischer Lastverteilungsschicht", zulässig. Diese Verlegung ist nur für kleinere Belagsflächen zu empfehlen und wenn die Estrichfestigkeit eine Druckfestigkeit im Mittel von ≥ 25 N/mm^2 aufweist und eine ausreichend hohlraumfreie Verlegung mit anschließender Verdichtung der Lastverteilungsschicht durchgeführt wird.

Unter Hinweis auf die Einhaltung bauphysikalischer Notwendigkeiten und auf die Beachtung einschlägiger Normvorschriften sowie der in den Kapiteln 7.6.2 und 7.6.5 in Verbindung mit den Darstellungen in Abb. 7.12 gemachten Angaben wird von einer Frisch-in-frisch-Verlegung zusammen mit Tragestrichschichten über Trenn- und Dämmschichten dringend abgeraten.

Vor der Verlegung im Dickbett müssen darunter liegende Estriche über Trenn- und Dämmschichten die in Kapitel 7.6.3 angegebene Belegreife (hier ≤ 3 % Eigenfeuchtigkeit) erreicht haben.

Mitunter bei Schadensbegutachtungen vorgefundene zementäre „Trockenmischungen" als Tragschichten oder Trockenmischungen als Auffütterungen sollten unbedingt vermieden werden. Trockenmischungen bleiben auch bei längerer Feuchtigkeitseinwirkung ohne Druck- und Biegezugfestigkeit und sind somit ungeeignet. Erdfeuchte Mischungen sind nur für Verbundestriche zulässig, die nach dem Einbau fachgerecht verdichtet werden können.

Bei der Verlegung von Naturstein und mitunter auch bei hellen Kunststeinen richten sich die Art des Bindemittels und die Zusammensetzung des Mörtels nach den Eigenschaften des Werkstoffes, um Verfärbungen und sichtbare Infiltrationen in den Platten zu vermeiden. Diesbezügliche Vorgespräche mit dem Steinlieferanten werden dringend angeraten.

8.7.3 Verlegung im Dünnbett

Für diese Verlegeart sind für die Verarbeitung von hydraulisch erhärtenden Dünnbettmörteln die Festlegungen in DIN 18157-1 (1979-07) gültig. Diese sind sinngemäß auch bei der Mittelbettverlegung anzuwenden. Für die Verlegung der Fliesen oder Platten in Epoxidharzklebstoffen gilt DIN 18157-3 (1986-04).

DIN EN 12004 (2002-10) legt die Werte für die Leistungsanforderungen fest, die an Mörtel und Klebstoffe für keramische Fliesen und Platten an Wand und Boden im Innen- und Außenbereich gestellt werden.

Für den Außenbereich kommen jedoch nach DIN EN 12004, Abschnitt 3.2.1, nur zementhaltiger Mörtel C und nach Abschnitt 3.2.3 Reaktionsharzklebstoff R zum Einsatz. Werkzeuge und Arbeitsverfahren müssen dem Abschnitt 3.3 entsprechen.

Nach dem Merkblatt „Außenbeläge – Belagskonstruktionen mit Fliesen und Platten außerhalb von Gebäuden" (ZDB, 2005) gilt Abschnitt 1.12 für die Verlegung von Fliesen und Platten im Dünnbett.

Zum Zeitpunkt der Verlegung müssen nach DIN 18157-1, Abschnitt 5.1, Ansetz- und Verlegeflächen aus Betonbauteilen nach DIN 1045 und Mauerwerk aus bindemittelgebundenen Steinen nach DIN 1053-1 ein Mindestalter von 6 Monaten nach ihrer Herstellung haben. Zementestriche müssen mindestens 28 Tage alt sein und sollen zum Verlegezeitpunkt nicht mehr als 2 % Feuchtigkeit nach Messung mit dem CM-Gerät enthalten. Genauere Angaben dazu können in den Kapiteln 7.6.2 und 7.6.3 nachgelesen werden.

Die Ansetz- und Verlegeflächen müssen ausreichend ebenflächig, tragfähig und frei von durchgehenden Rissen sein. Sie müssen eine ausreichende Oberflächenfestigkeit aufweisen und frei von Stoffen sein, die die Haftung des Dünnbettmörtels beeinträchtigen (z. B. Trennmittel, lose Bestandteile, Staub, Absandungen, Bindemittelanreicherungen, Ausblühungen und Verschmutzungen).

Die Maßgenauigkeit der Ansetz- und Verlegeflächen soll der fertigen Bekleidungsfläche entsprechen. Größere Maßungenauigkeiten sind vorher auszugleichen. Die Stoffe für die Ausgleichsschichten müssen auf den Untergrund und auf den Dünnbettmörtel abgestimmt sein und an dem Untergrund gut haften. Gipsgebundene Ausgleichsschichten dürfen nicht ausgeführt werden.

Das Auftragen des Dünnbettmörtels und das Ansetzen bzw. Verlegen der keramischen Bekleidungsstoffe erfolgen nach DIN 18157-1, Abschnitt 7.3, durch das Floating-Verfahren, Buttering-Verfahren oder das kombinierte Buttering-Floating-Verfahren.

Floating-Verfahren

Der zementhaltige Mörtel C (hydraulisch erhärtender Dünnbettmörtel) wird in 2 Arbeitsgängen auf die Ansetz- oder Verlegefläche aufgebracht. Im ersten Arbeitsgang wird auf der ebenen, rissfreien und besenreinen, im vorgeschriebenen Gefälle liegenden Estrichfläche der Dünnbettmörtel mit der Glättkelle dünn als sog. Kontaktschicht aufgebracht. Unmittelbar danach wird auf der frischen Schicht im zweiten Arbeitsgang der Dünnbettmörtel in der für die nachfolgende Abkämmung erforderlichen Schichtdicke aufgetragen und mit einem Kammspachtel unter dem Anstellwinkel von 45 bis 60° abgekämmt. Die Zahntiefe dieses Kammspachtels ist von der Formatgröße der zu verlegenden Fliesen oder Platten abhängig und in DIN 18157-1, Tabelle 1, festgelegt.

Tabelle 8.10: Richtwerte für die Auswahl der Zahnleisten der Kammspachtel nach DIN 18157-1, Tabelle 1

Kantenlänge der Bekleidungsstoffe [mm]	Zahntiefe der Kammspachtel [mm]
≤ 50	3
> 50–108	4
> 108–200	6
> 200	8

Bei der Verlegung im Mittelbettmörtel sind mitunter größere Kammspachtel nach Angabe der Mörtelhersteller erforderlich.

Die keramischen Belagsstoffe müssen in das frische Mörtelbett eingeschoben, ausgerichtet und angeklopft werden, bevor die Hautbildung eintritt. Es darf nur so viel Mörtel aufgekämmt werden, wie innerhalb der klebeoffenen Zeit mit Fliesen oder Platten belegt werden kann.

Buttering-Verfahren

Die Fliesen oder Platten werden auf ihrer Rückseite gleichmäßig dick mit dem Dünnbettmörtel bestrichen und vor Beginn der Hautbildung des aufgetragenen Mörtels verlegt.

Kombiniertes Buttering-Floating-Verfahren

Beim kombinierten Verfahren wird der Dünnbettmörtel sowohl auf der Verlegefläche (Floating) als auch auf der Rückseite (Buttering) der Platten aufgetragen und die Platten werden vor Eintritt der Hautbildung eingeschoben, ausgerichtet und eingeklopft.

Nach Abschnitt 7.3.3 der DIN 18157-1 muss das kombinierte Buttering-Floating-Verfahren im Außenbereich, also auf allen Balkonen und Terrassen, immer angewendet werden. Die Verlegung im reinen Floating-Verfahren ist unzulässig.

8.7.4 Verlegung im Fließbettmörtel

Die Anforderungen an den Verlegeuntergrund sind die gleichen wie bei der Verlegung im Dünnbettmörtel (siehe Kapitel 8.7.3).

Der wasserfeste und frostbeständige Fließbettmörtel ist im Innen- und Außenbereich einsetzbar und ersetzt das kombinierte Buttering-Floating-Verfahren. Er bewirkt damit eine erhebliche Zeitersparnis, da das Aufziehen des Verlegemörtels auf der Plattenrückseite entfällt.

Mit Fließbettmörtel kann der Belagsstoff bei richtig eingestellter Konsistenz weitgehend hohlraumfrei verlegt werden. Der plastische, fast gießfähige Verlegemörtel wird mit einem geeigneten Rühr- oder Mischwerkzeug zu einem geschmeidigen und knollenfreien Mörtel angerührt und nach einer Reifezeit von ca. 3 Minuten nochmals kurz aufgerührt.

Zunächst wird eine dünne Kontaktschicht auf den Verlegeuntergrund aufgetragen und danach der plastische Fließmörtel mit einer geeigneten, ausreichend großen Zahnkelle so verteilt, dass eine vollsatte Verlegung der Fliesen und Platten ermöglicht wird. Dies setzt eine genügend große Fließbettmörteldicke und die Einhaltung des entsprechenden Mischungsverhältnisses voraus. Es darf nur so viel Mörtel verteilt werden, wie innerhalb der klebeoffenen Zeit mit Platten belegt werden kann. Die Fließbettmörteldicke sollte ca. 6 bis 12 mm betragen und die Platten sind mit leicht schiebender Bewegung in den Mörtel einzulegen und auszurichten. Die Verlegeuntergrundtemperatur muss über +5 °C und sollte nicht über +25 °C liegen, starke Sonneneinstrahlung und große Windeinwirkung sind bei der Verlegung auf Balkonen und Terrassen zu vermeiden.

8.7.5 Großformatige Balkon- und Terrassenbeläge ohne Mörtelbettung

Naturstein-, Kunststein- und Verbundplatten aus Betonkeramik mit Formaten von ca. 50 × 50 cm und größer mit einer Mindestdicke von 3 cm können, vor allem auf größeren Dachterrassen, mit ca. 10 mm breiten, offenen Fugen unmittelbar auf Steglagern, Betonpolstern oder auf einem Kiesbett verlegt werden. Der Abfluss des Regenwassers erfolgt durch die offenen Fugen hindurch auf der mit 2 % Gefälle verlegten Abdichtungsschicht gegen nicht drückendes Wasser.

Grundlagen für die Anforderungen und die Ausführung werden im Merkblatt „Außenbeläge – Belagskonstruktionen mit Fliesen und Platten außerhalb von Gebäuden" (ZDB, 2005), Abschnitt 3, festgeschrieben.

Die Anforderungen an den Verlegeuntergrund, der Einbau der Dampfsperre und der Dämmstoffe, die erforderliche Abdichtung mit den Bodeneinläufen und die Anschlüsse zu aufgehenden Bauteilen wurden schon in den einzelnen Kapiteln ausführlich beschrieben.

Auf die vorschriftsmäßig eingebaute Abdichtung ist eine Schutzlage zum Schutz vor mechanischen Einwirkungen entsprechend der DIN 18195-2 „Bauwerksabdichtungen – Teil 2: Stoffe", Abschnitt 5.3, einzubauen, z. B. ein Vlies nach DIN 61210 oder ein Geotextil aus Chemiefasern, mindestens 300 g/m² und mindestens 2 mm dick. Außerdem ist eine Trennschicht entsprechend DIN 18195-2, Abschnitt 5.2, einzubauen, z. B. Polyethylen-Folie, mindestens 0,2 mm dick.

Als Auflager für den großformatigen Plattenbelag über der Schutzlage und der Trennschicht gibt es folgende verschiedene Möglichkeiten:

Flächige Auflagerung

Die flächige Auflagerung erfolgt auf einer dränagefähigen Splitt- bzw. Kiesschicht mit Gesteinskörnung von 8 bis 16 mm ohne Feinanteil und einer Schichtdicke von ca. 5 cm mit 2 % Gefälle zur Entwässerung. An den freien Terrassenrändern und im Bereich der zweietagigen Bodenabläufe müssen entsprechend hohe, nicht rostende, gelochte Abschlussprofile vorgesehen werden, die dem Wasser rückstaufreien Abfluss gewähren, dabei aber feste, unverschiebbare Randstützen für das Kiesbett bilden. Bei der Verwendung einer Kiesschicht können die Bodenabläufe mit einer ≥ 30 mm dicken Grobkiesschicht umgeben werden. Die Verlegung der frostbeständigen großformatigen Platten aus Betonwerkstein mit oder ohne Keramikbelag oder Naturwerkstein erfolgt auf der eben abgezogenen Gesteinskörnung mit ca. 10 mm breiten Fugen. Die Fugen sollten mit ungebundenen Stoffen verfüllt werden, offene Fugen erfordern eine Schutzlage. Anschluss- und Bauwerksfugen können breiter ausgeführt werden. Mit einer allmählichen Ansammlung von Humusbestandteilen und einer sich damit ergebenden pflanzlichen Besiedlung der Fugenbereiche zwischen den Platten muss gerechnet werden.

Punktförmige Auflagerung auf Setzlagern

Die punktförmige Auflagerung im Bereich des Fugenkreuzes erfolgt mit festen oder höhenverstellbaren Stelzlagern aus Kunststoff oder Gummischeiben ggf. mit Druck verteilender Unterlage, die so groß bemessen sein muss, dass die Abdichtung keine Verformung und keinen Schaden erleidet.

Wegen der relativ kleinen Auflagerflächen dieser Stelzlager sollte auf der Abdichtungsschicht eine 5 cm dicke Betonschutzschicht mindestens in Betongüte C 8/10 auf Trennschicht nach DIN 18195-10 vorgesehen werden, um Verletzungen der Abdichtung zu vermeiden. Bei Anordnung einer Bewehrung in der Betonschutzschicht muss mindestens Betongüte C 12/15 nach DIN EN 206-1 verwendet werden und die Bewehrung muss die nach DIN 1045-1 erforderliche Betonüberdeckung aufweisen.

Nachteilig bei der Verlegung auf Stelzlagern ist die Notwendigkeit, in gewissen Zeitabständen einige Platten des Belages aufzunehmen, um die sich unterhalb des Belages im Hohlraum ansammelnden Bestandteile meist pflanzlicher Art, aber auch tierische Rückstände mit einer Abspülung beseitigen zu können, bevor sich eine Geruchsbelästigung bemerkbar macht.

Punktförmige Auflagerung auf Betonpolstern oder Zementmörtelbatzen

Diese punktförmige Auflagerung erfolgt im Bereich des Fugenkreuzes mit Betonpolstern oder Zementmörtelbatzen, die eventuell mit Kunststofffolie umhüllt oder in Mörtelsäckchen versetzt werden.

Die ca. 20 × 20 bis 30 × 30 cm großen und mindestens 3 cm dicken Betonpolster werden auf der Abdichtung unter Zwischenlage einer Kunststofffolie aufbetoniert oder als Fertigteile in Zementmörtel verlegt. Die großformatigen Platten werden darauf in ca. 2 cm dickem Ausgleichsmörtel mit einer weiteren Kunststofffolie als Gleitlager eingebaut.

Im Gegensatz zu starren Stelzlagern sind Mörtelsäckchen oder Betonpolster für leicht unebene Untergründe geeignet. Auch bei der Verlegung auf Betonpolstern besteht die nachteilige Notwendigkeit, in gewissen Zeitabständen einige Platten des Belags für eine Abspülung aufzunehmen.

8.8 Verfugung von Fliesen- und Plattenbelägen

8.8.1 Zementäre Verfugung

Für die Verfugung von Fliesen und Platten aus keramischen Werkstoffen oder aus Natur- und Betonwerksteinen ist die DIN EN 13888 „Fugenmörtel für Fliesen und Platten – Definitionen und Festlegungen" zu beachten.

Fugenmörtel für keramische Fliesen und Platten werden nach dieser Norm in 2 Arten unterteilt:

CG zementhaltige Fugenmörtel,
RG Reaktionsharz-Fugenmörtel.

Zementhaltige Fugenmörtel können nach den in Tabelle 1 der DIN EN 13888 angegebenen zusätzlichen Kenndaten unterschiedlichen Klassen zugeordnet werden. Diese Klassen werden folgendermaßen bezeichnet:

1 normaler zementhaltiger Fugenmörtel,
2 verbesserter zementhaltiger Fugenmörtel (entspricht den Anforderungen zusätzlicher Kenndaten und wird mit „W" für verringerte Wasseraufnahme und „Ar" für hohe Abriebbeständigkeit bezeichnet).

Als Verfugen einer Belagsfläche bezeichnet man das fachgerechte Verfüllen der Fugen zwischen allen Fliesen und Platten mit Ausnahme von Bewegungsfugen. In der Regel werden die Fugen zwischen den Belagsstoffen mit Fein- oder Breitfugenmörtel im Einschlämmverfahren geschlossen. Bei Belägen aus polygonalen Natursteinplatten wird mitunter erdfeuchte Mörtelmischung mit dem Fugeisen in die Plattenfugen eingebügelt.

Die Fugen sind beim Schlämmverfahren in einer Tiefe, die etwa einer Fugenbreite entspricht, sauber auszukratzen. Dann werden sie mit Hilfe des Gummispachtels oder bei größeren Flächen mit der Ausfugmaschine mit rotierendem Fugenteller mit einem zementhaltigen Fugenmörtel entsprechender Konsistenz verfüllt.

Nach dem Verfugen sind die Beläge mit klarem Wasser mit dem Schwamm, Schwammbrett oder maschinell mit der Reinigungsmaschine zu reinigen. Der Zeitpunkt des Reinigungsbeginns muss mit einigem Geschick vom Fliesenleger festgelegt werden. Er ist möglichst früh nach dem Verfugen zu wählen, jedoch so, dass eine reine Wasserreinigung der zementären Plattenverschmutzungen noch möglich ist, dass aber eine Auswaschung der Fugen nicht mehr eintritt und der Erstarrungsprozess des Fugenmörtels nicht gestört wird. Restverschmutzungen sollten so früh wie möglich nochmals mit Wasser entfernt werden. Sind bei sehr rauen Oberflächen immer noch Zementmörtelreste von der Verfugung sichtbar, können diese erst entfernt werden, wenn der Fugenmörtel so weit erhärtet ist, dass keine Folgeschäden zu erwarten sind. Saure Reiniger sind nur in Ausnahmefällen einzusetzen. Sie greifen auch in verdünnter Form die noch relativ frischen Zementfugenmörtel an. In der Regel werden die mit einem grauen Schleier behafteten Flächen mit klarem Wasser gründlich vorgenässt und anschließend mit Zementschleierentferner (nicht für Naturwerksteinplatten geeignet) nach Angabe der Hersteller nachbehandelt. Anschließend ist der Belag mit viel Wasser nachzuwaschen. Der Deutsche Natursteinverband e. V. hat hierzu eine Bautechnische Information BTI-Nr. 3.2 „Reinigung und Pflege" (DNV, 1997) herausgegeben.

Besondere Aufmerksamkeit ist der Verfugung von Naturwerksteinplatten zu schenken. Bei der Verwendung falscher Fugenmörtel können über die Flanken des Naturwerksteins Bestandteile des Fugenmörtels in das Material eindringen und zur sog. „Barockrahmenbildung" führen. Bei geschliffenen oder polierten Naturwerksteinoberflächen muss quarzsandfreier Fugenmörtel verwendet werden, da der Quarzsand aus herkömmlichen Fugenmörteln Kratzspuren hinterlassen würde.

Zementhaltiger Fugenmörtel (CG) ist ein Gemisch aus hydraulischen Bindemitteln, Gesteinskörnungen, anorganischen und organischen Zusätzen. Der Fertigfugenmörtel muss unmittelbar vor Gebrauch mit Wasser oder einem flüssigen Zusatzmittel angemischt werden. Das flüssige Zusatzmittel oder der Latexzusatz ist eine wässrige Polymerdispersion, die auf der Baustelle mit zementhaltigem Mörtel vermischt wird. Man unterscheidet Fein- und Schmalfugenmassen für Fugenbreiten bis etwa 4 mm und Breitfugenmassen für Fugenbreiten bis etwa 20 mm.

Zementhaltige Fugenmörtel müssen die Kenndaten aufweisen, die in DIN EN 13888, Tabelle 1a, angegeben werden. In Tabelle 1b dieser Norm werden zusätzliche Kenndaten angegeben, die gefordert werden können, wenn besondere Einsatzbedingungen vorliegen.

Tabelle 8.11: Festlegungen für zementhaltige Mörtel nach DIN EN 13888, Tabelle 1a

grundlegende Eigenschaften	
Eigenschaften	Anforderungen
Abriebbeständigkeit	≤ 2.000 mm³
Biegefestigkeit nach Trockenlagerung	≥ 3,5 N/mm²
Biegefestigkeit nach Frost-Tau-Wechseln	≥ 3,5 N/mm²
Druckfestigkeit nach Trockenlagerung	≥ 15 N/mm²
Druckfestigkeit nach Frost-Tau-Wechseln	≥ 15 N/mm²
Schwinden	≤ 2 mm/m
Wasseraufnahme nach 30 min	≤ 5 g
Wasseraufnahme nach 240 min	≤ 10 g

Tabelle 8.12: Festlegungen für zementhaltige Mörtel nach DIN EN 13888, Tabelle 1b

zusätzliche Eigenschaften	
Eigenschaften	Anforderungen
besonders hohe Abriebbeständigkeit	≤ 1.000 mm³
verringerte Wasseraufnahme nach 30 min	≤ 2 g
verringerte Wasseraufnahme nach 240 min	≤ 5 g

8.8.2 Elastische Verfugung

Gebäudetrennfugen des Rohbaues sowie Feldbegrenzungs- und Randfugen im Zementestrich werden in den Belägen an der gleichen Stelle und in der gleichen Breite übernommen und in Abhängigkeit von der später zu erwartenden Bodenbelastung durch elastische Fugenmassen nach Abb. 7.1 oder durch geeignete verformbare Profile nach Abb. 7.2 verschlossen (siehe Kapitel 7.4.4).

Zu beachtende Merkblätter, Aufsätze und Normen:

IVD-Merkblatt Nr. 1	Abdichtung von Bodenfugen mit elastischen Dichtstoffen (IVD, 2004)
IVD-Merkblatt Nr. 2	Dichtstoffcharakterisierung (IVD, 1999)
IVD-Merkblatt Nr. 3	Konstruktive Ausführung und Abdichtung von Fugen in Sanitär-/Feuchträumen (IVD, 2005)
IVD-Merkblatt Nr. 11	Erläuterung zu Fachbegriffen aus dem Brandschutz aus Sicht der Dichtstoffe bzw. den mit Dichtstoffen ausgespritzten Fugen (IVD, 2000)
IVD-Expertengespräch	Abriebfestigkeit von Dichtstoffen (IVD, o. J.)
IVD-Expertengespräch	Baugewerbe im Bannkreis der Fuge (IVD, o. J.)
IVD-Expertengespräch	Bauzulieferindustrie im Bannkreis der Fuge (IVD, o. J.)
IVD-Expertengespräch	Bodenfugen: Stiefkinder am Bau (IVD, o. J.)
IVD-Expertengespräch	Brennpunkt Anschlussfuge (IVD, o. J.)
IVD-Expertengespräch	Hochbelastete Fugen im Industriebau (IVD, o. J.)
IVD-Expertengespräch	Schimmelpilze: Die feuchtkalte Gefahr (IVD, o. J.)

Sonderdruck aus Fliesen und Platten – Wartungsfuge – genormter Begriff für Dichtstoffe (Ausgabe 10/1994)

Merkblatt Außenbeläge – Belagskonstruktionen mit Fliesen und Platten außerhalb von Gebäuden (ZDB, 2005)

Merkblatt Bewegungsfugen in Bekleidungen und Belägen aus Fliesen und Platten (ZDB, 1995)

DIN 18540   Abdichten von Außenwandfugen im Hochbau mit Fugendichtstoffen (1995-02)

DIN 52460   Fugen- und Glasabdichtungen; Begriffe (2000-02)

DIN EN 26927   Hochbau; Fugendichtstoffe; Begriffe (1991-05)

Für die Ausführung von Bewegungsfugen ist die DIN 18540 zu beachten. Es kommen überwiegend elastische Fugenfüllstoffe bzw. elastische Dichtstoffe zur Anwendung, für die das „Praxishandbuch Dichtstoffe" (IVD, 2004) zu beachten ist. Zu bedenken ist, dass es „dauerelastische" Fugenmassen nicht gibt. Die im Handel befindlichen Produkte sind elastisch, jedoch in Abhängigkeit von der Verkehrsbelastung und von der Einwirkung der ultravioletten Bestrahlung bei Insolation nur begrenzt haltbar. Dies ist kein Mangel, sondern eine bauphysikalisch bedingte Eigenschaft.

Die Ausführung einer elastischen Fuge stellt keine Abdichtungsmaßnahme dar. Mit Fugenprofilen oder mit elastischen Fugenfüllstoffen geschlossene Fugen sind nicht wasserdicht. Sie unterliegen physikalischen, mechanischen, biologischen und chemischen Einflüssen und können reißen. Die unvermeidbaren Verformungen bei schwimmenden Zementestrichen überschreiten in der Regel die Elastizität der Fugenfüllstoffe. Diese elastischen Fugen sind Wartungsfugen nach DIN 52460, Abschnitt 3.1.39, und müssen je nach äußeren Einflüssen in regelmäßigen Zeitabständen überprüft und ggf. erneuert werden, um Folgeschäden zu vermeiden.

Anschlussfugen zwischen den Belägen und anderen Bauteilen sind immer elastisch zu verfüllen. Eine Abdichtung wird dadurch nicht oder nur partiell erreicht. Sie muss bei Rohrdurchdringungen, Abflüssen, Geländern und anderen Bauelementen bei Balkonen und Terrassen immer im Verlegeuntergrund im Bereich der Abdichtungsschicht erfolgen.

Bei Bewegungsfugen in Bodenbelägen, die befahren werden, ist die Kantenpressung zu berücksichtigen, z.B. durch Anordnung von Kantenschutzprofilen.

Die Fugenabmessungen ergeben sich aus den Beanspruchungen und den physikalischen Eigenschaften der Baustoffe. Sie werden vom Planer unter Berücksichtigung des Schwindverhaltens der Baustoffe, der zu erwartenden Temperaturdifferenzen und der zulässigen Gesamtverformung (ZGV) der vorgesehenen elastischen Fugenmassen berechnet. Unter der ZGV versteht man den Verformungsbereich (Gesamtheit von Dehnung, Stauchung, Scherung), innerhalb dessen die elastische Fuge ihre Funktionsfähigkeit beibehält.

Im IVD-Merkblatt Nr. 1 (IVD, 2004) kann die Tabelle 1 „Fugendimensionierung" zur Überprüfung der Mindestfugenbreite benutzt werden. Fugenbreiten < 10 mm und Fugenbreiten > 20 mm mit elastischer Fugenmasse erfordern Sonderlösungen, die mit dem Planer und dem Hersteller des elastischen Fugenmaterials abzustimmen sind.

Die Fugenflanken müssen so bemessen sein, dass die elastische Fugenmasse einschließlich Hinterfüllmaterial fachgerecht gemäß den Verarbeitungsvorschriften eingebracht werden kann. Die Fugenflanken müssen parallel verlaufen und die Haftflächen müssen ausreichend dicht, fest und tragfähig sowie frei von Verunreinigungen sein. Der Verfuger sollte sich zur eigenen Absicherung vor der Arbeitsausführung schriftlich informieren, ob und in welcher Art eine Vorbehandlung der Fugenflanken erfolgt ist. Mörtel zur Ausbesserung schadhafter Stellen im Fugenbereich muss ausreichend fest und rissfrei erhärtet sein, eine weitgehend porenfreie Oberfläche haben und am Beton bzw. Zementestrich ausreichend zugfest haften. Solche Ausbesserungen müssen mit der Fugenmasse verträglich sein und dürfen das Haften der elastischen Fugenmasse nicht beeinträchtigen.

Das Hinterfüllmaterial muss eine gleichmäßige, möglichst konvexe Begrenzung der Fugentiefe und die freie Verformbarkeit der Fugen sicherstellen. Ferner soll es eine Dreiflankenhaftung des Fugendichtstoffes verhindern. Dazu sind Rundprofile aus geschlossenzelligem, unverrottbarem Schaumstoff zu verwenden. Er muss mit dem Fugendichtstoff verträglich und darf nicht Wasser saugend sein. Ferner darf das Hinterfüllmaterial die Formänderungen des Fugendichtstoffes nicht unzulässig behindern und keine Stoffe enthalten, die das Haften des Fugendichtstoffes an den Fugenflanken beeinträchtigen können (z. B. Bitumen, Teer, Öl). Es darf auch keine Verfärbungen oder Blasen hervorrufen.

Das Hinterfüllmaterial muss komprimiert eingebaut werden, um im eingebauten Zustand einen ausreichenden Widerstand beim Einbringen und Abglätten des Fugendichtstoffes zu leisten. Der Durchmesser der Rundschnur muss etwa 20 % größer sein als die Fugenbreite.

Ein geeigneter Schaumstoff ist eine Rundschnur aus geschlossenzelligem, verrottungsfestem Polyethylen ohne Hohlkern. Das Hinterfüllmaterial muss die Haftung des elastischen Fugendichtstoffes am Fugengrund verhindern, sonst wird das Material des Fugendichtstoffes schnell überfordert, was zu Kerbrissen führt, die bis zum vollständigen Durchreißen des Dichtstoffes führen können. Bei Fugen mit geringer Tiefe dürfen zur Verhinderung einer Dreiflächenhaftung Folien aus PE oder in der Funktion und Verträglichkeit gleichwertiges Material eingesetzt werden.

Die Funktion des elastischen Fugenmaterials in der Bewegungsfuge beruht auf seiner bewegungsausgleichenden Eigenschaft. Dies setzt aber eine sichere Haftung an den Haftflächen voraus. Daher muss der Verarbeiter die Anweisungen des Herstellers zur Verarbeitung, insbesondere die Verwendung eines vorgeschriebenen Primers, beachten.

Um Bewegungen in einer Fuge dauerhaft ausgleichen zu können, sollen nur elastische Produkte mit einer ZGV von 15 bis 25 % zum Einsatz kommen (siehe IVD-Merkblatt Nr. 1 [IVD, 2004], Tabelle 1). Vom Wert der ZGV ist auch die Mindestfugenbreite abhängig.

Bei der Verarbeitung der elastischen Fugenstoffe sind insbesondere die Angaben zur Verarbeitungszeit für zwei- oder mehrkomponentige Fugendichtstoffe sowie zur Ablüfte- und zur offenen Zeit für vorgeschriebene Primer zu beachten.

9 Ausführungsbeispiele

9.1 Allgemeine Angaben

Die nachfolgenden Abbildungen zeigen Konstruktionssysteme von Balkonen und Terrassen ohne Anspruch auf Maßstäblichkeit. Die Darstellungen sollten nicht ohne weiteres als Ausführungsrezepte benutzt werden. Es wurden neben richtigen Lösungen hier mitunter bewusst mit in Kapitel 1.2 beschriebenen Rohbaukonstruktionsmängeln behaftete und in der Praxis leider allzu häufig vorzufindende Bauweisen vorgesehen. Besonders in den zum Teil fehlenden oder nicht vorteilhaft dargestellten Höhendifferenzen der Rohbaudeckenoberflächen zwischen Innendecke und Balkon- bzw. Terrassenplatte mit fehlenden, aber unbedingt erforderlichen Stufen zwischen innen und außen wurden hier für den Abdichter, den Estrichleger, den Türbauer und den Fliesenleger Kompromisslösungen aufgezeigt, die die einschlägigen Vorschriften berücksichtigen. Für die Ausführung von stufenlosen Übergängen von innen nach außen werden Anregungen gegeben, die natürlich in jedem Falle den Gegebenheiten angepasst und den Überlegungen des Planers und den Wünschen des Bauherrn entsprechend abgewandelt werden müssen.

Die Angaben in den Abbildungen dieses Kapitels sind Millimeterangaben.

9.2 Balkone

9.2.1 Wandanschluss der Bauschichten eines Balkons
(Abb. 9.1)

Die Stahlbetonplatte kragt aus der Gebäudestockwerksdecke aus. Die Rohbauoberflächen sowohl der Decken- als auch der Balkonplatte liegen hier, ähnlich wie in Abb. 1.8 dargestellt, in einer Ebene. Zwischen der Decken- und der Balkonplatte ist zur Vermeidung einer Wärmebrücke als thermische Trennung ein Wärmedämmelement, z. B. ein Isokorb, einzubauen. Die Balkonabdichtung ist vorgesehen aus Kunststoffdichtungsbahnen nach DIN 18195-5 (2000-08), Abschnitt 8.3.4, mit aufliegender Dränage aus Kunststoffmatten.

Kurzbeschreibung der Konstruktionselemente:

a elastische Wandanschlussfuge
b elastische Bewegungsfuge im Estrich und im Plattenbelag
e Abstand der Bewegungsfugen im Innenraum (6 bis maximal 8 m)
e_1 Abstand der Bewegungsfugen auf dem Balkon (2,5 m)
d_B Dicke der Wärmedämmung im eingebauten Zustand unter Belastung
(1) Stahlbetonrohdecke (Zwischen Stahlbetoninnendecke und Balkontragplatte muss zur Vermeidung einer Wärmebrücke eine thermische Trennung, z. B. ein Isokorb, eingebaut sein.)
(2) Gebäudewand
(3) Gebäudeinnen- bzw. -außenputz
(4) ca. 1 m breiter Wärmedämmstreifen mit Putzträger an der Unterseite der Stockwerksdecke
(5) elastischer, geschlossenzelliger und unverrottbarer Fugenstehstreifen
(6) Hinterfüllmaterial-Profil für die Bewegungsfuge nach DIN 18540 (1995-02)
(7) elastische Fugendichtmasse nach DIN 18540 (1995-02)
(8) Bodenkehle aus Zementmörtel
(9) Zementwandputz
(10) Wärme- bzw. Trittschalldämmplatten auf der Stockwerksdecke
(11) Trennschicht
(12) Zementtragestrich, auf der Balkonplatte EN 13813 CT – C35 – F5, ≥ 60 mm dick, auf der Stockwerksdecke EN 13813 CT – C25 – F4, ≥ 45 mm dick
(13) Estrichbewehrungsgitter
(14) hydraulisch erhärtender Dünnbettmörtel C2 nach DIN EN 12004 (2002-10)
(15) Bodenbelag aus Keramik, Naturstein oder Kunststein
(16) Zementfugenmörtel CG2 nach DIN EN 13888 (2002-12)
(17) Zementspritzbewurf und Zementdickbettmörtel
(18) Sockelleiste
(19) Geovlies, mindestens 300 g/m², als Schutz- und Ausgleichsschicht
(20) Glasvlies- oder Glasgewebematte, mindestens 300 g/m², als Schutzschicht
(21) Abdichtung aus verschweißten Weich-PVC-P-Bahnen, mindestens 1,5 mm dick
(22) Kunststoff-Dränagematten
(23) Klemmverwahrung nach DIN 18195-9 (2004-03) mit Kupferblechschutzkappe

9.2 Balkone   155

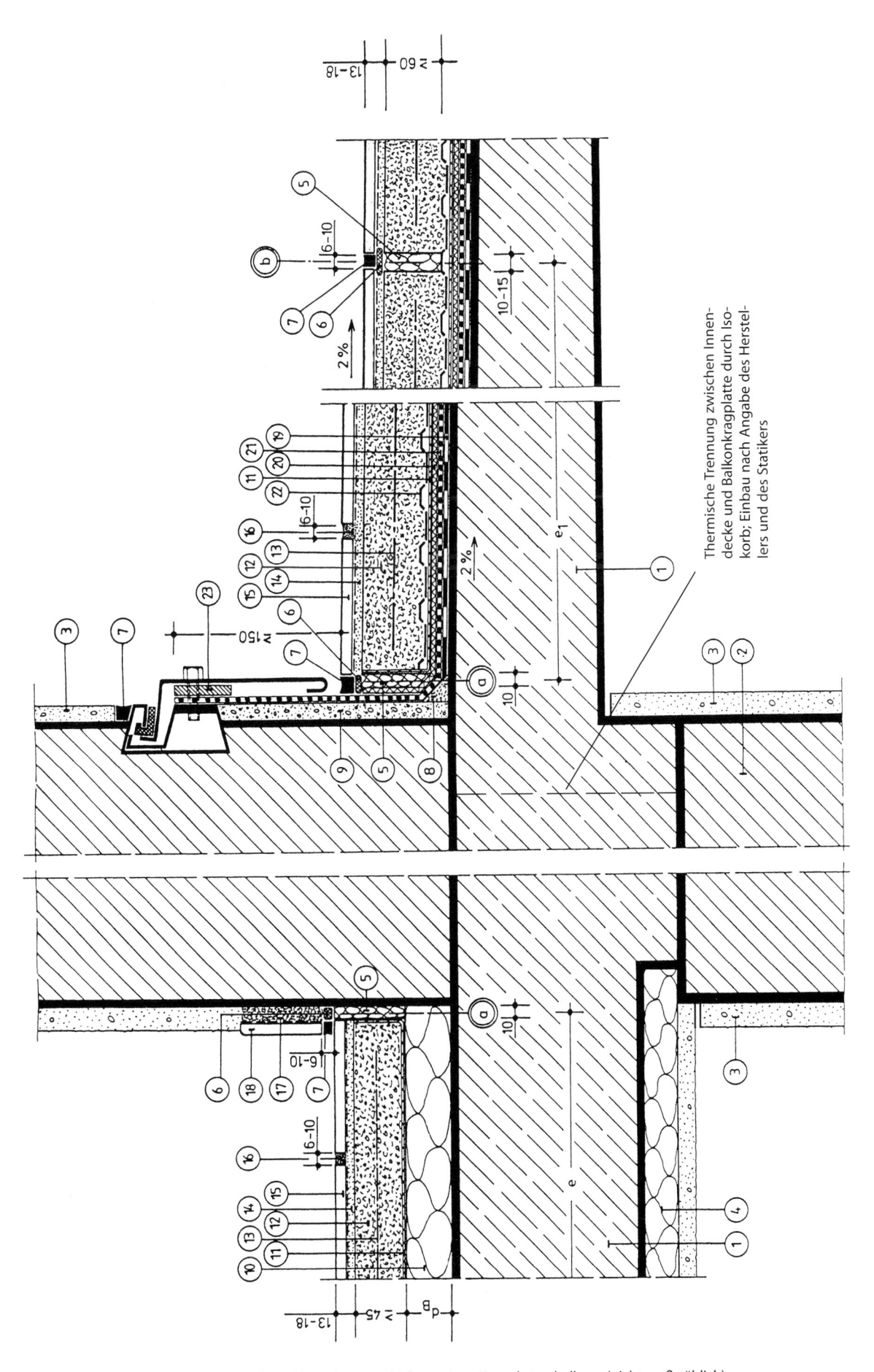

Abb. 9.1: Wandanschluss der Bauschichten eines Kragplattenbalkons (nicht maßstäblich)

9.2.2 Türanschluss der Bauschichten eines Balkons
(Abb. 9.2)

Die Stahlbetonplatte kragt aus der Gebäudestockwerksdecke aus. Die Rohbauoberflächen sowohl der Decken- als auch der Balkonplatte liegen hier, ähnlich wie in Abb. 1.8 dargestellt, in einer Ebene. Zwischen der Decken- und der Balkonplatte ist zur Vermeidung einer Wärmebrücke als thermische Trennung ein Wärmedämmelement, z. B. ein Isokorb, einzubauen. Die Balkonabdichtung ist vorgesehen aus Kunststoffdichtungsbahnen nach DIN 18195-5, Abschnitt 8.3.4, mit aufliegender Dränage aus Kunststoffmatten.

Kurzbeschreibung der Konstruktionselemente:

- a   elastische Türanschlussfuge
- b   elastische Bewegungsfuge im Estrich und im Plattenbelag
- e   Abstand der Bewegungsfugen im Innenraum (6 bis maximal 8 m)
- e_1 Abstand der Bewegungsfugen auf dem Balkon (2,5 m)
- d_B Dicke der Wärmedämmung im eingebauten Zustand unter Belastung
- (1) Stahlbetonrohdecke (Zwischen Stahlbeton-Innendecke und Balkontragplatte muss zur Vermeidung einer Wärmebrücke eine thermische Trennung, z. B. ein Isokorb, eingebaut sein.)
- (2) Gebäudewand
- (3) Gebäudeinnen- bzw. -außenputz
- (4) ca. 1 m breiter Wärmedämmstreifen mit Putzträger an der Unterseite der Stockwerksdecke
- (5) elastischer, geschlossenzelliger und unverrottbarer Fugenstehstreifen
- (6) Hinterfüllmaterial-Profil für die Bewegungsfuge nach DIN 18540 (1995-02)
- (7) elastische Fugendichtmasse nach DIN 18540 (1995-02)
- (8) elastische Zwischenlage, z. B. Neopren
- (9) Bodenkehle aus Zementmörtel
- (10) Wärme- bzw. Trittschalldämmplatten auf der Stockwerksdecke
- (11) Trennschicht
- (12) Zementtragestrich, innen EN 13813 CT – C25 – F4, ≥ 45 mm dick, auf der Balkonplatte EN 13813 CT – C35 – F5, ≥ 60 mm dick
- (13) Estrichbewehrungsgitter
- (14) hydraulisch erhärtender Dünnbettmörtel C2 nach DIN EN 12004 (2002-10)
- (15) Bodenbelag aus Keramik, Naturstein oder Kunststein
- (16) Zementfugenmörtel CG2 nach DIN EN 13888 (2002-12)
- (17) Geovlies, mindestens 300 g/m², als Schutz- und Ausgleichsschicht
- (18) Glasvlies- oder Glasgewebematte, mindestens 300 g/m², als Schutzschicht
- (19) Abdichtung aus verschweißten Weich-PVC-P-Bahnen, mindestens 1,5 mm dick
- (20) Kunststoff-Dränagematten
- (21) Türrahmen
- (22) Hubtüre
- (23) Klemmverwahrung nach DIN 18195-9 (2004-03) mit Kupferblechschutzkappe
- (24) Hubtürschwelle, mit der Schutzkappe wasserdicht verlötet

Anmerkung:

Die Abdichtung gegen Oberflächenwasser (19) und ihre Schutzschichten (17) und (18) müssen unbedingt die äußeren Türleibungen in entsprechender Höhe wasserdicht umfassen. Daran anschließende Wandanschlüsse sind nach Abb. 9.1 auszubilden. Um die untere Holzschwelle der Türe zu schützen, muss besonders sorgfältig gearbeitet werden.

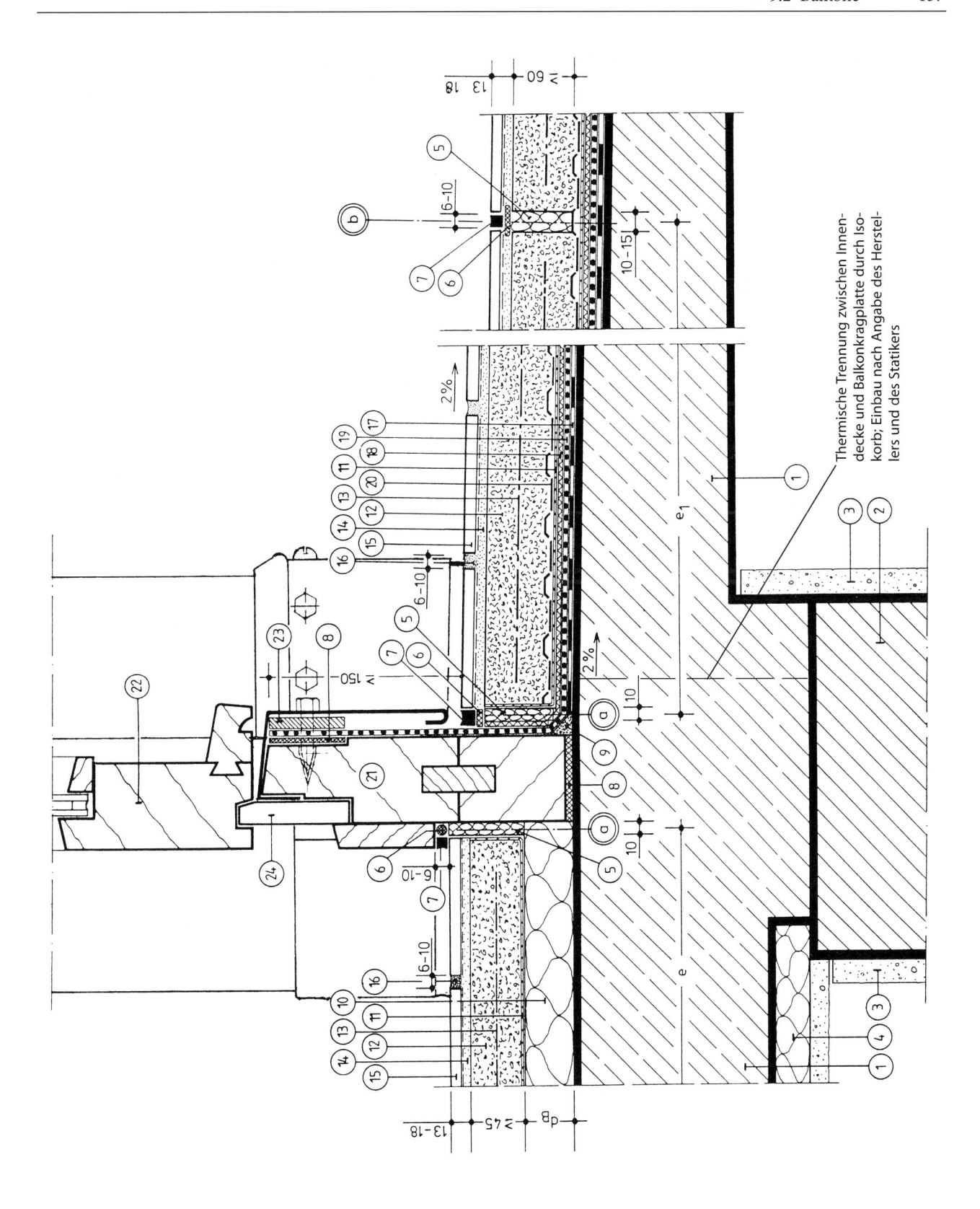

Abb. 9.2: Türanschluss der Bauschichten eines Kragplattenbalkons (nicht maßstäblich)

9.2.3 Anschluss der Bauschichten eines Balkons an eine Tür-Fenster-Kombination (Abb. 9.3)

Die Stahlbetonplatte kragt aus der Gebäudestockwerksdecke aus. Die Rohbauoberflächen sowohl der Decken- als auch der Balkonplatte liegen hier, ähnlich wie in Abb. 1.8 dargestellt, in einer Ebene. Zwischen der Decken- und der Balkonplatte ist zur Vermeidung einer Wärmebrücke als thermische Trennung ein Wärmedämmelement, z. B. ein Isokorb, einzubauen. Die Balkonabdichtung ist bituminös vorgesehen nach DIN 18195-5 (2000-08), Abschnitt 8.3.2, mit aufliegender Dränage aus Kunststoffplatten.

Kurzbeschreibung der Konstruktionselemente:

- a elastische Anschlussfuge
- b elastische Bewegungsfuge im Estrich und im Plattenbelag
- e Abstand der Bewegungsfugen im Innenraum (6 bis maximal 8 m)
- e_1 Abstand der Bewegungsfugen auf dem Balkon (2,5 m)
- d_B Dicke der Wärmedämmung im eingebauten Zustand unter Belastung
- (1) Stahlbetonrohdecke (Zwischen Stahlbetoninnendecke und Balkontragplatte muss zur Vermeidung einer Wärmebrücke eine thermische Trennung, z. B. ein Isokorb, eingebaut sein.)
- (2) Gebäudewand
- (3) Gebäudeinnen- bzw. -außenputz
- (4) ca. 1 m breiter Wärmedämmstreifen mit Putzträger an der Unterseite der Stockwerksdecke
- (5) elastischer, geschlossenzelliger und unverrottbarer Fugenstehstreifen
- (6) Hinterfüllmaterial-Profil für die Bewegungsfuge nach DIN 18540 (1995-02)
- (7) elastische Fugendichtmasse nach DIN 18540 (1995-02)
- (8) elastische Zwischenlage, z. B. Neopren
- (9) Bodenkehle aus Zementmörtel
- (10) Wärme- bzw. Trittschalldämmplatten auf der Stockwerksdecke
- (11) Trennschicht
- (12) Zementtragestrich, innen EN 13813 CT – C25 – F4, ≥ 45 mm dick, auf der Balkonplatte EN 13813 CT – C35 – F5, ≥ 60 mm dick
- (13) Estrichbewehrungsgitter
- (14) hydraulisch erhärtender Dünnbettmörtel C2 nach DIN EN 12004 (2002-10)
- (15) Bodenbelag aus Keramik, Naturstein oder Kunststein
- (16) Zementfugenmörtel CG2 nach DIN EN 13888 (2002-12)
- (17) Bitumen-Voranstrich nach DIN 18195-2 (2000-08), Tabelle 1
- (18) Bitumen-Heißklebemasse nach DIN 18195-2 (2000-08), Tabelle 2
- (19) eine Lage Polymerbitumenbahnen nach DIN 52132 oder DIN 52133 mit 10-cm-Überdeckungsstößen nach DIN 18195-3 (2000-08), Abschnitt 6.1
- (20) Bitumen-Heißklebemasse nach DIN 18195-2 (2000-08), Tabelle 2
- (21) eine Lage Polymerbitumenbahnen nach DIN 52132 oder DIN 52133 mit 10-cm-Überdeckungsstößen nach DIN 18195-3 (2000-08), Abschnitt 6.1
- (22) Bitumen-Heißdeckaufstrich nach DIN 18195-2 (2000-08), Tabelle 2
- (23) Dränage-Kunststoffplatte
- (24) Tür-Fenster-Element
- (25) Klemmverwahrung nach DIN 18195-9 (2004-03) mit Kupferblechschutzkappe

Anmerkung:

Die Abdichtung gegen Oberflächenwasser (17) bis (22) muss unbedingt die äußeren Tür-Fenster-Leibungen in entsprechender Höhe wasserdicht umfassen. Daran anschließende Wandanschlüsse sind sinngemäß nach Abb. 9.1 unter Berücksichtigung des jeweils vorhandenen Abdichtungsschichtenaufbaus und der unterschiedlichen Höhen der Dränagematten oder Dränageplatten auszubilden. Um die untere Holzschwelle des Tür-Fenster-Elements zu schützen, muss besonders sorgfältig gearbeitet werden. Ein- und ausspringende Ecken der Leibungen sind durch Einfingern besonderer Bitumendichtungsstreifen zu schützen.

9.2 Balkone   159

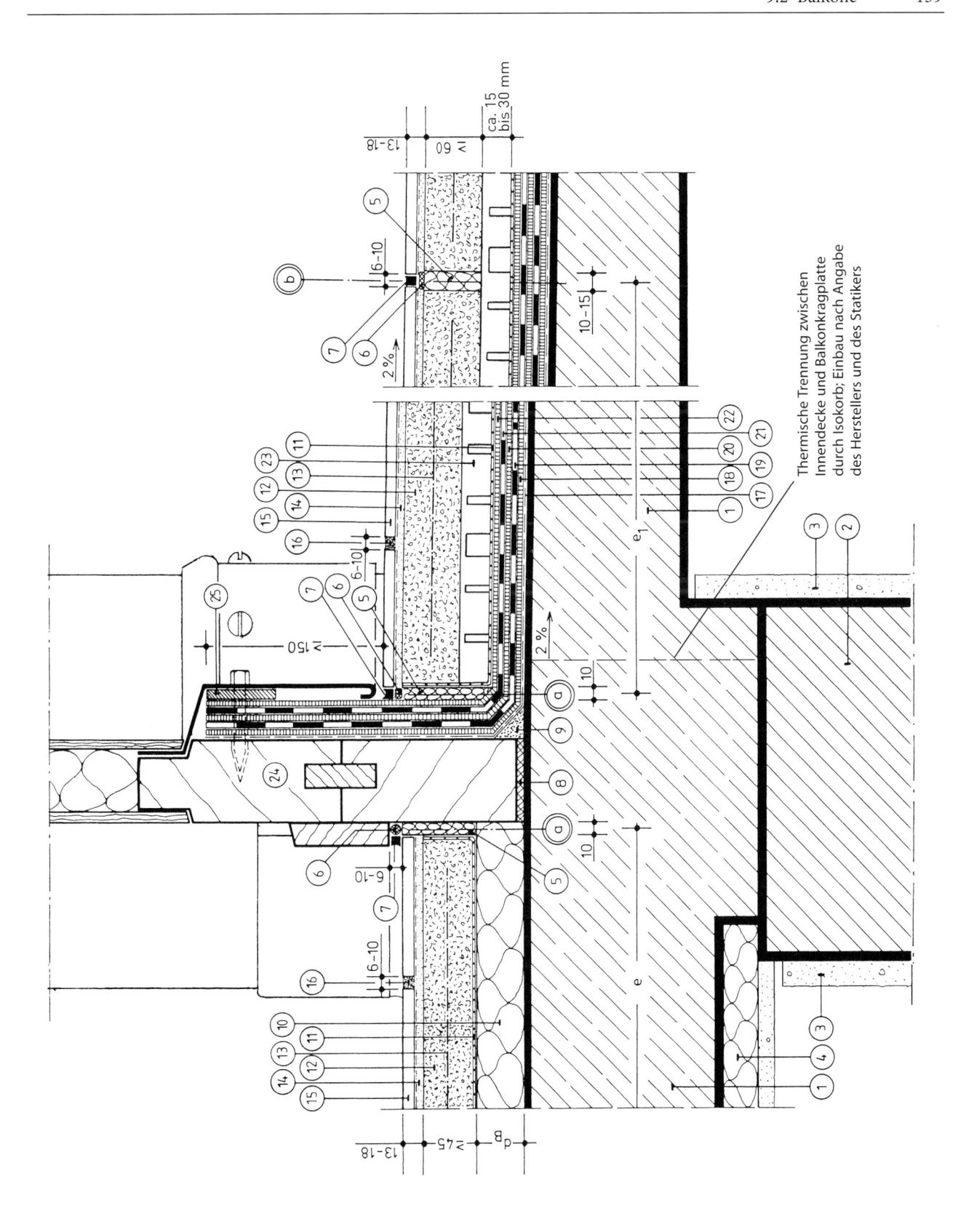

Abb. 9.3: Anschluss der Bauschichten eines Kragplattenbalkons an eine Tür-Fenster-Kombination (nicht maßstäblich)

9.2.4 Türanschluss der Bauschichten eines Balkons mit äußerer Stufe (Abb. 9.4)

Die Stahlbetonplatte kragt, im Auflager abgewinkelt, aus der Gebäudestockwerksdecke aus. Die Rohbauoberfläche der Balkonplatte liegt, ähnlich wie in Abb. 1.12 und 1.14 dargestellt, um eine Stufe tiefer als die Rohbauoberfläche der Stockwerksdecke. Zwischen der Decken- und der Balkonplatte ist zur Vermeidung einer Wärmebrücke als thermische Trennung ein Wärmedämmelement, z. B. ein Isokorb, einzubauen.

Die Abdichtung besteht, wie in Abb. 9.3, aus 2 Lagen Polymerbitumenbahnen, die auf einem bituminösen Voranstrich und untereinander mit Heißbitumenmasse verklebt und mit einem Deckaufstrich versehen sind. Die Abdichtung wird unter der Kunststein-Treppenstufe hindurch bis mindestens 15 cm über dem Balkonbelag hochgeführt, mit der Türschwelle hinterfließungssicher entsprechend der DIN 18195-9 (2004-03) verklemmt und durch eine Schwellenabdeckung verwahrt.

Die Oberfläche der Treppenstufe muss ein leichtes Gefälle vom Gebäude weg zum nächsten Bodenablauf bzw. zum Balkonrand hin haben.

Die vorgefertigte Treppenstufe wird in einem Zementmörteldickbett von ca. 3 bis 4 cm Dicke unmittelbar auf der Abdichtung verlegt. Da der Zementmörtel mit diesem bituminösen Untergrund keine dauerhafte Verbindung eingeht, ist eine zusätzliche Verankerung vorzusehen. Diese besteht pro laufendem m Stufenlänge aus 2 bis 3 T-förmigen Edelstahltellerankern in Tritt- und Setzstufe. Die Verankerung erfolgt verschiebungssicher im Deckenrohbeton, die Tellerflansche sind zwischen den Dichtschichten einzufingern.

Die Kunststoff-Dränagematten liegen auf einer steifen Trennlage aus PE-Folie.

Der äußere, mindestens 6 cm dicke Estrich EN 13813 CT – C35 – F5 mit einer Estrichgitterbewehrung und der innere, mindestens 4,5 cm dicke Estrich EN 13813 CT – C25 – F4 sind entsprechend den Angaben in Kapitel 7 ausgeführt.

Die weiteren Konstruktionselemente gleichen den in Kapitel 9.2.3 aufgeführten.

Anmerkung:

Die bituminöse Abdichtung gegen Oberflächenwasser muss unbedingt die äußeren Türleibungen in entsprechender Höhe wasserdicht umfassen. Daran anschließende Wandanschlüsse sind sinngemäß nach Abb. 9.1 unter Berücksichtigung des jeweils vorhandenen Abdichtungsschichtenaufbaues und der unterschiedlichen Höhen der Dränagematten oder Dränageplatten auszubilden. Um die untere Holzschwelle der Balkontüre zu schützen, muss besonders sorgfältig gearbeitet werden. Ein- und ausspringende Ecken der Leibungen sind durch Einfingern besonderer Bitumendichtungsstreifen zu schützen.

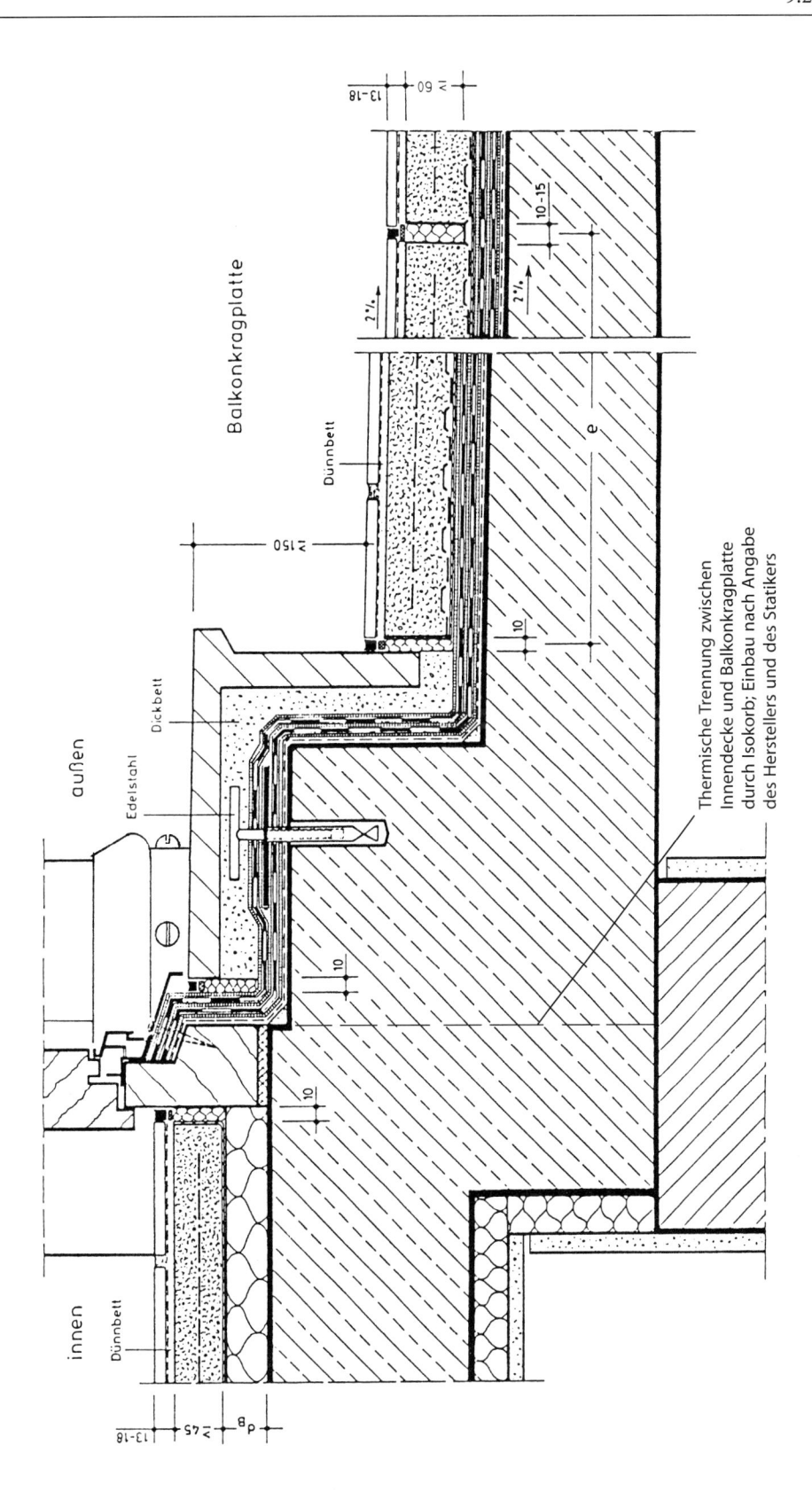

Abb. 9.4: Türanschluss der Bauschichten eines Kragplattenbalkons mit Außenstufe (nicht maßstäblich)

9.2.5 Stufenloser Türanschluss der Bauschichten eines Balkons (Abb. 9.5)

Die Stahlbetondecke kragt aus der Gebäudestockwerksdecke aus. Unmittelbar vor der Außenwand befindet sich in der Kragplatte eine im Rohbeton eingeformte Regenrinne nach Abb. 1.13, die sich über die gesamte Balkonlänge erstreckt. Zwischen der Decken- und der Balkonplatte ist zur Vermeidung einer Wärmebrücke als thermische Trennung ein Wärmedämmelement, z. B. ein Isokorb, einzubauen. Bei der Dimensionierung der Stahlbetonplatte ist die zu erwartende Deformation durch Kriechen mit entsprechender Überhöhung zu berücksichtigen. Die mit Gefälle zum Bauwerk hin liegende Oberfläche der Rohbetonkragplatte wird um die Dicke der Abdichtung, des Estrichs mit Dränageschicht und des Bodenbelages zur Höhenlage der Türschwellenkonstruktion abgesenkt. Die Balkonabdichtung ist bituminös vorgesehen nach DIN 18195-5 (2000-08), Abschnitt 8.3.2, mit aufliegender Dränage aus Kunststoffmatten über einer Folientrennschicht. Die Entwässerung der Rinne kann über eine am Rinnenende angeordnete, außen liegende Fallleitung oder, wie in Abb. 9.5 dargestellt, über ein innen liegendes Rohr erfolgen, das im Gebäudeinneren mit einem Geruchsverschluss zu versehen ist.

Kurzbeschreibung der Konstruktionselemente:

d_B Dicke der Wärmedämmung im eingebauten Zustand unter Belastung
(1) Stahlbetonrohdecke (Zwischen Stahlbetoninnendecke und Balkontragplatte muss zur Vermeidung einer Wärmebrücke eine thermische Trennung, z. B. ein Isokorb, eingebaut sein.)
(2) Gebäudewand
(3) Gebäudeinnen- bzw. -außenputz
(4) ca. 1 m breiter Wärmedämmstreifen mit Putzträger an der Unterseite der Stockwerksdecke
(5) Kunststoff-Bodenablauf mit Klebeflansch
(6) Kunststoff-Regenwasserablaufrohre
(7) Bodenkehle aus Zementmörtel
(8) elastische Zwischenlage, z. B. Neopren
(9) Türrahmen
(10) Schwelle der Hubtüre, mit dem Schutzblech (24) wasserdicht verklemmt
(11) elastische Fugendichtmasse nach DIN 18540 (1995-02)
(12) Hinterfüllmaterial-Profil für die Bewegungsfuge nach DIN 18540 (1995-02)
(13) elastischer, geschlossenzelliger und unverrottbarer Fugenstehstreifen
(14) Bodenbelag aus Keramik, Naturstein oder Kunststein
(15) hydraulisch erhärtender Dünnbettmörtel C2 nach DIN EN 12004 (2002-10)
(16) Zementtragestrich, innen EN 13813 CT – C25 – F4, ≥ 45 mm dick
(17) Estrichbewehrungsgitter
(18) Trennschicht
(19) Wärme- bzw. Trittschalldämmplatten auf der Stockwerksdecke
(20) Zementfugenmörtel CG2 nach DIN EN 13888 (2002-12)
(21) Hubtüre
(22) Wetterschenkel
(23) begehbarer, in Heißbitumen verlegter Schaumglaskeil
(24) nicht rostende und trittfeste Blechverkleidung der Türschwelle und der Abflussrinne
(25) Klemmverwahrung nach DIN 18195-9 (2004-03)
(26) nicht rostender Abdeckrost der Rinne mit Rahmen und verstellbaren Auflagerfüßen
(27) Distanzstücke unter den Auflagerfüßen der Rinnenabdeckung
(28) Estrichbewehrungsgitter
(29) Zementtragestrich, auf der Balkonplatte EN 13813 CT – C35 – F5, ≥ 60 mm dick
(30) Kunststoff-Dränagematten
(31) Zementfugenmörtel CG2 nach DIN EN 13888 (2002-12)
(32) Trennschicht
(33) Bitumen-Heißdeckaufstrich nach DIN 18195-2 (2000-08), Tabelle 2
(34) eine Lage Polymerbitumenbahnen nach DIN 52132 oder DIN 52133 mit 10-cm-Überdeckungsstößen nach DIN 18195-3 (2000-08), Abschnitt 6.1
(35) Bitumen-Heißklebemasse nach DIN 18195-2 (2000-08), Tabelle 2
(36) eine Lage Polymerbitumenbahnen nach DIN 52132 oder DIN 52133 mit 10-cm-Überdeckungsstößen nach DIN 18195-3 (2000-08), Abschnitt 6.1
(37) Bitumen-Heißklebemasse nach DIN 18195-2 (2000-08), Tabelle 2
(38) Bitumen-Voranstrich nach DIN 18195-2 (2000-08), Tabelle 1

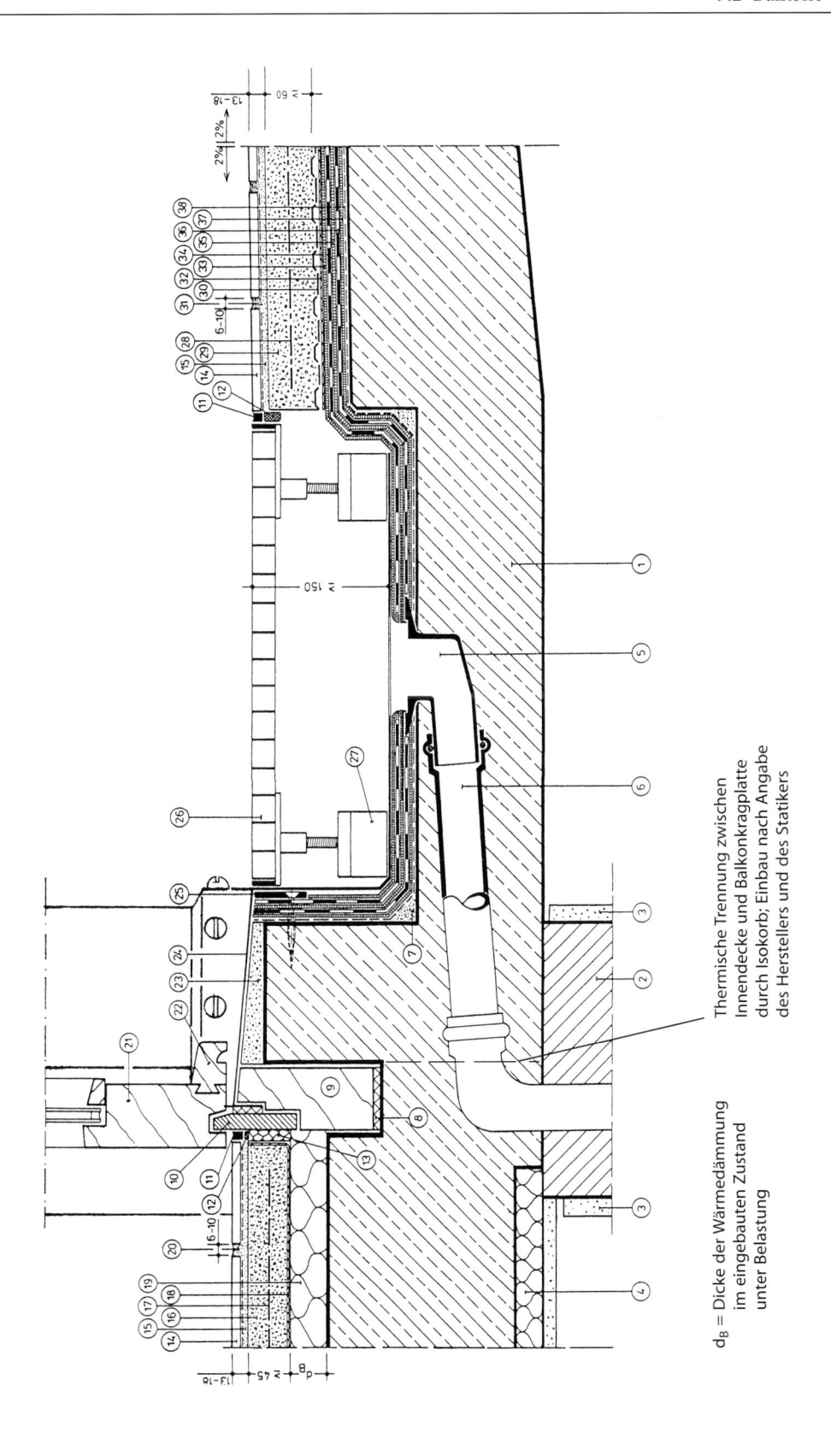

Abb. 9.5: Stufenloser Türanschluss der Bauschichten eines Kragplattenbalkons (nicht maßstäblich)

9.2.6 Türanschluss eines frei vor der Fassade liegenden Balkons mit Stufe (Abb. 9.6)

Die vorgefertigte Stahlbetonplatte ist frei von der Stockwerksdecke vor der Fassade

- auf aus dem Bauwerk auskragenden Trägern (nach Abb. 1.15) oder
- auf vor dem Gebäudeaußenmauerwerk angeordneten Mauerwerksscheiben (nach Abb. 1.16)

angeordnet.

Die Oberfläche des Balkonbelages liegt um 15 cm tiefer als die äußere Kante der Türschwelle. Zwischen Gebäudeaußenmauerwerk und Balkonplatte verbleibt eine 4 bis 5 cm breite Fuge, die mit einer geschlossenzelligen Kunststoffschaumplatte mit unterer Deckleiste gefüllt ist.

Die Abdichtung der Balkonplatte besteht, wie in Abb. 9.1, aus mindestens 1,5 mm dicken, an den Stößen verschweißten Weich-PVC-P-Bahnen zwischen Schutzschichten. Diese können bestehen aus einer unteren Lage Geovlies (mindestens 300 g/m^2) und einer oberen Lage aus Glasvlies- oder Glasgewebematten (mindestens 300 g/m^2), überdeckt mit einer Trennfolie. Die Abdichtungsfolie wird bauwerkseitig zusammen mit 2 Lagen mindestens 2 mm dicken Weich-PVC-Fugenband zwischen nicht rostenden Profilen sinngemäß nach den Angaben in DIN 18195-9 (2004-03) wasserdicht verklemmt. Diese Fugenbänder werden an dem außen im unteren Bereich mit einem elastischen Stehstreifen verkleideten und im oberen Bereich mit Kunststoffmörtel glatt verputzten Gebäudeaußenmauerwerk mindestens 15 cm über dem Balkonbelag hochgeführt und unter der Türschwellenverwahrung aus Kupfer oder Edelstahl, wie vorstehend beschrieben, wasserdicht verklemmt.

Die Dränage zur Entwässerung der Oberfläche der Abdichtungsschicht wird hier aus Kunststoff-Dränageplatten mit oberer wasserdurchlässiger Abdeckung hergestellt.

Der äußere, mindestens 6 cm dicke Estrich EN 13813 CT – C35 – F5 mit einer Estrichgitterbewehrung und der innere, mindestens 4,5 cm dicke Estrich EN 13813 CT – C25 – F4 sind entsprechend den Angaben in Kapitel 7 ausgeführt.

Fliesen oder Platten werden im Dünnbett verlegt und verfugt (siehe Kapitel 8), Bewegungsfugen sind nach Kapitel 8.8.2 zu verfüllen.

Die temperaturbedingten Bewegungen müssen die Stahlbetonfertigbalkonplatte und ihre Aufbauschichten nicht nur in den Plattenauflagern, sondern auch an allen fachgerecht auszuführenden Anschlussstellen der Abdichtungsschicht ungehindert und ohne Zwängung ausführen können. Vom Planer sind Detailskizzen der Anschlüsse vor Erstellung des Bauwerks anzufertigen, besonders für ein- und ausspringende Ecken der Balkonkonstruktion.

9.2 Balkone   165

innen   außen

Kunststoffmörtel

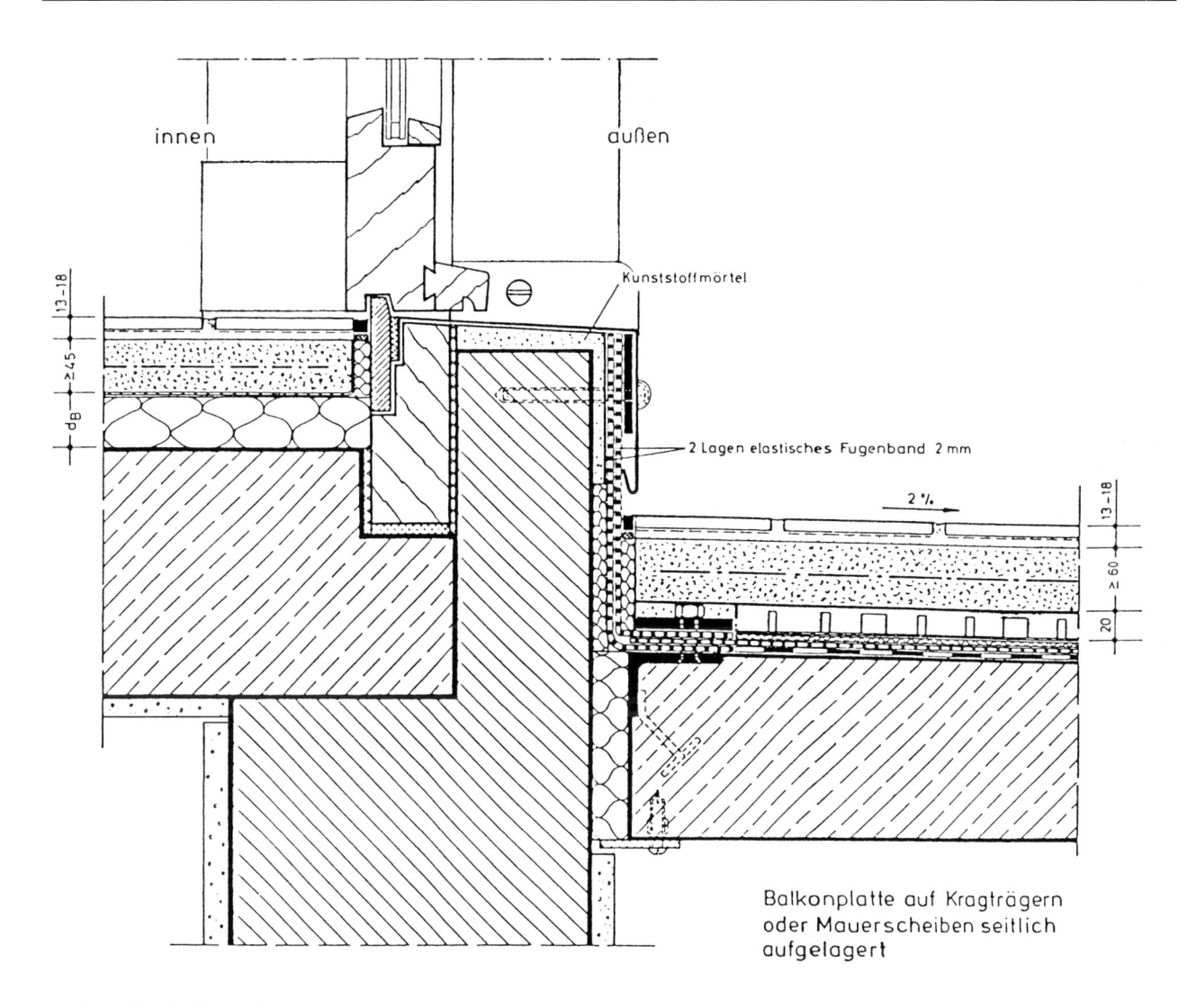

2 Lagen elastisches Fugenband 2 mm

2 %

Balkonplatte auf Kragträgern
oder Mauerscheiben seitlich
aufgelagert

d_B = Dicke der Wärmedämmung im
eingebauten Zustand unter Belastung

Abb. 9.6: Türanschluss der Bauschichten eines frei vor der Fassade liegenden Balkons mit Stufe (nicht maßstäblich)

9.2.7 Stufenloser Türanschluss eines frei vor der Fassade liegenden Balkons (Abb. 9.7)

Die vorgefertigte Stahlbetonplatte ist frei von der Stockwerksdecke vor der Fassade

- auf aus dem Bauwerk auskragenden Trägern (nach Abb. 1.15) oder
- auf vor dem Gebäudeaußenmauerwerk angeordneten Mauerwerksscheiben (nach Abb. 1.16)

angeordnet.

Die Oberfläche des Balkonbelages liegt in gleicher Höhe wie die äußere Kante der Türschwelle. Zwischen Gebäudeaußenmauerwerk und Balkonplatte verbleibt eine der vorgesehenen Wasserablaufrinne entsprechend breite Fuge.

Die Abdichtung der Balkonplatte besteht, wie in Abb. 9.3, aus 2 Lagen Polymerbitumenbahnen, die auf einem bituminösen Voranstrich und untereinander mit Heißbitumenmasse verklebt und mit einem Deckaufstrich versehen sind. Sie endet bauwerkseitig auf einem Traufblech verklebt, das mit der Rinne beweglich verfalzt ist. Die Rinne wird auf nicht rostenden Rinneneisen verlegt und ist mit dem Traufblech des Balkons und der nicht rostenden Türschwellenabdeckung durch Falze verbunden. Die Rinne erstreckt sich über die gesamte Balkonlänge, ihr Gefälle wird durch Zwischenstücke auf den Rinneneisen und durch variierende Rinnenhöhe erreicht. Der Rinnenboden kann mit einer unteren Holz- oder Metallverkleidung kaschiert werden. Die obere Rinnenabdeckung erfolgt durch einen korrosionsfreien Rost.

Die Stirnseite der Gebäudestockwerksdecke ist mit außen verputzbaren Dämmplatten zu verkleiden, die Dämmung unter der Türschwelle besteht aus begehbaren Schaumglasplatten.

Die Dränage zur Entwässerung der Dichtschichtoberfläche wird hier aus Kunststoff-Dränagematten gebildet und liegt auf einer Folientrennschicht.

Der äußere, mindestens 6 cm dicke Estrich EN 13813 CT – C35 – F5 mit einer Estrichgitterbewehrung und der innere, mindestens 4,5 cm dicke Estrich EN 13813 CT – C25 – F4 sind entsprechend den Angaben in Kapitel 7 ausgeführt.

Fliesen oder Platten werden im Dünnbett verlegt und verfugt (siehe Kapitel 8), Bewegungsfugen sind nach Kapitel 8.8.2 zu verfüllen.

Die temperaturbedingten Bewegungen müssen die Stahlbetonfertigbalkonplatte und ihre Aufbauschichten nicht nur in den Plattenauflagern, sondern auch an allen fachgerecht auszuführenden Anschlussstellen der Dichtschicht und der innen liegenden Rinne ungehindert und ohne Zwängung ausführen können. Vom Planer sind Detailskizzen der Anschlüsse vor Erstellung des Bauwerks anzufertigen, besonders für ein- und ausspringende Ecken der Balkonkonstruktion.

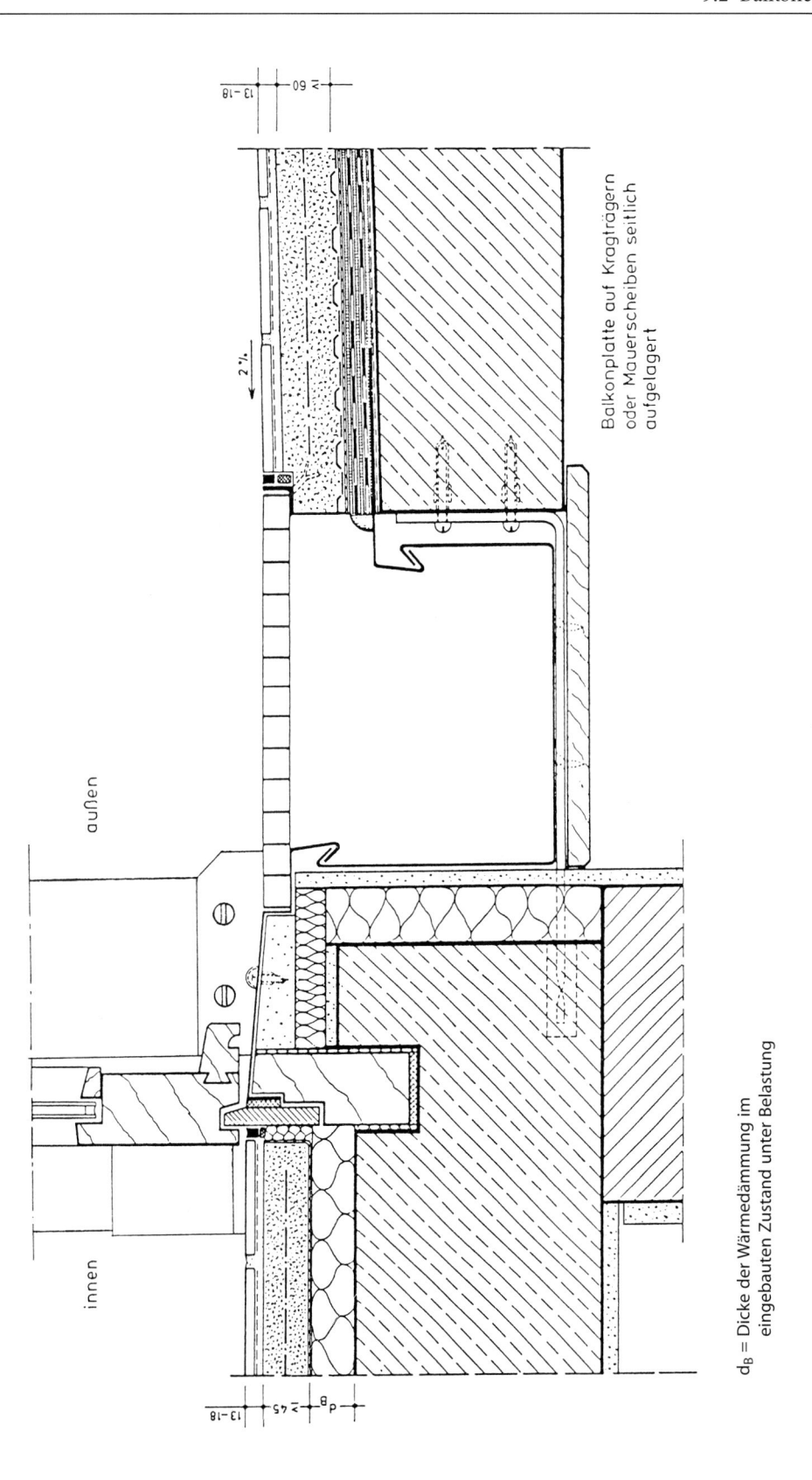

Abb. 9.7: Stufenloser Türanschluss eines frei vor der Fassade liegenden Balkons (nicht maßstäblich)

9.2.8 Bodeneinlauf mit Geruchsverschluss in einem Balkon
(Abb. 9.8)

Der Bodeneinlauf ist zweiteilig. Der dargestellte Einbau ist nur in ausreichend dicken Balkonplatten zu empfehlen. Über und unter den Abflussrohren sind Zusatzbewehrungen zur Vermeidung von Rissen im Beton vorzusehen. Der Einfluss des Oberflächenwassers erfolgt durch den Rost des Oberteils; das durch den Belag und den Estrich sickernde Wasser fließt durch die Dränagematten im richtig vorzusehenden Gefälle zu den Einlauföffnungen des Unterteils. Die Abdichtungsschicht des Balkons muss daher sorgfältig und wasserdicht mit den Flanschen des Unterteils verklemmt werden.

Der Gully bildet einen unverschiebbaren Festpunkt innerhalb der Balkonfläche und behindert damit die durch Temperaturwechsel bedingten Ausdehnungen und Kontraktionen des Belages und des Estrichs. Es wird daher angeraten, wie in Abb. 9.8 dargestellt, ein kleines Feld um den Bodeneinlauf herum durch Bewegungsfugen vom Gesamtbelag so zu trennen, dass es in der Mitte des gedachten Kreuzungspunktes von 2 Feldbewegungsfugen der Gesamtfläche liegt.

Kurzbeschreibung der Konstruktionselemente:

- b   elastische Bewegungsfuge im Estrich und im Plattenbelag
- (1) Stahlbetonrohdecke des Balkons
- (2) elastischer, geschlossenzelliger und unverrottbarer Fugenstehstreifen
- (3) Hinterfüllmaterial-Profil für die Bewegungsfuge nach DIN 18540 (1995-02)
- (4) elastische Fugendichtmasse nach DIN 18540 (1995-02)
- (5) Trennschicht
- (6) Zementestrich, auf der Balkonplatte EN 13813 CT – C35 – F5, ≥ 60 mm dick
- (7) Estrichbewehrungsgitter
- (8) hydraulisch erhärtender Dünnbettmörtel C2 nach DIN EN 12004 (2002-10)
- (9) Bodenbelag aus Keramik, Naturstein oder Kunststein
- (10) Zementfugenmörtel CG2 nach DIN EN 13888 (2002-12)
- (11) Geovlies, mindestens 300 g/m², als Schutz- und Ausgleichsschicht
- (12) Abdichtung aus verschweißten Weich-PVC-P-Bahnen, mindestens 1,5 mm dick
- (13) Glasvlies- oder Glasgewebematte, mindestens 300 g/m², als Schutzschicht
- (14) Kunststoff-Dränagematten
- (15) zweiteiliger Bodeneinlauf mit Geruchsverschluss

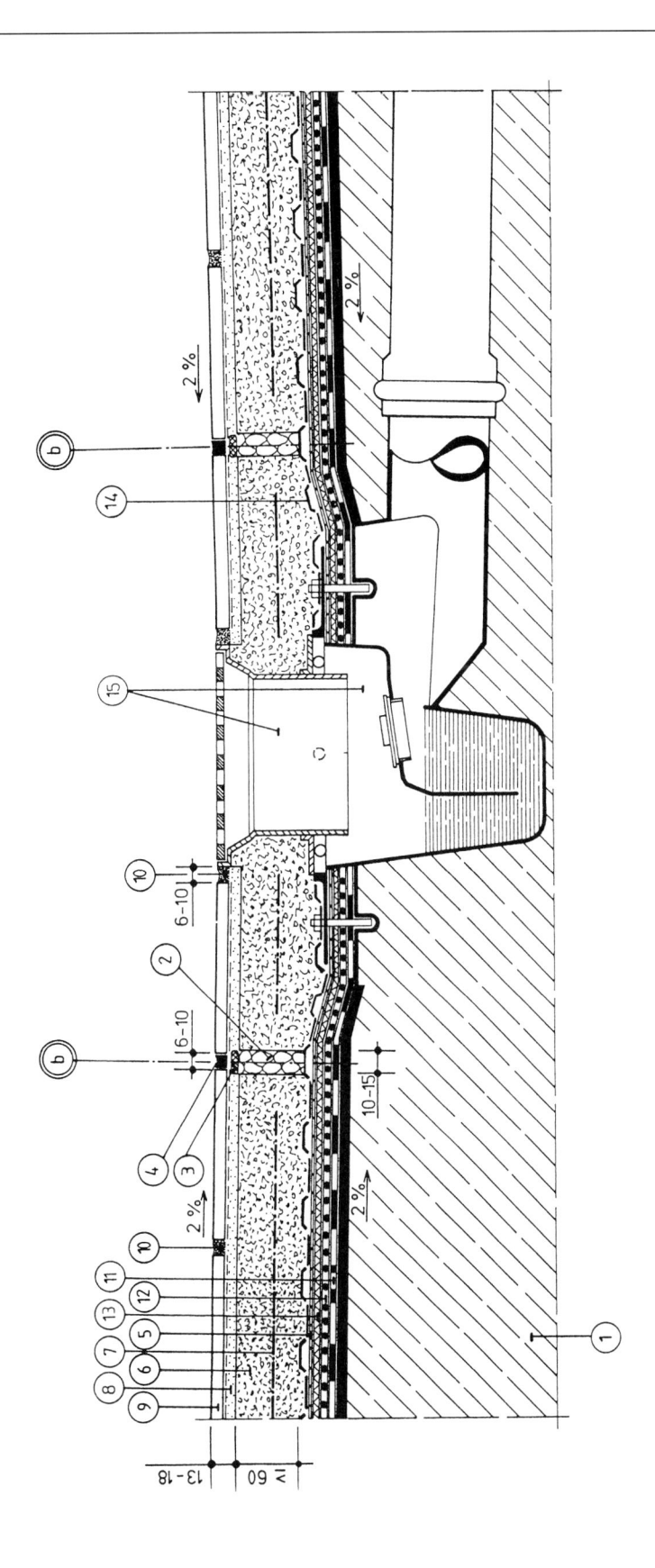

Abb. 9.8: Bodeneinlauf eines Balkons mit Geruchsverschluss (nicht maßstäblich)

9.2.9 Balkonrand mit Rinne und Geländer (Abb. 9.9)

Die Konstruktion des Balkonaufbaues entspricht der in den Kapiteln 9.2.1 und 9.2.2 beschriebenen. Die Balkonabdichtung ist vorgesehen aus Kunststoffdichtungsbahnen nach DIN 18195-5, Abschnitt 8.3.4, mit aufliegender Dränage aus Kunststoffmatten. Der Außenrand des Estrichs auf der Balkonplatte wird durch ein Spezial-Balkonprofil eingefasst, das den Wasseraustritt an den Dränagematten ermöglicht. Die Fuge zwischen diesem Profil und den senkrechten Schenkeln der Randplatten (7) muss frei von Verlegemörtel sein, um die Sprengwirkung am Scheitelpunkt der Schenkelplatte zu verhindern, die sich infolge divergierender, durch Temperaturwechsel bedingter Bewegungen ergeben könnte. Das Gefälle der Ablaufrinne kann durch untergelötete, verschieden hohe Blechzwischenlagen erreicht werden.

Kurzbeschreibung der Konstruktionselemente:

(1) Stahlbetonrohdecke
(2) Trennschicht
(3) Zementtragestrich, auf der Balkonplatte EN 13813 CT – C35 – F5, ≥ 60 mm dick
(4) Estrichbewehrungsgitter
(5) hydraulisch erhärtender Dünnbettmörtel C2 nach DIN EN 12004 (2002-10)
(6) Bodenbelag aus Keramik, Naturstein oder Kunststein
(7) Randschenkelplatte
(8) Zementfugenmörtel CG2 nach DIN EN 13888 (2002-12)
(9) Geovlies, mindestens 300 g/m², als Schutz- und Ausgleichsschicht
(10) Abdichtung aus verschweißten Weich-PVC-P-Bahnen, mindestens 1,5 mm dick
(11) Glasvlies- oder Glasgewebematte, mindestens 300 g/m², als Schutzschicht
(12) Kunststoff-Dränagematten
(13) kunststoffbeschichtetes Traufblech, geeignet zum Verschweißen mit der Weich-PVC-P-Abdichtung
(14) Kunststoffverschweißung
(15) Zinkblechrinne

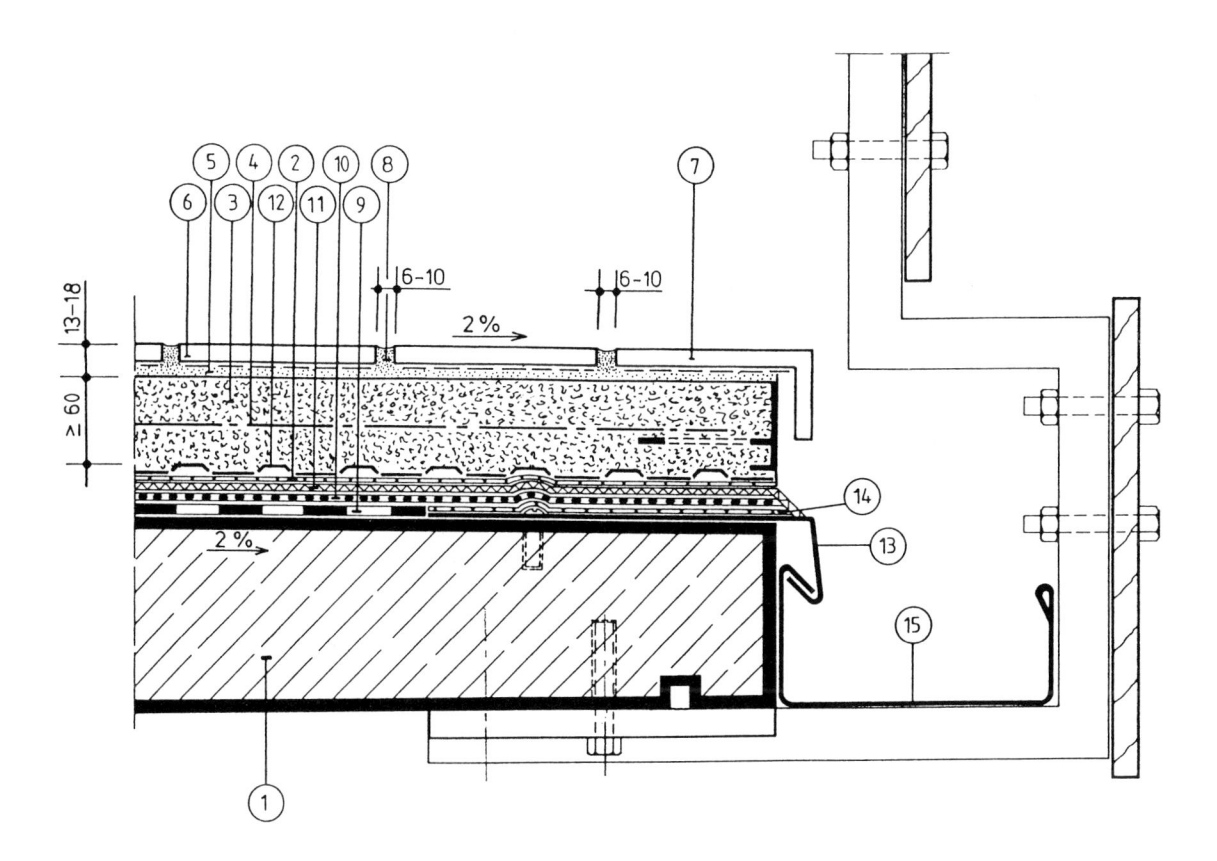

Abb. 9.9: Balkonrand mit Rinne und Geländeranschluss (nicht maßstäblich)

9.2.10 Balkonrand mit niedriger Brüstung und Geländer
(Abb. 9.10)

Die Konstruktion des Balkonaufbaues entspricht im Prinzip der im Kapitel 9.2.4 beschriebenen. Die Abdichtung besteht, wie in Abb. 9.3, aus 2 Lagen Polymerbitumenbahnen, die auf einem bituminösen Voranstrich und untereinander mit Heißbitumenmasse verklebt und mit einem Deckaufstrich versehen sind. Sie besitzt eine aufliegende Dränage aus Kunststoffmatten über einer Trennschicht.

Der Balkonaußenrand besteht aus einer niedrigen Aufkantung der Rohbetonbalkonplatte, die mit einer Blechabdeckung zu versehen ist. Ein leichtes Gefälle des Balkonaußenrandes, hier nach innen, ist vorzusehen, um stehendes Wasser auf der Blechabdeckung zu vermeiden. Die Abdichtung des Balkons ist an dem Balkonrand mindestens 15 cm über dem Bodenbelag hochzuführen und wird hier am oberen Rand mit einem vorgefertigten Profil entsprechend den Bestimmungen der DIN 18195-9 (2004-03) wasserdicht verklemmt und mit einer rostfreien Blechabdeckung verwahrt.

Die Oberfläche des Balkonbelages hat ein Gefälle in Richtung zum nächsten Bodeneinlauf hin und wird über ihn oder über eine Rinne unmittelbar an der Gebäudekante entwässert. Da nicht auszuschließen ist, dass sowohl Rinne als auch Bodeneinlauf einmal verstopft oder zugefroren sein können, muss in die Aufkantung nach den Entwässerungsbestimmungen für Flachdächer mit Attiken ein rechteckiger Not- oder Sicherheitsablauf integriert werden. Ein wasserdicht mit dem Ablauf verschweißter Dichtflansch ist zwischen den beiden Abdichtungsschichten heiß einzukleben.

Es kann als Ablauf auch ein der DIN EN 1253 entsprechender Attikagully mit Terrassenbausatz zur millimetergenauen Höhenanpassung mit Klemm- oder Klebeflansch bzw. Anschlussmanschette und Rechteckabflussrohr in die Bodenfläche eingebaut werden. Es ist dann der in den Flachdachrichtlinien (ZVDH, 2003) geforderte Abstand von Abläufen zur Attika ≥ 300 mm einzuhalten. Die Abdichtungsschicht ist mit dem Klemm- oder Klebeflansch bzw. der Anschlussmanschette wasserdicht zu verbinden. Durch die erforderliche Länge des Rechteckabflussrohres, das durch die Attika zu führen ist, besteht hier auch die Gefahr des Zufrierens und der Verstopfung, die bei der Verwendung als Sicherheits- oder Notablauf auszuschließen ist.

Die feuerverzinkte Geländerkonstruktion wird an der Außenfläche der Aufkantung mit Edelstahlschrauben befestigt. Die senkrechten Geländerstützen durchstoßen den äußeren Abtropfschenkel der Aufkantungsabdeckung.

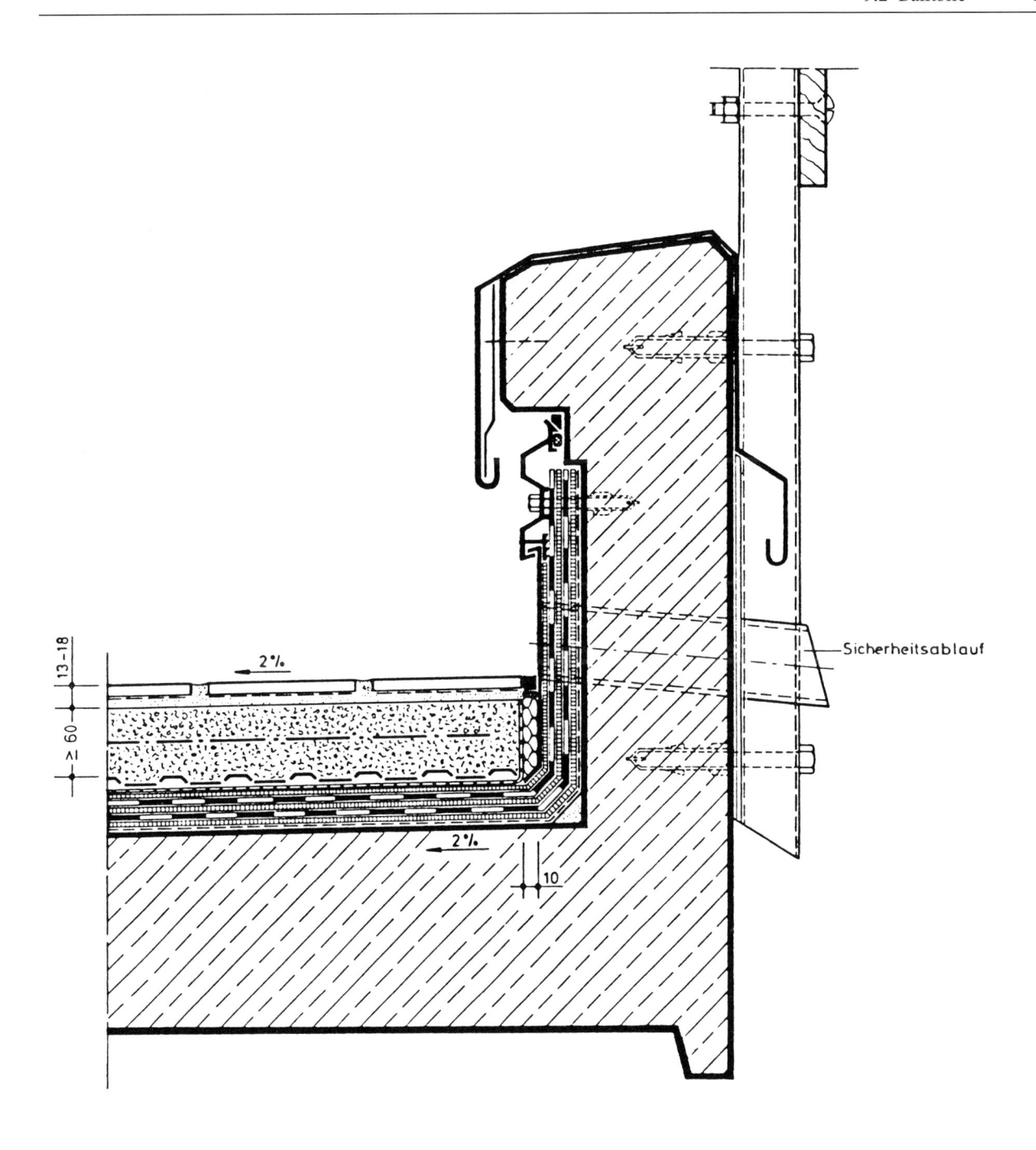

Abb. 9.10: Balkonrand mit niedriger Brüstung und Geländer in Verbindung mit der Stahlbetonkragplatte (nicht maßstäblich)

9.2.11 Balkonrand mit Pflanztrog (Abb. 9.11)

Die Konstruktion des Balkonaufbaues entspricht im Prinzip der im Kapitel 9.2.4 beschriebenen. Die Abdichtung besteht, wie in Abb. 9.3, aus 2 Lagen Polymerbitumenbahnen, die auf einem bituminösen Voranstrich und untereinander mit Heißbitumenmasse verklebt und mit einem Deckaufstrich versehen sind. Die obere Lage der Abdichtungsschicht des Balkons ist am Blumentrog mindestens 15 cm über dem Bodenbelag hochzuführen und wird hier am oberen Rand mit einem vorgefertigten Profil entsprechend den Bestimmungen der DIN 18195-9 (2004-03) wasserdicht verklemmt und mit einer rostfreien Blechabdeckung verwahrt. Die untere Lage der Dichtschicht wird unter dem Pflanztrog hindurchgeführt.

Die Abdichtung besitzt eine aufliegende Dränage aus Kunststoffmatten über einer Trennschicht.

Der Pflanztrog ist ein Betonfertigteil, das im Inneren durch eine Edelstahlwanne abzudichten ist und sich einteilig über die ganze Balkonlänge erstrecken sollte. Die Abdichtung mehrteiliger Pflanztröge ist im Bereich der 15 cm hohen Abdichtungsaufkantung schwer zu beherrschen. An diesen Stoßstellen der Tröge und im Bereich der Balkonecken sind besondere abdichtende Schiebekästen oder vorfabrizierte Schlaufenbauteile zu integrieren.

Kurzbeschreibung der Konstruktionselemente:

a Wandanschlussfuge
(1) Stahlbetonrohdecke
(2) Gefälleestrich (h = entsprechende Dicke im Bereich des Bauteilschnittes bzw. des Details)
(3) Pflanztrog
(4) elastischer, geschlossenzelliger und unverrottbarer Fugenstehstreifen
(5) Hinterfüllmaterial-Profil für die Bewegungsfuge nach DIN 18540 (1995-02)
(6) elastische Fugendichtmasse nach DIN 18540 (1995-02)
(7) Bodenkehle aus Zementmörtel
(8) Trennschicht
(9) Zementtragestrich, auf der Balkonplatte EN 13813 CT – C35 – F5, ≥ 60 mm dick
(10) Estrichbewehrungsgitter
(11) hydraulisch erhärtender Dünnbettmörtel C2 nach DIN EN 12004 (2002-10)
(12) Bodenbelag aus Keramik, Naturstein oder Kunststein
(13) Zementfugenmörtel CG2 nach DIN EN 13888 (2002-12)
(14) Bitumen-Voranstrich nach DIN 18195-2 (2000-08), Tabelle 1
(15) Bitumen-Heißklebemasse nach DIN 18195-2 (2000-08), Tabelle 2
(16) eine Lage Polymerbitumenbahnen nach DIN 52132 oder DIN 52133 mit 10-cm-Überdeckungsstößen nach DIN 18195-3 (2000-08), Abschnitt 6.1
(17) Bitumen-Heißklebemasse nach DIN 18195-2 (2000-08), Tabelle 2
(18) eine Lage Polymerbitumenbahnen nach DIN 52132 oder DIN 52133 mit 10-cm-Überdeckungsstößen nach DIN 18195-3 (2000-08), Abschnitt 6.1
(19) Bitumen-Heißdeckaufstrich nach DIN 18195-2 (2000-08), Tabelle 2
(20) Kunststoff-Dränagematten
(21) elastische Zwischenlage (z. B. Neopren) mit Sicker-öffnungen
(22) Klemmverwahrung nach DIN 18195-9 (2004-03)
(23) dichte Troginnenauskleidung aus Edelstahl

9.2 Balkone 175

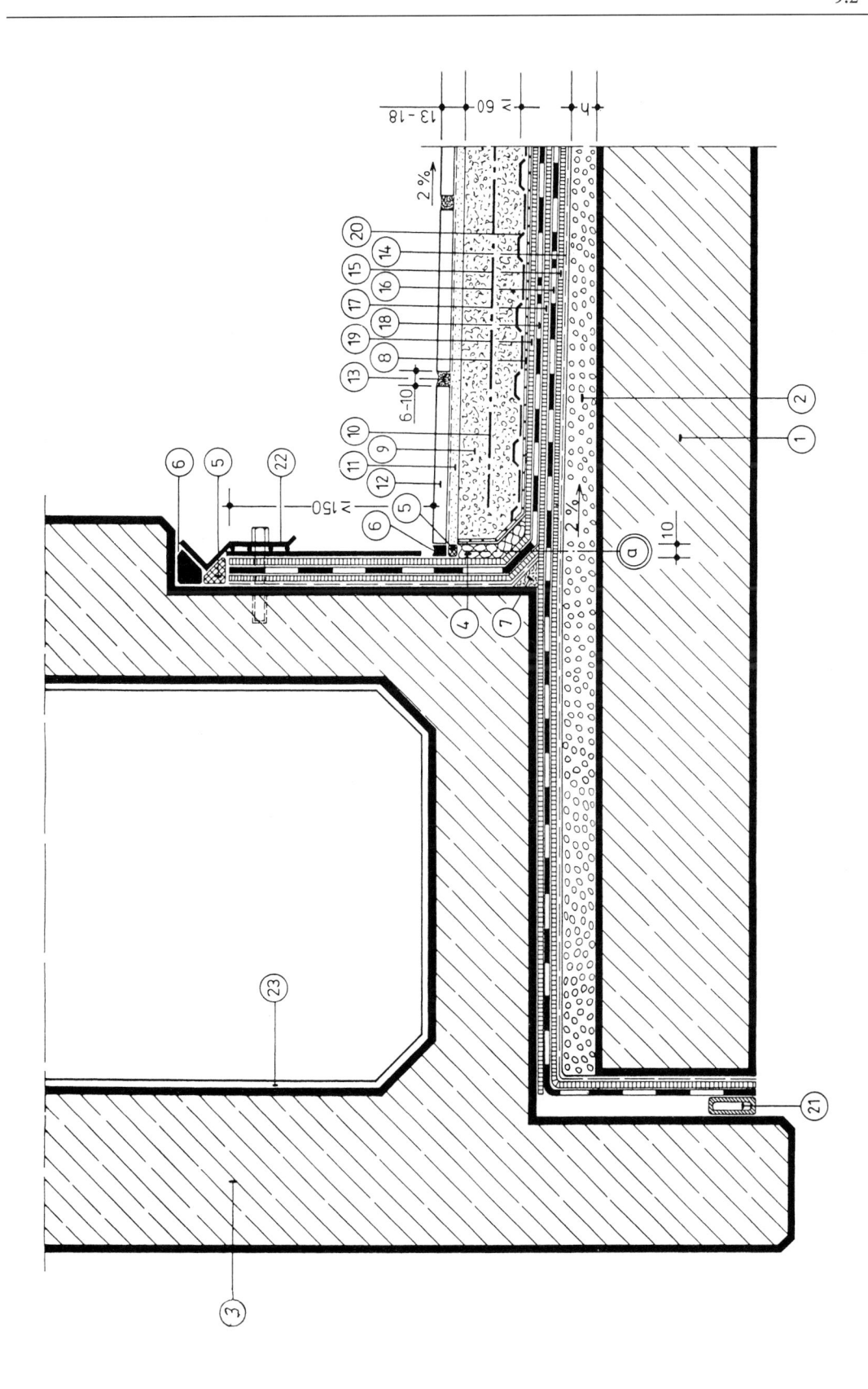

Abb. 9.11: Balkonrand mit Pflanztrog (nicht maßstäblich)

9.3 Dachterrassen

9.3.1 Wandanschluss der Bauschichten einer wärmegedämmten Dachterrasse (Abb. 9.12)

Die Oberfläche der Terrassenrohbetonplatte liegt hier um etwa die Dickenabmessung der Wärmedämmung tiefer als die Oberfläche der anschließenden Rohbetonstockwerksdecke. Es muss hier beachtet werden, dass nach der EnEV Dämmdicken d_B von bis zu 18 cm und mehr erforderlich sein können. In jedem Fall ist zu untersuchen, ob das Tieferlegen der Terrassendeckenplatte noch die unter ihr liegende erforderliche oder gar vorgeschriebene lichte Raumhöhe ermöglicht.

Die Terrassenabdichtung ist vorgesehen aus Kunststoffdichtungsbahnen nach DIN 18195-5 (2000-08), Abschnitt 8.3.4, mit aufliegender Dränage aus Kunststoffmatten. Die Dampfbremse besteht aus mit Weich-PVC-P kaschierten Metallfolienbahnen. Die Wärmedämmung der Terrasse darf sich unter dem Gewicht der aufliegenden Bauschichten und der Nutzlast nicht mehr als 2 mm (siehe Merkblatt „Außenbeläge – Belagskonstruktionen mit Fliesen und Platten außerhalb von Gebäuden" [ZDB, 2005], Abschnitt 1.5) zusammendrücken.

Kurzbeschreibung der Konstruktionselemente:

- a elastische Wandanschlussfuge
- b elastische Bewegungsfuge im Estrich und im Plattenbelag
- e Abstand der Bewegungsfugen im Innenraum (6 bis maximal 8 m)
- e_1 Abstand der Bewegungsfugen auf der Terrasse (2,5 m)
- d_B Dicke der Wärmedämmung im eingebauten Zustand unter Belastung
- (1) Stahlbetonrohdecke mit thermischer Trennung der Stockwerksdecke von der Dachterrassentragplatte zur Vermeidung einer Wärmebrücke
- (2) Gebäudewand
- (3) Gebäudeinnen- bzw. -außenputz
- (4) Wärmedämmung mit Putzträger
- (5) untere Verkleidung der Terrassendecke
- (6) elastischer, geschlossenzelliger und unverrottbarer Fugenstehstreifen
- (7) Hinterfüllmaterial-Profil für die Bewegungsfuge nach DIN 18540 (1995-02)
- (8) elastische Fugendichtmasse nach DIN 18540 (1995-02)
- (9) Bodenkehle aus Zementmörtel
- (10) Bodenkehle aus Kunststoffschaum
- (11) Zementwandputz
- (12) Wärme- und Trittschalldämmung
- (13) Trennschicht
- (14) Zementtragestrich, auf der Terrassenplatte EN 13813 CT – C35 – F5, ≥ 60 mm dick, auf der Stockwerksdecke EN 13813 CT – C25 – F4, ≥ 45 mm dick
- (15) Estrichbewehrungsgitter
- (16) hydraulisch erhärtender Dünnbettmörtel C2 nach DIN EN 12004 (2002-10)
- (17) Bodenbelag aus Keramik, Naturstein oder Kunststein
- (18) Zementfugenmörtel CG2 nach DIN EN 13888 (2002-12)
- (19) Zementspritzbewurf und Zementdickbettmörtel
- (20) Sockelleiste
- (21) Geovlies, mindestens 300 g/m², als Schutz- und Ausgleichsschicht für Dampfbrems- und Dichtschichtfolie
- (22) Dampfbremse aus verschweißten Weich-PVC-P-Bahnen oder aus verschweißten, mit Weich-PVC-P kaschierten Metallfolienbahnen
- (23) Geovlies, mindestens 300 g/m², als Schutzschicht für Dampfbremsfolie
- (24) Abdichtung aus verschweißten Weich-PVC-P-Bahnen, mindestens 1,5 mm dick
- (25) Glasvlies- oder Glasgewebematte, mindestens 300 g/m², als Schutzschicht
- (26) Kunststoff-Dränagematten
- (27) Klemmverwahrung nach DIN 18195-9 (2004-03) mit Kupferblechschutzkappe
- (28) Estrichbewehrungsgitter

9.3 Dachterrassen

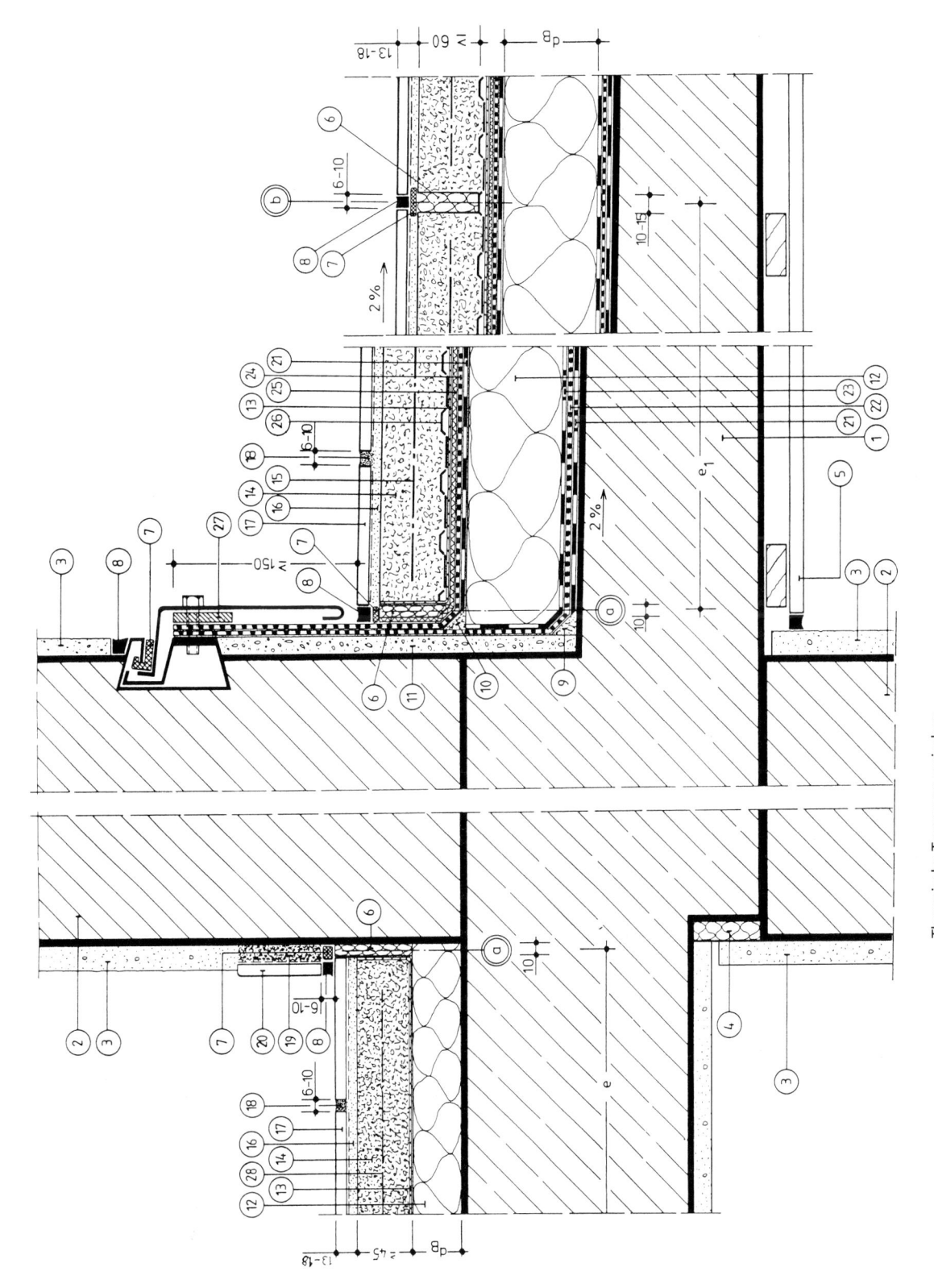

Abb. 9.12: Wandanschluss der Bauschichten einer wärmegedämmten Dachterrassenplatte (nicht maßstäblich)

9.3.2 Türanschluss der Bauschichten einer wärmegedämmten Dachterrasse (Abb. 9.13)

Die Oberfläche der Terrassenrohbetonplatte liegt hier um etwa die Dickenabmessung der Wärmedämmung tiefer als die Oberfläche der anschließenden Rohbetonstockwerksdecke. Es muss beachtet werden, dass nach der EnEV Dämmdicken d_B von bis zu 18 cm und mehr erforderlich sein können. In jedem Falle ist zu untersuchen, ob das Tieferlegen der Terrassendeckenplatte noch die unter ihr liegende erforderliche oder gar vorgeschriebene lichte Raumhöhe ermöglicht.

Die Terrassenabdichtung ist vorgesehen aus Kunststoffdichtungsbahnen nach DIN 18195-5 (2000-08), Abschnitt 8.3.4, mit aufliegender Dränage aus Kunststoffmatten. Die Dampfbremse besteht aus mit Weich-PVC-P kaschierten Metallfolienbahnen. Die Wärmedämmung der Terrasse darf sich unter dem Gewicht der aufliegenden Bauschichten und der Nutzlast nicht mehr als 2 mm (siehe Merkblatt „Außenbeläge – Belagskonstruktionen mit Fliesen und Platten außerhalb von Gebäuden" [ZDB, 2005], Abschnitt 1.5) zusammendrücken.

Kurzbeschreibung der Konstruktionselemente:

a elastische Wandanschlussfuge
b elastische Bewegungsfuge im Estrich und im Plattenbelag
e Abstand der Bewegungsfugen im Innenraum (6 bis maximal 8 m)
e_1 Abstand der Bewegungsfugen auf der Terrasse (2,5 m)
d_B Dicke der Wärmedämmung im eingebauten Zustand unter Belastung
(1) Stahlbetonrohdecke mit thermischer Trennung der Stockwerksdecke von der Dachterrassentragplatte zur Vermeidung einer Wärmebrücke
(2) elastischer, geschlossenzelliger und unverrottbarer Fugenstehstreifen
(3) Hinterfüllmaterial-Profil für die Bewegungsfuge nach DIN 18540 (1995-02)
(4) elastische Fugendichtmasse nach DIN 18540 (1995-02)
(5) elastische Zwischenlage, z. B. Neopren
(6) Bodenkehle aus Zementmörtel
(7) Bodenkehle aus Kunststoffschaum
(8) Wärme- und Trittschalldämmung
(9) Trennschicht
(10) Zementtragestrich, auf der Terrassenplatte EN 13813 CT – C35 – F5, ≥ 60 mm dick, auf der Stockwerksdecke EN 13813 CT – C25 – F4, ≥ 45 mm dick
(11) Estrichbewehrungsgitter
(12) hydraulisch erhärtender Dünnbettmörtel C2 nach DIN EN 12004 (2002-10)
(13) Bodenbelag aus Keramik, Naturstein oder Kunststein
(14) Zementfugenmörtel CG2 nach DIN EN 13888 (2002-12)
(15) Geovlies, mindestens 300 g/m², als Schutz- und Ausgleichsschicht für Dampfbrems- und Dichtschichtfolie
(16) Dampfbremse aus verschweißten Weich-PVC-P-Bahnen oder aus verschweißten, mit Weich-PVC-P kaschierten Metallfolienbahnen
(17) Geovlies, mindestens 300 g/m², als Schutzschicht für Dampfbremsfolie
(18) Abdichtung aus verschweißten Weich-PVC-P-Bahnen, mindestens 1,5 mm dick
(19) Glasvlies- oder Glasgewebematte, mindestens 300 g/m², als Schutzschicht
(20) Kunststoff-Dränagematten
(21) Türrahmen
(22) Klemmverwahrung nach DIN 18195-9 (2004-03) mit Kupferblechschutzkappe
(23) Hubtürschwelle, mit der Schutzkappe wasserdicht verlötet
(24) Hubtüre
(25) Kupferblechschutzkappe
(26) Estrichbewehrungsgitter

Anmerkung:

Die Abdichtung gegen Oberflächenwasser (18), die Dampfbremse (16) und ihre Schutzschichten (15), (17) und (19) müssen unbedingt die äußeren Türleibungen in entsprechender Höhe wasserdicht umfassen. Daran anschließende Wandanschlüsse sind ähnlich Abb. 9.12 auszubilden. Um die untere Holzschwelle der Türe zu schützen, muss besonders sorgfältig gearbeitet werden.

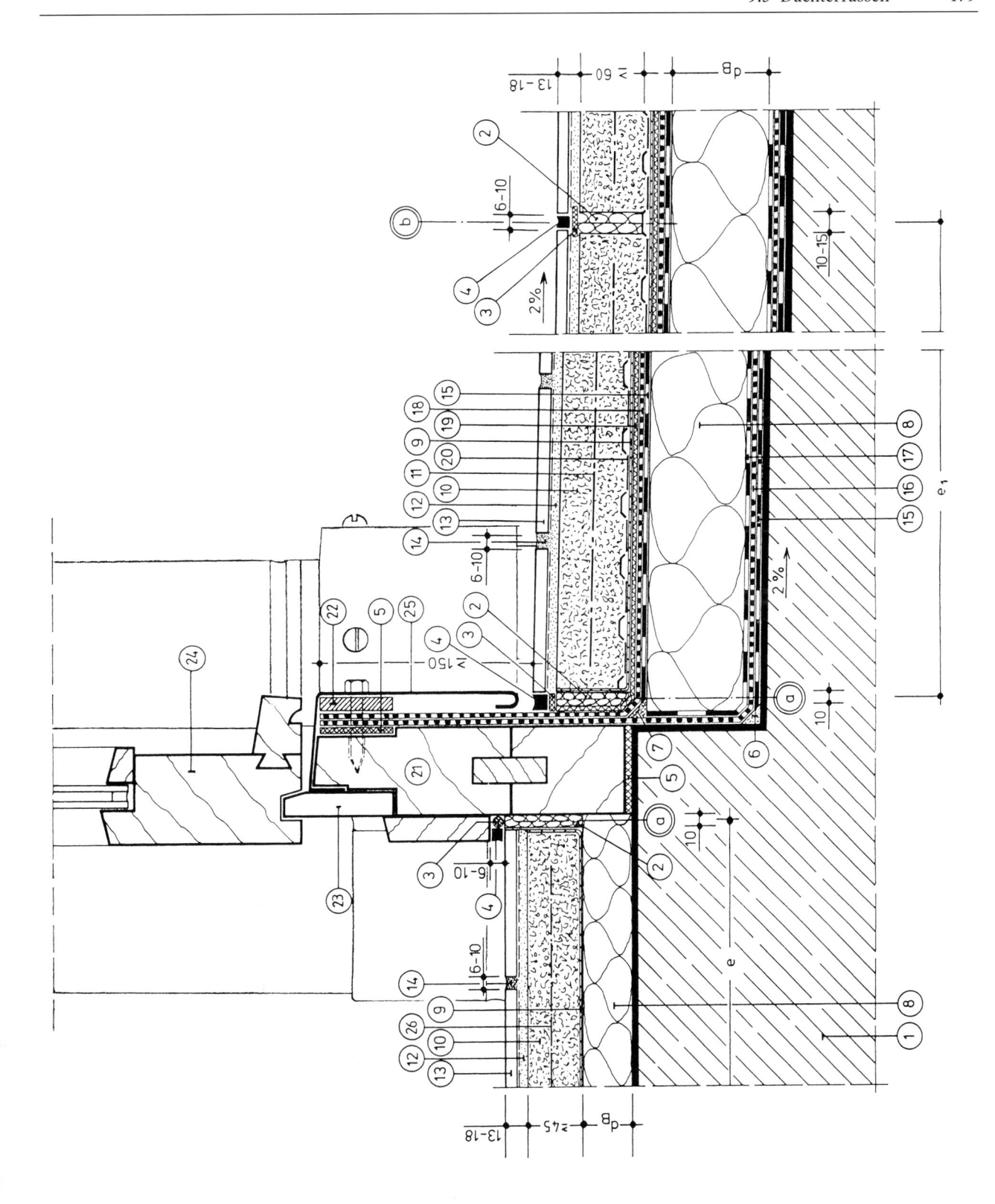

Abb. 9.13: Türanschluss der Bauschichten einer wärmegedämmten Dachterrassenplatte (nicht maßstäblich)

9.3.3 Anschluss der Bauschichten einer wärmegedämmten Dachterrasse an eine Tür-Fenster-Kombination
(Abb. 9.14)

Die Oberfläche der Terrassenrohbetonplatte liegt hier um etwa die Dickenabmessung der Wärmedämmung tiefer als die Oberfläche der anschließenden Rohbetonstockwerksdecke. Es muss beachtet werden, dass nach der EnEV Dämmdicken d_B von bis zu 18 cm und mehr erforderlich sein können. In jedem Falle ist zu untersuchen, ob das Tieferlegen der Terrassendeckenplatte noch die unter ihr liegende erforderliche oder gar vorgeschriebene lichte Raumhöhe ermöglicht.

Die Terrassenabdichtung ist bituminös vorgesehen nach DIN 18195-5 (2000-08), Abschnitt 8.3.2, mit aufliegender Dränage aus Dränageplatten mit oberer wasserdurchlässiger Abdeckung. Die Dampfbremse besteht aus Polymerbitumendampfsperrbahnen mit Metallbandeinlage (AL 01 oder CU 01). Die Wärmedämmung der Terrasse darf sich unter dem Gewicht der aufliegenden Bauschichten und der Nutzlast nicht mehr als 2 mm (siehe Merkblatt „Außenbeläge – Belagskonstruktionen mit Fliesen und Platten außerhalb von Gebäuden" [ZDB, 2005], Abschnitt 1.5) zusammendrücken.

Kurzbeschreibung der Konstruktionselemente:

a elastische Anschlussfuge
b elastische Bewegungsfuge im Estrich und im Plattenbelag
e Abstand der Bewegungsfugen im Innenraum (6 bis maximal 8 m)
e_1 Abstand der Bewegungsfugen auf der Terrasse (2,5 m)
d_B Dicke der Wärmedämmung im eingebauten Zustand unter Belastung
(1) Stahlbetonrohdecke mit thermischer Trennung der Stockwerksdecke von der Dachterrassentragplatte zur Vermeidung einer Wärmebrücke
(2) elastischer, geschlossenzelliger und unverrottbarer Fugenstehstreifen
(3) Hinterfüllmaterial-Profil für die Bewegungsfuge nach DIN 18540 (1995-02)
(4) elastische Fugendichtmasse nach DIN 18540 (1995-02)
(5) elastische Zwischenlage, z. B. Neopren
(6) Bodenkehle aus Zementmörtel
(7) Bodenkehle aus Kunststoffschaum
(8) Wärme- bzw. Trittschalldämmung
(9) Trennschicht
(10) Zementtragestrich, innen EN 13813 CT – C25 – F4, ≥ 45 mm dick, auf der Terrassenplatte EN 13813 CT – C35 – F5, ≥ 60 mm dick
(11) Estrichbewehrungsgitter
(12) hydraulisch erhärtender Dünnbettmörtel C2 nach DIN EN 12004 (2002-10)
(13) Bodenbelag aus Keramik, Naturstein oder Kunststein
(14) Zementfugenmörtel CG2 nach DIN EN 13888 (2002-12)
(15) Bitumen-Voranstrich nach DIN 18195-2 (2000-08), Tabelle 1
(16) Bitumen-Heißklebemasse nach DIN 18195-2 (2000-08), Tabelle 2
(17) eine Lage Polymerbitumenbahnen nach DIN 52132 oder DIN 52133 mit 10-cm-Überdeckungsstößen nach DIN 18195-3 (2000-08), Abschnitt 6.1
(18) Bitumen-Heißklebemasse nach DIN 18195-2 (2000-08), Tabelle 2
(19) eine Lage Polymerbitumenbahnen nach DIN 52132 oder DIN 52133 mit 10-cm-Überdeckungsstößen nach DIN 18195-3 (2000-08), Abschnitt 6.1
(20) Bitumen-Heißdeckaufstrich nach DIN 18195-2 (2000-08), Tabelle 2
(21) eine Lage Dampfsperrbahnen mit Metallbandeinlage (AL 01 oder CU 01)
(22) Kaschierung der Dämmplatten
(23) Dränageplatte mit oberer wasserdurchlässiger Abdeckung
(24) Tür-Fenster-Element
(25) Klemmverwahrung nach DIN 18195-9 (2004-03) mit Kupferblechschutzkappe
(26) Estrichbewehrungsgitter

Anmerkung:

Die Abdichtung gegen Oberflächenwasser (15) bis (20) und die Dampfbremse (15), (16), (20) und (21) müssen unbedingt die äußeren Tür-Fenster-Leibungen in entsprechender Höhe wasserdicht umfassen. Daran anschließende Wandanschlüsse sind sinngemäß nach Abb. 9.12 unter Berücksichtigung des jeweils vorhandenen Abdichtungsschichtenaufbaus und der unterschiedlichen Höhen der Dränagematten oder Dränageplatten auszubilden. Um die untere Holzschwelle des Tür-Fenster-Elements zu schützen, muss besonders sorgfältig gearbeitet werden. Ein- und ausspringende Ecken der Leibungen sind durch Einfingern besonderer Bitumendichtungsstreifen zu schützen.

9.3 Dachterrassen 181

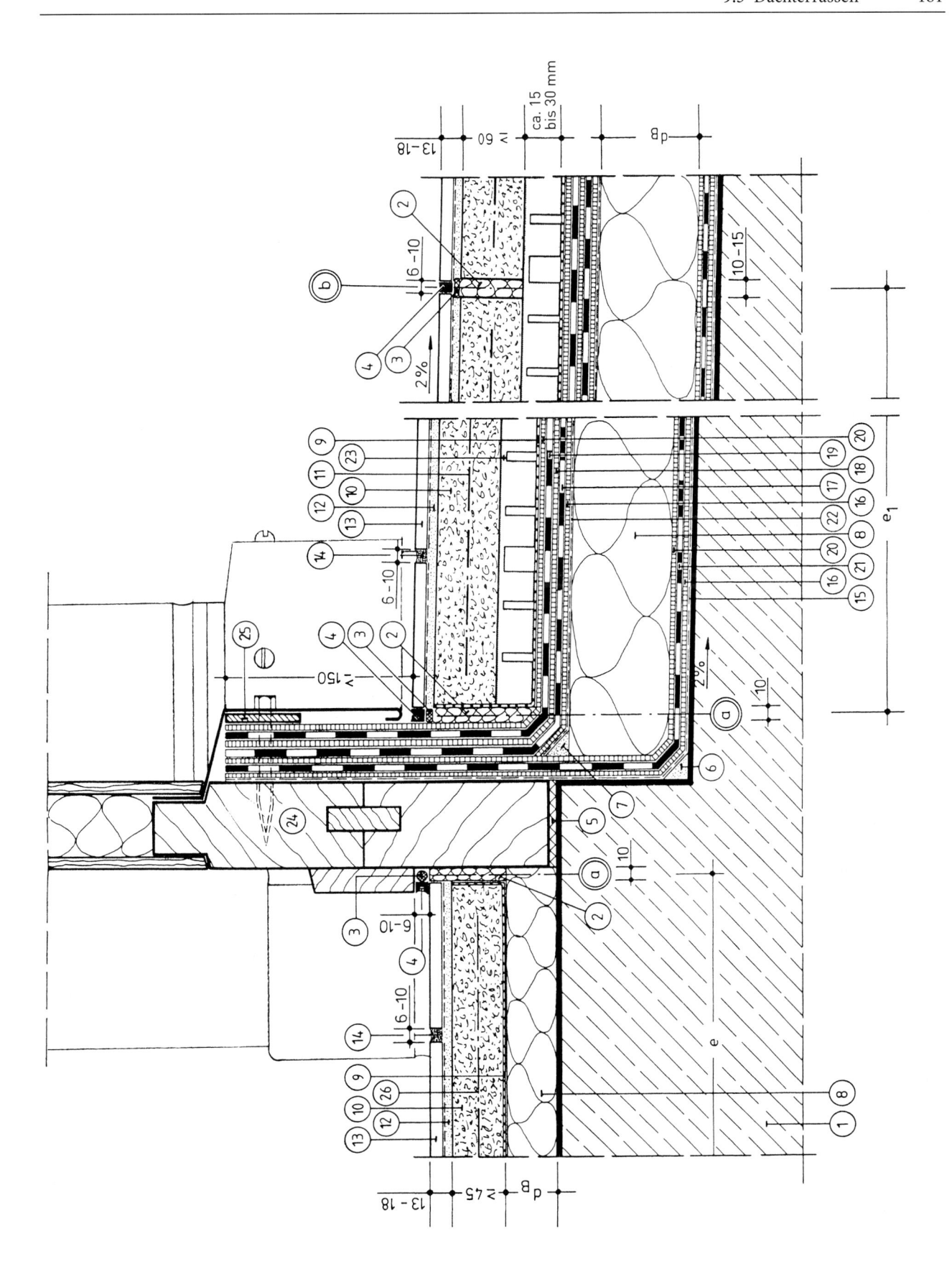

Abb. 9.14: Anschluss der Bauschichten einer wärmegedämmten Dachterrasse an eine Tür-Fenster-Kombination (nicht maßstäblich)

9.3.4 Stufenloser Türanschluss der Bauschichten einer wärmegedämmten Dachterrasse (Abb. 9.15)

Unmittelbar vor der Gebäudeaußenwand befindet sich in der Terrassenplatte eine im Rohbeton eingeformte Regenrinne, die sich über die gesamte Terrassen-Wand-Anschlusslänge erstreckt. Bei der Statik der Terrassenplatte ist diese Querschnittsschwächung neben dem Wandauflager zu berücksichtigen. Die mit Gefälle zum Bauwerk versehene Oberfläche der Rohbetonterrassenplatte liegt hier um etwa die Dickenabmessung der Wärmedämmung tiefer als die Oberfläche der anschließenden Rohbetonstockwerksdecke. Es muss beachtet werden, dass nach der EnEV Dämmdicken d_B von bis zu 18 cm und mehr erforderlich sein können. In jedem Falle ist zu untersuchen, ob das Tieferlegen der Terrassendeckenplatte noch die unter ihr liegende erforderliche oder gar vorgeschriebene lichte Raumhöhe ermöglicht.

Die Terrassenabdichtung ist bituminös vorgesehen nach DIN 18195-5 (2000-08), Abschnitt 8.3.2, mit aufliegender Dränage aus Kunststoffmatten über einer Folientrennschicht. Die Dampfbremse besteht aus Polymerbitumendampfsperrbahnen mit Metallbandeinlage (AL 01 oder CU 01). Die Wärmedämmung der Terrasse darf sich unter dem Gewicht der aufliegenden Bauschichten und der Nutzlast nicht mehr als 2 mm (siehe Merkblatt „Außenbeläge – Belagskonstruktionen mit Fliesen und Platten außerhalb von Gebäuden" [ZDB, 2005], Abschnitt 1.5) zusammendrücken.

Die Entwässerung der Rinne kann über eine am Rinnenende angeordnete, außen liegende Fallleitung oder, wie in Abb. 9.15 dargestellt, über ein innen liegendes Rohr erfolgen, das im Gebäudeinneren mit einem Geruchsverschluss zu versehen ist.

Kurzbeschreibung der Konstruktionselemente:

d_B Dicke der Wärmedämmung im eingebauten Zustand unter Belastung

(1) Stahlbetonrohdecke mit thermischer Trennung der Stockwerksdecke von der Dachterrassentragplatte zur Vermeidung einer Wärmebrücke
(2) Bitumen-Voranstrich nach DIN 18195-2 (2000-08), Tabelle 1
(3) Bitumen-Heißklebemasse nach DIN 18195-2 (2000-08), Tabelle 2
(4) eine Lage Dampfsperrbahnen mit Metallbandeinlage (AL 01 oder CU 01)
(5) Bitumen-Heißdeckaufstrich nach DIN 18195-2 (2000-08), Tabelle 2
(6) Glasschaum-Wärmedämmplatten
(7) Wärme- bzw. Trittschalldämmung
(8) Kaschierung der Dämmplatten
(9) eine Lage Polymerbitumenbahnen nach DIN 52132 oder DIN 52133 mit 10-cm-Überdeckungsstößen nach DIN 18195-3 (2000-08), Abschnitt 6.1
(10) Bitumen-Heißklebemasse nach DIN 18195-2 (2000-08), Tabelle 2
(11) eine Lage Polymerbitumenbahnen nach DIN 52132 oder DIN 52133 mit 10-cm-Überdeckungsstößen nach DIN 18195-3 (2000-08), Abschnitt 6.1
(12) Trennschicht
(13) Kunststoff-Dränagematten
(14) Estrichbewehrungsgitter
(15) Zementtragestrich, auf der Terrassenplatte EN 13813 CT – C35 – F5, $\geq$ 60 mm dick
(16) hydraulisch erhärtender Dünnbettmörtel C2 nach DIN EN 12004 (2002-10)
(17) Bodenbelag aus Keramik, Naturstein oder Kunststein
(18) Zementfugenmörtel CG2 nach DIN EN 13888 (2002-12)
(19) Hinterfüllmaterial-Profil für die Bewegungsfuge nach DIN 18540 (1995-02)
(20) elastische Fugendichtmasse nach DIN 18540 (1995-02)
(21) elastischer, geschlossenzelliger und unverrottbarer Fugenstehstreifen
(22) Estrichbewehrungsgitter
(23) Zementtragestrich, innen EN 13813 CT – C25 – F4, $\geq$ 45 mm dick
(24) elastische Zwischenlage, z. B. Neopren
(25) Türrahmen
(26) Schwelle der Hubtüre, mit dem Schutzblech (30) wasserdicht verklemmt
(27) Hubtüre
(28) Wetterschenkel
(29) begehbarer, in Heißbitumen verlegter Schaumglaskeil
(30) nicht rostende und trittfeste Blechverkleidung der Türschwelle und der Abflussrinne
(31) Klemmverwahrung nach DIN 18195-9 (2004-03)
(32) nicht rostender Abdeckrost der Rinne mit Rahmen und verstellbaren Auflagerfüßen
(33) Distanzstücke unter den Auflagerfüßen der Rinnenabdeckung
(34) Oberteil des Kunststoff-Bodenablaufs mit Klebeflansch für die Dichtschicht
(35) Unterteil des Kunststoff-Bodenablaufs mit Klebeflansch für die Dampfbremse
(36) Kunststoff-Regenwasserablaufrohr

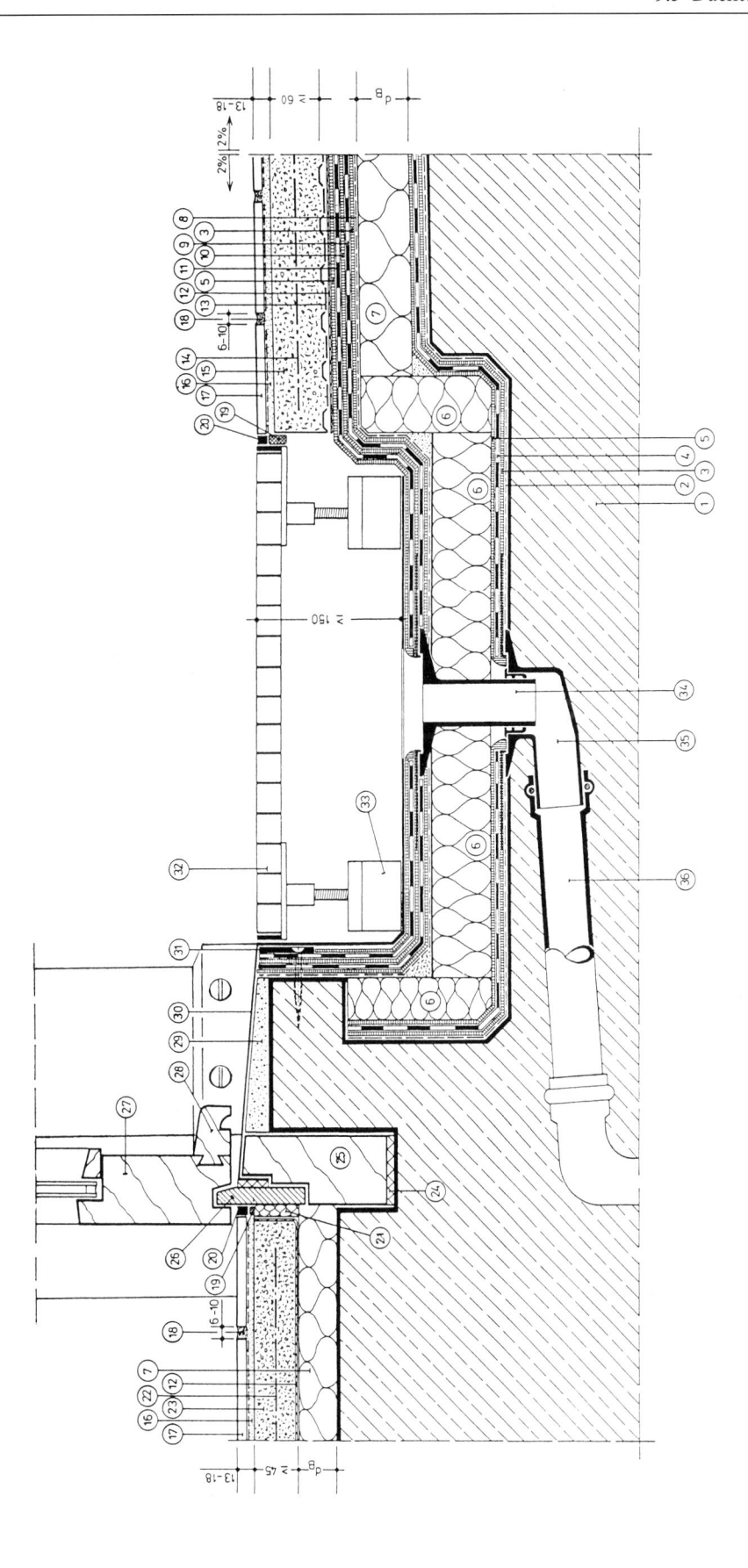

Abb. 9.15: Stufenloser Türanschluss der Bauschichten einer wärmegedämmten Dachterrasse (nicht maßstäblich)

9.3.5 Bodeneinlauf ohne Geruchsverschluss in einer wärmegedämmten Dachterrasse (Abb. 9.16)

Der Bodeneinlauf ist dreiteilig. Der dargestellte Einbau ist nur an Stellen zu empfehlen, an denen eine unmittelbare senkrechte Rohrführung nach unten im Raum unter der Terrasse möglich ist. Der Einfluss des Oberflächenwassers erfolgt durch den Rost des aus 2 Passringen bestehenden Oberteils; das durch den Belag und den Estrich sickernde Wasser fließt durch die Dränagematten im richtig vorzusehenden Gefälle zu den Einlauföffnungen des Mittelteils. Die Abdichtungsschicht der Terrasse muss daher sorgfältig und wasserdicht mit den Flanschen dieses Bauteils verklemmt werden. Das Mittelstück des Gullys steckt, durch Ringeinlagen abgedichtet, im mit Klemmflanschen für die Dampfbremse versehenen Unterteil. Zur Vermeidung von Wärmebrücken kann ein Gullykörper z. B. aus wärmedämmendem Polyurethan-Hartschaum gefertigt eingesetzt werden. Besondere Anforderungen an den Brandschutz sind mit dem Hersteller abzuklären.

Der Bodeneinlauf bildet einen unverschiebbaren Festpunkt innerhalb der Terrassenfläche und behindert damit die durch Temperaturwechsel bedingten Ausdehnungen und Kontraktionen des Belages und des Estrichs. Es wird daher angeraten, wie in Abb. 9.16 dargestellt, ein kleines Feld um den Bodeneinlauf herum durch Bewegungsfugen vom Gesamtbelag so zu trennen, dass es in der Mitte des gedachten Kreuzungspunktes von 2 Feldbewegungsfugen der Gesamtfläche liegt.

Es ist zu beachten, dass nach der EnEV Dämmschichten d_B von bis zu 18 cm und mehr erforderlich sein können. In jedem Falle ist zu untersuchen, ob das Tieferlegen der Terrassendeckenplatte noch die unter ihr liegende erforderliche oder gar vorgeschriebene lichte Raumhöhe ermöglicht. Die Wärmedämmung der Terrasse darf sich unter dem Gewicht der aufliegenden Bauschichten und der Nutzlast nicht mehr als 2 mm (siehe Merkblatt „Außenbeläge – Belagskonstruktionen mit Fliesen und Platten außerhalb von Gebäuden" [ZDB, 2005], Abschnitt 1.5) zusammendrücken.

Die Terrassenabdichtung ist vorgesehen aus Kunststoffdichtungsbahnen nach DIN 18195-5, Abschnitt 8.3.4, mit aufliegender Dränage aus Kunststoffmatten. Die Dampfbremse besteht aus mit Weich-PVC-P kaschierten Metallfolienbahnen.

Kurzbeschreibung der Konstruktionselemente:

b elastische Bewegungsfuge im Estrich und im Plattenbelag
d_B Dicke der Wärmedämmung im eingebauten Zustand unter Belastung
(1) Stahlbetonrohdecke der Terrasse
(2) elastischer, geschlossenzelliger und unverrottbarer Fugenstehstreifen
(3) Hinterfüllmaterial-Profil für die Bewegungsfuge nach DIN 18540 (1995-02)
(4) elastische Fugendichtmasse nach DIN 18540 (1995-02)
(5) Wärme- bzw. Trittschalldämmung
(6) Trennschicht
(7) Zementestrich, auf der Terrassenplatte EN 13813 CT – C35 – F5, ≥ 60 mm dick
(8) Estrichbewehrungsgitter
(9) hydraulisch erhärtender Dünnbettmörtel C2 nach DIN EN 12004 (2002-10)
(10) Bodenbelag aus Keramik, Naturstein oder Kunststein
(11) Zementfugenmörtel CG2 nach DIN EN 13888 (2002-12)
(12) Geovlies, mindestens 300 g/m², als Schutz- und Ausgleichsschicht
(13) Dampfbremse aus verschweißten Weich-PVC-P-Bahnen oder aus verschweißten, mit Weich-PVC-P kaschierten Metallfolienbahnen
(14) Geovlies, mindestens 300 g/m², als Schutz- und Ausgleichsschicht
(15) Abdichtung aus verschweißten Weich-PVC-P-Bahnen, mindestens 1,5 mm dick
(16) Glasvlies- oder Glasgewebematte, mindestens 300 g/m², als Schutzschicht
(17) wärmedämmender Leichtbeton oder harter Ort-Kunststoffschaum
(18) Kunststoff-Dränagematten
(19) dreiteiliger Bodeneinlauf mit Einlaufrost und Klemmflanschen in 2 Dichtebenen

9.3 Dachterrassen 185

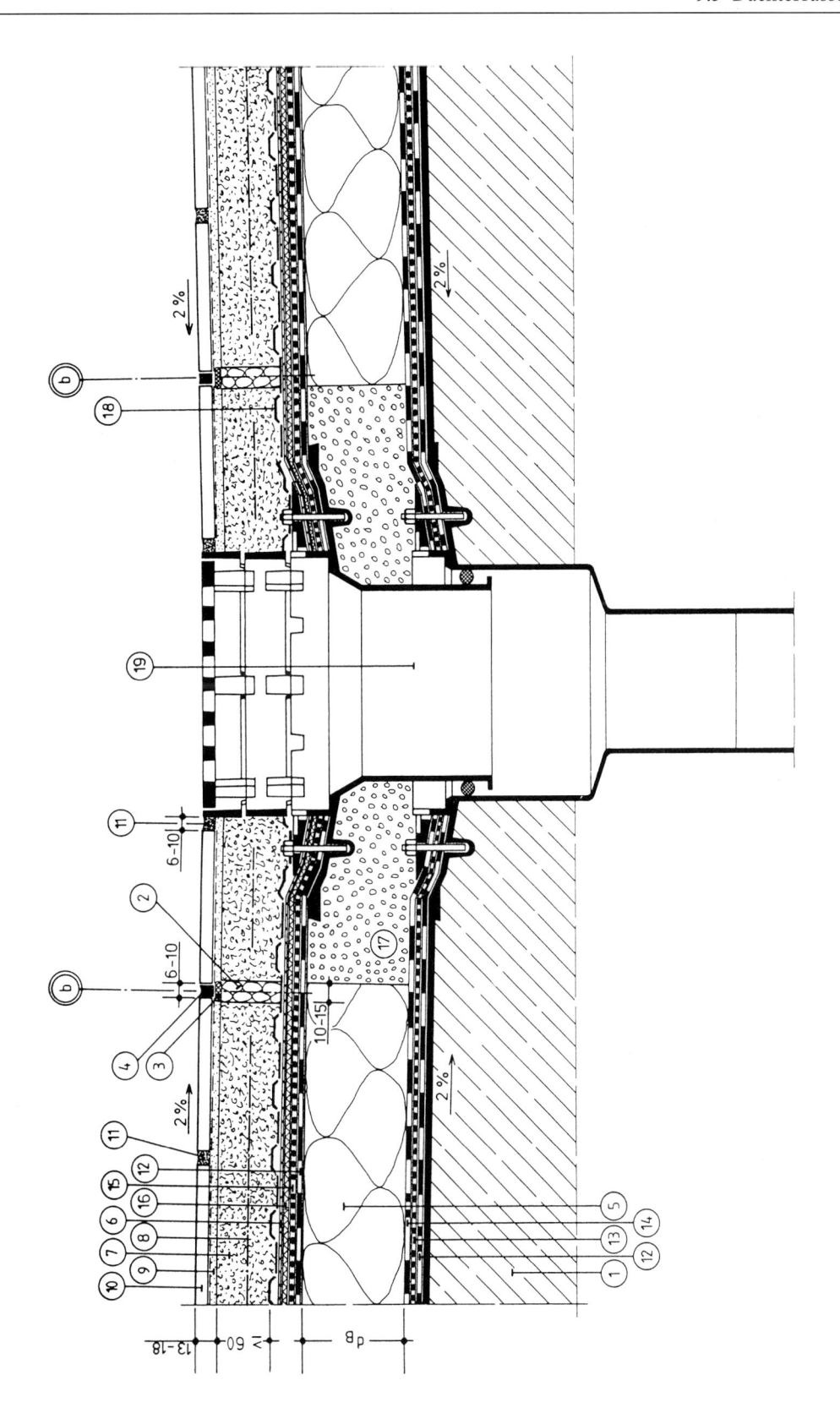

Abb. 9.16: Bodeneinlauf einer wärmegedämmten Dachterrasse (nicht maßstäblich)

9.3.6 Dachterrassenrand mit Rinne und Geländer
(Abb. 9.17)

Die Konstruktion des Terrassenaufbaues entspricht der in den Kapiteln 9.3.1 und 9.3.2 beschriebenen. Die Terrassenabdichtung ist vorgesehen aus Kunststoffdichtungsbahnen nach DIN 18195-5, Abschnitt 8.3.4, mit aufliegender Dränage aus Kunststoffmatten. Die Dampfbremse besteht aus mit Weich-PVC-P kaschierten Metallfolienbahnen.

Es ist zu beachten, dass nach der EnEV Dämmdicken d_B von bis zu 18 cm und mehr erforderlich sein können. In jedem Falle ist zu untersuchen, ob das Tieferlegen der Terrassendeckenplatte noch die unter ihr liegende erforderliche oder gar vorgeschriebene lichte Raumhöhe ermöglicht. Die Wärmedämmung der Terrasse darf sich unter dem Gewicht der aufliegenden Bauschichten und der Nutzlast nicht mehr als 2 mm (siehe Merkblatt „Außenbeläge – Belagskonstruktionen mit Fliesen und Platten außerhalb von Gebäuden" [ZDB, 2005], Abschnitt 1.5) zusammendrücken.

Der Außenrand des Estrichs auf der Terrassenplatte wird durch ein Spezial-Profil eingefasst, das den Wasseraustritt an den Dränagematten ermöglicht. Die Fuge zwischen diesem Profil und den senkrechten Schenkeln der Randplatten (13) muss frei von Verlegemörtel sein, um die Sprengwirkung im Scheitelpunkt der Schenkelplatte zu verhindern, die sich infolge divergierender, durch Temperaturwechsel bedingter Bewegungen ergeben könnte. Das Gefälle der Ablaufrinne kann durch untergelötete, verschieden hohe Blechzwischenlagen erreicht werden.

Kurzbeschreibung der Konstruktionselemente:

d_B Dicke der Wärmedämmung im eingebauten Zustand unter Belastung
(1) Stahlbetonrohdecke
(2) Gebäudewand
(3) Gebäudeinnen- bzw. -außenputz
(4) Wärmedämmplatten mit Putzträger
(5) untere Deckenverkleidung
(6) ca. 1 m breiter Wärmedämmstreifen an der Unterseite der Stockwerksdecke
(7) Wärme- bzw. Trittschalldämmung
(8) Trennschicht
(9) Zementtragestrich, auf der Terrassenplatte EN 13813 CT – C35 – F5, ≥ 60 mm dick
(10) Estrichbewehrungsgitter
(11) hydraulisch erhärtender Dünnbettmörtel C2 nach DIN EN 12004 (2002-10)
(12) Bodenbelag aus Keramik, Naturstein oder Kunststein
(13) Randschenkelplatte
(14) Zementfugenmörtel CG2 nach DIN EN 13888 (2002-12)
(15) Geovlies, mindestens 300 g/m^2, als Schutz- und Ausgleichsschicht
(16) Dampfbremse aus verschweißten Weich-PVC-P-Bahnen oder aus verschweißten, mit Weich-PVC-P kaschierten Metallfolienbahnen
(17) Geovlies, mindestens 300 g/m^2, als Schutz- und Ausgleichsschicht
(18) Abdichtung aus verschweißten Weich-PVC-P-Bahnen, mindestens 1,5 mm dick
(19) Kunststoff-Dränagematten
(20) Glasvlies- oder Glasgewebematte, 300 g/m^2, als Schutzschicht
(21) kunststoffbeschichtetes Traufblech, geeignet zum Verschweißen mit der Weich-PVC-P-Abdichtung
(22) Kunststoffverschweißung
(23) Zinkblechrinne, aufgelagert in den feuerverzinkten Geländerstäben
(24) Gleitfolie auf Zementglattstrich des Mauerwerks
(25) nicht rostende Estrichrandschiene mit unterem Sickerwasserauslass

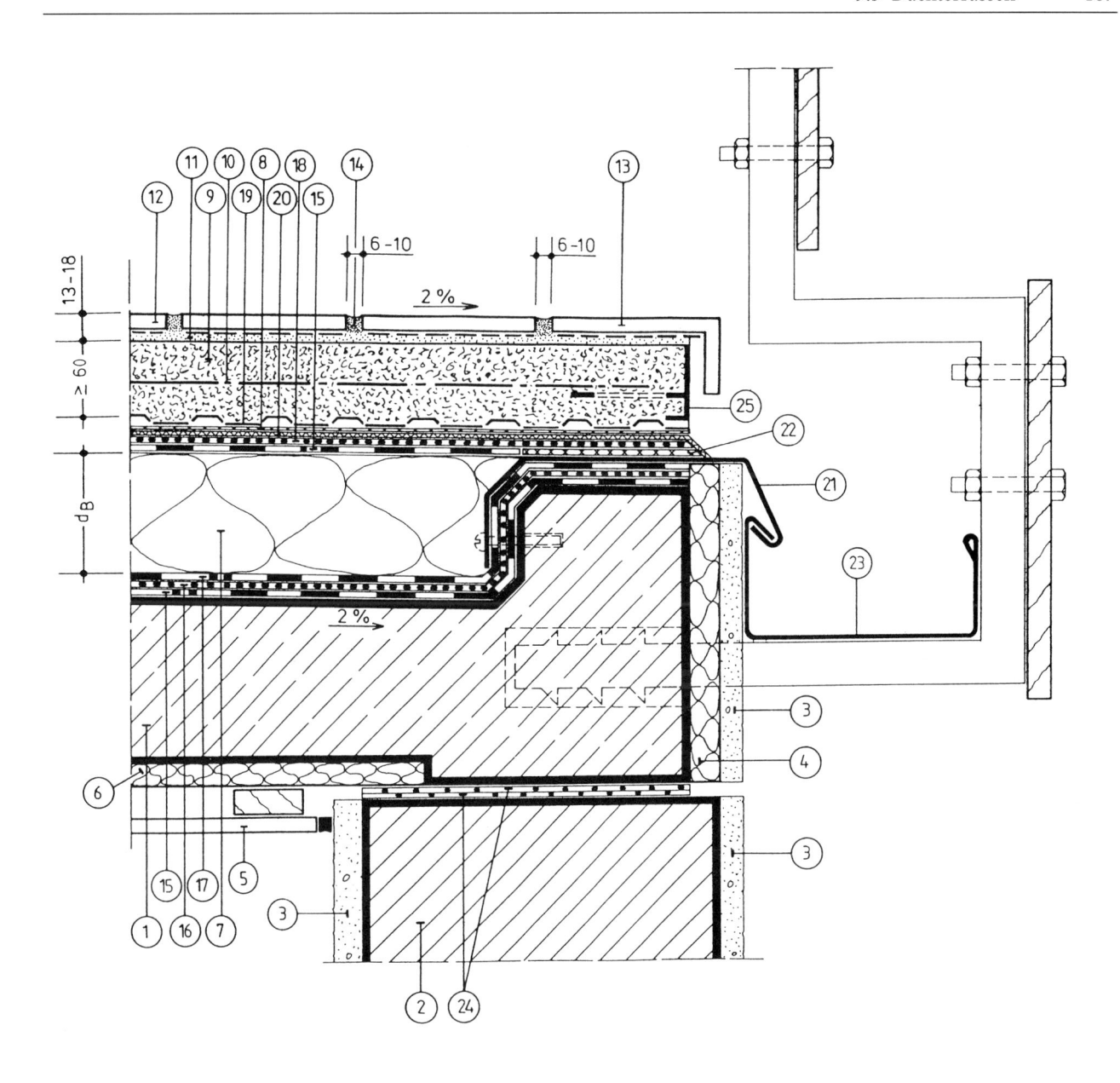

Abb. 9.17: Rand einer wärmegedämmten Dachterrasse mit Rinne und Geländeranschluss (nicht maßstäblich)

9.3.7 Dachterrassenrand mit niedriger Brüstung und Geländer (Abb. 9.18)

Die Konstruktion des Terrassenaufbaues entspricht im Prinzip der im Kapitel 9.3.3 beschriebenen. Die Abdichtung besteht aus 2 Lagen Polymerbitumenbahnen, die auf einem bituminösen Voranstrich und untereinander mit Heißbitumenmasse verklebt und mit einem Deckaufstrich versehen sind. Sie besitzt aufliegende Dränagematten mit oberer wasserdurchlässiger Abdeckung. Die Dampfbremse besteht aus Polymerbitumendampfsperrbahnen mit Metallbandeinlage (AL 01 oder CU 01).

Die Wärmedämmung der Terrasse kann nach der EnEV eine Dickenabmessung d_B von 18 cm und mehr erreichen und darf sich unter dem Gewicht der aufliegenden Bauschichten und der Nutzlast nicht mehr als 2 mm (siehe Merkblatt „Außenbeläge – Belagskonstruktionen mit Fliesen und Platten außerhalb von Gebäuden" [ZDB, 2005], Abschnitt 1.5) zusammendrücken. Es muss in jedem Falle untersucht werden, ob das Tieferlegen der Terrassendeckenplatte noch die unter ihr liegende erforderliche oder gar vorgeschriebene lichte Raumhöhe ermöglicht.

Der Terrassenaußenrand besteht aus einer niedrigen Aufkantung der Rohbetonterrassenplatte, die mit einer Blechabdeckung zu versehen ist. Ein leichtes Gefälle des Terrassenaußenrandes, hier nach innen, ist vorzusehen, um stehendes Wasser auf der Blechabdeckung zu vermeiden. Die Abdichtung und die Dampfbremse der Terrasse sind an dem Terrassenrand mindestens 15 cm über dem Bodenbelag hochzuführen und werden hier am oberen Rand mit einem vorgefertigten Profil entsprechend den Bestimmungen der DIN 18195-9 (2004-03) wasserdicht verklemmt und mit einer rostfreien Blechabdeckung verwahrt.

Die Oberfläche des Terrassenbelages hat ein Gefälle in Richtung zum nächsten Bodeneinlauf hin und wird über ihn oder über eine Rinne unmittelbar an der Gebäudekante entwässert. Da nicht auszuschließen ist, dass sowohl Rinne als auch Bodeneinlauf einmal verstopft oder zugefroren sein können, muss in die Aufkantung nach den Entwässerungsbestimmungen für Flachdächer mit Attiken ein Not- oder Sicherheitsablauf (siehe Abb. 9.10, in Abb. 9.18 nicht dargestellt) integriert werden. Ein wasserdicht mit dem Ablauf verschweißter Dichtflansch ist zwischen den beiden Abdichtungsschichten heiß einzukleben.

Es kann als Ablauf auch ein der DIN EN 1253 entsprechender Attikagully mit Terrassenbausatz zur millimetergenauen Höhenanpassung mit Klemm- oder Klebeflansch bzw. Anschlussmanschette und Rechteckabflussrohr in die Bodenfläche eingebaut werden. Es ist dann der in den Flachdachrichtlinien (ZVDH, 2003) geforderte Abstand von Abläufen zur Attika ≥ 300 mm einzuhalten. Die Abdichtungsschicht ist mit dem Klemm- oder Klebeflansch bzw. der Anschlussmanschette wasserdicht zu verbinden. Durch die erforderliche Länge des Rechteckabflussrohres, das durch die Attika zu führen ist, besteht hier auch die Gefahr des Zufrierens und der Verstopfung, die bei der Verwendung als Sicherheits- oder Notablauf auszuschließen ist.

Die feuerverzinkte Geländerkonstruktion wird an der Oberkante der Aufkantung oder wie in Abb. 9.10 an der Außenfläche der Betonaufkantung mit Edelstahlschrauben befestigt.

Kurzbeschreibung der Konstruktionselemente:

a   elastische Anschlussfuge
d_B Dicke der Wärmedämmung im eingebauten Zustand unter Belastung
(1)   Stahlbetonrohdecke
(2)   Bitumen-Voranstrich nach DIN 18195-2 (2000-08), Tabelle 1
(3)   Bitumen-Heißklebemasse nach DIN 18195-2 (2000-08), Tabelle 2
(4)   eine Lage Dampfbremsbahnen mit Metallbandeinlage (AL 01 oder CU 01)
(5)   Bitumen-Heißdeckaufstrich nach DIN 18195-2 (2000-08), Tabelle 2
(6)   Wärme- bzw. Trittschalldämmung
(7)   Kaschierung der Dämmplatten
(8)   eine Lage Polymerbitumenbahnen nach DIN 52132 oder DIN 52133 mit 10-cm-Überdeckungsstößen nach DIN 18195-3 (2000-08), Abschnitt 6.1
(9)   Bitumen-Heißklebemasse nach DIN 18195-2 (2000-08), Tabelle 2
(10) eine Lage Polymerbitumenbahnen nach DIN 52132 oder DIN 52133 mit 10-cm-Überdeckungsstößen nach DIN 18195-3 (2000-08), Abschnitt 6.1
(11) Trennschicht
(12) Dränage-Kunststoffplatte mit oberer wasserdurchlässiger Abdeckung
(13) Estrichbewehrungsgitter
(14) Zementtragestrich, auf der Terrassenplatte EN 13813 CT – C35 – F5, ≥ 60 mm dick
(15) hydraulisch erhärtender Dünnbettmörtel C2 nach DIN EN 12004 (2002-10)
(16) Bodenbelag aus Keramik, Naturstein oder Kunststein
(17) Zementfugenmörtel CG2 nach DIN EN 13888 (2002-12)
(18) elastische Fugendichtmasse nach DIN 18540 (1995-02)
(19) Hinterfüllmaterial-Profil für die Bewegungsfuge nach DIN 18540 (1995-02)
(20) elastischer, geschlossenzelliger und unverrottbarer Fugenstehstreifen
(21) Klemmverwahrung nach DIN 18195-9 (2004-03) mit Kupferblechschutzkappe
(22) Bodenkehle aus Zementmörtel
(23) Bodenkehle aus Kunststoffschaum

9.3 Dachterrassen

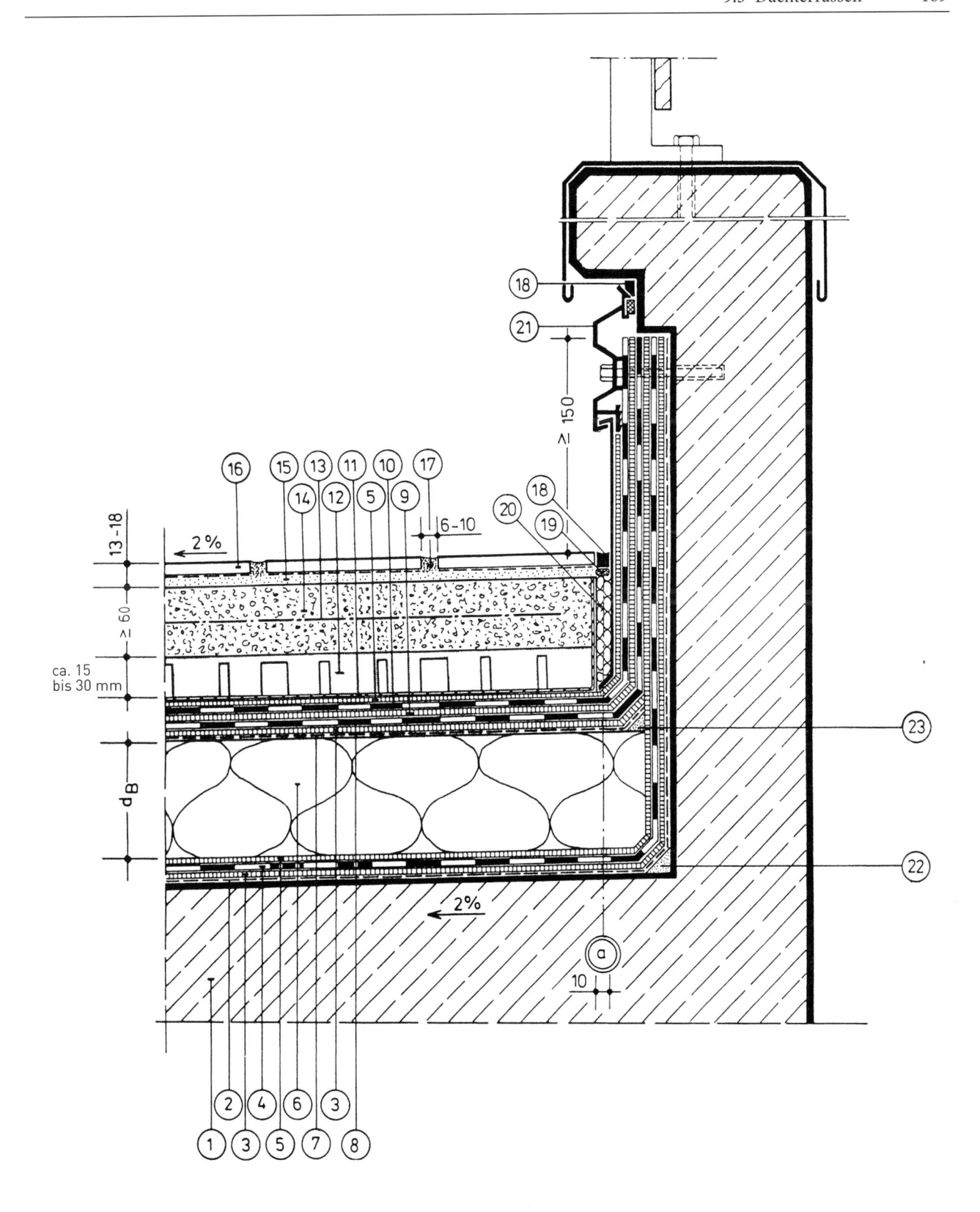

Abb. 9.18: Dachterrassenrand mit niedriger Brüstung und Geländer (nicht maßstäblich)

9.3.8 Dachterrassenrand mit Pflanztrog (Abb. 9.19)

Die Abdichtung ist bituminös vorgesehen nach DIN 18195-5 (2000-08), Abschnitt 8.3.2, und besteht hier aus 2 Lagen Polymerbitumenbahnen, die auf einem bituminösen Voranstrich und untereinander mit Heißbitumenmasse verklebt und mit einem Deckaufstrich versehen sind. Die Dampfbremse besteht aus Polymerbitumendampfsperrbahnen mit Metallbandeinlage (AL 01 oder CU 01).

Die obere Lage der Abdichtungsschicht ist am Blumentrog mindestens 15 cm über dem Bodenbelag hochzuführen und wird hier am oberen Rand mit einem vorgefertigten Profil entsprechend den Bestimmungen der DIN 18195-9 (2004-03) wasserdicht verklemmt und mit einer rostfreien Blechabdeckung verwahrt. Die untere Lage der Dichtschicht wird unter dem Pflanztrog hindurchgeführt.

Die Abdichtung besitzt eine aufliegende Dränage aus Kunststoffmatten über einer Trennschicht.

Die Wärmedämmung der Terrasse kann nach der EnEV eine Dickenabmessung d_B von 18 cm und mehr erreichen und darf sich unter dem Gewicht der aufliegenden Bauschichten und der Nutzlast nicht mehr als 2 mm (siehe Merkblatt „Außenbeläge – Belagskonstruktionen mit Fliesen und Platten außerhalb von Gebäuden" [ZDB, 2005], Abschnitt 1.5) zusammendrücken. Unter dem Pflanztrog sind entsprechende druckfeste Schaumglasplatten anzuordnen.

Der Pflanztrog ist ein Betonfertigteil, das im Inneren durch eine Edelstahlwanne abzudichten ist und sich einteilig über die ganze Terrassenlänge erstrecken sollte. Die Abdichtung mehrteiliger Pflanztröge ist im Bereich der 15 cm hohen Abdichtungsaufkantung schwer zu beherrschen. An diesen Stoßstellen der Tröge und im Bereich der Terrassenecken sind besondere abdichtende Schiebekästen oder vorfabrizierte Schlaufenbauteile zu integrieren.

Kurzbeschreibung der Konstruktionselemente:

a   Wandanschlussfuge
d_B Dicke der Wärmedämmung im eingebauten Zustand unter Belastung
(1) Stahlbetonrohdecke
(2) Gebäudewand
(3) Innen- bzw. Außenputz
(4) Pflanztrog
(5) untere Deckenverkleidung
(6) elastischer, geschlossenzelliger und unverrottbarer Fugenstehstreifen
(7) Hinterfüllmaterial-Profil für die Bewegungsfuge nach DIN 18540 (1995-02)
(8) elastische Fugendichtmasse nach DIN 18540 (1995-02)
(9) Bodenkehle aus Kunststoffschaum
(10) Differenzputz auf im Untergrund verankertem Putzträger
(11) Gefälleestrich (h = entsprechende Dicke im Bereich des Bauteilschnittes bzw. des Details)
(12) Wärmedämmung mit Putzträger
(13) Wärme- bzw. Trittschalldämmung
(14) Schaumglas-Wärmedämmplatten
(15) Trennschicht
(16) Zementtragestrich, auf der Terrassenplatte EN 13813 CT – C35 – F5, ≥ 60 mm dick
(17) Estrichbewehrungsgitter
(18) hydraulisch erhärtender Dünnbettmörtel C2 nach DIN EN 12004 (2002-10)
(19) Bodenbelag aus Keramik, Naturstein oder Kunststein
(20) Zementfugenmörtel CG2 nach DIN EN 13888 (2002-12)
(21) Bitumen-Voranstrich nach DIN 18195-2 (2000-08), Tabelle 1
(22) Bitumen-Heißklebemasse nach DIN 18195-2 (2000-08), Tabelle 2
(23) eine Lage Polymerbitumenbahnen nach DIN 52132 oder DIN 52133 mit 10-cm-Überdeckungsstößen nach DIN 18195-3 (2000-08), Abschnitt 6.1
(24) Bitumen-Heißklebemasse nach DIN 18195-2 (2000-08), Tabelle 2
(25) eine Lage Polymerbitumenbahnen nach DIN 52132 oder DIN 52133 mit 10-cm-Überdeckungsstößen nach DIN 18195-3 (2000-08), Abschnitt 6.1
(26) Bitumen-Heißdeckaufstrich nach DIN 18195-2 (2000-08), Tabelle 2
(27) eine Lage Dampfbremsbahnen mit Metallbandeinlage (AL 01 oder CU 01)
(28) Kaschierung der Dämmplatten
(29) Gleitfolie auf Zementglattstrich des Mauerwerks
(30) Kunststoff-Dränagematten
(31) Klemmverwahrung nach DIN 18195-9 (2004-03) mit Schutzblech
(32) dichte Troginnenauskleidung aus Edelstahl
(33) elastische Zwischenlage (z. B. Neopren) mit Sicköffnungen

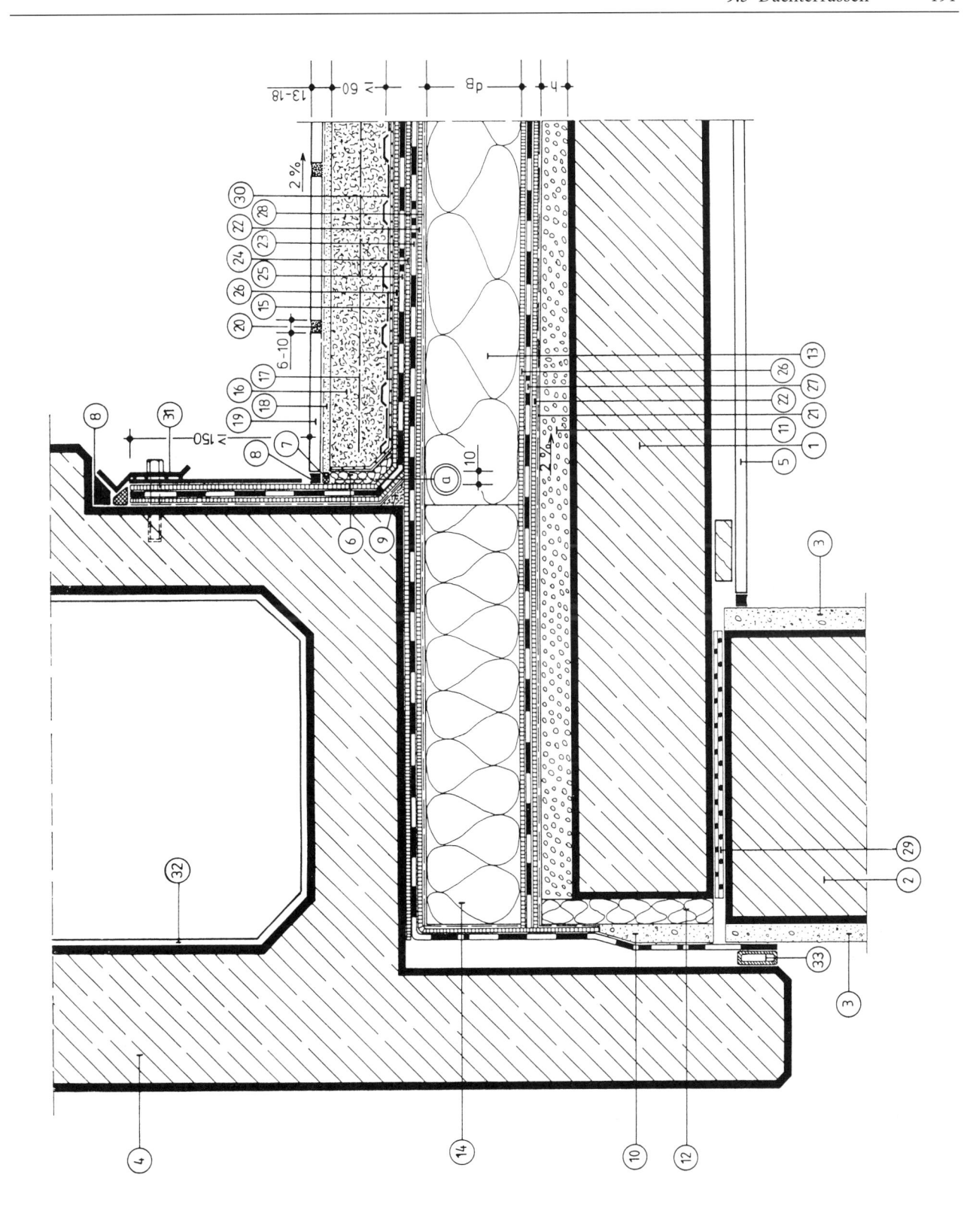

Abb. 9.19: Rand einer wärmegedämmten Dachterrasse mit Pflanztrog (nicht maßstäblich)

9.3.9 Schema einer wärmegedämmten Dachterrasse mit großformatigen Platten auf Betonpolstern
(Abb. 9.20)

Maßgeblich für den Terrassenaufbau ist hier nur das über der Stahlbetondecke liegende Schichtenschema.

Die Dampfsperre und die Wärmedämmung werden durch dicht in Heißbitumen verlegte, geschlossenzellige Schaumglasplatten gebildet. Die Wärmedämmung der Terrasse kann nach der EnEV eine Dickenabmessung d_B von 18 cm und mehr erreichen.

Die Abdichtung ist bituminös vorgesehen nach DIN 18195-5 (2000-08), Abschnitt 8.3.2, und besteht hier aus 2 Lagen Polymerbitumenbahnen, die auf einem bituminösen Voranstrich und untereinander mit Heißbitumenmasse verklebt und mit einem Deckaufstrich versehen sind. Die Abdichtung überdeckt auch den Stahlbetonterrassenrand, der durch eine nicht korrodierende, mit Gefälle nach innen versehene Blechverkleidung geschützt ist. Die äußeren Ränder der Stahlbetonterrassendecke sind in Abhängigkeit von der Gebäudekonstruktion mit einer hier nicht dargestellten Wärmedämmung zu verkleiden.

Die vorgefertigten Betonpolster sind als Auflager für die Bodenplatten auf dem Heißbitumen-Deckaufstrich der obersten Abdichtungsschicht durch Anflämmen oder mit Bitumenklebemasse befestigt. (Es können auch entsprechend große höhenverstellbare Steglager verlegt werden.)

Als Höhenabgleich werden auf den Polstern Zementmörtelschichten aufgetragen, in denen die Ecken großformatiger Kunststein- oder Natursteinplatten unmittelbar oder auf einer Lage aus PE-Folie als Gleitschicht verlegt werden. Wird auf den Einbau der Folienschicht verzichtet, ist der Belag durch Einbau von Randpolstern in voneinander getrennte Bewegungsfelder von 2,50 × 2,50 m Größe zu unterteilen.

Das Geländer sollte an der Außen- oder Unterseite der Terrassenplatte unter Berücksichtigung eventuell vorhandener Wärmedämmungen mit Edelstahlschrauben montiert werden, ohne die Abdichtung zu durchstoßen.

Die Entwässerung der Terrassenplatte erfolgt über in Höhe der Abdichtungsschicht liegende Bodenabläufe, die zu Reinigungszwecken durch Abheben einzelner Bodenbelagsplatten bzw. verzinkter Gitterroste zugänglich sein müssen.

9.3 Dachterrassen   193

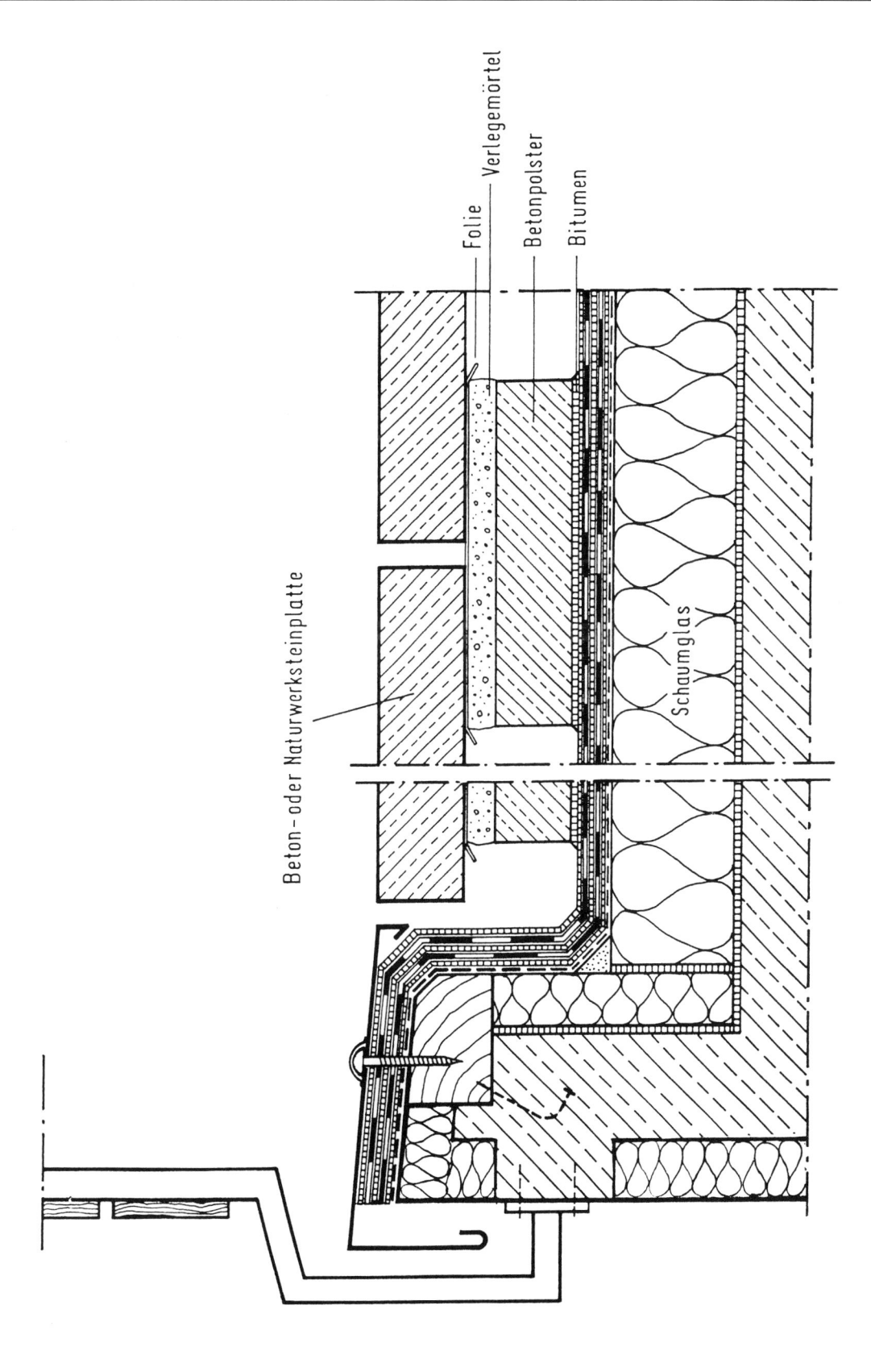

Abb. 9.20: Rand einer wärmegedämmten Dachterrasse mit großformatigen Platten, gelagert auf durchfließ- und durchlüftbarer Betonpolsterbettung (nicht maßstäblich)

10 Bauschäden an Balkonen und Terrassen

Balkone und Dachterrassen befinden sich ihr Leben lang im Freien und sind somit dem ganzen Unbill der Witterung ausgesetzt. Besonders in unserer Region werden sie abwechselnd durch Sonne und Regen, Schnee und Eis, Kälte und Hitze sowie darüber hinaus durch verschmutzte Luft, Sturm oder aggressives Wasser belastet.

Wer bei ihrer Planung und Ausführung einen wichtigen Bauhandwerkerspruch „Wasser weg vom Bau" beachtet, hat damit schon einen großen Teil der vielleicht sonst entstehenden Bauschäden verhindert. Regenwasser und Schmelzwasser sind von Gebäudeteilen sicher und schnell abzuleiten oder dauerhaft und sicher ganz fern zu halten.

Länger angestautes und stehendes Wasser auf Balkonen und Dachterrassen wird zwangsläufig zu Schäden führen, da es genügend Zeit hat, zwischen Bauteilschichten einzudringen und sich ggf. auf schadensträchtigen Wegen auch in das Innere des Gebäudes zu begeben.

Schäden und Streitfälle können vermieden werden, wenn die in den Kapiteln 1 bis 8 genannten Normen, Regeln, Merkblätter und Richtlinien sowie Herstellerhinweise zu den eingesetzten Baustoffen bei Planung, Vergabe, Ausführung und Überprüfung beachtet werden.

Zeitdruck während der Planung und Ausführung, ausgefallene Wünsche der Bauherren und Architekten sowie finanzielle Einschränkungen sind oft entscheidende Faktoren für Bauschäden. Wenn eine Detailplanung für Balkone und Dachterrassen gar nicht vorhanden oder die Planungsvorgabe unrichtig ist, wird meist in der Folge auch die Ausführung falsch werden, es sei denn, der ausführende Handwerker verweigert die vorgegebene Ausführung.

Sind die zugrunde gelegten Leistungsbeschreibungen bzw. -verzeichnisse unzureichend oder mangelhaft, so ziehen sie sehr oft Baumängel und Schäden nach sich, die häufig nur mit hohem Kostenaufwand behoben werden können.

Auf die Bauleistungen einwirkende, schädliche witterungsbedingte Einflüsse, die während der Bauzeit auftreten, müssen vom Ausführenden rechtzeitig erkannt werden und gemeinsam mit dem Planer sind entsprechende Schutzmaßnahmen festzulegen, um nachteilige Auswirkungen zu verhindern.

Die Praxis hat gezeigt, dass ein Schaden in den allermeisten Fällen nicht nur auf eine Ursache zurückzuführen ist, sondern oft auf einer ganzen Reihe von Versäumnissen und Fehlern beruht.

Es stellen sich somit folgende Fragen:

- Welche Bauschäden treten speziell bei Balkonen und Terrassen auf?
- Wodurch werden sie verursacht und wie können sie vermieden werden?

Balkon- und Dachterrassenschäden sind meist auf fehlerhafte Konstruktionen, auf Mängel im Schichtenaufbau, auf Material- und/oder Verlegefehler zurückzuführen. Es ist auch zu bedenken, dass durch Fliesen- und Plattenbeläge allein keine Abdichtung gegen Niederschlagswasser, wie Regen oder schmelzenden Schnee, zu erzielen ist. Deshalb ist auf besonders sorgfältige Prüfung des jeweiligen Verlegeuntergrundes, auf durchdachte und fachgerechte Planung des Schichtenaufbaues, der Anschlüsse und auf sorgfältige Arbeitsweise unter Einhaltung der einschlägigen Regelwerke und Richtlinien zu achten.

10.1 Welche Bauschäden treten speziell bei Balkonen und Terrassen auf?

Die am häufigsten anzutreffenden Schadensbilder an Balkonen und Terrassen sind:

- Risse verschiedenster Art, Breite und Länge, in der Regel über mehrere Platten hinweg, im Fliesen- und Plattenbelag (Abb. 10.3),
- Ausblühungen in den Fugen des Fliesen- und Plattenbelages (Abb. 10.1),
- Bewuchs mit Moos und Unkräutern in den Fugen des Fliesen- und Plattenbelages (Abb. 10.5),
- gelockerte und lose Fliesen und Platten im Belag (Abb. 10.2 und 10.4),
- Fliesen und Platten ohne Haftverbund zum Untergrund,
- Pfützenbildung auf der Balkon- oder Dachterrassenoberfläche mit nachfolgenden Frostschäden,
- durchfeuchteter Estrich und Bodenbelag auf Balkonen und Terrassen (Abb. 10.2),
- durchfeuchtetes Kiesbett und durchfeuchteter Bodenbelag auf Dachterrassen (Abb. 10.5),
- Eintritt des auf die Balkone und Terrassen einwirkenden Regen- oder Schmelzwassers in den angrenzenden Wohnraum,
- Risse im Bereich der von oben durch den Belag erfolgten Geländerbefestigungen und Verlust der Verbundhaftung des Belages (Abb. 10.8),
- Risse, Durchfeuchtungen und nachfolgende Frostschäden an den massiven Brüstungen (Abb. 10.6 und 10.7),
- durchgehende Risse in der Stahlbetonbalkonplatte mit Wasseraustritt an der Unterseite (Abb. 10.16 und 10.17),

Abb. 10.1: Ausblühungen in den Fugen eines Fliesen- und Plattenbelages

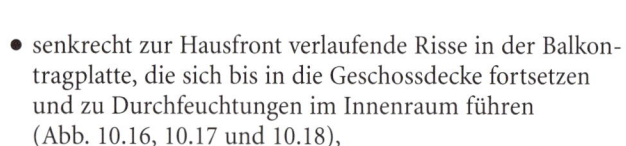

Abb. 10.2: Gelockerte und lose Fliesen und Platten im Oberbelag auf durchfeuchtetem und durch Frosteinwirkung zerstörtem Zementestrich

- senkrecht zur Hausfront verlaufende Risse in der Balkontragplatte, die sich bis in die Geschossdecke fortsetzen und zu Durchfeuchtungen im Innenraum führen (Abb. 10.16, 10.17 und 10.18),
- Feuchtigkeit, durch wärmeschutztechnische Mängel (Wärmebrücken) bedingt, im Innenraum unter der Dachterrassentragplatte, besonders in den Eckbereichen Decke/Wand (geometrische Wärmebrücke), mit Gefahr von Schimmelpilzbildung,
- Wasserflecken an der Unterseite der Dachterrassentragplatte im Innenraum (Abb. 10.15),
- schadhaft aufgefrorener Stahlbetonplattenrand an Balkonen (Abb. 10.16),
- verschmutzte Wasserablaufspuren an der Gebäudewand bzw. zerstörter Anstrich der Balkonunterseite im Bereich falscher oder nicht vorhandener Abtropfkanten (Abb. 10.21),
- aufgerissenes elastisches Fugenmaterial (mangelnde Flankenhaftung) in falsch und nicht fachgerecht eingebauten Bewegungsfugen (Abb. 10.14),
- Wassereintritt an falsch eingebauten Durchdringungen (Fallrohren, Bodenabläufen) der Balkonplatten oder Dachterrassenplatten (Abb. 10.20),
- verstopfte bzw. zugefrorene oder falsch eingebaute Bodenabläufe oder Notabläufe (Abb. 10.13),
- zu gering dimensionierte Boden- bzw. Notabläufe bzw. nicht vorhandene Notabläufe bei Balkonen und Terrassen mit geschlossenen massiven Brüstungen (Abb. 10.7),
- zu geringe Aufbauhöhe an der Balkon- oder Terrassentüre, so dass für den Einbau der erforderlichen Abdichtung und der Belagsschichten zu wenig Aufbauhöhe zur Verfügung steht.

10.2 Wodurch werden die Schäden verursacht und wie können sie vermieden werden?

Bei den unzähligen Bauschäden an Balkonen und Terrassen werden die nachstehend aufgeführten Planungs- und Ausführungsfehler besonders häufig vorgefunden.

10.2.1 Planungs- und Ausführungsfehler im Zusammenhang mit dem Untergrund

Schadensursachen und zugehörige Schadensbilder

Diese Planungs- und Ausführungsfehler können sein:

- fehlendes Untergrundgefälle der Stahlbetonplatte zur dauerhaften Entwässerung der Abdichtungsschicht,
- keine Überhöhungen zum Ausgleich von Deformationen und Verbiegungen des Stahlbetonbalkons, dadurch teilweise Gegengefälle zu den Bodenabläufen bzw. kein Gefälle zu den Rinnen oder zum Balkonrand hin,
- der Bodenablauf in der Balkon- oder Terrassenfläche wurde an einem der höchsten Punkte in der Betontragplatte eingebaut.

Schäden können auftreten durch:

- angestautes bzw. stehendes Wasser im Bereich des Zementestrichs, des Verlegemörtels und des Fliesen- und Plattenbelages.

Entstehende Schadensbilder sind:

- Ausblühungen in den Fugen des Fliesen- und Plattenbelages (Abb. 10.1),
- Zerstörung des Zementestrichs durch Frost (Abb. 10.2),
- Risse im Fugennetz, gelockerte bzw. lose Fliesen und Platten im Belag und Ansiedlung von Moosen sowie Bewuchs durch Unkräuter in den durchfeuchteten und zerfrorenen Bereichen (Abb. 10.2 und 10.4).

Vermeidung

Alle Balkone, Loggien und Dachterrassen sind Flachdachkonstruktionen mit geringem Gefälle. Die Gefälleebene muss zu Bodeneinläufen, Rinnen oder zum Balkonrand hin immer unter der Wasserabdichtungsebene liegen. Wurde die Rohbetondecke ohne das notwendige Oberflächengefälle im Leistungsverzeichnis ausgeschrieben, so ist es erforderlich, einen Verbund-Zement-Gefälleestrich auszuschreiben und einzubauen. Die dafür benötigte Aufbauhöhe ist vom Planer zu berücksichtigen. Keinesfalls darf das Gefälle durch unterschiedliche Dicke der Lastvertei-

Abb. 10.3: Riss über mehrere Plattenreihen hinweg in einem ungeeigneten Plattenverband für Außenbeläge mit falscher Anordnung der Bewegungsfugen

Abb. 10.4: Gelockerte und lose Fliesen und Platten am Balkonrand mit Bewuchs mit Moos und Unkräutern in den Fugen; Zerstörung im Bereich der von oben durch den Belag erfolgten Geländerbefestigung

lungsschicht (Zementestrich) über der Dämmschicht, der Dränageschicht bzw. der Trennschicht hergestellt werden (siehe Kapitel 1.5.1 und 7.4.1).

Beim Entwurf und bei der Ausführung von Stahlbetonbalkonen ist zu bedenken, dass infolge des Eigengewichtes von Stahlbetonkonstruktionsteilen und der auf sie einwirkenden Nutzlasten teilweise reversible und auch irreversible Deformationen und Verbiegungen entstehen. Deshalb sollten die zulässigen Stahl- und Betonspannungen unter Berücksichtigung des Konstruktionseigengewichtes und der Nutzlast nicht voll ausgenutzt werden. Besonders kritisch können sich Deformationen und Verbiegungen bei weit auskragenden Balkonplatten auswirken. Das geringe vorgeschriebene Gefälle von 2 % für den Wasserabfluss zu Rinnen und Bodeneinläufen, das prinzipiell in der Oberfläche der Rohbetonplatte ausgebildet werden sollte, kann dabei völlig verschwinden und in extremen Fällen sogar in ein Gegengefälle verändert werden. Zum Ausgleich sind daher bereits beim Aufbau der Betonschalung und beim Abziehen der Rohbetonoberfläche entsprechende Überhöhungen vorzusehen (siehe Kapitel 1.1.4).

10.2.2 Planungs- und Ausführungsfehler bei der Lage der Abdichtungsschichten

Schadensursachen und zugehörige Schadensbilder

Diese Planungs- und Ausführungsfehler können sein:

- keine Angaben in Bezug auf die Richtung und Lage der Überdeckungsstöße von Abdichtungsbahnen (Abb. 10.9),
- Verschmutzungen und Unebenheiten in nicht ordnungsgemäß ausgeführter Abdichtungsschicht (Abb. 10.9),
- fehlende Trenn- und Gleitschicht auf der Abdichtungsebene.

Schäden können auftreten durch:

- angestautes bzw. stehendes Wasser (Pfützenbildung) auf der Abdichtungsschicht im Bereich des Zementestrichs, des Verlegemörtels und des Fliesen- und Plattenbelages,
- Risse im Estrich sowie im Fliesen- und Plattenbelag durch behinderte Längenänderungen und Gleitbewegungen der Zementestrichplatte.

Entstehende Schadensbilder sind:

- Ausblühungen in den Fugen des Fliesen- und Plattenbelages (Abb. 10.1),
- Zerstörung des durchfeuchteten Zementestrichs durch Frost (Abb. 10.2),
- Durchfeuchtung durch stehendes Wasser auf der Abdichtungsschicht, das besonders bei mangelhaft verklebten Überlappungsstößen in die Unterkonstruktion eindringt (Abb. 10.15),
- Risse im Estrich sowie im Fliesen- und Plattenbelag (Abb. 10.3).

Vermeidung

Wichtig bei Balkonen und Terrassen ist bei dem geringen Gefälle von 2 % die Anordnung der Stöße von dickeren Abdichtungsbahnen. Die Überdeckungsstöße sollen immer parallel zum Gefälle laufen. Bei quer zum Gefälle laufenden Überdeckungsstößen bilden sich an ihnen keilförmige Wasseransammlungen.

Da das dort gespeicherte Wasser bei jeder größeren Erwärmung durch den Estrich und durch den Belag diffundiert, kann es, z. B. bei nicht vollständiger Hydration des Zementestrichs, im Fugennetz des Belages oder bei wenig diffusionsdichten Belägen zur Ablagerung von wassergelöstem Kalkhydrat aus dem unvollkommen chemisch gebundenen Zement des Estrichs auf der Oberfläche führen. Es wird dort nach Verdunstung des Wassers unter Einfluss des Kohlensäuregehaltes der Luft in Calciumcarbonat umgewandelt, das durch Wasser nicht mehr lösbar ist.

Gleichartige Ausblühungen und Ablagerungen sind auch zu befürchten, wenn durch nicht ordnungsgemäße Ausführung der Abdichtungsschicht größere Unebenheiten in ihr entstanden sind. Der Fachmann gießt vor dem Einbau des Estrichs einige Eimer Wasser auf die Abdichtungsschicht. Überall dort, wo sich größere Pfützen bilden, können Ausblühungen wie beschrieben, aber auch Frostschäden im Zementestrich entstehen (siehe Kapitel 5.1 mit Abb. 5.1).

Um den Zementestrichen auf Trennschichten oder Dämmungen ihre durch Längenänderungen bedingten Gleitbewegungen zu ermöglichen, müssen immer zusätzliche Trenn- und Gleitlagen auf der Abdichtungsschicht angeordnet werden bzw. auf der Dränageschicht ist eine wasserdurchlässige Abdeckung anzuordnen. Dadurch kann der Zementestrich seine schwind- und thermisch bedingten Längenänderungen ohne schädliche parallele Lastabtragung auf die Abdichtungsschicht ausführen.

10.2.3 Planungs- und Ausführungsfehler bei den Abdichtungsschichten und bei deren Anschlüssen an aufgehende Bauteile

Schadensursachen und zugehörige Schadensbilder

Diese Planungs- und Ausführungsfehler können sein:

- nicht geplante und ausgeführte, fehlende Abdichtungsschicht,
- keine oder nur unzureichende Detailplanung der Abdichtungsschichten und deren Anschlüsse an aufgehende Bauteile (Abb. 10.9, 10.12 und 10.14),
- unrichtige Wahl der Anzahl der erforderlichen Abdichtungsschichten und des Abdichtungsmaterials,
- durch mechanische Beanspruchung verschmutzte und schadhaft gewordene Abdichtungsschichten, die nach dem Einbau nicht ordnungsgemäß geschützt wurden (Abb. 10.9),
- durch thermische Beanspruchung und falsche Kräfteeintragung in die Abdichtungsschichten zerstörte Abdichtungsfunktion,
- Einbau von ungeeigneten Aluminiumprofilschienen für die Verwahrung der Abdichtungsschichten an aufgehenden Außenwänden (Abb. 10.12),
- fehlende Abdichtung im Anschlussbereich zur Gebäudewand auf Fertigteilbalkonen (WU-Beton) mit dreiseitiger Aufkantung.

Schäden können bei Balkonen auftreten als:

- Durchfeuchtung der Außenwände und der Balkonplatte (Abb. 10.21),
- Frostschäden im Bereich des Balkonrandes (Abb. 10.16),
- teilweise Zerstörungen der Bodenbeläge und der schwimmenden Estriche im Innenraum des Gebäudes,
- Wasserflecken und Ablösung des Putzes und Anstriches an der Balkonunterseite (Abb. 10.21).

Schäden können bei Dachterrassen auftreten als:

- Durchfeuchtung der Stahlbetontragplatte, die teilweise Zerstörungen der Bodenbeläge und der schwimmenden Estriche im Innenraum des Gebäudes nach sich zieht,
- Durchfeuchtung der Wärme- und Trittschalldämmung der Dachterrassen,
- Feuchteflecken, Ausblühungen und Ablösung des Anstriches an den Wänden und der Decke im Innenraum unter Dachterrassen (Abb. 10.15).

Vermeidung

Für die Dauerhaftigkeit der Abdichtung sind eine fachgerechte Detailplanung und eine sorgfältige Ausführung wichtig. Die Wahl der Abdichtungsart ist abhängig von der Wasserbelastung und den zu erwartenden physikalischen, insbesondere mechanischen und thermischen Beanspruchungen.

Die Abdichtung muss die auf sie einwirkenden, planmäßig zu erwartenden Lasten auf tragfähige Bauteile weiterleiten. Der Abdichtungsschicht darf keine Übertragung von Kräften parallel zu ihrer Ebene zugewiesen werden. Wegen der unvermeidlichen Längenänderungen der Belagsschichten durch thermische Einwirkungen muss die Krafteinleitung in die empfindliche Abdichtungsschicht verhindert werden. Daher ist eine dauerhaft wirksame Trennlage, z. B. aus 2 Lagen Polyethylenfolie, einzubauen. Nach DIN 18195-10 sind die Abdichtungen mit Schutzschichten zu versehen.

Außenwände sind im Bereich der angrenzenden Balkon- und Terrassenflächen starker Beanspruchung durch Spritzwasser ausgesetzt. Die Ausführung des regensicheren Anschlusses mit Überhangstreifen oder vorgefertigtem Metallprofil am aufgehenden Bauteil erfolgt nach der „Fachregel für Metallarbeiten im Dachdeckerhandwerk" (ZVDH, 1999).

Bei Balkonen und Terrassen sind die Abdichtungen an allen anschließenden, höher gehenden Bauteilen, wie Wänden, Stufen, Türelementen, massiven Brüstungen, Brüstungselementen, Stahlbeton-Blumentrögen usw., mindestens 15 cm über der Oberfläche des fertigen Balkon- oder Terrassenbelages hochzuführen und dort hinterfließungsfrei durch Verklemmungen nach DIN 18195-9, Abschnitt 7.4, zu sichern. Wenn die Klemmschienen außer der Randfixierung auch die Sicherung der Abdichtung gegen Hinterlaufen durch Anpressen übernehmen sollen, müssen sie ausreichend biegesteif sein (siehe Kapitel 5.1).

Ist durch örtliche Verhältnisse bedingt (Rinnen, Abläufe und Gitterroste) ein einwandfreier Wasserablauf im Balkontürbereich sichergestellt, muss die Anschlusshöhe hier mindestens 5 cm betragen (siehe Kapitel 5.1).

Abb. 10.12 zeigt als „abschreckendes Beispiel" den Einbau von verbogenen, falsch befestigten, ungeeigneten Aluminiumprofilschienen, die ihre Untauglichkeit mit Hilfe von aufgespritztem „Dauerkittwunder" auch nicht mehr ändern können. Wenn an ein- und ausspringenden Ecken diese Schienen auf Gehrung geschnitten werden, sind Einfließöffnungen für Wasser auch mit elastischen Dichtstoffen nicht auf Dauer abzudichten.

Die Anschlüsse der Metallprofile und Metallabdeckungen mit elastischen Dichtstoffen an der Oberfläche des fertigen Außenputzes sind schon durch die raue Oberflächenstruktur bautechnisch untauglich (Abb. 10.12 und 10.14). Der wichtige Merksatz „Dichtebene ist die Rohbauebene" sollte auch hier beachtet werden und die Anwendung von elastischen Dichtstoffen an dieser Einbaustelle zeigt besonders in Abb. 10.14 die nicht geplante Detail-Lösung sowie die Unmöglichkeit eines dauerhaft dichten Anschlusses der Metallabdeckung des Dachterrassenrandes.

10.2.4 Planungs- und Ausführungsfehler bei Abläufen und Durchdringungen

Schadensursachen und zugehörige Schadensbilder

Diese Planungs- und Ausführungsfehler können sein:

- fehlender Bodenablauf und Notablauf (Abb. 10.6),
- zu gering bemessener Bodenablauf und Notablauf (Abb. 10.7),
- falsch eingebauter Bodenablauf und Notablauf (Abb. 10.13),
- ein an der höchsten Stelle in der Betontragplatte eingebauter Bodenablauf,
- fehlerhafte Durchdringungen (Fallrohre, Bodenabläufe) der Balkon- oder Dachterrassentragplatte (Abb. 10.20), besonders bei Balkonen oder Dachterrassen mit Betonrand oder massiver Brüstung.

Schäden können auftreten durch:

- das angestaute bzw. stehende Regen- oder Schmelzwasser bzw.
- das zu langsam abfließende Wasser im Bereich des Zementestrichs, des Verlegemörtels und des Fliesen- und Plattenbelages.

Entstehende Schadensbilder sind:

- Ausblühungen in den Fugen des Fliesen- und Plattenbelages (Abb. 10.1),
- Zerstörung des Zementestrichs durch Frost (Abb. 10.2),
- Risse im Fugennetz und gelockerte bzw. lose Fliesen und Platten im Belag,
- Risse und Abplatzungen des Außenputzes im Bereich der Balkonplatte mit massiver Brüstung (Abb. 10.7),
- Risse und Abplatzungen des Außenputzes im Bereich der Dachterrassenplatte mit massiver Brüstung (Abb. 10.6),
- Ansiedlung von Moosen, Flechten und Algen in den durchfeuchteten und zerstörten Bereichen (Abb. 10.7),
- Durchfeuchtung des Kiesbettes und des Plattenbelages (Abb. 10.5).

Vermeidung

Sollen Balkone, Loggien und Terrassen schadensfrei bleiben, so ist für eine einwandfrei funktionierende Entwässerung zu sorgen.

Bodenabläufe zur Entwässerung von Belagsoberflächen, die die Abdichtung durchdringen, müssen sowohl die Oberfläche als auch die Abdichtungsebene dauerhaft entwässern. Diese Entwässerungseinläufe müssen in der Höhe der Abdichtungsebene ausreichende Sickeröffnungen besitzen und an den jeweiligen Tiefpunkten der Balkon- oder Terrassenoberflächen so angeordnet sein, dass sie sowohl das Oberflächenwasser des Balkon- oder Terrassenbelages als auch das durch Belag und Estrich durchgesickerte Wasser in der Ebene der Abdichtung rückstandslos, schnell und verlässlich abführen.

Die am Bodeneinlauf unterhalb der Sicköffnung angebrachten Klebe-, Schweiß- oder Klemmflansche müssen den Anforderungen der DIN 18195-9 (2004-03) entsprechen und sind in einer Mindestbreite von 120 mm mit der

Abb. 10.5: Angestautes Wasser im Kiesbett und darüber durchfeuchteter Bodenbelag auf der Dachterrasse mit Bewuchs mit Moos und Unkräutern in den Fugen

Abb. 10.6: Risse, Durchfeuchtungen und nachfolgende Frostschäden an der massiven, gemauerten Brüstung einer Dachterrasse

Abb. 10.7: Durchfeuchtungen und nachfolgende Frostschäden an der massiven Brüstung eines Balkons mit Abdichtungsfehlern und mit zu gering dimensioniertem Wasserspeier als Hauptentwässerung

Abb. 10.8: Risse im Bereich der von oben durch den Belag erfolgten Geländerbefestigung und Verlust der Verbundhaftung zwischen der Balkonbetonplatte und dem Verlegemörtel des Belages

Abb. 10.9: Fehlerhafte Abdichtung und kein Gefälle der Balkonplatte sowie schadensträchtige Ausführung der von oben auf der Abdichtung erfolgten Geländerbefestigung

Abb. 10.10: Die fehlerhaft eingebaute Befestigungsplatte des Geländerstabes der Abb. 10.9, noch dazu mit geringem Abstand zur Abdichtungsschicht, schwächt den darüber eingebauten Zementestrich in großem Maß durch Bildung von Sollbruchstellen an der Geländerstütze.

Abb. 10.11: Fehlerhafte Geländerbefestigung auf der Abdichtungsschicht der Balkonoberfläche mit gleicher Wirkung wie in Abb. 10.10

Dichtschicht wasserdicht zu verkleben, zu verschweißen oder zu verklemmen. Es darf dabei keinerlei Unterbrechung des Dichtschichtgefälles entstehen. Die durch Verklebung oder Verklemmung der Abdichtungsschicht mit den Flanschen der Bodeneinlaufelemente bedingte Überhöhung verhindert ein vollständiges Abfließen des Wassers und muss bei der Planung durch entsprechende Vertiefungen im Untergrund berücksichtigt werden.

Wasserspeier als Hauptwasserablässe von Balkonen oder Dachterrassen mit massiven Brüstungen sind äußerst fragwürdig (Abb. 10.7), da das von diesen frei fallende Wasser einzelne Bauwerksteile bei starker Windeinwirkung zusätzlich zum ohnehin anfallenden Niederschlag belastet. Im Winter frieren solche Entwässerungsröhrchen mit häufig nur 40 bis 50 mm lichtem Durchmesser meist zu. Infolge ihrer Lage in abgekühlten Bauteilen tauen sie erst im Frühjahr auf, zu einem Zeitpunkt also, zu dem sich Eis und Schnee auf Balkon- und Terrassenoberflächen im bereits geschmolzenen Zustand anstauen oder sich auf bauschadensträchtigen Wegen ins Gebäudeinnere befinden. So entstehen in diesem Zeitraum dann auch durch das aufgestaute und teilweise wieder frierende Schmelzwasser die Durchfeuchtungen und Frostschäden am Belagsaufbau der Balkone und Terrassen (siehe Kapitel 1.5.2 und 1.5.3).

Freie Ränder von Dachterrassen und Balkonen, denen durch Oberflächengefälle Regenwasser zugeführt wird, sollten immer mit Dachrinnen versehen werden, die an entsprechende Fallrohre anzuschließen sind. Abtropfende Ränder führen fast immer zu Unzuträglichkeiten und auf längere Sicht in der Regel zu Beeinträchtigungen, Durchfeuchtungen und Bauschäden der darunter liegenden Bauteile. Nur wenn Dritte dadurch nicht beeinträchtigt werden, darf das Regenwasser auch direkt über Wasserspeier oder Tropfleisten auf das Grundstück abgeleitet werden (siehe Kapitel 1.5.2).

Jegliche Wasserableitung und jeder Ablauf sollen so ausgebildet sein, dass sich kein Wasseraufstau bilden kann, der die Belastbarkeit der Tragwerkskonstruktion überschreitet, und so, dass kein Wasser in die Konstruktion eindringen kann.

Haben Balkone und Terrassen eine geschlossene Brüstung, so muss zusätzlich zur richtig bemessenen Bodenentwässerung als Notablauf eine Durchlassöffnung in der Brüstung vorhanden sein. Not- oder Sicherheitsabläufe müssen fachgerecht und mit mindestens 12 cm breiten Klebeflanschen, Dichtmanschetten oder Klemmflanschen in der Dichtungsebene eingebaut und nur im Katastrophenfall wirksam werden.

Sind aus irgendwelchen Gründen Durchdringungen in Balkon- oder Terrassenplatten, z. B. durch Fallleitungen, nicht zu vermeiden, so müssen diese, ebenso wie Bodeneinläufe, mit Klebe-, Schweiß- oder Klemmflanschen sowohl in der Abdichtungs- als auch in der Dampfsperrebene eingedichtet werden. Sie müssen einen ausreichenden Abstand zu den aufgehenden Bauteilen aufweisen (mindestens 15 cm, ab Klebeflanschrand gemessen), damit eine fachgerechte Abdichtung möglich ist. Durchdringungen sind auf die unbedingt notwendige Anzahl zu beschränken.

Die Außenkanten der Abläufe und Durchdringungen – maßgebend ist dabei die äußere Begrenzung des Flansches oder der Manschette – sind nach Abschnitt 5.2 der DIN 18195-9 (2004-03) so anzuordnen, dass sie mindestens 15 cm von Bauwerkskanten und Wandanschlüssen, bei Bewegungsfugen mindestens 30 cm, entfernt sind, sofern nicht aus Verarbeitungsgründen ein größerer Abstand erforderlich ist. Die Flachdachrichtlinien (ZVDH, 2003) fordern im Abschnitt 5.4, dass der Abstand von Dachdurchdringungen untereinander und zu anderen Bauteilen, z. B. bei Wandanschlüssen, Bewegungsfugen oder Dachrändern, mindestens 30 cm betragen soll, damit die jeweiligen Anschlüsse fachgerecht und dauerhaft hergestellt werden können. Maßgebend ist dabei die äußere Begrenzung des Flansches (siehe auch Kapitel 1.5.3).

Einläufe von Bodenentwässerungen in Balkonen und Terrassen sowie Durchdringungen (z. B. Fallrohre aus höher liegenden Stockwerken) stellen in der Regel unverschiebbare Festpunkte dar und behindern damit die durch Temperaturwechsel bedingten Ausdehnungen und Kontraktionen des Belages und des Estrichs. Dies ist bei der Einteilung der Bewegungsfugen im Bodenbelag und Estrich zu berücksichtigen. Es ist daher anzuraten, ein kleines Feld um den Bodeneinlauf oder die Durchdringung herum durch Bewegungsfugen vom Gesamtbelag so zu trennen, dass es in der Mitte des gedachten Kreuzungspunktes von Bewegungsfugen der Gesamtfläche liegt.

10.2.5 Planungs- und Ausführungsfehler bei thermischer Trennung (Wärmebrücken) und der Wärme- und Trittschalldämmung bei Dachterrassen

Schadensursachen und zugehörige Schadensbilder

Diese Planungs- und Ausführungsfehler können sein:

- Planung und Ausführung einer durchgehenden, von der Stockwerksdecke nicht thermisch getrennten Balkonkonstruktion,
- fehlende thermische Trennung zwischen der Dachterrassenplatte und der Stockwerksdecke,
- Planung, Ausschreibung und Ausführung von Dämmstoffen mit ungenügender Druckfestigkeit und ungenügender Dämmeigenschaft,
- Fehler beim Einbau der Dämmung (Hohllagigkeit), keine versetzten Stöße bei den zweilagig einzubauenden Dämmplatten.

Schäden können auftreten durch:

- Wärmebrücken in Balkonen- und Dachterrassenplatten ohne thermische Trennung zur Stockwerksdecke,
- Risse durch Bruch der Lastverteilungsschicht (Zementestrich) aufgrund ungenügender Druckfestigkeit der Wärme- und Trittschalldämmung,
- Risse durch Bruch der Lastverteilungsschicht (Zementestrich) aufgrund nicht genügend abgelagerter Kunststoffschaum-Dämmplatten.

Entstehende Schadensbilder sind:

- Wärmebrücken und Energieverluste bei Balkonkragplatten ohne thermische Trennung zur Stockwerksdecke (Abb. 10.19),
- Wärmebrücken und Energieverluste durch falsche Auswahl der Dämmstoffe,
- Tauwasseranfall und Schimmelpilzbildung bei nicht thermisch getrennten Balkon- und Dachterrassenkonstruktionen im Innenraum unter der Balkon- bzw. Dachterrassentragplatte,
- Risse im Estrich und im Fliesen- und Plattenbelag.

Vermeidung

Eine aus dem Gebäude ragende Balkonplatte ohne thermische Trennung zur Stockwerksdecke zählt zu den kritischsten Wärmebrücken der Gebäudehülle. Stahlbeton ist ein guter Wärmeleiter und so findet zur kalten Jahreszeit innerhalb der Stahlbetonplatte laufend ein Wärmefluss von innen nach außen statt, der zu erheblichen Heizenergieverlusten führt. In Abb. 10.19 ist dieser Wärmefluss durch die Ausbildung der frisch gefallenen Schneedecke auf der Balkonoberfläche, einer ohne thermische Trennung ausgeführten Stahlbetonplatte, gut zu sehen. Dieser Balkon wird auch nicht durch einen Dachüberstand des Gebäudes vor Witterungseinflüssen geschützt. Durch den abgetauten, ca. 20 cm breiten Streifen neben der Gebäudewand und die teilweise dünnere Schneedecke, ca. 25 bis 30 cm breit, ist bei einem eingetretenen Wetterwechsel der Wärmefluss einer solchen Balkonplatte wirkungsvoll zu erkennen. Die weiteren ca. 70 cm sind durch Temperaturausgleich bereits auf Außentemperatur abgekühlt.

Dämmstoffschichten müssen den Normenanforderungen entsprechen und dürfen nur dann eingesetzt werden, wenn sie bauaufsichtlich zugelassen sind. Für das Anwendungsgebiet der Außendämmung von Dach oder Decke, vor Bewitterung geschützt, Wärmedämmung unter Abdichtungen, ist das Kurzzeichen DAA (**D**ämmung **a**ußen unter **A**bdichtung) festgelegt.

Die Dämmstoffschichten müssen ausreichend temperaturbeständig, formbeständig, maßhaltig, unverrottbar und für den Einsatz bei Dachterrassen mit lotrechten Nutzlasten nach DIN 1055-3, Tabelle 1, Zeile 21, geeignet sein. Sie müssen so druckfest sein, dass keine Schäden an den darüber liegenden Schichten entstehen. Für die Wärmedämmung von Dachterrassen wird eine hohe Druckbelastbarkeit (dh oder höher) als Produkteigenschaft nach DIN V 4108-10 gefordert.

Die Zusammendrückbarkeit c der eingebauten Dämmschichten (Wärme- und Trittschalldämmplatten) darf 2 mm nicht überschreiten.

Die dynamische Steifigkeit s' in MN/m^3 von Trittschalldämmstoffen kennzeichnet das Federvermögen und gibt keinen Aufschluss über die statische Belastbarkeit (Druckfestigkeit) des Dämmstoffes.

Die Dämmschicht muss vollflächig auf der Unterlage aufliegen. Hohlstellen sind durch geeignete Maßnahmen zu beseitigen. Leicht entflammbare Dämmstoffe dürfen nicht verwendet werden.

Verschiedene Kunststoffschaum-Dämmplatten neigen während eines bestimmten Zeitraumes nach ihrer Herstellung zum Schwinden. Es ist daher zweckmäßig, entsprechend lang abgelagerte Werkstoffe einzubauen oder sich die Schwindfreiheit vom Hersteller bestätigen zu lassen, um Schäden durch Rissbildung im Estrich und Plattenbelag vorzubeugen.

Kunststoffunverträglichkeiten (Weichmacherwanderungen) zwischen Dämmstoffen und Dichtfolie sind durch den Einbau einer kunststoffverträglichen Trennschicht, z. B. Rohglasschutzvlies mit 120 g/m^2, zu vermeiden.

Beim Einsatz von PVC und lösungsmittelhaltigen Abdichtungen muss bei Polystyrol-Dämmstoffen zwischen diesen Bauschichten grundsätzlich eine Trennschicht (z. B. PE-Folie) angeordnet werden, um eventuelle Weichmacherwanderungen zu verhindern, die zu einer Zerstörung der Polystyrol-Dämmstoffe führen können (siehe auch Kapitel 3.1.4.4, 3.2.1 und 3.2.2).

10.2.6 Planungs- und Ausführungsfehler bei der Dränageschicht

Schadensursachen und zugehörige Schadensbilder

Diese Planungs- und Ausführungsfehler können sein:

- nicht geplante und nicht eingebaute Dränageschicht,
- Wahl und Einbau einer ungeeigneten Dränagematte in Bezug auf Druckfestigkeit,
- Wahl und Einbau einer ungeeigneten Dränagematte in Bezug auf die Menge der Wasserableitung,
- falsche Detailplanung bzw. unrichtiger Einbau in Bezug auf die Wasserführung (Richtung, Menge).

Schäden können auftreten durch:

- angestautes bzw. stehendes Wasser im Bereich des Zementestrichs, des Verlegemörtels und des Fliesen- und Plattenbelages,
- Risse durch Bruch der Lastverteilungsschicht (Zementestrich) aufgrund ungenügender Druckfestigkeit der Dränagematten.

Entstehende Schadensbilder sind:

- Ausblühungen in den Fugen des Fliesen- und Plattenbelages (Abb. 10.1),
- Zerstörung des durchfeuchteten Zementestrichs durch Frost (Abb. 10.2),
- Frostschäden im durchfeuchteten Fliesen- und Plattenbelages (Abb. 10.2 und 10.3).

Vermeidung

Die Dränageschicht ist auf der im Gefälle liegenden Abdichtung auf einer Trennschicht anzuordnen. Die Wasserabführung muss durch die Dränageschicht verzögerungsfrei und rückstaufrei gewährleistet sein. Eine Forderung, die erfüllt sein muss, damit Eisbildung im Winter in der Dränageschicht sowie im Tragestrich und im Verlegemörtel vermieden wird. Ausblühungen und Verfärbungen an der Belagsoberfläche und ein Versagen des Dünnbettmörtels durch Verseifen werden somit verhindert. Bei Belagskonstruktionen ohne Verbundabdichtung müssen Dränageschichten immer eingebaut werden.

Bei der Verlegung auf bituminösen Dichtschichten ist durch Einbau geeigneter steifer Trennlagen unter den Dränageplatten oder -matten dafür Sorge zu tragen, dass bei der Erwärmung der Balkon- und Terrassenflächen die Wasserrinnen und -eintrittsschlitze nicht durch erweichende Bitumenbaustoffe verschlossen werden. Bei hochpolymeren Dichtschichten ist auf die Kunststoffverträglichkeit sich berührender Baustoffe zu achten. Falls erforderlich sind geeignete Trennlagen vorzusehen.

An den Balkon- und Terrassenrändern sollten geeignete, nicht rostende Dränageabschlussprofile eingebaut werden, die einen ungehinderten Wasseraustritt gewährleisten und in den Ansichtsflächen für saubere Abschlüsse und Kanten sorgen.

10.2.7 Planungs- und Ausführungsfehler beim Zementestrich

Schadensursachen und zugehörige Schadensbilder

Diese Planungs- und Ausführungsfehler können sein:

- Planung und Ausführung einer zu geringen Dicke der Estrichschicht,
- ungleichmäßig dick ausgeführte schwimmende Estrichschicht, z. B. zur Erzielung eines im Untergrund fehlenden Gefälles in der Belagsoberfläche,
- zu hoher Zementzusatz im Estrichmörtel, ungünstiges Verhältnis des Anmachwassers zur Zementmenge (Wasserzementwert) und ungeeignete Körnung der Mörtelzuschläge,
- zu geringer Zementanteil in der Mörtelmischung oder zu geringe Hydratation des zugegebenen Zements im (verdursteten, verbrannten) Estrich,
- zu großer Porenanteil im Estrichgefüge durch großen Wasserzementwert und ungünstige Zusammensetzung der Estrichmischung,
- Festlegung und Ausführung eines Zementestrichs mit zu geringer Druck- und Biegezugfestigkeit,
- fehlende bzw. nicht richtige Lage der Bewehrung im Estrich in Form von Gitter- oder Baustahlgewebe, besonders in Flächen, die großen Temperaturunterschieden ausgesetzt sind,

Abb. 10.12: Einbau von verbogenen, falsch befestigten, ungeeigneten Aluminiumprofilschienen durch fehlende oder nur unzureichende Detailplanung der Abdichtungsschichten und deren Anschlüsse an die aufgehenden Bauteile

Abb. 10.13: Falsch eingebauter Bodenablauf ohne ausreichenden Abstand zum aufgehenden Bauteil, somit keine fachgerechte Abdichtung möglich; der Bodenablauf liegt an einem der höchsten Punkte der Abdichtungsschicht und die ausgeführte Verklebung bzw. Verklemmung der Abdichtungsschicht mit dem Flansch des Bodeneinlaufelementes verhindert ein vollständiges Abfließen des Wassers

- Bewehrung, die durch die Bewegungsfugen hindurchgeht,
- nicht sachgemäß durch Kunststoffdruckinjektionen verschlossene Schwindrisse im Estrich,
- nicht kraftschlüssig verpresste Arbeitsunterbrechungsfugen (Kellenschnitte, Scheinfugen),
- zu frühzeitig erfolgte Verlegung von Fliesen oder Platten auf den noch nicht belegreifen Zementestrich, dadurch Verwölbung und Aufschüsselung der Estrichflächen mit nachfolgendem Bruch der Schichten unter Belastung,
- nicht fachgerecht eingebaute oder gar fehlende Bewegungsfugen in den Estrichflächen oder an deren Rändern,
- keine Koordinierung zwischen dem Fliesen- und Plattenraster und den Bewegungsfugen (mindestens 1 cm Breite) in der Estrichschicht,
- falsche Einteilung der Bewegungsfugen in den Estrichflächen,
- fehlende Nachbehandlung und zu schnelles Austrocknen des Zementestrichs.

Schäden können auftreten durch:

- zu geringe oder nicht gleichmäßig ausgeführte Dicke des eingebauten Zementestrichs,
- Schwindvorgänge im Zementestrich,
- zu geringe Druck- und Biegezugfestigkeit des Zementestrichs und zu großen Porenanteil im Estrichgefüge,
- Verwölbung und Aufschüsselung der Estrichflächen durch zu frühes Verlegen des Fliesen- und Plattenbelages, die Belegreife des Zementestrichs wurde nicht beachtet,
- nicht sachgemäß durch Kunststoffdruckinjektionen kraftschlüssig verschlossene Schwindrisse, Arbeitsunterbrechungsfugen, Kellenschnitte und Scheinfugen,
- fehlende Gleitschicht auf der Abdichtungsebene,
- falsche Einteilung bzw. fehlerhafte Ausführung der Bewegungsfugen,
- fehlende bzw. unrichtige Lage der Bewehrung im Estrich, besonders in Flächen, die großen Temperaturunterschieden ausgesetzt sind,
- nicht ausgeführte Nachbehandlung des Zementestrichs.

Abb. 10.14: Nicht geplante Detail-Lösung eines Brüstungsanschlusses der Dachterrasse an die Gebäudewand; Unmöglichkeit eines dauerhaft dichten Anschlusses der Metallabdeckung

Entstehende Schadensbilder sind:

- Risse im Fliesen- und Plattenbelag, in der Regel über mehrere Plattenreihen hinweg (Abb. 10.3),
- Risse im Fliesen- und Plattenbelag verschiedener Art, Breite und Länge,
- gelockerte und lose Fliesen und Platten,
- Fliesen und Platten ohne Verbundhaftung zum Untergrund,
- keine ausreichende Festigkeit und unzulässige Verformung der Zementestrichschicht.

Vermeidung

Trag- und Lastverteilungsschichten (Estriche) unter den Balkon- und Terrassenbelägen sowie Gefälleestriche sind prinzipiell zementgebundene Bauteile. Calciumsulfatbindemittel (Anhydrite) sind wegen ihrer Feuchtigkeitsempfindlichkeit als Bindemittel ausgeschlossen.

Die meisten Schäden in Balkon- und Terrassenbelägen sind unter anderem auf Fehler im Estrichaufbau zurückzuführen. Man sollte bedenken, dass alle Unregelmäßigkeiten in der Bauausführung und selbst kleinste Rissbildungen in der Estrichschicht immer in dem relativ dünnen Oberbelag als Schäden in Erscheinung treten können (siehe Kapitel 7.1).

Nicht gleichmäßig dick ausgeführte schwimmende Estrichschichten, z. B. zur Erzielung eines im Untergrund fehlenden Gefälles, und ein zu hoher Zementzusatz im Estrichmörtel, ein ungünstiges Verhältnis des Anmachwassers zur Zementmenge (Wasserzementwert), ein zu großer Porenanteil im Estrichgefüge und eine ungeeignete Körnung der Mörtelzuschläge erhöhen in erster Linie das Schwinden des eingebauten Estrichs und können zu Schwindrissen führen. Mit steigendem w/z-Wert vergrößert sich das Ausmaß des Schwindens im fertigen Zementestrich und somit die Gefahr der Rissbildung.

Die Dicke der schwimmenden Estriche und der Estriche auf Trennschicht liegt in der Regel zwischen 50 und 80 mm. Für schwimmende Zementestriche sind die Estrich-Nenndicken in Abhängigkeit von der Nutzlast bzw. der lotrechten Einzellast nach DIN 1055-3 (2002-10) und der Zusammendrückbarkeit der Dämmschicht c in der DIN 18560-2 (2004-04) festgelegt.

Als Nutzlasten sind in der DIN 1055-3, Tabelle 1 „Lotrechte Nutzlasten", Zeile 21, für Dachterrassen und Balkone eine Flächenlast von $q_k = 4$ kN/m² und eine Einzellast von $Q_k = 2$ kN angegeben. Somit sind in der DIN 18560-2 (2004-04) die Tabellen 3 und 4 für die Nenndicken und Biegezugfestigkeiten bzw. Härten unbeheizter Estriche auf Dämmschichten für lotrechte Nutzlasten auf Dachterrassen und Balkonen maßgebend.

Es empfiehlt sich für Zementestriche auf Balkonen und Terrassen der Einsatz von kalkarmen Zementarten, da sich eine vollkommene wasserunlösliche Bindung durch Hydratation aller Kalkbestandteile nicht immer erreichen lässt. Diese ungebundenen Kalkteilchen im Zementestrich können sich unter späterer Wassereinwirkung lösen. In diesem Zustand steigen sie durch die Baustoffkapillaren zur Belagsoberfläche auf und lagern sich dort nach Verdunstung des Wassers ab. Unter der Einwirkung der Kohlensäure der Luft entsteht weißes, wasserunlösliches Calciumcarbonat, das in Form von Ausblühungen meist in dem Fugennetz des Fliesen- und Plattenbelages verbleibt (siehe Kapitel 7.2.1).

Die Dicke von Verbundestrichen sollte bei einschichtigem Zementestrich 50 mm nicht überschreiten. Um Risse im Fliesen- und Plattenbelag (Abb. 10.3) zu vermeiden, sind die Bewegungsfugen des Rohbaus an gleicher Stelle und in gleicher Breite im Verbundestrich zu übernehmen. Eventuell vorhandene Risse, Schein- und Arbeitsunterbrechungsfugen sind durch geeignete Verfahren kraftschlüssig zu verpressen, so dass wieder eine ungestörte Tragschicht entsteht. In den Anschlusszonen zu aufgehenden Bauteilen (Außenwänden, Stützen, Durchdringungen) sind im Verbundestrich 1 cm breite Fugen in der Dicke des Estrichs einzubauen, damit elastische Deformationen einzelner Konstruktionsteile nicht zu unkontrollierten Spannungen und damit zu Rissen im Verbundzementestrich führen, die sich dann auch im Fliesen- und Plattenbelag zeigen. Eine weitere Unterteilung des Verbundestrichs durch Fugen in Einzelfelder ist nicht erforderlich und könnte sich durch

Abscheren des Zementestrichs an den Fugen vom Untergrund nachteilig auswirken (siehe Kapitel 7.4.1).

Ein schwimmender Estrich ist eine Trag- und Lastverteilungsschicht unter einem Fliesen- oder Plattenbelag. Seine Bewegungsfugen sind in Abhängigkeit von Größe und Gliederung des Grundrisses geradlinig durchlaufend im Raster von Fliesen und Platten im Abstand von ca. 2,50 m einzuteilen, so dass die einzelnen Felder ein möglichst gedrungenes Seitenverhältnis erhalten. Durch die Anordnung von Rand- und Anschlussfugen ist eine Einspannung der Belagsfläche auszuschließen. Die Tiefe der Bewegungsfugen reicht von der Oberkante des Belages durch die ganze Estrichdicke (siehe Kapitel 7.4.3 und 7.4.4).

Längenänderungen und die dadurch bedingten Bewegungen der Estriche auf Trenn- oder Dämmschichten ergeben sich durch Schwinden der Estrichflächen, in erster Linie aber durch die Temperaturwechseleinflüsse (Sonneneinstrahlung, Abkühlung). Die Bewegungsfugen haben die Aufgabe, diese Formveränderungen schadlos abzubauen.

Vor der Einteilung der Bewegungsfugen sind rechtzeitig zwischen dem Bauherrn, Planer und Fliesenleger Format und Fugenschnitt der vorgesehenen Fliesen oder Platten abzustimmen. Es ist unbedingt erforderlich, dass die Bewegungsfugen des Oberflächenbelages unmittelbar über denen der Estrichschicht liegen.

Bei normaler Nutzung der Balkone und Terrassen werden alle Bewegungs-, Randanschluss- und Feldbegrenzungsfugen in Anlehnung an die DIN 18540 (1995-02) elastisch verschlossen (siehe Kapitel 7.4.4 und Abb. 7.1).

Elastische Fugenmassen sind, besonders wenn sie der Witterung ausgesetzt sind, nicht dauerelastisch. Sie unterliegen einem gewissen Verschleiß und müssen je nach Beanspruchung nach einigen Jahren erneuert werden. Diese Fugen sind Wartungsfugen.

Der eingebaute Zementestrich im Außenbereich ist möglichst 28 Tage durch geeignete Abdeckung vor allen Witterungseinflüssen (Sonneneinstrahlung, Zugluft, Frost) und erforderlichenfalls durch Anfeuchten vor zu schneller Austrocknung zu schützen.

Nach 28 Tagen sind frische Zementestriche auf Trenn- und Dämmschichten, die mit Fliesen oder Platten unmittelbar belegt werden sollen, auf das Vorhandensein von Schwindrissen zu untersuchen. Sollten diese trotz sorgfältiger Ausführung entstanden sein, so sind sie mit Zweikomponenten-Kunststoffen (z. B. Epoxidharz) durch Druckinjektionen kraftschlüssig zu verpressen. So sorgfältig nachbehandelte Estrichflächen gelten bei den nachfolgenden Verlegearbeiten mit Fliesen und Platten als rissfrei.

Alle zementgebundenen und hydraulisch abbindenden Estriche schwinden. Dieser Vorgang ist unvermeidbar, kann aber durch bestimmte Maßnahmen beeinflusst und auf ein möglichst geringes Maß beschränkt werden (siehe auch Kapitel 7.6.1 und 7.6.2).

Durch die unvermeidbaren Schwindvorgänge verringert jede frisch eingebaute Estrichfläche ihre Oberfläche um ein bestimmtes Maß, das vom Zementgehalt, vom w/z-Wert und vom Kornaufbau der Gesteinskörnungen der einge-

Abb. 10.15: Wasserflecken und Ausblühungen an der Unterseite der Dachterrassentragplatte im Innenraum

Abb. 10.16: Einseitig eingespannte, ca. 9 m lange Balkonkragplatte ohne Bewegungsfugen und ohne thermische Trennung zur Stockwerksdecke mit senkrecht zur Hausfront verlaufendem Riss mit Stalaktitenbildung, der sich bis in die Geschossdecke fortsetzt und zu Durchfeuchtungen im Innenraum führt

Abb. 10.17: Durchgehender Riss (Winterriss) der Abb. 10.16 in der Stahlbetonbalkonplatte mit Wasseraustritt, Stalaktiten- und Eiszapfenbildung im Winter an der Unterseite

Abb. 10.18: Riss der Abb. 10.16, der sich bis in die Geschossdecke fortgesetzt hat, hier auch in der Außenwand auftritt und bei Wasserführung zu Durchfeuchtungen und Wasserflecken im Innenraum führt

bauten Estrichmischung abhängt. Aufgrund der schwindbedingten Verkleinerung der Estrichfläche und ihrer thermisch bedingten Längenänderungen muss auf ihrer Auflage eine möglichst doppellagige Gleitschicht aus PE-Folie eingebaut werden.

Voraussetzung für eine möglichst ungehinderte Bewegungsmöglichkeit der Estrichplatte auf der Gleitunterlage sind die vorschriftsmäßig ausgeführten und elastisch verfüllten Bewegungsfugen an den Rändern und zwischen den einzelnen Feldern der Estrichfläche (siehe Kapitel 7.5.2.4).

Da die Materialfeuchte eines Zementestrichs zum Teil konkrete Rückschlüsse auf den Fortschritt seines Schwindens zulässt, ist dem Fachmann dringend anzuraten, vor Beginn der Verlegearbeiten von Fliesen oder Platten eine Überprüfung der Estrichwerkstoff-Feuchtigkeit vorzunehmen. Für Zementestriche unter Stein- und keramischen Belägen im Dickbett ist eine maximale Estrichfeuchte von 3 CM-% und im Dünnbett von 2 CM-% festgelegt.

Über die Notwendigkeit des Einbaues von nicht statischen Stahlbewehrungen in Estrichen wird nun schon etliche Jahrzehnte diskutiert (siehe Kapitel 7.5.1). Es wird dringend angeraten, Zementestriche, die größeren Temperaturwechseln (mehr als 30 bis 40 K) unterworfen werden, prinzipiell mit Stahlmatten oder -gittern zu bewehren. Dies betrifft alle Zementestriche auf Trenn- und Dämmschichten der Balkone und Terrassen. Die Stahlbewehrung liegt in der biegeneutralen Mitte der Zementestrichdicke und ist hier demnach nicht an der Übernahme von Biegezugspannungen beteiligt (siehe Kapitel 7.5.2 und 7.5.3).

Bewehrungen können auch das Schwinden von Zementestrichen nicht verhindern. Bei der Flächenverkleinerung des Zementestrichs behält die nicht statische Betonstahlmatte ihre Größe bei und ist daher nicht in der Lage, die durch Schwinden verursachten Zugspannungen aufzunehmen. Hier hilft nur der möglichst schwindarme Zementestrichaufbau. Die Bewehrung stellt nur eine Art Rissbreitenbegrenzung dar (siehe Kapitel 7.5.3).

Zementestrichbewehrungen sind jedoch unbedingt erforderlich zur Aufnahme der durch Temperaturwechsel entstehenden und meist unterschätzten axialen Zugkräfte bei

Abkühlung vorher erwärmter Balkon- und Terrassenflächen. Diese Axialkräfte sind auch der Grund für die zentrale Lage der Bewehrung in der Zementestrichschicht (siehe Kapitel 7.5.3).

Da Zementestriche in der Regel hohe Druckfestigkeiten besitzen, spielen die bei der Ausdehnung sich erwärmender Estrichflächen entstehenden Druckkräfte spannungsmäßig eine untergeordnete Rolle, wenn nur die Bewegungsfugen zwischen den Estrichfeldern ordnungsgemäß ausgeführt wurden.

10.2.8 Planungs- und Ausführungsfehler im Zusammenhang mit dem Mörtelbett

Schadensursachen und zugehörige Schadensbilder

Diese Planungs- und Ausführungsfehler können sein:

- zu frühe Verlegung der Oberbeläge auf dem Zementestrich,
- Verlegung des Plattenbelages auf Zementestrichen die bereits Risse aufweisen,
- fehlende Ausschreibung und kein Einbau einer Haftbrücke bei der Verlegung der Fliesen und Platten im Dickbett,
- zu dickes Mörtelbett und mangelnde Verdichtung des Mörtelbettes bei Dickbettverlegung (ab ca. 35 mm Dicke),
- ungünstiges Mischungsverhältnis, zu hoher oder zu geringer Zementanteil, ungeeignete Gesteinskörnung und zu hoher Wasserzementwert des Dickbettmörtels,
- Ausschreibung und Einbau eines für Außenbeläge ungeeigneten Dünnbettmörtels,
- ungeeignetes Verlegeverfahren und nicht nach Herstellerangaben gewählte Dünnbettkleberdicke,
- Feinsteinzeug und Fliesen und Platten mit extrem niedriger Wasseraufnahme werden fälschlicherweise im Dickbettmörtel verlegt,
- Herstellerangaben und Hinweise der Mörtelhersteller werden vom ausführenden Fliesenleger missachtet.

Schäden können auftreten durch:

- Wasseransammlungen in den Hohlstellen bei nicht vollsatt verlegten Fliesen und Platten,
- Frost bei Durchfeuchtung eines nicht geeigneten Verlegemörtels,
- Fliesen und Platten ohne ausreichenden Haftverbund zum Verlegemörtel oder zum Verlegeuntergrund,
- zu dick hergestellte Verlegemörtelschicht bei Dickbettverlegung,
- Missachtung der Herstellerangaben in Bezug auf das Herstellen der Mörtelmischungen sowie die Temperatur- und Zeitangaben für die Verarbeitung und die Nachbehandlung,
- Wahl des falschen Mörtelmaterials sowie falsche Verlegetechnik,
- Untergrundmängel und verunreinigten Verlegeuntergrund,
- Verlegung in der kalten Jahreszeit mit Nachtfrösten,
- fehlenden Schutz und fehlende Nachbehandlung frisch verlegter Beläge.

Entstehende Schadensbilder sind:

- Frostschäden im Belag, unter anderem Absprengungen, gelockerte und lose Fliesen und Platten, zerstörter Verlege- und Fugenmörtel, durch Wasseransammlungen infolge Wasserstau und Eislinsenbildung im Winter im Bereich des Mörtelbettes,
- Auffrierungen und Auswaschungen von Mörtelbestandteilen im Bereich von Rissen, in denen es zu Verschmutzungen und Bewuchs mit Moos und Unkräutern kommt, besonders in den Fugen des Fliesen- und Plattenbelages (Abb. 10.2 und 10.4),
- Ausblühungen und Auffrierungen bei zu dick hergestellter und nicht ordnungsgemäß verdichteter Verlegemörtelschicht bei Dickbettverlegung.

Vermeidung

Bei Dickbettmörteln für den Einsatz im Außenbereich kommen kalkarme Zemente zur Anwendung, um Ausblühungen im fertigen Belag zu vermeiden. Besonders verschiedene Natursteine sind empfindlich gegenüber Kapillarwanderungen von im Wasser gelöstem, nicht durch Hydratation gebundenem Kalk.

Um Verfärbungen von Bodenbelägen aus Natursteinen zu vermeiden, wird dem Fliesenleger empfohlen, durch Rücksprache mit dem Natursteinlieferanten die besonderen Eigenschaften des Steinmaterials zu erkunden und ggf. weißen Portlandpuzzolanzement CEM II/B-P als Bindemittel zu verwenden oder dem Mörtel Trassmehl zuzusetzen.

Die Dicke des Mörtelbettes soll auf Balkonen und Terrassen bei einem Mittelmaß von ca 20 mm mindestens 10 mm betragen, maximal sollten 25 mm nicht überschritten werden. Damit können Unebenheiten des Untergrundes und Differenzen der Plattendicken von insgesamt etwa 15 mm ausgeglichen werden (siehe Kapitel 8.6.1).

Feinsteinzeug mit extrem niedriger Wasseraufnahme soll nicht im Dickbett verlegt werden, da wegen fehlender Poren und somit zu geringer Wasseraufnahme im Feinsteinzeug die zementäre kapillare Verklammerung nicht ausreicht, um einen dauerhaften Verbund zu gewährleisten.

Vor der Verlegung der Fliesen und Platten im Dickbett müssen darunter liegende Estriche über Trenn- und Dämmschichten die Belegreife (hier ≤ 3 % Eigenfeuchtigkeit) erreicht haben (siehe Kapitel 8.7.2).

Hydraulisch erhärtende Dünnbettmörtel sind bestimmt zur Verlegung von Fliesen und Platten im Dünnbettverfahren. Es ist das am häufigsten angewandte Verlegeverfahren zur Verarbeitung von Fliesen und Platten auf einer ebenen Ansetz- bzw. Verlegefläche, die die erhöhten Anforderungen an die Ebenheit der DIN 18202 (2005-10) erfüllt.

Die Dicke des herkömmlichen Dünnbett-Mörtelbettes soll bei möglichst vollsatter Verlegung zwischen ca. 3 und 5 mm liegen. Damit können keine Unebenheiten des Untergrundes oder Differenzen der Plattendicken ausgeglichen werden. Der abgebundene Mörtel muss wasserfest, frost- und witterungsbeständig sein, seine Gebrauchstemperatur muss von −20 bis +80 °C reichen (siehe Kapitel 8.6.2).

Zur Anwendung kommt bei Balkonen und Terrassen zementhaltiger Mörtel C nach DIN EN 12004. Zu empfehlen für die Verlegung im Außenbereich sind zementhaltige Dünnbettmörtel für erhöhte Anforderungen mit zusätzlichen Kennwerten, die die sog. C2-Kriterien der DIN EN 12004 erfüllen, d. h. hohe Haftfestigkeit ≥ 1 N/mm^2 in der Laborprüfung gemäß DIN EN 1348 bei allen geprüften Lagerungsarten, wie z. B. Trockenlagerung, Warmlagerung, Wasserlagerung und Frost-Tau-Wechsel-Lagerung.

Bei der Verlegung im Dünnbett müssen Zementestriche mindestens 28 Tage alt sein und sollen zum Verlegezeitpunkt nicht mehr als 2 % Feuchtigkeit bei Messung mit dem CM-Gerät enthalten (siehe Kapitel 8.7.3).

Die Ansetz- und Verlegeflächen müssen ausreichend ebenflächig, tragfähig und frei von durchgehenden Rissen sein. Sie müssen eine ausreichende Oberflächenfestigkeit aufweisen und frei von Stoffen sein, die die Haftung des Dünnbettmörtels beeinträchtigen.

Nach Abschnitt 7.3.3 der DIN 18157-1 muss bei Verlegung mit Dünnbettmörtel das kombinierte Buttering-Floating-Verfahren im Außenbereich, also auf allen Balkonen und Terrassen, immer angewendet werden. Die Verlegung im reinen Floating-Verfahren ist unzulässig (siehe Kapitel 8.7.3).

Die Bauchemie bietet für Bodenbeläge im Außenbereich unter der Bezeichnung „Fließbettmörtel" einen weiterentwickelten, wasserfesten und frostbeständigen Dünnbettmörtel an, bei dem das zwingend für den Außenbereich bei der Verlegung von Fliesen und Platten vorgeschriebene kombinierte Buttering-Floating-Verfahren, das Aufziehen des Verlegemörtels auf der Rückseite der Fliesen und Platten, entfallen kann. Es handelt sich hierbei um einen plastischen, gießfähigen Verlegemörtel. Mit dem Fließbettmörtel wird ein weitgehend hohlraumfreies Verlegen möglich, die Mörtelbettdicke beträgt ca. 3 bis 10 mm. Die Herstellerangaben zur Mischung und Verarbeitung sowie die Klebebettdicke sind zu beachten (siehe Kapitel 8.6.2 und 8.7.4).

Reaktionsharzklebstoffe nach DIN EN 12004 (2002-10) und Epoxidharzklebstoffe nach DIN 18156-4 (1984-12) sind für die Verlegung von besonders dichtem Fliesen- und Plattenmaterial geeignet. Ansonsten werden diese Klebstoffe in erster Linie zum Einbau chemisch beanspruchter Bodenbeläge verwendet.

Reaktionsharzklebstoff R ist ein Gemisch aus synthetischem Harz, mineralischen Füllstoffen und organischen Zusätzen, bei dem die Aushärtung durch eine chemische Reaktion erfolgt. Reaktionsharzklebstoffe sind ein- oder mehrkomponentig erhältlich (siehe Kapitel 8.6.2). Beim Einsatz von Reaktionsharzklebstoffen sollten auch die Verfugungen der Fliesen- und Plattenbeläge mit Reaktionsharz ausgeführt werden.

Abb. 10.19: Wärmebrücke in Balkonkragplatte ohne thermische Trennung zur Stockwerksdecke; sichtbar gewordener Wärmefluss durch Abbildung in der frisch gefallenen Schneedecke auf der Balkonoberfläche

10.2.9 Planungs- und Ausführungsfehler bei Fliesen- und Plattenbelägen

Schadensursachen und zugehörige Schadensbilder

Diese Planungs- und Ausführungsfehler können sein:

- ungeeignete, nicht frostsichere Belagsmaterialien bzw. ein für Außenbeläge ungeeigneter Plattenverband oder eine ungünstige, sehr dunkle Farbe der Fliesen und Platten (Abb. 10.3),
- keine Detailplanung und Koordination der Bewegungsfugen des Fliesen- und Plattenbelages mit den Bewegungsfugen des Zementestrichs,
- über die Bewegungsfugen des Zementestrichs hindurchgehende Bewehrung,
- zu große Flächenabschnitte bzw. falsche Einteilung der Bewegungsfugen,
- zu frühes Verlegen der Fliesen und Platten auf dem Zementestrich und zu frühe Benutzung der Belagsfläche, Nichtbeachtung der Belegreife des Zementestrichs,
- keine Nachbehandlung und kein Schutz des frisch verlegten Fliesen- und Plattenbelages.

Schäden können auftreten durch:

- Frost bei für Außenbeläge ungeeigneten Belagsmaterialien,
- Rissbildungen bei gezwängter, durch Temperaturwechsel bedingter Längenänderung, besonders bei dunklen Belägen,
- falsche Einteilung der Bewegungsfugen,
- Rissbildung durch die Schwindvorgänge im Zementestrich bei zu früher Verlegung des Bodenbelages.

Entstehende Schadensbilder sind:

- Risse im Belag und Absprengungen von Fliesen und Platten durch Schwindvorgänge im Zementestrich oder falsche Einteilung der Bewegungsfugen (Abb. 10.3).

208   10 Bauschäden an Balkonen und Terrassen

Abb. 10.20: Fehlerhafte Durchdringung des Regenfallrohres durch die Balkontragplatte ohne ausreichenden Abstand zu den aufgehenden Bauteilen (Außenwänden), somit keine fachgerechte Abdichtung möglich

Vermeidung

Fliesen- und Plattenbeläge auf Balkonen und Terrassen werden neben mechanischen und statischen Belastungen besonders durch Feuchte, Temperatur, Frost, Hitze, thermische Längenänderungen sowie Verformung des Baukörpers belastet. Immer stärker wirken sich auch Belastungen durch Immissionen, Staub, Schmutz, Algen, Mikroben oder Flugsamen aus.

Alle Fliesen oder Platten aus Keramik, Naturstein oder Kunststein für Balkon- oder Terrassenbeläge, die in Gegenden verlegt werden, in denen mit Temperaturen unter 0 °C zu rechnen ist, müssen frostbeständig sein.

Da Balkone und Terrassen, besonders im Privatbereich, nach Regeneinwirkung auch barfüßig begangen werden, ist bei der Auswahl des Belagsmaterials auf die rutschsichere Ausführung der Oberflächenstruktur zu achten (siehe Kapitel 8.1).

Dunkelfarbige Beläge können im Sommer durch Insolation Temperaturen von ca. +65 °C, auf wärmegedämmten Terrassen sogar von +80 °C erreichen. Im Winter kühlen sich die Beläge und Außenbauteile auf ca. –20 °C ab. Durch diese Temperaturunterschiede entstehen erhebliche Längenveränderungen, die sich im Wechsel von Sommer und Winter, Tag und Nacht, Sonneneinstrahlung und Beschattung unzählige Male wiederholen. Durch die Planung entsprechender Bewegungsfugen ist dem Rechnung zu tragen.

Alle im Verlegeuntergrund vorhandenen Bewegungsfugen müssen genau im Fliesen- und Plattenbelag übernommen werden, sonst entstehen Risse in der Belagsebene.

Keramische Fliesen und Platten werden in der DIN EN 14411 (2004-03) nach ihrem Herstellungsverfahren und ihrer Wasseraufnahme in Gruppen eingeteilt. Die Gruppen geben jedoch keine Hinweise auf den Verwendungszweck der Fliesen und Platten. Für die Verlegung auf Balkonen und Terrassen müssen keramische Fliesen und Platten frostbeständig sein. Die Frostbeständigkeit sollte man sich vom Hersteller schriftlich bestätigen lassen (siehe Kapitel 8.2.2 und 8.2.3).

Natursteinbodenbeläge im Außenbereich auf Balkonen und Terrassen sind witterungsbedingt starken Feuchtigkeitsbelastungen ausgesetzt. Ein wichtiges Kriterium für die Verwitterungsbeständigkeit ist deshalb die Frostbeständigkeit. Auf die rutschhemmende Eigenschaft des gewählten Natursteinbelages ist zu achten, die im Wesentlichen von der Oberflächenrauheit bestimmt wird. Eine größere Oberflächenrauheit erhöht allerdings die Verschmutzungsneigung und vermindert so auch die Reinigungsfreundlichkeit. Es ist empfehlenswert, sich die Frostbeständigkeit der Belagsplatten aus Naturstein vom Steinbruch oder von der die Steine bearbeitenden Firma bestätigen zu lassen (siehe Kapitel 8.3).

Betonwerksteinplatten sind vorgefertigte, bewehrte oder unbewehrte Betonerzeugnisse, deren Oberflächen werksteinmäßig bearbeitet oder besonders gestaltet sind. Sie müssen bei der Lieferung durch den Hersteller ein Mindestalter von 28 Tagen haben oder sollten vom Verleger vor dem Einbau bis zur Erreichung dieses Alters sachgemäß gelagert werden. Sie sind aus Zement und mineralischen Zuschlägen hergestellt.

Betonwerksteinplatten für den Außenbereich müssen frostbeständig sein. Tausalze greifen während der Frost-Tau-Wechselzyklen die Oberfläche des Betonwerksteins an, so dass es im Laufe der Zeit zu Aufrauungen oder zu Abplatzungen an der Oberfläche der Beläge kommen kann. Soll auf die Verwendung von Tausalzen nicht verzichtet werden, so ist dies dem Hersteller rechtzeitig mitzuteilen. Durch besondere zusätzliche werkseitige Maßnahmen kann dann bei der Produktion die Tausalzbeständigkeit verbessert werden (siehe auch Kapitel 8.4).

Die Verlegung von Fliesen und Platten darf nur auf Untergründen erfolgen, bei denen das Schwinden so weit abgeklungen ist, dass keine schädlichen Folgen zu erwarten sind, und deren Oberflächen keine der Verbundhaftung entgegenstehenden Bestandteile aufweisen. Die Temperatur muss über +5 °C liegen, Frostschutzmittel im Verlegemörtel sind unzulässig. Frisch verlegte Flächen sind bei Frostgefahr durch entsprechend wärmedämmende Matten abzudecken (siehe Kapitel 8.7.1).

Vor der Verlegung des Belages im Dickbett müssen darunter liegende Estriche über Trenn- und Dämmschichten die

Belegreife (hier ≤ 3 % Eigenfeuchtigkeit) erreicht haben (siehe Kapitel 8.7.2).

Bei der Verlegung im Dünnbett müssen Zementestriche mindestens 28 Tage alt sein und sollen zum Verlegezeitpunkt nicht mehr als 2 % Feuchtigkeit bei Messung mit dem CM-Gerät enthalten (siehe Kapitel 8.7.3).

Wegen der relativ hohen Temperaturunterschiede in den Belägen von −20 bis +80 °C, die bei Balkonen und Terrassen auftreten, ist es empfehlenswert, Fliesen und Platten im Fugenschnitt zu verlegen. Falls sich auch bei korrekter Verlegung infolge des Restschwindens nach der Verlegung und Verfugung feinste Risse zeigen, so verlaufen sie erfahrungsgemäß in den Fugen und bleiben damit relativ unauffällig. Bei im Verband verlegten Fliesen und Platten besteht die Gefahr, dass im Linienzug zwischen 2 Fugen versetzt liegende Platten reißen.

10.2.10 Planungs- und Ausführungsfehler bei den Geländern, Geländerbefestigungen und massiven Brüstungen

Schadensursachen und zugehörige Schadensbilder

Diese Planungs- und Ausführungsfehler können sein:

- keine Detailplanung der Geländerbefestigungen bei Balkonen und Terrassen,
- keine oder ungenügend durchdachte Detailplanung des risikoträchtigen Bauteils der massiven Brüstung für Balkone und Dachterrassen,
- Befestigung der Geländer von oben durch die Belags- und Abdichtungsschichten (Abb. 10.8 und 10.9),
- die Fußplatten der Geländerstäbe werden von oben auf der Abdichtungsschicht mit Schrauben in der Stahlbetonbalkonplatte befestigt (Abb. 10.10 und 10.11),
- keine Bewegungsfugen und keine Abdichtungsmaßnahme um die durch die Plattenbeläge führenden Geländerstützen.

Schäden können auftreten durch:

- falsche Planung und Ausführung der Geländerbefestigungen,
- fehlende oder ungenügend durchdachte Detailplanung des risikoträchtigen Bauteils massive Brüstung.

Entstehende Schadensbilder sind:

- Risse und Abplatzungen des Außenputzes im Bereich der Balkonplatte mit massiver Brüstung (Abb. 10.7),
- Risse und Abplatzungen des Außenputzes im Bereich der Dachterrassenplatte mit massiver Brüstung (Abb. 10.6),
- Risse im Belag und gelockerte Fliesen und Platten sowie Zerstörung des Estrichs im Bereich der Geländerstäbe/-befestigungen,
- Ansiedlung von Moosen, Flechten und Algen in den durchfeuchteten und zerstörten Bereichen (Abb. 10.7).

Vermeidung

Bei massiven Brüstungen, die mit den Balkon- oder Terrassenrohbauplatten durch Stahlarmierungen unmittelbar verbunden sind, ist zu bedenken, dass durch Sonneneinstrahlung und infolge der sich im Tagesverlauf ändernden Insolationswinkel erhebliche Temperaturunterschiede zwischen

Abb. 10.21: Durchfeuchtung der Balkonplatte und der Außenwände; Wasserflecken und Ablösung des Putzes und Anstriches an der Balkonunterseite und verschmutzte Wasserablaufspuren an den Außenwänden

den monolithischen, in verschiedenen Himmelsrichtungen angeordneten Brüstungsbauteilen und den mit ihnen verbundenen Stahlbetongrundplatten entstehen. Das Gleiche gilt auch für gemauerte massive Brüstungen.

Als Folge der damit verbundenen verschiedenen Längenänderungen der einzelnen Bauteile entstehen häufig Risse in den Brüstungen, ganz besonders an deren Aufstandsflächen (siehe auch Kapitel 1.5.5). In diese Risse eindringendes Wasser führt unweigerlich zum Rosten der Stahlbewehrung, wenn diese nicht aus rostfreiem Edelstahl besteht. Die Folgen sind Sprengungen der Betonbauteile durch Volumenvergrößerung der rostenden Bewehrung.

In die Risse eingedrungenes Wasser setzt bei Frost die Sprengung fort. Bei gemauerten und geputzten massiven Brüstungen kommt es zur Durchfeuchtung des Mauerwerkes, Rissbildung und zu Frostschäden mit Zerstörung des Außenputzes (Abb. 10.6 und 10.7). Als Sanierung derart beschädigter Bauteile ist in aller Regel nur noch Totalabbruch der Brüstungen möglich. Aufgrund dieser risikoträchtigen und schwierig zu lösenden Konstruktionsdetails ist es ratsam, schwere Massivbrüstungen durch leichtere Geländer zu ersetzen (siehe auch Kapitel 1.5.5).

Geländerbefestigungen auf der Oberseite der Balkonplatte, die den Fliesenbelag, den Zementestrich, die Abdichtungsschicht und die Wärmedämmung durchstoßen, sind möglichst zu vermeiden (Abb. 10.8 und 10.9). Sie erfordern in der Abdichtungsebene besonders sorgfältig auszuführende wasserdichte Durchdringungen, unter Umständen mit Hülsen, die auch hier bis 15 cm über die Belagsoberfläche zu führen sind. Solche Ausführungen sind risikoträchtig, sehr teuer und aufwendig und daher nicht ratsam.

Ist eine Befestigung auf der Oberfläche des Balkonrandes nicht zu umgehen, so sind die Geländerstützen, die den Belag und die Abdichtungsschicht durchstoßen, in die Stahlbetonplatte einzulassen, damit die Befestigungsschrauben mit der Oberkante der Betonplatte abschließen, eine ebene Fläche für die Verlegung der Abdichtungsschicht entsteht und die Dicke des Estrichs nicht geschwächt wird. Die Abdichtung muss bei von oben befestigten Geländerstützen, genau wie bei aufgehenden Bauteilen, 15 cm über die Oberkante des fertigen Bodenbelags hochgezogen und verwahrt werden.

Um die Rissbildung im Bodenbelag zu vermeiden, dürfen die starr in der Rohbetonplatte eingelassenen und befestigten Geländerstützen keinesfalls die durch Temperaturwechsel in den oberen Bodenbelagsschichten entstehenden Bewegungen behindern. Diese Schichten sind von jeder Geländerstütze durch elastisch verfüllte Bewegungsfugen als Zwischenglieder zu trennen. Dies ist eine in der Praxis sehr schwierig auszuführende und demnach auch äußerst risikoreiche Konstruktion.

Eine wesentlich primitivere und auch schadensträchtige Ausführung ist in Abb. 10.9, 10.10 und 10.11 zu erkennen. Die Fußplatten der Geländerstäbe wurden auf der Abdichtungsschicht mit Schrauben in der Stahlbetonbalkonplatte befestigt. Diese massiven Befestigungsteile schwächen den darüber eingebauten Zementestrich in großem Maß durch Bildung von Sollbruchstellen an jeder Geländerstütze. Durch einfließendes Regenwasser an den nicht abgedichteten Geländerstäben entlang werden die Belagsschichten durchfeuchtet und Frostschäden und Risse durch die Belastung aus Temperaturwechseln am Fliesen- und Plattenbelag wie in Abb. 10.3 und 10.8 sind in kürzester Zeit zu erwarten. Solchen Geländerbefestigungen folgen immer Schäden an den Estrich- und Belagsschichten, an der durch Schrauben verletzten Abdichtungsschicht und an der dann durchfeuchteten Stahlbetonbalkonplatte.

Geländer sind daher prinzipiell außerhalb der abgedichteten Fläche des Balkons an tragfähigen Teilen, wie der Vorderkante (Stirnseite) oder der Unterseite der Balkonplatte, zu befestigen, um Einfließstellen für Wasser und damit Zerstörungen der Fliesen- und Plattenbeläge, der Estrichschicht und der Abdichtung zu vermeiden (Abb. 10.4, 10.8 und 10.9).

Die beste und unschädlichste Geländerbefestigung für Balkone ist grundsätzlich die an der Unterseite der Stahlbetonplatte nach statischem Nachweis mit bauaufsichtlich zugelassenen Dübeln und mit nicht rostenden Schrauben. Damit ist sichergestellt, dass kein Wasser an der Befestigungsstelle in den Stahlbeton eindringen und zu Schäden führen kann. Bei dieser Befestigungsart ist die verfügbare Fläche nicht eingeschränkt und die Randabstände für die Dübel können problemlos eingehalten werden (siehe Kapitel 1.5.5). Bei Dachterrassen sind auch architektonisch befriedigende Geländerbefestigungen im Mauerwerk unter den Terrassenplatten denkbar.

Wenn möglich, sollten Geländer abnehmbar geplant und konstruiert werden. Nur so können Wartungsarbeiten (z. B. Rostschutzmaßnahmen, Anstriche usw.) an sonst unzugänglichen Stellen problemlos durchgeführt werden.

Literaturverzeichnis

A

Arbeitsgemeinschaft Industriebau (AGI) e. V. (Hrsg.): Arbeitsblatt S 10, Schutz von Baukonstruktionen mit Plattenbelägen gegen chemische Angriffe (Säureschutzbau), Teil 1: Anforderungen an den Untergrund (2001), Teil 2: Dichtschichten (2002), Teil 3: Plattenbeläge (2001), Teil 4: Ausführungsdetails (2003), Curt R. Vincentz Verlag, Hannover 2001 bis 2003

Arbeitsgemeinschaft Pflasterklinker e. V. (Hrsg.): Informationsschrift Planung, Gestaltung und Herstellung von Flächen mit Original-Pflasterklinker, Bonn 2004

B

Bauberatung Zement Hannover (Hrsg.): Zementestriche – Verbundestriche, Kurzbericht 3.09, Hannover 1998

Bundesfachgruppe Estrich und Belag im Zentralverband des Deutschen Baugewerbes (ZDB) e. V., Bundesverband Estrich und Belag (BEB) e. V., Bundesfachschule Estrich und Belag e. V. (Hrsg.): Tabelle 1, Anforderungen an den Feuchtegehalt des Estrichs, in: Handbuch für das Estrich- und Belaggewerbe, 2. Aufl., Verlagsgesellschaft Rudolf Müller, Köln 1999, S. 240

Bundesfachgruppe Estrich und Belag im Zentralverband des Deutschen Baugewerbes (ZDB) e. V., Bundesverband Estrich und Belag (BEB) e. V., Bundesfachschule Estrich und Belag e. V. (Hrsg.): Handbuch für das Estrich- und Belaggewerbe, 3. Aufl., Verlagsgesellschaft Rudolf Müller, Köln 2005

Bundesverband der Deutschen Zementindustrie (BDZ) e. V. (Hrsg.): Zement-Merkblatt Straßenbau S17, Betonsteinpflaster für Verkehrsflächen, Köln 2002

Bundesverband der Deutschen Zementindustrie (BDZ) e. V. (Hrsg.): Zement-Merkblatt B27, Ausblühungen, Entstehung, Vermeidung, Beseitigung, Köln 2003

Bundesverband der Unfallkassen (BUK) (Hrsg.): GUV-I 8527 (bisher GUV 26.17), Bodenbeläge für nassbelastete Barfußbereiche, München 2004

Bundesverband der Unfallkassen (BUK) (Hrsg.): GUV-R 181 (bisher GUV 26.18), Fußböden in Arbeitsräumen und Arbeitsbereichen mit Rutschgefahr, München 2003

Bundesverband Estrich und Belag (BEB) e. V. (Hrsg.): BEB-Hinweisblatt Hinweise für Estriche im Freien, Zement-Estriche auf Balkonen und Terrassen, Troisdorf 1999

Bundesverband Estrich und Belag (BEB) e. V. (Hrsg.): BEB-Hinweisblatt Hinweise für die Verlegung von Estrichen in der kalten Jahreszeit, Troisdorf 1997

Bundesverband Estrich und Belag (BEB) e. V. (Hrsg.): BEB-Hinweisblatt Hinweise zur Verlegung von dicken Zement-Verbundestrichen, Troisdorf 1997

Bundesverband Estrich und Belag (BEB) e. V. (Hrsg.): BEB-Hinweisblatt Hinweise für Auftraggeber für die Zeit nach der Verlegung von Zementestrichen, Troisdorf 2001

Bundesverband Estrich und Belag (BEB) e. V. (Hrsg.): BEB-Hinweisblatt Hinweise für Fugen in Estrichen – Teil 1: Fugen in Industrieestrichen, Troisdorf 1992

Bundesverband Estrich und Belag (BEB) e. V. (Hrsg.): BEB-Hinweisblatt Hinweise für Fugen in Estrichen – Teil 2: Fugen in Estrichen und Heizestrichen auf Dämmschichten nach DIN 18560 Teil 2, Troisdorf 1994

Bundesverband Estrich und Belag (BEB) e. V. (Hrsg.): BEB-Hinweisblatt Oberflächenzug- und Haftzugfestigkeit von Fußböden. Allgemeines, Prüfung, Beurteilung, Troisdorf 2004

Bundesverband Metall Vereinigung Deutscher Metallhandwerke (BVM) (Hrsg.): BVM Technische Richtlinie des Metallhandwerkes Geländer und Umwehrungen aus Metall, Charles Coleman Verlag GmbH & Co. KG, Lübeck 1998

D

Deutsche Bauchemie e. V., Fachverband Deutsches Fliesengewerbe im Zentralverband des Deutschen Baugewerbes (ZDB) e. V., Industrieverband keramische Fliesen und Platten e. V., Industrieverband Klebstoffe e. V. (Hrsg.): Richtlinie für Flexmörtel, Definition und Einsatzbereiche, 2001

Deutscher Ausschuss für Stahlbeton (DAfStb) im DIN Deutsches Institut für Normung e. V. (Hrsg.): DAfStb-Richtlinie Vorbeugende Maßnahmen gegen schädigende Alkalireaktion im Beton (Alkali-Richtlinie), Beuth Verlag, Berlin 2001

Deutscher Ausschuss für Stahlbeton (DAfStb) im DIN Deutsches Institut für Normung e. V. (Hrsg.): DAfStb-Richtlinie für die Anwendung europäischer Normen im Betonbau, Beuth Verlag, Berlin 1991

Deutscher Ausschuss für Stahlbeton (DAfStb) im DIN Deutsches Institut für Normung e. V. (Hrsg.): DAfStb-Richtlinie Herstellung von Beton unter Verwendung von Restwasser, Restbeton und Restmörtel, Beuth Verlag, Berlin 1995

Deutscher Ausschuss für Stahlbeton (DAfStb) im DIN Deutsches Institut für Normung e. V. (Hrsg.): DAfStb-Richtlinie Selbstverdichtender Beton, Beuth Verlag, Berlin 2003

Deutscher Beton- und Bautechnik-Verein (DBV) e. V. (Hrsg.): DBV-Merkblatt Betondeckung und Bewehrung, Berlin 2002

Deutscher Naturwerkstein-Verband (DNV) e. V. (Hrsg.): Bautechnische Information, BTI-Nr. 1.4, Bodenbeläge, außen, Würzburg 1999

Deutscher Naturwerkstein-Verband (DNV) e. V. (Hrsg.): Bautechnische Information, BTI-Nr. 1.6, Mörtel für Außenarbeiten, Würzburg 1996

Deutscher Naturwerkstein-Verband (DNV) e. V. (Hrsg.): Bautechnische Information, BTI-Nr. 1.7, Bauchemische und bauphysikalische Einflüsse, außen, Würzburg 1995

Deutscher Naturwerkstein-Verband (DNV) e. V. (Hrsg.): Bautechnische Information, BTI-Nr. 3.2, Reinigung und Pflege, Würzburg 1997

Deutscher Naturwerkstein-Verband (DNV) e. V. (Hrsg.): Bautechnische Information, BTI-Nr. 4.1, Wissenswertes über Naturstein, Würzburg 1996

Deutscher Naturwerkstein-Verband (DNV) e. V. (Hrsg.): Merkblatt Pflasterdecken und Plattenbeläge aus Naturstein für Verkehrsflächen, Würzburg 2002

Deutsches Institut für Bautechnik (DIBt) (Hrsg.): ETB-Richtlinie Bauteile, die gegen Absturz sichern, Mitteilungen DIBt Heft 2/1987

F

Fachverband Dach-, Wand- und Abdichtungstechnik im Zentralverband des Deutschen Dachdeckerhandwerks (ZVDH) e. V. (Hrsg.): Fachregel für Dächer mit Abdichtungen – Flachdachrichtlinien, Verlagsgesellschaft Rudolf Müller, Köln 2003

Fachverband Dach-, Wand- und Abdichtungstechnik im Zentralverband des Deutschen Dachdeckerhandwerks (ZVDH) e. V. (Hrsg.): Fachregel für Metallarbeiten im Dachdeckerhandwerk, Verlagsgesellschaft Rudolf Müller, Köln 1999, mit Änderungen 2002 und 2003

Fachverband Deutsches Fliesengewerbe im Zentralverband des Deutschen Baugewerbes (ZDB) e. V. (Hrsg.): Merkblatt Hinweise und Erläuterungen zu Wärme- und Schallschutzmaßnahmen bei Fußbodenkonstruktionen mit Belägen aus Fliesen und Platten, Verlagsgesellschaft Rudolf Müller, Köln 1995

Fachverband Deutsches Fliesengewerbe im Zentralverband des Deutschen Baugewerbes (ZDB) e. V. (Hrsg.): Merkblatt Bewegungsfugen in Bekleidungen und Belägen aus Fliesen und Platten, Verlagsgesellschaft Rudolf Müller, Köln 1995

Fachverband Deutsches Fliesengewerbe im Zentralverband des Deutschen Baugewerbes (ZDB) e. V. (Hrsg.): Merkblatt Hinweise für die Ausführung von Verbundabdichtungen mit Bekleidungen und Belägen aus Fliesen und Platten für Innen- und Außenbereich, Verlagsgesellschaft Rudolf Müller, Köln 2005

Fachverband Deutsches Fliesengewerbe im Zentralverband des Deutschen Baugewerbes (ZDB) e. V. (Hrsg.): Merkblatt Außenbeläge – Belagskonstruktionen mit Fliesen und Platten außerhalb von Gebäuden, Verlagsgesellschaft Rudolf Müller, Köln 2005

Fachverband Deutsches Fliesengewerbe im Zentralverband des Deutschen Baugewerbes (ZDB) e. V. (Hrsg.): Merkblatt Keramische Fliesen und Platten, Naturwerkstein und Betonwerkstein auf zementgebundenen Fußbodenkonstruktionen mit Dämmschichten, Verlagsgesellschaft Rudolf Müller, Köln 1995

Fachverband Deutsches Fliesengewerbe im Zentralverband des Deutschen Baugewerbes (ZDB) e. V. (Hrsg.): Merkblatt Mechanisch hoch belastbare keramische Bodenbeläge, Verlagsgesellschaft Rudolf Müller, Köln 2005

Fachverband Deutsches Fliesengewerbe und Bundesfachgruppe Estrich und Belag im Zentralverband des Deutschen Baugewerbes (ZDB) e. V.: Hinweis Wartung und Gewährleistung von elastischen Fugen, in: Handbuch für das Estrich- und Belaggewerbe, Technik; 3. Aufl., Verlagsgesellschaft Rudolf Müller, Köln 2005, S. 323

Forschungsgesellschaft für Straßen- und Verkehrswesen (FGSV) e. V.: RStO 01 – Richtlinien für die Standardisierung des Oberbaues von Verkehrsflächen, FGSV Verlag, Köln 2001

Forschungsgesellschaft für Straßen- und Verkehrswesen (FGSV) e. V.: ZTV E-StB – Zusätzliche Technische Vertragsbedingungen und Richtlinien für Erdarbeiten im Straßenbau, FGSV Verlag, Köln 1994, Fassung 1997

Forschungsgesellschaft für Straßen- und Verkehrswesen (FGSV) e. V.: ZTV T-StB – Zusätzliche Technische Vertragsbedingungen und Richtlinien für Tragschichten im Straßenbau, FGSV Verlag, Köln 1995, Fassung 2002

Forschungsgesellschaft für Straßen- und Verkehrswesen (FGSV) e. V.: ZTV P-StB – Zusätzliche Technische Vertragsbedingungen und Richtlinien für den Bau von Pflasterdecken und Plattenbelägen, FGSV Verlag, Köln 2000

Forschungsgesellschaft für Straßen- und Verkehrswesen (FGSV) e. V.: M FP 1 Merkblatt für Flächenbefestigungen mit Pflaster- und Plattenbelägen Teil 1 Regelbauweise (Ungebundene Ausführung), FGSV Verlag, Köln 2003

Forschungsgesellschaft für Straßen- und Verkehrswesen (FGSV) e. V.: Merkblatt für die Anwendung von Geotextilien und Geogittern im Erdbau des Straßenbaus, FGSV Verlag, Köln 1994

H

Hauptverband der gewerblichen Berufsgenossenschaften (HVBG) (Hrsg.): Berufsgenossenschaftliche Vorschrift für Sicherheit und Gesundheit bei der Arbeit BGV A1, Allgemeine Vorschriften (ehemalige VBG1), Sankt Augustin 2004.

Hauptverband der gewerblichen Berufsgenossenschaften (HVBG) (Hrsg.): Berufsgenossenschaftliche Regeln für Sicherheit und Gesundheit bei der Arbeit BGR A1, Grundsätze der Prävention, Sankt Augustin 2005

Hauptverband der gewerblichen Berufsgenossenschaften (HVBG) (Hrsg.): BGR 181 (bisherige ZH 1/571), Fußböden in Arbeitsräumen und Arbeitsbereichen mit Rutschgefahr, Sankt Augustin 2003

I

Industrieverband Dichtstoffe (IVD) e. V. (Hrsg.): IVD-Expertengespräch Abriebfestigkeit von Dichtstoffen, HS Public Relations Verlag und Werbung, Düsseldorf (o. J.)

Industrieverband Dichtstoffe (IVD) e. V. (Hrsg.): IVD-Expertengespräch Baugewerbe im Bannkreis der Fuge, HS Public Relations Verlag und Werbung, Düsseldorf (o. J.)

Industrieverband Dichtstoffe (IVD) e. V. (Hrsg.): IVD-Expertengespräch Bauzulieferindustrie im Bannkreis der Fuge, HS Public Relations Verlag und Werbung, Düsseldorf (o. J.)

Industrieverband Dichtstoffe (IVD) e. V. (Hrsg.): IVD-Expertengespräch Bodenfugen: Stiefkinder am Bau, HS Public Relations Verlag und Werbung, Düsseldorf (o. J.)

Industrieverband Dichtstoffe (IVD) e. V. (Hrsg.): IVD-Expertengespräch Brennpunkt Anschlussfuge, HS Public Relations Verlag und Werbung, Düsseldorf (o. J.)

Industrieverband Dichtstoffe (IVD) e. V. (Hrsg.): IVD-Expertengespräch Hochbelastete Fugen im Industriebau, HS Public Relations Verlag und Werbung, Düsseldorf (o. J.)

Industrieverband Dichtstoffe (IVD) e. V. (Hrsg.): IVD-Expertengespräch Schimmelpilze: Die feuchtkalte Gefahr, HS Public Relations Verlag und Werbung, Düsseldorf (o. J.)

Industrieverband Dichtstoffe (IVD) e. V. (Hrsg.): IVD-Merkblatt Nr. 1, Abdichtung von Bodenfugen mit elastischen Dichtstoffen, HS Public Relations Verlag und Werbung, Düsseldorf 2004

Industrieverband Dichtstoffe (IVD) e. V. (Hrsg.): IVD-Merkblatt Nr. 2, Dichtstoff-Charakterisierung, HS Public Relations Verlag und Werbung, Düsseldorf 1999

Industrieverband Dichtstoffe (IVD) e. V. (Hrsg.): IVD-Merkblatt Nr. 3, Konstruktive Ausführung und Abdichtung von Fugen in Sanitär-/Feuchträumen, HS Public Relations Verlag und Werbung, Düsseldorf 2005

Industrieverband Dichtstoffe (IVD) e. V. (Hrsg.): IVD-Merkblatt Nr. 11, Erläuterung zu Fachbegriffen aus dem Brandschutz aus Sicht der Dichtstoffe bzw. den mit Dichtstoffen ausgespritzten Fugen, HS Public Relations Verlag und Werbung, Düsseldorf 2000

Industrieverband Dichtstoffe (IVD) e. V. (Hrsg.): Praxishandbuch Dichtstoffe, 5. Aufl., HS Public Relations Verlag und Werbung, Düsseldorf 2004

Industrieverband Dichtstoffe (IVD) e. V. (Hrsg.): Wartungsfuge – genormter Begriff für Dichtstoffe, Sonderdruck aus Fliesen und Platten (Ausgabe 10/1994), Verlagsgesellschaft Rudolf Müller, Köln

K

Kunststoff-Dach- und Dichtungsbahnen (DUD) e. V. (Hrsg.): Flachdachleitfaden, Darmstadt 2005

S

Stahl-Informations-Zentrum (Hrsg.): Balkone aus Stahl, Dokumentation 578, Düsseldorf 2004

T

Timm, H.: Estriche; Arbeitshilfen für Planung und Qualitätssicherung, Friedr. Vieweg & Sohn Verlag/GWV Fachverlage, Wiesbaden 2004

U

Untersuchungs- und Beratungsinstitut für Wand- und Bodenbeläge Säurefliesner-Vereinigung e. V.: Verbundverhalten von im Dick- bzw. Dünnbettverfahren verarbeiteten Feinsteinzeugfliesen, Burgwedel 1977

V

vdd Industrieverband Bitumen-Dach- und Dichtungsbahnen e. V. (vdd Bitumen) (Hrsg.): abc der Bitumenbahnen – Technische Regeln, Frankfurt/M. 2004

Verein Deutscher Ingenieure (VDI) e. V. (Hrsg.): Richtlinie VDI 4100 Schallschutz von Wohnungen – Kriterien für Planung und Beurteilung, Beuth Verlag, Berlin 1994

Z

Zimmermann, G.: Schäden an Belägen und Bekleidungen mit Keramik- und Werksteinplatten, in: Schadenfreies Bauen, Bd. 25, Fraunhofer IRB Verlag, Stuttgart 2001

Stichwortverzeichnis

A

Abdichtung 89
Ablagerungsgestein 141
Ablauf zur Entwässerung 92
Abtropfkante 53
Anmachwasser 109
Ausblühung 91, 107

B

Balkon- und Terrassenbeläge ohne Mörtelbettung 148
Bauschäden an Balkonen und Terrassen 195
Belegreife 124
Beton 20, 23
Betondeckung 24
Betonwerksteinplatten 141
Betonzusatzmittel 18
Betonzusatzstoff 18
Bewegungsfuge 43, 45 f., 64, 112, 114 f.
Bewehrung von Zementestrichen 116
Bitumendachdichtungsbahn 92 f.
Bitumendichtungsbahn 93
Bitumenschweißbahn 92 f.
Bodenablauf 52, 98
Bodenentwässerung 51 f.
Bodenklinkerplatten 139
Brandschutz 53
Brüstung 54

C

CM-Gerät 125

D

Dachrinne 49
Dampfbremse 57, 63
Dampfdiffusion 58
Dampfdiffusionsberechnung 59
Dampfdiffusionsvorgang 63
Dampfdruckausgleichsschicht 87
Dampfsperre 57, 63

Deformation
–, irreversible 28
–, reversible 28
Dickbett, Verlegung im 147
Dickbettmörtel 143
Dränagerost 101
Dränageschicht 99
Dünnbett, Verlegung im 147
Dünnbettmörtel 144
Durchdringung 51, 53, 98

E

Entwässerung von Balkonen und Terrassen 49
Ergussgesteine 141
Estrich 105
– auf Trennschichten 112
Estrichbewehrung 122
Estrichnenndicke 110
Expositionsklasse 21

F

Feinsteinzeug 145, 147
Feldbegrenzungsfuge 115
Festigkeitsklassen 20
– der Zementestriche 110
Feuchtemessung, elektronische 126
Flexmörtel 144
Fliesen und Platten
–, keramische 137
–, trockengepresste keramische 139
Fließbettmörtel 145
–, Verlegung im 148
Frostempfindlichkeit der Bodenarten 37
Frostschutzschicht 38 f.
Fugenbreite 146

G

Gefälle 42, 45, 48, 90, 92, 97
Geländer 54
Gesteinskörnung 16, 108

H

Holzrostbeläge 142

K

Karbonatisierung 24
Klemmprofil 90
Klemmschiene 90
Konsistenzklasse 21
Körperschall 75
Kunststoff 94
Kunststoffdichtungsbahn 95

L

Längenänderung 43, 97
– durch Temperaturwechsel 29
Los- und Festflansch 90
Luftfeuchte
–, absolute 58
–, relative 58
Luftschall 74
Luftschalldämmung 76

M

Mehlkorngehalt 18
Mörtelzusatz 109
Mörtelzusatzmittel 109

N

Natursteinplatten 140
Nenndicke 114
Notüberlauf 50 f.

O

Oberflächengefälle 37, 40 f., 46

P

Pflasterbettung 40
Pflasterklinker 39
Pflasterstein
– aus Beton 40
– aus Naturstein 40
Pflasterziegel 41

Polymerbitumen-Dachdichtungsbahn 93
Polymerbitumenschweißbahn 94

R

Randanschlussfuge 115
Reaktionsharzklebstoff 145
Regenentwässerungsanlage 49
Regenwasserabfluss 50
Rutschhemmung 137

S

Schallschutz 74
Schallschutzmaßnahme 53
Schallschutzmatte 85
Schutzschicht 91
Schwinden von Beton 28
Schwindvorgänge 120, 123
Sicherheitsablauf 50
Sieblinie 17
Spaltplatten, keramische 138
Stahlbeton 23
Steifigkeit, dynamische 84

T

Terrasse 37, 42, 44
–, Entwässerung der 49
–, wärmegedämmte 46
Tiefengesteine 140
Trag- und Lastverteilschichten 105
Tragschicht
– ohne Bindemittel 39
–, bituminös gebundene 39
–, hydraulisch gebundene 39
Trittschall 75
Trittschalldämmstoff 83
Trittschalldämmung 76
Trockenschrank-Methode 125

U

Übergang, barrierefreier 90, 101
Überwachungsklasse 27
Umwandlungsgestein 141

V

Verbundabdichtung 96
Verbundestrich 111
Verdrängungsraum 137
Verfugung, elastische 150
Verlegemörtel 143

W

Wärmedämmstoff 80
Wärmedurchgangskoeffizient 69
Wärmedurchgangswiderstand 69
Wärmedurchlasswiderstand 69
Wärmeübergangswiderstand 69
Wartungsfuge 89

Wasserzementwert 23
Weichmacherwanderung 90
Werkstoff
–, bituminöser 92
–, hochpolymerer 94

Z

Zement 13, 107
Zementestrich 105
– auf Dämmschichten 113

–, Festigkeitsklassen von 110
–, Bewehrung von 116
Zementestricharten 106
Zementestrichbezeichnungen 106
Zementestrichschwinden 123
Zementestrichzusatz 109
Zugabewasser 20

AQUAFIN®
...die Marke
ist Programm
BAUDICHTKOMPETENZ
40 JAHRE
Seit über 30 Jahren wird das Abdichtungs- und Verlegesystem AQUAFIN®-UNIFIX® international erfolgreich eingesetzt.
Nutzen Sie die Vorteile dieses Systems und profitieren Sie von der jahrzehntenlangen Erfahrung, der Systemsicherheit und der wirtschaftlichen Verarbeitung.
Die Vorteile des Gesamt-systems:
• wärme- und kältesflexibel
• bewährt in der Balkon-, Terrassen- und Schwimmbadabdichtung
• frostsicher
• wasserundurchlässig
UNIFIX®-2K:
• Durchbiegung >30 mm übertrifft die Anforderungen der Klasse S2 nach DIN EN 12002 um ein Vielfaches
AQUAFIN®-2K/M
UNIFIX®
UNIFLEX®-M
SCHOMBURG
SCHOMBURG GmbH
Postfach 2661
D-32716 Detmold
Telefon: 05231/953-00
Telefax: 05231/953-123
www.aquafin.de
www.schomburg.de
e-mail: info@schomburg.de

KARL DAHM®
PROFIWERKZEUGE FÜR FLIESEN UND NATURSTEIN
D-83358 Seebruck • Tel.: 08667-878 0
Shop: www.dahm-werkzeuge.de
Unsere Werkzeuge:
• Hochwertige Qualität
• Problemlösungen und Innovationen für die Praxis
• Eigene Entwicklung und Fertigung
Unser Service:
• Kompetente Beratung
• Schnellste und zuverlässige Lieferung
• 50 Jahre zufriedene Kunden
Qualitätswerkzeuge für Ihren Erfolg – Direkt vom Hersteller
Jubiläums-Katalog 2006/I
KARL DAHM®
Fordern Sie gleich den neuen Einkaufsberater an:
Telefon-Nr. 08667 – 878 0 • Telefax-Nr. 08667 – 878 200

Lithofin®
VON PROFIS
FÜR PROFIS
AZ 72-D3.06
Die bewährten Spezialprodukte zum Reinigen, Schützen und Pflegen von Keramik-Fliesen und Naturstein: zum Entfernen hartnäckiger Verschmutzungen, Schützen gegen Flecken, Verbessern des Aussehens, Pflegen aller Stein- und Keramikflächen. Perfekter Service inklusive: technisches Beratungstelefon, informative Pflegeanleitungen, kompetenter Außendienst.
LITHOFIN AG, D-73240 Wendlingen, Tel. (0 70 24) 94 03-0
Vertrieb Schweiz: LITHOFIN AG, CH-5420 Ehrendingen, Tel. (056) 2 03 18-50
Vertrieb Österreich: CT-Chemie Ges.mbH, A-1230 Wien, Tel. (01) 867 34 34
Lithofin MN Farbvertiefer
Lithofin MN Außenreiniger
für alle Natur- und Betonwerksteine
hochaktiv
Zementschleier-entferner
für Granit, Gneis und andere Natursteine
www.lithofin.com

Bau- und Schimmelschäden besser beurteilen und sanieren...

...mit den Fachbüchern von Gunter Hankammer

Dieses Handbuch ist ein umfassender Leitfaden für alle, die Feuchte- und Schimmelpilzschäden **erfolgreich sanieren** möchten. Drei erfahrene Experten erläutern Ihnen die Ursachen, machen Sie mit der Planung und den Sanierungsmaßnahmen vertraut und sagen Ihnen,
- wie Sie bei der Sanierung mikrobieller Schäden vorgehen müssen;
- wie Sie Fäulnis- und Schimmelpilzschäden feststellen und ihre Ursachen herausfinden;
- welche Maßnahmen im konkreten Fall erforderlich sind;
- welche gesetzlichen Vorschriften Sie berücksichtigen müssen.

Diese aktuelle und praktische Handlungsanleitung mit zahlreichen Abbildungen und Tabellen ist unentbehrlich für ausführende Gewerke, Bauleiter, Sachverständige, Bauunternehmer, Planer, Bauträger und Bauherren.

Aus dem Inhalt:
- Feststellen von mikrobiellen Schäden
- Messmethoden/Analysen
- Bewertung und Einstufung von mikrobiellen Schäden
- Sanierungskonzepte/Vorgehensweisen
- Sanierung von Kleinschäden
- Rechtsgrundlagen bei der Schimmelpilzsanierung

Sanierung von Feuchte- und Schimmelpilzschäden. Diagnose, Planung und Ausführung. Von Dr.-Ing. Wolfgang Lorenz, Dipl.-Ing. Gunter Hankammer und Bauingenieur Karl Lassl. 2005. 17 x 24 cm. Gebunden. 412 Seiten mit 357 Abbildungen und 56 Tabellen. ISBN 3-481-02159-3. € 59,–.

Das Fachbuch „Schäden an Gebäuden" von Gunter Hankammer liefert einen in dieser Art **einzigartig detaillierten Schadenskatalog** in Wort und Bild, unter Berücksichtigung der einschlägigen Regelwerke und aktueller Rechtsprechung.

Über die Analyse typischer Schadensbilder an Bauteilen hinaus behandelt der Autor die wichtigsten Schadensursachen (Schäden durch Mangel an Wärme- und Schallschutz sowie Schäden durch Fremdeinwirkung wie Brand, Wasser, Tiere, Nachbarschaft etc.).

Aus dem Inhalt:
- Grundlagen (Definition Gebäudeschaden, Schadensbegriffe nach VOB, BGB)
- Vorgehensweise bei Schäden an Gebäuden
- Schadensbilder an Bauteilen nach DIN 276
- Schäden infolge von mangelndem Wärme- oder Schallschutz

Schäden an Gebäuden. Erkennen und Beurteilen. Von Gunter Hankammer. 2004. 17 x 24 cm. Gebunden. 516 Seiten mit 506 Abbildungen und 86 Tabellen. ISBN 3-481-02020-1. € 69,–.

baufachmedien.de
DER ONLINE-SHOP FÜR BAUPROFIS

Verlagsgesellschaft Rudolf Müller GmbH & Co. KG
Postfach 41 09 49 • 50869 Köln
Tel.: (0221) 54 97 - 112
Fax: (0221) 54 97 - 130
service@rudolf-mueller.de
www.rudolf-mueller.de

Erfolg lässt sich abonnieren!

esten Sie die Fachzeitschriften Ihrer Branche im günstigen Mini-Abo!

FLIESEN UND PLATTEN
Die marktführende Fachzeitschrift
für das Fliesengewerbe.
2 Ausgaben für nur € 13,–.
Jahresabo: 12 Ausgaben für € 158,–
(Ausland: € 172,–).

B+B Bauen im Bestand
Die praxis- und verarbeiterorientierte
Fachzeitschrift zum Thema
Bautenschutz und Bausanierung.
2 Ausgaben für nur € 15,–.
Jahresabo: 8 Ausgaben € 121,–
(Ausland: € 129,–).

Baugewerbe
Das Magazin für erfolgreiche Bauunternehmer.
Für Verantwortliche im Hoch-, Tief-
und Straßenbau.
3 Ausgaben für nur € 12,50.
Jahresabo: 20 Ausgaben € 172,50
(Ausland: € 192,50).

Jetzt bestellen:
Tel. (02 21) 54 97–321

DAMIT SIE
BESCHEID
WISSEN
Rudolf Müller

**Verlagsgesellschaft
Rudolf Müller GmbH & Co. KG**
Postfach 41 09 49 • 50869 Köln
Telefon (0221) 54 97-321
Fax (0221) 54 97-130
abo@rudolf-mueller.de
www.rudolf-mueller.de